Die ›ägyptische Grotte‹ von Vulci

Zum Beginn der Archäologie als wissenschaftliche Disziplin

Deutsches Archäologisches Institut Rom

Palilia

Band 22

2010

Dr. Ludwig Reichert Verlag Wiesbaden

Friederike Bubenheimer-Erhart

Die ›ägyptische Grotte‹ von Vulci

2010

Dr. Ludwig Reichert Verlag Wiesbaden

Umschlagbild:
Canino, Forno del Ferraccio. Karte des 18. Jahrhunderts. Rom, Archivio di Stato, Disegni e Piante, Collezione I, Cartella 12, Foglio 36

Redaktion: Deutsches Archäologisches Institut Rom
Textredaktion: Marion Menzel
Satz, Bild und Prepress: Klaus E. Werner

Bibliografische Information der Deutschen Nationalbibliothek
Die Deutsche Nationalbibliothek verzeichnet diese Publikation in der Deutschen Nationalbibliografie;
detaillierte bibliografische Daten sind im Internet über http://dnb.ddb.de abrufbar.

ISBN 978-3-89500-711-8

Gedruckt auf alterungsbeständigem Papier mit neutralem pH-Wert.
Printed in Germany.

Inhalt

Abkürzungen

Zitierweise und Literaturabkürzungen folgen dem Archäologischen Anzeiger 1997, S. 611 ff. Zusätzlich dazu werden folgende Sigel verwendet.

Bonaparte, Catalogo	L. Bonaparte, Catalogo di scelte antichità etrusche trovate negli scavi del Principe di Canino. 1828–1829 (1829).
Bonaparte, Museum	L. Bonaparte, Museum Étrusque de Lucien Bonaparte Prince de Canino, fouilles de 1828 à 1829. Vases peints avec inscriptions (1829 [1830]); ^{2}(1833).
Citazioni Archeologiche	G. M. Della Fina (Hrsg.), Citazioni Archeologiche. Luciano Bonaparte Archeologo, Ausstellungskatalog Orvieto 2004/2005 (2004).
Costantini, Coll. Fesch	A. Costantini, La collezione di vasi attici del Cardinale Fesch ed il corredo della Tomba di Iside in una nota di Luciano Bonaparte ad Eduard Gerhard, RendLinc 9, 1996, 363 ff. mit Abb.
DBF	Dictionnaire de Biographie Française.
Dennis, Cit. Cem.	G. Dennis, Cities and Cemetries of Etruria I–II (1848).
Wrede, Eduard Gerhard	H. Wrede (Hrsg.), Dem Archäologen Eduard Gerhard, 1795–1867, zu seinem 200. Geburtstag, Winckelmann-Institut der Humboldt-Universität zu Berlin 2 (1997).
Emiliani, Leggi	A. Emiliani, Leggi, bandi e provvedimenti per la tutela dei Beni Artistici e Culturali negli antichi stati italiani 1571–1860 (1996).
Etrusker und Europa	Die Etrusker und Europa, Ausstellungskatalog Berlin 1993 (1993).
Fleuriot de Langle, Alexandrine Bonaparte	P. Fleuriot de Langle, Alexandrine Lucien Bonaparte, Princesse de Canino, 1778–1855 (1939).
Gregorio XVI	Gregorio XVI. Miscellanea Commemorativa (1948).
Iung, Lucien Bonaparte	T. Iung, Lucien Bonaparte et ses mémoires 1775–1840 I–III (1882–83).
Jurgeit, Bronzen Karlsruhe	F. Jurgeit, Die etruskischen und italischen Bronzen sowie Gegenstände aus Eisen, Blei und Leder im Badischen Landesmuseum Karlsruhe I. II (1999).
Luciano Bonaparte	M. Natoli (Hrsg.), Luciano Bonaparte. Le sue collezioni d'arte, le sue residenze a Roma, nel Lazio e in Italia, 1804–1840 (1995).
Micali, Monumenti	G. Micali, Monumenti per servire alla Storia degli Antichi Popoli Italiani I–III (1832).
Micali, Monumenti Inediti	G. Micali, Monumenti Inediti a Illustrazione della Storia degli Antichi Popoli Italiani I. II (1844).
Montelius, Civilisation primitive	O. Montelius, La Civilisation primitive en Italie depuis l'Introduction des Métaux (1895).
Moroni, Dizionario	G. Moroni, Dizionario di erudizione storico-ecclesiastica I ff. (1840 ff.).
Noack, Deutschtum in Rom	F. Noack, Das Deutschtum in Rom seit dem Ausgang des Mittelalters I. II (1927).
Pecchiai, Beni stabili	P. Pecchiai, Beni stabili acquistati da Luciano Bonaparte in Roma e nello Stato Pontificio, Archivi. Archivi d'Italia e rassegna internazionale degli archivi 22, Heft 1–2, 1955, 14 ff.
Pietrangeli, Musei Vaticani	C. Pietrangeli, I Musei Vaticani, cinque secoli di storia (1985).

Vorwort

Die vorliegende Untersuchung ist der erste Teil meiner Dissertation, welche der Fakultät für Orientalistik und Altertumswissenschaft der Ruprecht-Karls-Universität Heidelberg unter dem Titel «Studien zum Isisgrab von Vulci» im Wintersemester 2001/02 vorgelegen hat. Sie enthält die Geschichte der Entdeckung des Isisgrabes und der anschließenden Überlieferung seiner Funde sowie eine Definition des ehemaligen Denkmälerbestandes auf der Grundlage zeitgenössischer Dokumente. Vorangeht ein Kapitel über die Ausgrabungen der Fürsten von Canino, Lucien und Alexandrine Bonaparte, in Vulci. Darin werden die Bedingungen, denen archäologische Ausgrabungen, Ausstellungen und Antikenhandel im zweiten Viertel des 19. Jahrhunderts im Kirchenstaat unterlagen, beispielhaft aufgezeigt. Der ursprünglich nicht geplanten separaten Drucklegung dieses ersten Teils wurde Rechnung getragen, indem an dessen Ende eine Zusammenfassung der Ergebnisse eingefügt wurde. Der zweite Teil meiner Dissertation, der die wissenschaftliche Bearbeitung der mit dem Isisgrab verbundenen Objekte des Britischen Museums enthält, wird in einer weiteren Monografie veröffentlicht[1]. Literatur, die nach Abschluß des Manuskriptes im Dezember 2001 erschienen ist, wurde soweit als möglich nachgetragen.

Das Isisgrab von Vulci, das in dem hier betrachteten Zeitraum, welcher sich von der Entdeckung bis zum Eingang der bemerkenswertesten Funde in das Britische Museum erstreckt, als ägyptische Grotte bezeichnet wurde, ist eines der bedeutendsten Monumente Etruriens. Die mit diesem Grab verbundenen Gegenstände gehören zu den wichtigsten Denkmälern der orientalisierenden Periode und sind seit langem Glanzlichter der etruskischen Sammlung des Britischen Museums. Es sind zugleich aber auch Gegenstände, von denen manche bis heute keine Parallele besitzen, was eine schlüssige Beurteilung erschwert, und die darüber hinaus auch in ihrer Zusammenstellung zweifelhaft erscheinen. Das hat dazu geführt, daß den nach London gelangten Objekten wiederholt mit Skepsis begegnet wurde. Um diese Skepsis ausräumen und die Funde des Isisgrabes möglichst zuverlässig bestimmen zu können, war es erforderlich, den Weg, den die nach London gelangten Objekte genommen hatten, bis an die Fundstätte zurückzuverfolgen. In einem weiteren Schritt wurden die Wege nachvollzogen, welche die anderen, nicht in das Britische Museum gelangten Funde des Isisgrabes von der Fundstätte aus genommen hatten, mit dem Ziel, das ursprünglich viel umfangreichere Inventar so weit als möglich wiederzugewinnen. Dabei hat sich herausgestellt, daß die ägyptische Grotte wissenschaftsgeschichtlich von so großem Interesse ist, daß sie mehr Beachtung verdient, als ihr im Rahmen der Bearbeitung der mit dem Isisgrab verbundenen Objekte des Londoner Ensembles zukommen kann. Denn sie wirft beispielhaft Licht auf den Beginn der Archäologie als wissenschaftliche Disziplin.

Mein Dank gilt zunächst den beiden Betreuern meiner Dissertation, Hartmut Matthäus und Jan Assmann, die diesen wissenschaftsgeschichtlichen ersten Teil ebenso förderten wie den kulturgeschichtlichen zweiten. Entstehen konnte dieser erste Teil in der ausführlichen Form allerdings nur durch die vielfältige Unterstützung mancher Kollegen, denen ich dafür ganz besonders danken möchte: Horst Blanck öffnete mir nicht nur die Türen zu den Archiven des Deutschen Archäologischen Instituts Rom, sondern vor allem auch die Augen für die dort verwahrten Archivalien als Quellen archäologischer Forschung. Die sich anschließenden Recherchen in anderen Archiven innerhalb und außerhalb Italiens, die unerwartet viel Zeit in Anspruch nahmen, wären ohne seine und die tatkräftige Unterstützung von Fritzi Jurgeit Blanck kaum möglich gewesen. Fritzi Jurgeit Blanck gab mir außerdem wertvolle Hinweise zur Sammlung Maler und den Karlsruher Bronzen und war mir eine unersetzliche Ratgeberin in allen etruskologischen Belangen. Besonders danken möchte ich auch Monsignor Sandro Corradini, der keine Mühe scheute, mir die Eigenheiten der römischen und vatikanischen Archive zu erläutern und meine Suche nach Dokumenten des 19. Jahrhunderts zu erleichtern.

Meine Nachforschungen führten mich zu Archiven, Museen und anderen Institutionen, in denen mir die folgenden Mitarbeiter behilflich waren: Anna Maria Sgubini Moretti (Soprintendenza Archeologica per l'Etruria Meridionale Rom), Francesco Buranelli (Museo Gregoriano Etrusco Vatikan), Maria Antonietta De Angelis (Archivio Storico Vaticano), Marcel Chappin s. j. (Pontificia Università Gregoriana), Giuseppe Maria Della Fina (Fondazione per il Museo Claudio Faina Orvieto), Horst Blanck (Deutsches Archäologisches Institut Rom), Martin Maischberger (Deutsches Archäologisches Institut Berlin), Michael Maaß (Badisches Landesmuseum Karlsruhe), Friedrich-Wilhelm Hamdorf und Raimund Wünsche (Staatliche Antikensammlungen und Glyptothek München), Hinrich Sieveking (München), Sigrid von Moisy

1 F. Bubenheimer-Erhart, Das Isisgrab von Vulci, Contributions to the Chronology of the Eastern Mediterranean, Denkschriften der Gesamtakademie, Österreichische Akademie der Wissenschaften (im Druck).

(Bayerische Staatsbibliothek München), Hans Puchta (Bayerisches Hauptstaatsarchiv, Geheimes Hausarchiv München), Max Oppel (Wittelsbacher Ausgleichsfonds München), Irma Wehgartner (Martin von Wagner-Museum Würzburg), Ursula Kästner (Staatliche Museen zu Berlin Preußischer Kulturbesitz, Antikensammlung), Kordelia Knoll (Staatliche Kunstsammlungen Dresden), Ruurd Halbertsma (Rijksmuseum van Oudheden Leiden), Jos van Heel (Museum Meermanno-Westreenianum Den Haag), Judith Swaddling (Britisches Museum London, Department of Greek and Roman Antiquities) sowie die Eigentümer eines Privatarchivs in Perugia. Ihnen allen gilt mein aufrichtiger Dank.

Von den Kollegen und Kommilitonen, die mich während der Entstehung dieses Teils meiner Dissertation ermutigt und inspiriert haben oder mir nützliche Hinweise gaben, möchte ich Irène Aghion, Stefano De Angeli, Emanuele Eutizi, Francisca Feraudi-Gruénais, Daniel Graepler, François Lissarague, Steffi Oehmke, Alain Schnapp und Klaus E. Werner danken. Einem Kommilitonen und Freund, der mir in den gemeinsamen Studienjahren stets zur Seite stand, schulde ich besonderen Dank: Ralf Grüßinger. Das Interesse, das er meiner Arbeit vom ersten bis zum letzten Moment in vielfältiger Weise entgegenbrachte, war von unermeßlichem Wert und hat mich vor allerhand Fehlern bewahrt. Die Übersetzung der Zusammenfassung ins Italienische übernahm Letizia Vuono, wofür ich ihr sehr herzlich danke.

Danken möchte ich ferner den Institutionen, die mich durch die Gewährung von Stipendien finanziell unterstützten. Das sind die Regierung des Landes Baden-Württemberg, von der ich im Rahmen der Graduiertenförderung ein zweijähriges Promotionsstipendium erhielt, und der Deutsche Akademische Austauschdienst, der ein Zusatzstipendium für einen dreimonatigen Forschungsaufenthalt in Italien beisteuerte. In diesem Zusammenhang möchte ich auch Hartmut Matthäus und Tonio Hölscher für ihre befürwortenden Stellungnahmen danken. Die folgenden Personen und Institutionen haben dankenswerterweise Fotografien und Publikationsgenehmigungen überlassen: Badisches Landesmuseum Karlsruhe, Museo Napoleonico Rom, Museo del Risorgimento Brescia, Trustees des Britischen Museums London, Kestner-Museum Hannover, Staatliche Museen zu Berlin Preußischer Kulturbesitz, Antikensammlung, Deutsches Archäologisches Institut Rom, Deutsches Archäologisches Institut Berlin, Biblioteca Apostolica Vaticana, Musei Vaticani, Archivio di Stato di Roma, Istituto Poligrafico e Zecca dello Stato Rom und Biblioteca Augusta del Comune di Perugia. Bianca Mellan danke ich für die Digitalisierung und Bearbeitung von Abbildungsvorlagen.

Die Aufnahme der Untersuchung in die Reihe «Palilia» stellt eine große Ehre für mich dar, wofür ich Dieter Mertens, Henner von Hesberg und dem Deutschen Archäologischen Institut Dank schulde. Mein Dank richtet sich außerdem an Horst Blanck und Friedrich-Wilhelm von Hase, die die Drucklegung an diesem Ort befürworteten, Olaf Dräger, Philipp von Rummel und Marion Menzel, die das Manuskript redaktionell betreuten, sowie Klaus E. Werner, der technische und gestalterische Aufgaben löste. Unendlichen Dank schulde ich meinem Mann Jochen, der die Arbeit an dem hier vorgelegten ersten wie auch dem an anderem Ort erscheinenden zweiten Teil meiner Dissertation mit Liebe und Geduld ertrug; ihm ist dieses Buch gewidmet.

Rom, im Juni 2008.

I. Einleitung

Das Isisgrab von Vulci, um dessen Überlieferung es im Folgenden geht, gilt seit seiner Entdeckung im 19. Jahrhundert als eines der bedeutendsten Gräber, die von der etruskischen Frühzeit zeugen. Neben der Tomba Regolini-Galassi in Cerveteri und den Tombe Barberini und Bernardini in Praeneste führt es den Reichtum vor Augen, mit dem sich etruskische und latinische Eliten des späten achten bis frühen sechsten Jahrhunderts v. Chr. bestatten ließen. Zugleich vermittelt es eine Anschauung von der Vielfalt künstlerischer und kultureller Errungenschaften, die durch Kontakte zu Völkern des östlichen Mittelmeerraumes angeregt wurden und das zeitgenössische Etrurien nachhaltig prägten. Es diente wiederholt als Exempel zur Definition eines ganzen Kulturhorizontes am Ende der orientalisierenden Zeit[2]. Einzelne Fundstücke, die als herausragende Beispiele ihrer Gattung angesehen wurden, bildeten den Ausgangspunkt für weitreichende Schlußfolgerungen. So wurde anhand der figürlich verzierten Alabastra eine östliche von einer westlichen Gruppe dieser Gattung getrennt[3]; nach der Hydria und der Schale wurde die sogenannte Polledraraware benannt[4]; eine der Feinkeramik nahestehende Gruppe etruskischer Gebrauchskeramik schließlich wurde mit Hilfe der Amphora bestimmt[5]. Angesichts der entscheidenden Rolle, die dem Isisgrab insgesamt, aber auch einzelnen Fundstücken daraus in der Forschung beigemessen wurde, verwundert es umso mehr, daß diese Fundgruppe bis heute im Grunde unveröffentlicht blieb.

Unter der Bezeichnung Isisgrab wird ein Ensemble im Britischen Museum verstanden, das sich aus verschiedenen Gegenständen zusammensetzt. Neben Gefäßen und Scheingefäßen aus Gipsalabaster begegnen Goldschmuck, diverse Gefäße und Geräte aus Bronze, Trinkgeschirr und Vorratsbehälter aus Keramik, Ritualgefäße aus Fayence und der verzierten Schale von Straußeneiern sowie Toilettengerät aus Knochen. Das auffallendste Fundstück ist eine halblebensgroße Statuette aus Gipsalabaster, die anfangs für ein ägyptisches Götterbild gehalten wurde und die Benennung des Grabes anregte[6]. Wenngleich ein Großteil der Forschung von der Zusammengehörigkeit der vorhandenen Bestände in London ausgeht, gibt es doch erhebliche Zweifel sowohl an der Geschlossenheit der Fundgruppe als auch an der Authentizität einzelner Fundstücke. Grund für die ungewisse Ausgangslage bietet der Umstand, daß die im Februar 1839 entdeckte Fundgruppe erst durch mehrere Hände ging, bevor sie ein Jahrzehnt später, im Dezember 1849, in das Britische Museum gelangte.

Unterdessen waren die ursprünglichen Beigaben offenbar verändert worden. Das zeigt allein schon die Tatsache, daß die Fundgruppe ungewöhnlich viele kostbare und ihrer Art nach ausgefallene Objekte aufweist, wohingegen einfache Beigaben, die gleichfalls zum Inventar eines zeitgenössischen Elitegrabes gehörten, fast völlig fehlen. Es ist folglich damit zu rechnen, daß sich unter den Londoner Beständen nurmehr ein Teil des ehemaligen Inventares befindet. Allerdings ist es auch nicht auszuschließen, daß in den Jahren, die zwischen der Entdeckung und dem Eingang der Funde in das Britische Museum liegen, Objekte hinzukamen, die aus anderer Quelle herrühren. Dies wurde in der Forschung zwar gelegentlich vermutet, bisher aber nicht wirklich begründet. Die bestehenden Unsicherheiten lassen sich gerade an einigen Bronzen ablesen, welche im Laufe der Zeit auf verschiedene Weise ergänzt und mehrfach verändert wurden. So wurde ein Thymiaterion mit Blattüberfall zusammen mit angestückten Teilen in mehrerlei Gestalt rekonstruiert und unterschiedlich gedeutet, was sich auf die Beurteilung der gesamten Gattung entweder als Räuchergeräte oder als Beleuchtungsgeräte auswirkte. Dabei stellen moderne Pasticci im Hinblick auf die materielle Hinterlassenschaft Etruriens, die sich größtenteils aus Funden des 19. Jahrhunderts rekrutiert, generell eine Schwierigkeit für die archäologische Forschung dar[7]. Davon abgesehen regten die zwei auffallendsten Fundstücke, die schon genannte Statuette und eine eben-

2 H. Brunn, AdI 1866, 407 ff. und MonInst VIII (1864–1868) Taf. 28 und Beil. G. H; W. Helbig, AdI 48, 1876, 197 ff. und MonInst X (1876) Taf. 31–33; Montelius, Civilisation primitive Taf. 265–268; F. Poulsen, Der Orient und die frühgriechische Kunst (1912) 94 ff. und M. Pallottino, StEtr 13, 1939, 85 ff. bes. 113 ff.

3 P. J. Riis, ActaArch 27, 1956, 23 ff. mit Abb.

4 C. Smith, JHS 14, 1894, 206 ff. Taf. 6. 7.

5 A. Coen, Prospettiva 68, 1992, 45 ff. mit Abb.

6 In der englischsprachigen Forschung hat sich die Bezeichnung Polledraragrab, die sich auf den betreffenden Nekropolenbezirk bezieht, eingebürgert.

7 E. F. Macnamara in: J. Swaddling (Hrsg.), Italian Iron Age Artefacts in the British Museum, Papers of the Sixth British Museum Classical Colloquium (1986) 81 ff. und allgemein M. Pallottino, Atti dell'Accademia Nazionale di San Luca 5, 1961, 3 ff.

falls weibliche Halbfigur aus Bronze, ihrerseits wiederum zu Fälschungen an[8].

Es ist das Verdienst von Sybille Haynes, sich mit der Problematik des Isisgrabes beziehungsweise des Londoner Ensembles in aller Vielfalt beschäftigt zu haben. Mit ihrem Aufsatz über die namengebende Statuette und die Halbfigur aus Bronze, zwei großformatige menschengestaltige Bildwerke, wie sie nur selten aus Etrurien überliefert sind, hat Haynes zwei herausragende Fundstücke vorgelegt[9]. In einem weiteren Beitrag hat sie anhand von antiquarischen Beobachtungen zu der Authentizität der bronzenen Halbfigur, die als Sphyrelaton schon in der Antike aus mehreren Teilen zusammengefügt war, Stellung genommen[10]. Darüber hinaus hat Haynes sich als einzige dem Kernproblem des Londoner Ensembles zugewandt, indem sie systematisch versuchte, die Zugehörigkeit eines jeden seiner Teile zu dem Isisgrab anhand der verfügbaren Literatur zu klären[11]. Haynes hat damit Grundlagen für die Beschäftigung mit dem Isisgrab beziehungsweise dem Londoner Ensemble geschaffen, welche durch die Studien der Verfasserin vertieft und ergänzt werden sollen[12].

In dem hier vorgelegten Band geht es darum, Geschlossenheit und Authentizität der Londoner Bestände erneut zu prüfen. Dabei werden neben den von Haynes gesichteten Druckschriften auch alle erreichbaren Handschriften einbezogen. Es sind dies Grabungstagebücher, Fundlisten, Gelehrtenbriefe und eine Reihe amtlicher Aufzeichnungen, welche von der ägyptischen Grotte, wie man das Isisgrab anfangs nannte, berichten. Diese wurden von der archäologischen Forschung bisher kaum wahrgenommen, obwohl sie es erlauben, die Entdeckung des Grabes, die Bergung seiner Beigaben und deren weiteres Schicksal bis zu einem gewissen Grade nachzuvollziehen. Zugleich bieten die Handschriften die einzige Quelle zu der Architektur und Ausstattung des Isisgrabes, denn dieses war im Anschluß an die Bergung der Beigaben, wie damals üblich, unverzüglich wieder verfüllt worden, seine genaue Lage bald darauf in Vergessenheit geraten. Gewiß ist eine modernen Fragestellungen genügende Dokumentation dadurch nicht gegeben; gleichwohl gewähren die erreichbaren Dokumente einen wesentlich tieferen Einblick als man ihn bislang erhalten konnte.

Um dem spezifischen Charakter dieser Dokumente gerecht werden und die darin getroffenen Aussagen angemessen beurteilen zu können, ist es erforderlich, das Zusammenwirken von staatlicher Antikenverwaltung, Forschungsinstitutionen und Ausgräbern, die in aller Regel Privatpersonen waren, zu verstehen. Die reichen Quellen liefern außerdem eine Fülle von Erkenntnissen über den Umgang mit Antiken, wie er im zweiten Viertel des 19. Jahrhunderts gerade im Kirchenstaat gepflegt wurde. Dort setzten damals intensive archäologische Ausgrabungen ein, die zur Freilegung vieler etruskischer Nekropolen führten und der Forschung auf einmal eine überwältigende Menge von Funden bescherten[13]. Diese wurden erstmals nicht mehr nur als Kunstgegenstände, sondern auch als Zeugnisse ihrer Entstehungszeit begriffen und als Quelle zum Verständnis geschichtlicher Zusammenhänge herangezogen; als solche konnten sie gleichberechtigt neben die antiken Schriften treten[14]. Mit der neuen Bewertung von Funden sind das Ende der antiquarischen Tradition und der Beginn der Archäologie als wissenschaftliche Disziplin verbunden[15].

Die wichtigsten Ausgrabungen, die in jenen Jahren im südlichen Etrurien stattfanden und innerhalb kürzester Zeit tausende etruskischer Gräber ans Licht brachten, wurden von den Fürsten von Canino unternommen. Sie erstreckten sich über weite Teile der Nekropole von Vulci und förderten eine Reihe bedeutender Monumente zutage, darunter manche der orientalisierenden Periode, zu denen auch das Isisgrab zählte. Die ägyptische Grotte erbrachte sogar besonders spektakuläre Funde, weil sie nicht nur die damals noch kaum erforschte Kultur des frühen Etrurien, sondern auch deren Beziehungen zu der das Denken immer noch stark dominierenden Kultur des alten Ägypten beleuchteten. Die Fürsten von Canino aber beschränkten sich nicht auf die Bergung und Bereitstellung von Funden, sie widmeten sich auch der wissenschaftlichen Erschließung derselben. Lucien und Alexandrine Bonapar-

8 G. Libertini, Rivista del Reale Istituto di Archeologia e Storia dell'Arte 6, 1937, 23 ff. Abb. 4. 6 Taf. 1.

9 S. Haynes, AntPl IV (1965) 13 ff. Taf. 6–11.

10 Dies., StEtr 57, 1991, 3 ff. Taf. 1–7.

11 Dies. in: La civiltà arcaica di Vulci e la sua espansione, Atti del X Convegno di Studi Etruschi e Italici, Grosseto – Roselle – Vulci 1975 (1977) 17 ff. Taf. 6–11.

12 Erst kürzlich hat Haynes außerdem noch eine kulturgeschichtliche Würdigung dieses Grabes und seiner zwei herausragenden plastischen Bildwerke unternommen: dies., Etruscan Civilization. A Cultural History (2000) 154 ff. Abb. 42. 135–137. In der überarbeiteten deutschen Fassung ihres Buches referiert sie weitenteils Ergebnisse der Dissertation der Verfasserin (S. Haynes, Kulturgeschichte der Etrusker [2005] 185 ff.).

13 A. Michaelis, Ein Jahrhundert kunstarchäologischer Entdeckungen^2 (1908) 54 ff.; P. Grimal, Auf der Suche nach dem antiken Italien (1965) 187 ff.; J. Heurgon, La découverte des Étrusques au début du XIXe siècle (1973) und G. Colonna in: Etrusker und Europa 322 ff.

14 Vgl. K. O. Müller, Die Etrusker (1828) S. III ff.

15 Zum Aufkommen dieser Betrachtungsweise, die vereinzelt bereits früher einsetzte, siehe auch A. Schnapp, La conquête du passé (1993) 287 ff.

te verkörpern geradezu beispielhaft den Übergang vom Klassizismus zur Romantik, künstlerischen Strömungen, die in die umfassendere gesellschaftliche Haltung des Historismus mündeten. Im Sinne einer Fallstudie gewähren die Ausgrabungen der Fürsten von Canino und das mit ihnen verbundene Schicksal der ägyptischen Grotte daher Einblicke in die Anfänge der etruskologischen Forschung und der wissenschaftlichen Archäologie. Darüber hinaus werfen sie Licht auf die künstlerischen, politischen und gesellschaftlichen Verhältnisse einer im Wandel begriffenen Zeit, welche vor dem Hintergrund der Restauration und des Risorgimento erst richtig Gestalt annimmt[16].

16 A. Serafini, Pio Nono 1792–1846 (1958); E. E. Y. Hales, Revolution and Papacy 1769–1846 (1960); G. Procacci, Geschichte Italiens und der Italiener (1983) 234 ff. und B. Croce, Storia d'Europa nel secolo decimonono (1932).

II. Die Ausgrabungen der Fürsten von Canino in Vulci (1828–1852)

Abb. 1. 2 François-Xavier Fabre (1808), Lucien Bonaparte. – Alexandrine Bonaparte.

Lucien Bonaparte[17] (Abb. 1) hatte bereits eine zentrale politische Rolle gespielt und Frankreichs Weg von der Republik ins Kaiserreich entscheidend mitbestimmt[18], als er im Jahre 1804, während sein älterer Bruder in Paris zum Kaiser gekrönt wurde, sein Exil im Kirchenstaat antrat. Dort wollte er sich, wie jedenfalls aus einem Empfehlungsschreiben Napoleons an den Papst hervorgeht, fortan dem Studium der Antike und der Geschichtsbetrachtung widmen[19]. Der Grund, der den Staatsmann dazu veranlaßte, auf alle Ämter und Ehren zu verzichten und Frankreich zu verlassen,

17 DBF VI (1954) 923 f. s. v. Bonaparte, Lucien (E. Franceschini); Iung, Lucien Bonaparte; ohne Autor, Le Prince Lucien Bonaparte et sa famille (1889); F. Masson, Napoléon et sa famille I–XIII (1879–1919); A. Donati, Luciano Bonaparte (1921); D. Angeli, I Bonaparte a Roma (1938); F. Piétri, Lucien Bonaparte (1939); F. Charles-Roux, Rome asile des Bonaparte (1952); A. Corsini, I Bonaparte a Firenze (1961); F. Grayeff, Lucien Bonaparte. Bruder des Kaisers, Gegner des Kaiserreichs (1966); C. Amelunxen, König und Senator. Jérôme und Lucien. Zwei Brüder Napoleons (1980) 53 ff.; M. Marquet, Geschwister, Marschälle, Minister. Die Spitzen des napoleonischen Reiches im königlichen Frankreich, 1814–1840 (1983) 48 ff.; G. Martineau, Lucien Bonaparte, prince de Canino (1989) und A. Pietromarchi, Luciano Bonaparte. Il fratello nemico di Napoleone (1994).

18 Nach seiner Studienzeit in Aix-en-Provence hatte sich Lucien Bonaparte den Jakobinern in Korsika angeschlossen und sich dann im südfranzösischen St.-Maximin-du-Var unter dem Namen Brutus an der Revolution beteiligt. 1798 war er Abgeordneter und Präsident des Conseille des Cinqcents in Paris gewesen. Er hatte den Staatsstreich des 18. Brumaire des Jahres VIII unterstützt, aus dem Napoleon dank seiner Initiative als Erster Konsul hervorgegangen war. Daraufhin war Lucien 1799 zum Innenminister ernannt und 1800 als französischer Botschafter nach Madrid entsandt worden. 1801 war er als Mitglied des Tribunats nach Paris zurückgekehrt und hatte mehrere prekäre Angelegenheiten erledigt, zum Beispiel das Konkordat mit Rom ausgehandelt.

19 Darin heißt es: «Très-saint Père, le sénateur Lucien Bonaparte, mon frère, désire séjouer à Rome pour se livrer à l'étude des antiques et de l'histoire. Je prie Votre Sainteté de l'accueillir avec cette bonté qui lui est toute particulière, et de croire au désir que j'ai de lui être agréable. Bonaparte». (Correspondance de Napoléon Ier IX [1861] 367 Nr. 7618).

Abb. 3 Charles de Chatillon, Lucien Bonaparte und seine Familie auf der Terrasse der Villa Mondragone mit Blick auf die Villa Rufinella (1815-1820).

Abb. 5 Tusculum, Reste der sog. Villa des Cicero, o. J. Stich von Pietro Parboni nach einer Zeichnung von S. Pomardi.

um sich stattdessen im Windschatten der Ereignisse der Historie zuzuwenden und bis zuletzt ein zurückgezogenes Leben in Latium zu führen, war eine Frau. Alexandrine de Bleschamp[20] (Abb. 2), eine Dame bürgerlicher Herkunft, galt als attraktive und geistreiche Witwe, die regelmäßig in den Pariser Salons verkehrte. Sie hatte gewiß niemals die Absicht, sich in Politik einzumischen, doch übte sie auf den Senator Lucien Bonaparte eine so nachhaltige Wirkung aus, daß dies nicht ohne politische Folgen blieb. Als Lucien sich nämlich dazu entschloß, seine Liaison mit Alexandrine durch eine Eheschließung zu besiegeln, tat er dies aller Staatsraison zum trotz, denn Napoleon hatte den jüngeren Bruder, der ebenfalls Witwer war, bereits für eine andere Heirat vorgesehen[21]: Er sollte die Infantin Maria Luisa von Spanien, mittlerweile Witwe des 1803 verstorbenen Königs von Etrurien und Regentin seines Reiches, ehelichen und auf diese Weise die Toskana an Frankreich binden. Nachdem Lucien sich aber konsequent der dynastischen Politik des Ersten Konsuls widersetzte, kam es zum Bruch zwischen den beiden Brüdern[22], dem die Ausreise von Lucien und Alexandrine in die italienischen Staaten folgte.

In Rom wurde das Ehepaar von Pius VII.[23] wohlwollend empfangen. Überdies schien der Kirchenstaat mit

Abb. 4 Jean-Baptiste Wicar, Lucien Bonaparte, sein Sohn Charles-Lucien und Padre Maurizio Malvestiti da Brescia, o. J.

seinem liberalen und innereuropäisch stets um Ausgleich bemühten Souverän ein geeigneter Ort zu sein, um sich dort niederzulassen[24]. Lucien erwarb einen Palazzo in der Via Bocca di Leone, der schnell zu einem Mittelpunkt des gesellschaftlichen Lebens in der Hauptstadt wurde[25], und gemäß den Gepflogenheiten der römischen Aristokratie einen Landsitz in den Colli Albani, wo er sich ganz dem Privatleben hingeben konnte[26] (Abb. 3. 4). Die Villa in Frascati bildete das ideale Ambiente für seine Studien, denn in eine stimmungsvolle Landschaft gebettet, hielt

20 Alexandrine de Bleschamp stammte aus Calais. Bis 1792 besuchte sie den Couvent de la Reine in Versailles. Als die Konvente während der Französische Revolution großteils geschlossen wurden, zog sie zu einer Tante nach Paris. 1798 heiratete sie den Finanzmakler Jean-François-Hippolyte Jouberthon. Dieser verließ Alexandrine und eine gemeinsame Tochter schon 1799 und schiffte sich nach Santo Domingo ein, wo sich seine Spuren verlieren; 1802 wurde er für tot erklärt. DBF VI (1954) 926 s. v. Bonaparte, Marie-Laurence-Charlotte-Louise-Alexandrine de Bleschamp (E. Franceschini) und Fleuriot de Langle, Alexandrine Bonaparte.

21 P. Marmottan, Le royaume d'Étrurie, 1801–1807² (1896) und G. Drei, Il regno d'Etruria 1801–1807 (1935).

22 Vieles spricht indes dafür, daß Alexandrine lediglich als Vorwand diente und in Wahrheit über persönliche wie auch politische Differenzen zwischen Napoleon und Lucien hinwegtäuschen sollte. In diesem Sinn äußerte sich General Bernadotte, der zu Lucien am Vorabend seiner Ausreise aus Frankreich sagte: «Elle [Alexandrine] est trop belle et trop bonne pour exciter la haine de qui que ce soit et, trop spirituelle surtout, pour ne pas comprendre qu'elle n'est que le prétexte de votre éloignement. Napoléon la remercierait, s'il osait, de le lui avoir fourni.» (Iung, Lucien Bonaparte II 449).

23 Pius VII. betrieb eine sehr differenzierte Politik gegenüber Napoleon und Mitgliedern der Familie Bonaparte. H. Welschinger, Le Pape et l'Empereur, 1804–1815 (1905); P. I. Rinieri, Napoleone e Pio VII. 1804–1813 (1906); F. Masson, Le Sacre et le Couronnement de Napoléon (1908); A. Latreille, L'Église Catholique et la Révolution Française I. II (1950).

24 Mehrere Mitglieder der Familie Bonaparte hielten sich bereits im Kirchenstaat auf, als Lucien und Alexandrine 1804 dort ankamen, allen voran Luciens Mutter, Letizia Bonaparte, die ihrem Sohn den Weg dorthin ebnete, seine Schwester, Pauline Borghese, und sein Onkel, Kardinal Joseph Fesch. Nachdem Lucien und seine Familie zuerst in Bassano di Sutri bei den Fürsten Giustiniani zu Gast gewesen waren, mieteten sie eine Unterkunft im Palazzo Lancellotti, der Residenz Kardinal Feschs in der Via dei Coronari in Rom. Pecchiai, Beni stabili 14 ff.

25 Die Wahl fiel auf den an der Via Condotti gelegenen Palazzo der Markgrafen Nuñez (heute Torlonia), einen der imposantesten Barockbauten Roms, der 1806 angekauft, dann aufwendig restauriert und um ein eigenes Theater, eine Kunstgalerie und ein Schwimmbad erweitert wurde. Zu diesem Zweck wurden angrenzende Häuser hinzugekauft. Pecchiai, Beni stabili 22 f.

26 Die sogenannte Villa Rufinella liegt zwischen Frascati und dem Stadtgebiet des antiken Tusculum. Lucien konnte sie 1804 von der Camera Apostolica erwerben (Rom, Archivio Storico Capitolino, sezione XLIV, vol. 37, notaio Niccolò Nardi, 24 luglio 1804) und durch Ankäufe angrenzender Grundstücke erweitern. Pecchiai, Beni stabili 16 ff.; M. G. Branchetti, Ville della Campagna Romana. Lazio 2 (1975) 37 und I. Belli Barsali – M. G. Branchetti, Ville della Campagna romana (1981).

Abb. 6 Tusculum, Ansicht des Theaters, ohne Datum. Stich von Pietro Parboni nach einer Zeichnung von S. Pomardi.

sie zudem die Erinnerung an Ciceros Tusculum wach[27]. Im Gedenken an den berühmten Redner und vermeintlichen Vorbesitzer des Grundstücks ließ Lucien bei antiken Mauerresten, die in einem entlegenen Teil des Anwesens standen und in seinen Augen von Ciceros Villa zeugten[28] (Abb. 5), dessen Büste aufstellen[29]. Der selbst mit Dichtung und Rhetorik befaßte, im übrigen vielseitig begabte und romantisch gesonnene Lucien, der in seinem Umkreis Persönlichkeiten wie Germaine de Staël und François-René de Chateaubriand versammelte, ließ auf einer Anhöhe einen antikisierenden Tempel mit Büsten der von ihm besonders verehrten Dichter und Denker errichten[30]. In einem anderen Teil des Gartens begann er erstmals mit archäologischen Ausgrabungen[31]. Dabei konnte er zwischen 1807

27 Was die Lokalisierung des antiken Tusculum betrifft, kursierten im 18. und frühen 19. Jahrhundert verschiedene Ansichten, deren geläufigste die Identifizierung mit dem neuzeitlichen Frascati vorsah (D. B. Mattei, Memorie istoriche dell'antico Tuscolo oggi Frascati [1711]). Lucien, fasziniert von der Vorstellung sich auf derart geschichtsträchtigem Boden zu bewegen, forcierte daher offenbar den Erwerb der Rufinella, die er künftig Tusculana nannte. Vgl. H. Vallet, Les «Voyages en Italie» (1804). Journal d'un compagnon d'exil de Lucien Bonaparte (1986) 158 ff.

28 F. Coarelli, Dintorni di Roma, Guide archeologiche Laterza 7^2 (1993) 120 f. Die sogenannte Villa des Cicero wurde später dem Kaiser Tiberius zugeschrieben, dann auch als Jupiterheiligtum interpretiert. Eine überzeugende Identifizierung ist bisher nicht erfolgt. Siehe: M. Valenti, Ager Tusculanus (IGM 150 III NE – II NO), Forma Italiae 41 (2003) 343 ff. Nr. 789–794 Abb. 358.

29 Ohne Autor, Mémoires secrets sur la vie privée, politique et littéraire de Lucien Buonaparte prince de Canino (1816) 276; C. de Chatillon, Quinze ans d'exil dans les États Romains, pedant la proscription de Lucien Bonaparte (1842) 1 f. und Iung, Lucien Bonaparte III 60 ff.

30 Der Tempel, auf einem Parnaß genannten Hügel gelegen, zu dem ein Aufweg hinaufführte, enthielt Büsten von Homer, Vergil, Tasso und Camoens (Iung, Lucien Bonaparte III 61 f.). Er fiel bald nach dem Weggang der Bonaparte dem Verfall anheim (The Private Diary of Richard, Duke of Buckingham and Chandos [1862] III 146 f. sowie ferner M. Natoli in: Luciano Bonaparte 377 ff.). Dabei handelt es sich um eine Denkmalform des Historismus, die unter anderem durch das Panthéon Français, die 1791 auf Veranlassung Napoleons umgewidmete vormalige Pariser Abteikirche Sainte Geneviève, und die Walhalla in Donaustauf, die Ludwig I. von Bayern 1830–1842 erbauen ließ, belegt ist. Zur Bedeutung solcher nationaler Ruhmestempel ist ein Gedicht mit dem Titel «Ode de Valhalla» von Interesse, das Lucien Bonaparte anläßlich eines Besuches der Walhalla im Sommer 1839 verfaßte und seinem Gastgeber, Ludwig I. von Bayern, widmete (München, Bayerisches Hauptstaatsarchiv, Abteilung III, Geheimes Hausarchiv, Nachlaß Ludwig I. 86/6/VIII). Vgl. das Gedicht, das Lucien zu Ehren Ludwigs I. von Bayern bereits 1832 bei einem Besuch in München schrieb (Iung, Lucien Bonaparte III 403). Siehe auch J. Traeger, Der Weg nach Walhalla. Denkmallandschaft und Bildungsreise im 19. Jahrhundert[2] (1991).

31 A. Pasqualini, Xenia Antiqua 1, 1992, 161 ff. und P. Liverani in: Luciano Bonaparte 49 ff.

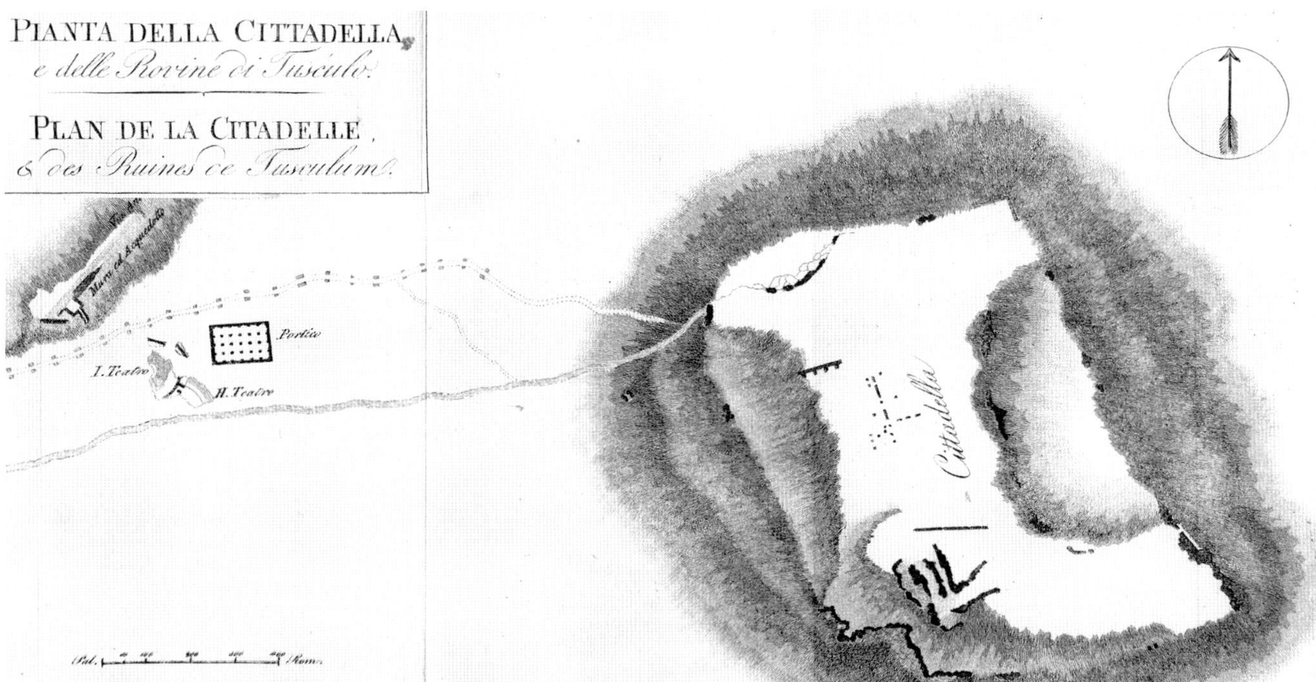

Abb. 7 Tusculum, Plan der Ruinen von Tusculum. Plan der Ausgrabungen Bonaparte, 1807-1809/10.

und 1809/10 ein Theater (Abb. 6) und ein Forum freilegen[32], welche tatsächlich dem antiken und bis dahin nur aus der Literatur bekannten Tusculum angehörten[33] (Abb. 7). Die Funde, insbesondere Inschriften und Skulpturen, zu denen die beiden Rutilien[34] zählen, wurden als Staffage zur Ausstattung des Gartens verwendet[35]. Einzelne Stücke wurden nach Rom gebracht und Luciens Galerie hinzugefügt[36], welche längst den Ruf besaß, eine der Sehenswürdigkeiten der Stadt zu sein[37]. Die Sammlung umfaßte neben einem

32 A. Nibby, Viaggio antiquario ne' contorni di Roma II (1819) Taf. A (Plan der Ausgrabungen Bonaparte). Taf. 1–5 (Ansichten der Mauerreste von Tusculum); L. Rossini, Le Antichità dei contorni di Roma (1826) Taf. 74 (Plan der Ausgrabungen von L. Bonaparte und L. Biondi) und E. Castillo Ramírez, Humanistas, anticuarios y arqueólogos tras los pasos de Cicerón. Historiografia de Tusculum (siglos XIV-XIX) (2005) 181 ff.

33 Die Identifizierung der antiken Stadt stand 1825 nach dem Fund einer Wasserleitung mit der Aufschrift rei pub(licae) Tusculanorum (CIL XIV 2658) außer Zweifel. Die erste archäologische Veröffentlichung, in der unter anderem auch die Ergebnisse der Ausgrabungen von Lucien Bonaparte (1807–1809/10) und Luigi Biondi (1825–1839) berücksichtigt wurden, erfolgte durch Luigi Canina (L. Canina, Descrizione dell'antico Tuscolo [1841]); siehe dazu auch G. Cappelli – S. Pasqualini (Hrsg.), Tusculum. Luigi Canina e la riscoperta di un'antica città (2002). Die Ausdehnung der Grabungen von Lucien Bonaparte läßt sich heute nicht mehr genau ermessen; möglicherweise erstreckten sie sich auch auf die sogenannte Villa des Cicero. Vgl. T. Ashby, BSR 5, 1910, 330 ff. bes. 342 ff. – Zu den intensiven neuen Untersuchungen im Stadtgebiet von Tusculum siehe L. Quilici – S. Quilici-Gigli, Archeologia Laziale 10, 1990, 205 ff.; diess., Tusculum e il Parco archeologico (1991); diess., Archeologia Laziale 11, 1993, 245 ff.; diess., Archeologia Laziale 12, 1995, 509 ff.; diess. in: Ultra terminum vagari. Scritti in onore di Carl Nylander (1997) 241 ff. sowie X. Dupré (Hrsg.), Scavi archeologici di Tusculum. Rapporti preliminari delle campagne 1994–1999 (2000).

34 Rutilia L(ucii) f(ilia): CIL XIV 2741; Amelung, Vat. Kat. I 544 f. Nr. 357 Taf. 57; P. Liverani, Museo Chiaramonti (1989) 74, XXXII, 1; V. Kockel, Porträtreliefs stadtrömischer Grabbauten (1993) 48 Nr. 405 und Rutilia P(ublii) f(ilia): CIL XIV 2742; Amelung, Vat. Kat. I 543 f. Nr. 355 Taf. 57; Liverani a. O. 74, XXXII, 5; Kockel a. O. 48 Nr. 405.

35 Damit war der Maler Charles de Chatillon beauftragt, der zur Entourage von Lucien Bonaparte gehörte. C. de Chatillon, Quinze ans d'exil dans les États Romains, pedant la proscription de Lucien Bonaparte (1842) 3; Thieme – Becker VI (1912) 430 s. v. Chatillon, Charles de [ohne Autor]. Davon abgesehen erfolgten die Umbauten und landschaftliche Gestaltung der Villa Rufinella durch den Architekten Raffaele Stern und den Bildhauer Vincenzo Pacetti. Zu Raffaele Stern, der noch weitere Aufträge von Lucien Bonaparte erhielt, siehe auch Thieme – Becker XXXII (1938) 8 s. v. Stern, Raffaele (ohne Autor) und M. Natoli in: M. Natoli – M. A. Scarpati, Il Palazzo del Quirinale. Il mondo artistico a Roma nel periodo napoleonico I (1989) 1 ff. bes. 9.

36 F. Haskell in: Luciano Bonaparte 1 ff. und R. Bartoli Contini in: ebd. 315 ff.

37 G. A. Guattani, Galleria del senatore Luciano Bonaparte (1808). Die Gräfin d'Albany, die Luciens Kunstgalerie in der Via Bocca di Leone im Jahre 1811 besichtigte, berichtet,

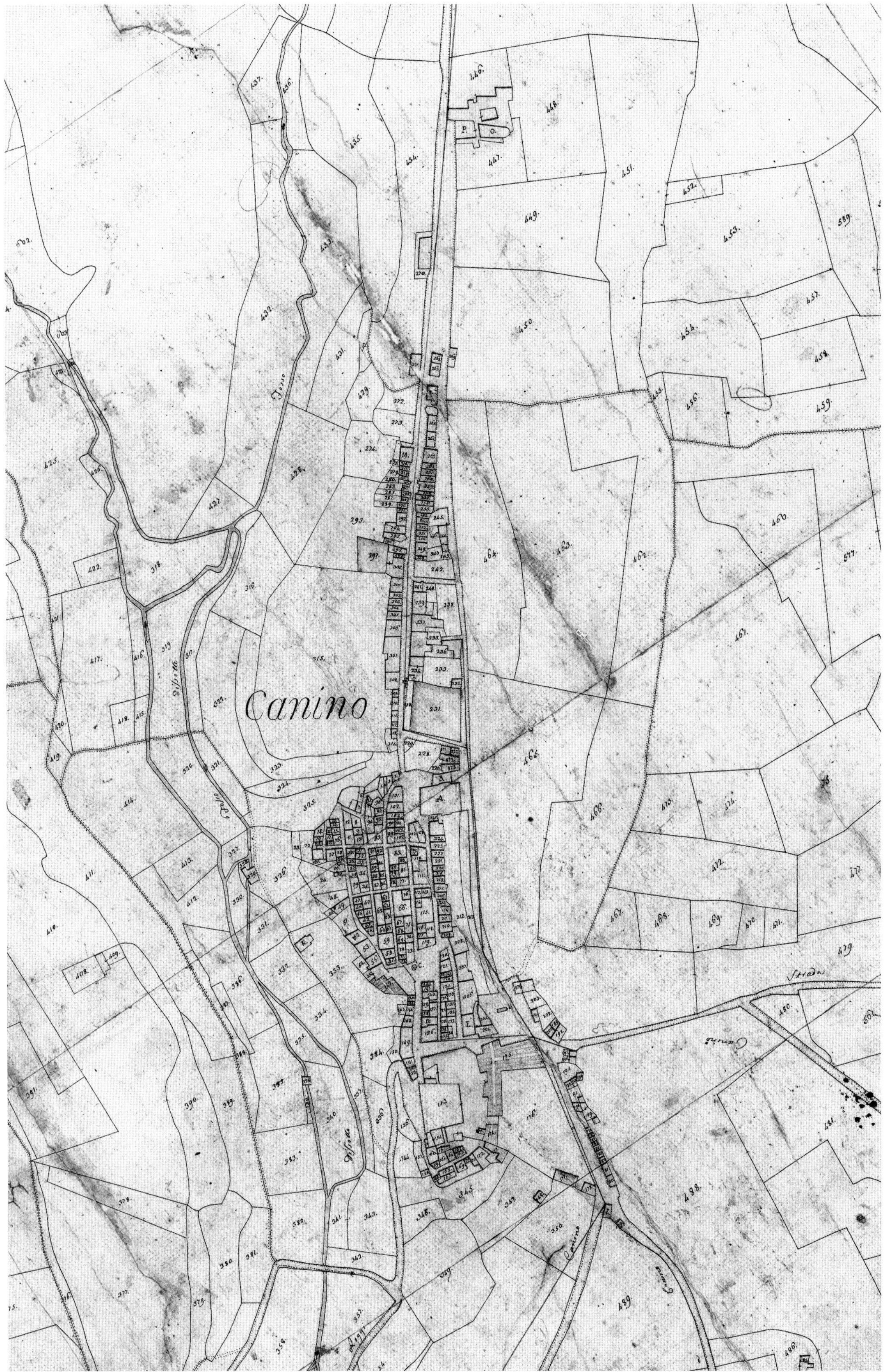

Abb. 8 Rom, Archivio di Stato, Catasto Gregoriano, Denominazione: Canino, Territorio: Canino, Antica Provincia: Civitavecchia, Mappa 102 (Ausschnitt).

Abb. 9 Rom, Archivio di Stato, Catasto Gregoriano, Denominazione: Mossignano (sic!), Territorio: Canino, Antica Provincia: Civitavecchia, Mappa 2 (Ausschnitt).

älteren Bestand an Gemälden, unter denen sich vorzügliche Werke spanischer Meister befanden[38], eine beachtliche Gemmensammlung[39] und neuerdings auch einen Grundstock an Antiken[40], die Lucien bei seinem Umzug nach Rom aus dem Besitz der Giustiniani erworben hatte[41]. Weil die Antiken für die Einrichtung seines neuen Domizils in der Hauptstadt vorgesehen waren, handelte es sich dabei um Skulpturen, hauptsächlich repräsentative Stücke, unter denen die berühmte Minerva Medica hervorragte[42].

Nachdem zwischenzeitlich sämtliche Mitglieder der Familie Bonaparte vergeblich versucht hatten, zwischen dem Kaiser und seinem Bruder zu vermitteln, und ein vorläufig letztes Versöhnungsgespräch mit Napoleons Entschluß «tout pour Lucien divorcé, rien pour Lucien sans divorce»[43] endete, ließ Lucien den Rest seines umfangreichen Vermögens in Frankreich auflösen und alles in den Kirchenstaat transferieren. Zwischen 1804 und 1808 konnte er mehrere Immobilien in Rom sowie zahlreiche Liegenschaften in Latium, schließlich ein Landhaus in den Marken erwerben[44]. Zu seinem Hauptsitz wählte er bald das Anwesen Canino, das er 1808 von der Camera Apostolica übernommen hatte[45]. Dieses umfaßte den Palazzo Farnese im Borgo von Canino (Abb. 8), ein Gehöft in Musignano auf halbem Weg von Canino nach Montalto di Castro (Abb. 9), das Castello della Badia neben einer alten Brücke über den Fiora und 8.000 Hektar Wald, Weideflächen und Ackerland, welche sich zu einem Teil über die

daß sie über vierzig Meisterwerke abendländischer Malerei beherbergte (L. J. B. Pelissier, Le porte feuille de la Comtesse d'Albany 1806–1824 [1902]). Vgl. S. Balayé, Les carnets de voyage de Madame de Staël (1971) 225 mit Anm. 253.

38 R. Carloni in: Luciano Bonaparte 5 ff. und M. Gregori in: ebd. 263 ff.

39 Vgl. L. Pirzio Biroli Stefanelli in: Luciano Bonaparte 239 ff.

40 P. Liverani in: Luciano Bonaparte 53 ff.

41 Luciens Ankäufe bei dem Fürsten Vincenzo Giustiniani kamen 1804 zustande. Die verbleibende Sammlung Giustiniani sollte später für das Musée Napoléon angekauft werden und wurde zu diesem Zweck von Filippo Aurelio Visconti katalogisiert; F. A. Visconti, Indicazione delle sculture del Palazzo Giustiniani (1811) (Rom, Archivio di Stato, Camerale II, Titolo VI, Busta 42 Fasc. 57). Die Skulpturen wurden jedoch aus unbekannten Gründen nicht erworben. F. Boyer, Bullettin de l'Institut de Naples 46, 1953, 9 ff. und G. E. Rizzo, BCom 32, 1904, 3 ff.; 33, 1905, 18 ff.

42 Amelung, Vat. Kat. I 138 ff. Nr. 114 Taf. 18; Helbig4 I Nr. 449 (W. Fuchs); Lippold, Vat. Kat. III 2; LIMC II (1984) s. v. Athena/Minerva 1086 Nr. 154 Taf. 797 sowie ferner F. Haskell – N. Penny, Taste and the Antique. The Lure of Classical Sculpture 1500–1900 (1981) 269 ff. Kat. 63.

43 Iung, Lucien Bonaparte III 117.

44 Pecchiai, Beni stabili 14 ff.; M. Natoli in: Luciano Bonaparte 377 ff.

45 Canino befand sich lange im Besitz der Farnese und war vor allem als Geburtsort von Alessandro Farnese, dem späteren Papst Paul III. (1534–1549), bekannt. Im 17. Jahrhundert ging es an die Camera Apostolica über, von der es Lucien Bonaparte übernahm (P. E. Visconti, Notizie istoriche della Terra di Canino [1843]). Die genauen Umstände des Eigentümerwechsels sind unklar; jedenfalls trat der Kaufvertrag im Zusammenhang mit einer beachtlichen Spende von Lucien 1808 in Kraft (Rom, Archivio Storico Capitolino, Castellania di Canino: 27 febbraio 1808, not(aio) Niccolò Nardi, segr(etario) e canc(elliere) della R(everenda) C(amera) A(postolica) [Sezione XLIX, vol. 42], Ricognizione in dominium dell'affittuario dei beni di Canino: 8 marzo 1808, not(aio) Lorenzini [Sezione XXX, vol. 103]). Siehe auch Pecchiai, Beni stabili 14 ff.

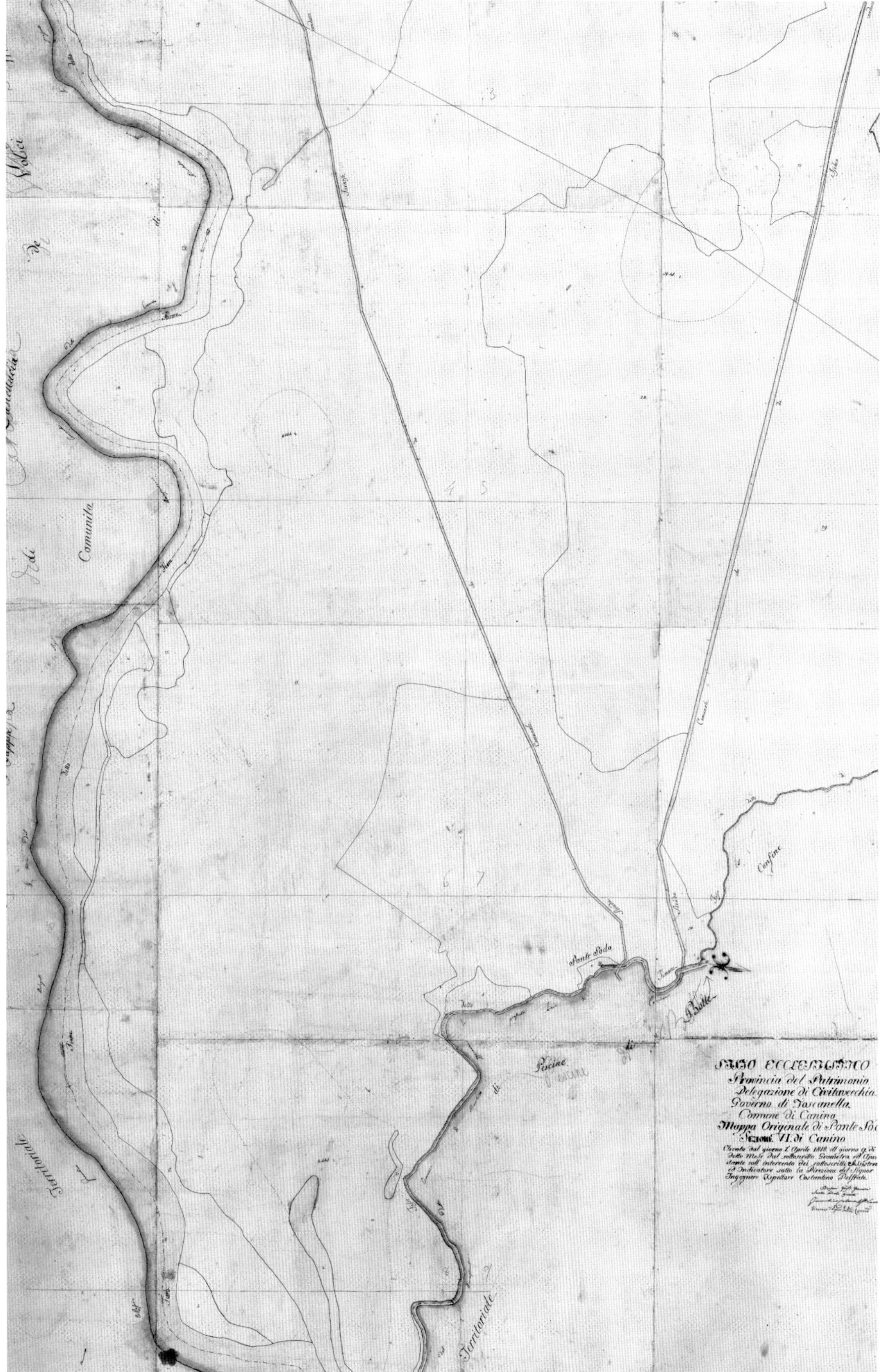

Abb. 10 Rom, Archivio di Stato, Catasto Gregoriano, Denominazione: Ponte Sodo, Territorio: Canino, Antica Provincia: Civitavecchia, Mappa 3.

Nekropole des antiken Vulci erstreckten (Abb. 10)[46]. Hier an der Grenze des Kirchenstaates, einen Steinwurf weit von dem inzwischen von Frankreich verwalteten ehemaligen Großherzogtum Toskana entfernt, sollte Lucien, nachdem er die Krone des napoleonischen Etrurien endgültig von sich gewiesen hatte, seinen Beitrag zur Erschließung des antiken Etrurien leisten.

Vorerst aber wurde der Kirchenstaat 1808 von französischen Truppen besetzt. Als Napoleon sodann den Papst nach Fontainebleau bringen ließ, mußten auch Lucien und seine mittlerweile mehrköpfige Familie das nunmehr französische Département du Tibre verlassen. Ein Fluchtversuch nach Amerika mißlang. Die Bonaparte wurden von der englischen Flotte aufgehalten, nach England gebracht und als potentielle Parteigänger Napoleons, zugleich als Kriegsgegner und nützliches Unterpfand in Thorngrove, einem Ort in der Grafschaft Worcester, mehrere Jahre festgehalten. Fernab der Öffentlichkeit, umgeben nur von den engsten Vertrauten, dem Maler Charles de Chatillon[47] und dem Pater Maurizio Malvestiti da Brescia[48], widmete sich Lucien der Literatur und der Astronomie. Er verfaßte ein episches Gedicht in 24 Gesängen, das die römische Kirche verherrlichte und mit einer Widmung für Pius VII. in England publiziert wurde[49]; damit knüpfte er an die Tradition von Tasso und erntete eine wohlwollende Kritik von Byron. Daneben arbeitete er an einem Katalog aller sichtbaren Planeten. Bei seinen Studien unterstützte ihn der Pater, der eigentlich als Hauskaplan und Lehrer seiner Kinder, mindestens ebenso aber als Sekretär von Lucien selbst tätig war. Alexandrine gab sich gleich ihrem Mann der Dichtung hin. Auch sie, die früher schon Lyrik geschrieben und dem Bildhauer Canova als Terpsichore Modell gestanden hatte[50], verfaßte ein episches Gedicht, das einem mittelalterlichen Thema galt[51]. Erst nachdem der französische Kaiser abgedankt hatte, konnten die Bonaparte 1814 in den Kirchenstaat zurückkehren. Lucien wurde nun für seine Loyalität, die er gegenüber dem Heiligen Stuhl ein weiteres Mal bewiesen hatte, mit dem Titel des «Principe di Canino» ausgezeichnet[52]. Die politischen Ereignisse der vergangenen Jahre hatten unterdessen dazu geführt, daß Lucien und Alexandrine zunehmend in finanzielle Bedrängnis geraten waren. Während Lucien nämlich insgeheim auf eine Anerkennung von Alexandrine, eine Aussöhnung mit Napoleon und seine Rückkehr in die Politik gehofft hatte, hatte er der jeweiligen politischen Situation gemäß sprunghafte Investitionen in Immobilien getätigt. Der unfreiwillige Aufenthalt in Thorngrove, auf Grund dessen ihm gewisse Einnahmen abgingen[53], und der allgemeine wirtschaftliche Entwicklungsgang im Kirchenstaat trugen ein weiteres zu den Verlusten bei. Dieser Umstand zwang den künftigen Fürsten von Canino, sukzessive seine Kunstschätze und Landgüter zu veräußern[54], und veranlaßte das Fürstenpaar später, den ertragreichen

46 Das Anwesen von Canino gehörte zunächst zur Provinz Civitavecchia, später zur Provinz Viterbo. Die zugehörigen Ländereien, die sich entlang des Fiora erstreckten, umfaßten landwirtschaftlich, forstwirtschaftlich und industriell genutzte Flächen. Siehe auch Moroni, Dizionario XXIII (1854) 193 ff. s. v. Farnese; CII (1861) 76 ff. s. v. Viterbo, Canino und 87 ff. s. v. Viterbo, Musignano.

47 C. de Chatillon, Quinze ans d'exil dans les États Romains, pedant la proscription de Lucien Bonaparte (1842); Thieme – Becker VI (1912) 430 s. v. Chatillon, Charles de (ohne Autor).

48 Siehe unten Kap. II.

49 L. Bonaparte, Charlemagne ou l'Église sauvée (1814).

50 H. Honour in: Luciano Bonaparte 249 ff.

51 A. Bonaparte, Batilde, reine des Francs (1820).

52 Die Ernennungsurkunde wurde am 18. August 1814 ausgestellt (Vatikan, Archivio Segreto Vaticano, Epoca Napoleonica, Busta VIII, Numero 41). Leo XII., der an die Politik Pius' VII. anknüpfte und sich auch Lucien Bonaparte gegenüber gewogen zeigte, erweiterte den Titel im Jahre 1824 auf «Principato di Canino e Musignano» (P. E. Visconti, Notizie istoriche della Terra di Canino [1843] 9 ff.).

53 Napoleon hatte 1810 den Verkauf von Luciens Kunstsammlungen, die als Sicherheit für mehrere Kredite bei dem Bankier Torlonia in Rom hinterlegt waren, blockiert und Lucien zu Beginn seiner Kriegsgefangenschaft, die von den Engländern offiziell als Schutzmaßnahme dargestellt wurde, endgültig von der Senatorenliste in Frankreich streichen lassen, womit auch alle finanziellen Ansprüche erloschen (ohne Autor, Le Prince Lucien Bonaparte et sa famille [1889] 174 ff.). Im Jahr 1815 wurde ein Teil der Kunstsammlung in London verkauft (ohne Autor, Catalogue of the splendid collection of pictures belonging to prince Lucien Bonaparte which will be exhibited for sale at the New Gallery, London [1815]).

54 Im Jahr 1820 wechselte die Villa Rufinella in Frascati, die schon seit 1817 nicht mehr von den Bonaparte bewohnt wurde (N. Del Re, Lunario Romano 11, 1982, 273 ff.), mitsamt einiger Funde aus den Grabungen in Tusculum in den Besitz der Herzogin Maria Anna von Chablais und später der Königin von Sardinien, Maria Christina von Savoyen, auf deren Betreiben einige Antiken dann in das Kastell von Agliè nach Piemont gelangten (M. Borda, Monumenti archeologici tuscolani nel Castello di Agliè [1943]). – Palazzo Nuñez in Rom wurde 1823 an Luciens Bruder Jérôme, vormals König von Westphalen, verkauft (Pecchiai, Beni stabili 27). Ein Teil der Skulpturen, darunter die Minerva Giustiniani, ging nach erfolglosen Verhandlungen mit Ludwig I. von Bayern (München, Bayerisches Hauptstaatsarchiv, Abteilung II, Geheimes Staatsarchiv, Bayerische Gesandtschaft Päpstlicher Stuhl Nr. 309) 1817 an die Vatikanischen Museen über und wurde in dem 1822 eröffneten Braccio Nuovo des Museo Chiaramonti ausgestellt. Ein weiterer Teil, bei dem sich die beiden Rutilien befanden, wurde

Ausgrabungen in Vulci auch einen erklecklichen finanziellen Vorteil abzugewinnen[55].

Bereits vor ihrem Exil hatten die Bonaparte archäologische Ausgrabungen in Canino durchgeführt, die sich auf die sogenannten Bagni Etruschi, Reste einer römischen Thermenanlage in der Nähe von Musignano, beschränkten. Nachdem unweit des Gehöftes, eines schlichten mittelalterlichen Gebäudes, das ehemals eine Zisterzienserabtei beherbergt hatte[56], eine in der Antike benutzte Thermalquelle wiederentdeckt worden war, hatte Lucien dort von 1809 bis 1810 Nachforschungen angestellt[57]. Dabei unterstützten ihn der Maler Charles de Chatillon und Pater Maurizio da Brescia, die möglicherweise beide schon an den Arbeiten in Tusculum teilgenommen hatten[58]. Bei den Ausgrabungen in Musignano konnten römische Skulpturen geborgen werden, die ursprünglich zur Ausstattung der Thermen gehört hatten, darunter eine Frauenstatue aus Marmor[59], einige Inschriften und Mosaiken, welche die Canino'schen Bestände an römischen Antiken erweiterten. Nachdem das Fundmaterial geborgen war, wurde am selben Ort erneut eine Badeanstalt eingerichtet, welche zum Wohle der ansässigen Bevölkerung öffentlich zugänglich gemacht wurde[60]. Wie das Beispiel der Bagni Etruschi zeigt, wurde den Bodenfunden nicht nur ein ästhetischer oder historischer Wert beigemessen, sondern sie wurden zudem als natürliche Ressourcen begriffen. Die archäologischen Ausgrabungen konnten also ohne weiteres mit dem praktischen und wirtschaftlichen Nutzen des Anwesens einhergehen. Desgleichen hatte Lucien, der in Canino zwar Grundbesitz, aber gemäß dem Code Napoléon keine Feudalrechte erworben hatte, eine Eisenhütte wiedereröffnet, in der wohl schon in der Antike Eisenerz aus Elba mit in Canino reichlich verfügbarem Holz verarbeitet worden war[61]. Die archäologische Hinterlassenschaft, die auf Schritt und Tritt zum Vorschein kam, fügte sich demnach in den Rahmen einer umfassenden Urbarmachung der päpstlichen Maremma ein und kam einer von Staats wegen angestrebten Wiederbelebung alter Strukturen in diesem äußersten Winkel des abgewirtschafteten Kirchenstaates entgegen[62].

1. Lucien und Alexandrine Bonaparte als Ausgräber in Vulci

Das antike Vulci, im Süden Etruriens auf einer weiten Ebene ungefähr 12 km landeinwärts von der tyrrhenischen Küste gelegen, war bis zum zweiten Viertel des 19. Jahrhunderts archäologisch kaum bekannt[63]. Das Stadtgebiet und die zugehörigen Nekropolen, die sich zu beiden Seiten des Flusses Fiora erstreckten, lagen unter einem Flecken Ackerland inmitten der meist unwegsamen Maremma verborgen. Erst im Frühjahr 1828, als auf der Gemarkung Cavalupo unter einem Ochsengespann der Boden nachgab, wurde zufällig eine etruskische Grabstätte mit griechischen Vasen entdeckt. Die Landarbeiter verkauften die Funde unter der Hand an Hofrat Wilhelm Dorow, den preußischen Gesandten in Rom, aus dessen Besitz sie an den Maler Eduard Magnus, durch diesen 1831 in die kö-

1821 ebenfalls von den Vatikanischen Museen erworben; siehe auch P. Liverani in: Luciano Bonaparte 49 ff.

55 Die finanzielle Lage des Fürstenpaares war bald dermaßen angespannt, daß Kardinal Fesch 1826 mit einer beträchtlichen Summe einspringen mußte, um ein Gerichtsverfahren abzuwenden, das Luciens Gläubiger gegen ihn angestrengt hatten. Davon abgesehen wurden die Renditen des Anwesens Canino ausschließlich zur Tilgung von Schulden verwandt. Während Lucien daraufhin erwog, mit Schriftstellerei zu Geld zu kommen, regte Alexandrine an, die 1828 einsetzenden archäologischen Ausgrabungen als Erwerbsquelle zu erschließen, was dazu führte, daß bereits die ersten Funde von Vasen aus Canino umgehend verkauft wurden; siehe auch Fleuriot de Langle, Alexandrine Bonaparte 195 ff.

56 Moroni, Dizionario CII (1861) 87 ff. s. v. Viterbo, Musignano und A. Serafini, Musignano e la Rocca al Ponte della Badia (1920).

57 B. Gandolfi, Acque termali del bagno del sig. Senatore Luciano Bonaparte e fumajolo nelle vicinanze di Canino con qualche dichiarazione mineralogica (1810).

58 C. Fea, Codices Ferrajoli (o. J.) 440 f. 204 sowie ferner A. Pasqualini, Xenia Antiqua 1, 1992, 161 ff. bes. 183 Anm. 68 und Liverani in: Luciano Bonaparte 49 ff.

59 Es handelt sich um die vom Ausgräber so genannte Hygieia (Bonaparte, Catalogo 173 und Bonaparte, Museum 14; vgl. E. Gerhard, AdI 1829, 187 ff. bes. 190 f.). Siehe auch Liverani in: Luciano Bonaparte 60 f.

60 Eine Beschreibung der Thermen und eine Bestätigung ihrer Öffnung für die Bevölkerung von Canino blieb mit den Lebenserinnerungen von Pierre-Napoléon Bonaparte bewahrt (P. N. Bonaparte, Souvenirs, traditions et revélations I [1886] 114).

61 Pecchiai, Beni stabili 24 ff.

62 Im allgemeinen bedurften die italienischen Staaten zu Beginn des 19. Jahrhunderts gründlicher Reformen, die vor allem im Kirchenstaat lange unterblieben waren, während sie in den anderen italienischen Staaten in unterschiedlichem Maße vorangetrieben wurden.

63 Zur Geschichte des Ortes und seiner Erforschung siehe A. M. Sgubini Moretti, Vulci e il suo territorio, Guide territoriali dell'Etruria meridionale (1993) 13 ff. Auf die archäologische Relevanz des Pian de' Voci, mit dem schon im späten 18. und frühen 19. Jahrhundert gelegentlich das antike Vulci verbunden wurde, ging Vincenzo Campanari (Notizie di Vulcia antica città etrusca [1829]) ausführlich ein.

niglich-preußischen Sammlungen nach Berlin gelangten[64]. Der Vorfall aber wurde angezeigt und über die Behörden erfuhren die Eigentümer des Grundstücks, die Fürsten von Canino, selbst davon[65]. Während Lucien und Padre Maurizio in den Marken weilten, ergriff Alexandrine, die in Canino geblieben war, umgehend die Initiative. Sie beantragte eine offizielle Lizenz und eröffnete noch im Herbst desselben Jahres Ausgrabungen beim Ponte della Badia[66], was für eine Frau jedenfalls recht ungewöhnlich war[67] und übrigens sehr zum Leidwesen ihrer Schwiegermutter geschah[68]. Entgegen aller Befürchtungen zeitigte das Unternehmen allerdings Ergebnisse, die alle Erwartungen übertrafen, Lucien und Padre Maurizio dazu bewogen, unverzüglich nach Canino zurückzukehren[69]. Der Zufallsfund des Jahres 1828, zu dem die Schale des Sosiasmalers mit Achill und Patroklos gehörte[70], gab den Auftakt archäologischer Ausgrabungen in Vulci[71]. Diese setzten sofort von mehreren Seiten ein. Neben den Fürsten von Canino, die nicht nur die mit Abstand größten Ländereien in der Gegend hatten, sondern auch weite Teile der antiken Nekropolenbezirke besaßen[72], wurden noch andere Ausgräber, teils als Eigentümer, teils als Pächter der jeweiligen Grundstücke, tätig: Zu ihnen gehörten vor allem Vincenzo Campanari, der anfangs zusammen mit Melchiade Fossati und den Brüdern Candelori im Gebiet von Camposcala auf dem rechten Ufer des Fiora grub[73],

64 Die Sammlung Dorow umfaßte unter anderem 442 griechische und etruskische Vasen sowie 95 Bronzen aus den Nekropolen von Tarquinia und Vulci. Siehe dazu A. Furtwängler, Beschreibung der Vasensammlung im Antiquarium I (1885) S. XVI f.

65 Die Anzeige beim Tribunale del Camerlengato geht auf Vincenzo Campanari zurück, in dessen Nachlaß sich die einschlägigen Dokumente befinden (Tuscania, Biblioteca Civica, Fondo Campanari). P. E. Visconti, Notizie istoriche della Terra di Canino (1843) 13 ff.

66 Rom, Archivio di Stato, Miscellanea del Camerlengato 1772–1871, Busta 638.

67 Gaetano Moroni bezeichnete sie im selben Zusammenhang als «donna di virile animo».

68 Letizia Bonaparte teilte ihrem Sohn in einem Brief vom 30. September 1828 dazu folgendes mit: «Quant au voyage qu'Alexandrine doit faire à Canino, pour les fouilles, je ne l'approuve pas, j'y trouve beaucoup d'inconvénients. D'abord, ce n'est pas l'affaire d'une femme; ensuite la princesse sera obligée d'emmener avec elle, pour son service, quatre à cinq personnes, ce qui occasionnera beaucoup de dépenses certaines, pour un objet très incertaine. Sa présence attirera une foule de mendiants à qui ont sera obligé de donner plus peut-être qu'on ne pourrait. La pluie peut arrêter les travaux; enfin, sans entrer dans d'autres détails, vous savez qu'on ne voyage pas impunément et que trois à quatre mille francs sont bientôt partis, même dans une petite excursion. Il vaudrait mieux, il me semble, attendre le retour de Boyer. Les choses se feraient mieux et à meilleur marché; et selon que les fouilles auraient plus ou moins de succès, vous pourriez juger si votre présence même serait nécessaire. Au reste, vous ferez ce que vous penserez être le plus dans vos intérêts; ce que je vous en dis ici est dicté par mon attachement.» (F. H. Larrey, Madame Mère [Napoleonis mater]. Essai historique [1892] II 334). Siehe auch ihren Brief an Lucien vom 13. April 1829 (ebd. 339).

69 Bonaparte, Catalogo 171 f.

70 Rotfigurige Schale des Sosiamalers in Berlin, Antikensammlung, Inv. F 2278; A. Furtwängler – K. Reichhold (Hrsg.), Griechische Vasenmalerei. Auswahl hervorragender Vasenbilder 3 (1932) 13 ff. Taf. 123; Beazley, ARV^2 21 Nr. 1; Beazley, Addenda^2 154; N. Himmelmann, Die Götterversammlung der Sosias-Schale. MarbWPr (1960) 41 ff.; E. Simon, Die griechischen Vasen (1976) 102 f. Taf. 117; K. Schefold, Götter- und Heldensagen der Griechen in der spätarchaischen Kunst (1978) 202 f. Abb. 277; T. H. Carpenter, Art and Myth in Ancient Greece. A Handbook (1991) 201 Abb. 301; Euphronios, der Maler, Ausstellungskatalog Berlin (1991) 224 ff. Nr. 59; Etrusker und Europa 398 Nr. 468; LIMC I (1981) 115 Nr. 468 mit Abb. s. v. Achilleus (A. Kossatz-Deissmann); LIMC VIII (1997) 949 Nr. 4 s. v. Patroklos (O. Touchefeu-Meynier); K. Junker, Pseudo-Homerica. Kunst und Epos im spätarchaischen Athen. 141. BerlWPr (2003) 2 ff. und ders., Griechische Mythenbilder. Eine Einführung in ihre Interpretation (2005) 13 ff. Abb. 1. 2.

71 Auf die ersten großen Ausgrabungen in Vulci und daraus resultierend die steigende Beliebtheit der sogenannten etruskischen Vasen wirft Stendhal, der 1837 unter dem Titel «Les tombeaux de Corneto» eine Reisebeschreibung über das antike Etrurien verfaßte, ein bezeichnendes Licht. Stendhal, Mélanges d'Art, Les tombeaux de Corneto, Henri Beyle, Oeuvres 37 (Martineau 1932, Nachdruck 1968) III 217 ff.

72 Das verdeutlichen die Einträge im Kataster (Rom, Archivio di Stato, Congregazione del Buon Governo, Serie VI, Catasti, Busta 39; Rom, Archivio di Stato, Catasto Gregoriano, Civitavecchia [Canino], Pianta e Brogliardo, Numero 2 [Mossignano]; Rom, Archivio di Stato, Catasto Gregoriano, Civitavecchia [Canino], Pianta e Brogliardo, Numero 3 [Ponte Sodo]; Rom, Archivio di Stato, Catasto Gregoriano, Civitavecchia [Canino], Pianta e Brogliardo, Numero 4 [Piano del Diavolo e Monti di Canino]; Rom, Archivio di Stato, Catasto Gregoriano, Civitavecchia [Canino], Pianta e Brogliardo, Numero 5 [Ponte dell'Abbadia]; Rom, Archivio di Stato, Catasto Gregoriano, Civitavecchia [Canino], Pianta e Brogliardo, Numero 30 [Monte Fumajolo]; Rom, Archivio di Stato, Catasto Gregoriano, Civitavecchia [Canino], Pianta e Brogliardo, Numero 31 [Cascina]; Rom, Archivio di Stato, Catasto Gregoriano, Civitavecchia [Canino], Pianta e Brogliardo, Numero 102 [Canino]).

73 Die Sammlung Candelori gelangte zum größten Teil ins Museo Gregoriano Etrusco (G. Pinza – B. Nogara, Documenti relativi alla formazione ed alle raccolte principali del Museo,

dann Benedetto und Felice Guglielmi, die ebendort eigene Besitzungen hatten[74], schließlich die Familie Feoli, die als Pächter im Gebiet von Campomorto, auf dem linken Flußufer südlich des Fosso Timone auf dem Grund der Bonaparte arbeitete[75]. Keine der unmittelbar nebeneinander stattfindenden Ausgrabungen aber konnte es in bezug auf die materielle Ausbeute oder die wissenschaftliche Signifikanz der Funde mit denen der Fürsten von Canino aufnehmen[76]. Da die Zusammenarbeit des Ehepaares für diese Ausgrabungen kennzeichnend ist und sich zwischen Lucien und Alexandrine eine Aufteilung von Aufgabenbereichen ergab, erscheint es sinnvoll, die Tätigkeit der beiden getrennt zu betrachten.

Lucien war schon bald persönlich am Grabungsort anwesend und übernahm die Leitung der Feldarbeit. Er teilte das Gelände in Grabungsareale ein und wies diese einzelnen Aufsehern zu. Sie beaufsichtigten ihrerseits wiederum Arbeiter, welche damit beschäftigt waren, die Hypogäen nach und nach freizulegen, die Beigaben daraus zu bergen und die Gräber anschließend wieder mit Abraum zu verfüllen. Auf diese Weise waren mitunter bis zu hundert Personen bei den Canino'schen Ausgrabungen angestellt. Lucien sorgte dafür, daß das Fundgut an Ort und Stelle gewaschen und registriert wurde. In einer eigens zu diesem Zweck errichteten Hütte aus Flechtwerk und Stroh, die in der Nähe des Tumulo della Cuccumella, der markantesten Erhebung weit und breit, inmitten der antiken Nekropole stand, war er selbst zusammen mit seiner Familie und dem Personal damit beschäftigt, die frisch geborgenen Funde zu sortieren. Das bezeugt der Herzog von Buckingham und Chandos, der im Mai 1829 auf seiner Reise durch Etrurien die noch in vollem Gange befindlichen Ausgrabungen in Vulci besuchte und von Lucien und Alexandrine in jener Hütte empfangen wurde. Derselbe Gast wurde anschließend durch das Gelände geführt und hatte tags darauf Gelegenheit, der Eröffnung eines Grabes beizuwohnen, welches nach ihm benannt wurde. Unter den vielen Funden, die bei den Ausgrabungen seiner Gastgeber zutage kamen, beeindruckten den Herzog von Buckingham und Chandos offenbar besonders Vasen. Denn in seinem Tagebuch notierte er abgesehen von einigem Goldschmuck, der bei den Körpern reich ausgestatteter Toten gefunden worden sei, vor allem Vasen, von denen die Fürsten von Canino inzwischen schon zweitausend Stück besäßen, während fast stündlich weitere hinzukämen. Am interessantesten schienen ihm Vasen zu sein, die griechische oder etruskische Beischriften oder Darstellungen der griechischen Mythologie zeigten; sie bildeten offenbar den Gegenstand einer angeregten Unterhaltung mit den Gastgebern[77]. Vom Grabungsareal wurde das Fundgut gewöhnlich nach Musignano gebracht, wo mehrere Restauratoren wiederum hauptsächlich bei Vasen Maßnahmen zur Erhaltung und Ergänzungen vornahmen. Dabei wurde großer Wert auf minimale Eingriffe in die originale Substanz gelegt. Die Restauratoren sollten sich grundsätzlich auf konservative Maßnahmen beschränken und Ergänzungen, sofern sie überhaupt nötig waren, einerseits mit originalgetreuen Materialien durchführen, andererseits aber als Ergänzungen sichtbar machen. Dazu entwickelte Lucien eine spezielle Methode, die von Kunsthändlern und Kennern antiker Vasen sehr geschätzt wurde[78]. Sie beruhte darauf,

unveröffentlichter Anhang B zu: G. Pinza, Materiali per la Etnologia antica toscano-laziale I. Oggetti della prima età dei metalli [1915] Dokument Nr. IV; Exemplar im Vatikan, Museo Gregoriano Etrusco), zu einem kleineren Teil auch an die Staatlichen Antikensammlungen München (O. Jahn, Beschreibung der Vasensammlung König Ludwigs I. in der Pinakothek zu München [1854] S. XV f.). Siehe auch M. Scarpignato, BMonMusPont 5, 1984, 13 ff. sowie F. Buranelli, Gli scavi a Vulci della società Vincenzo Campanari – Governo Pontificio, 1835–1837 (1992) 7 ff.

74 Die Sammlung der Brüder Guglielmi, die sich aus Funden von Grabungen der Jahre 1828–1848 rekrutierte, gelangte großteils in das Museo Gregoriano Etrusco. Siehe J. D. Beazley – F. Magi, La Raccolta Benedetto Guglielmi nel Museo Gregoriano Etrusco I. II (1939–41) und F. Buranelli, La Raccolta Giacinto Guglielmi, Monumenti, Musei e Gallerie Pontificie (1989).

75 Scarpignato a. O. 13 ff.; E. Gerhard, AdI 1831, 7; S. Campanari, Antichi vasi dipinti della collezione Feoli (1837) und H. Brunn, BdI 1865, 47 ff. Teile der Sammlung befinden sich in Würzburg, Martin von Wagner-Museum; vgl. L. Urlichs, Verzeichniss der Antikensammlung der Universität Würzburg, H. 3 (1872) S. III f.; er erwähnt die Erwerbung der Sammlung Feoli, die größtenteils aus den Vulcenter Grabungen im Campomorto seit 1829 zutage kamen; ein geringer Teil wurde gekauft oder im Tausch erworben. Der Katalog von Urlichs bietet nur eine kurzgefaßte Denkmälerliste, nennt jedoch keine Sammlungs- oder Herkunftsbezeichnung.

76 Buranelli in: Luciano Bonaparte 81 ff. Zur Lokalisierung der Grabungsfelder siehe G. Dennis, The Cities and Cemeteries of Etruria I (1948) 396.

77 The Private Diary of Richard, Duke of Buckingham and Chandos III (1862) 164 ff. – Vgl. Auch die Beschreibung von Stendhal, der im März 1835 zu dem Grabungsort fuhr (Stendhal, Voyages en Italie, hrsg. von V. Del Litto, Bibliothèque de la Pléiade, édition Gallimard 1973, 1193 ff.).

78 Entsprechend positiv äußerte sich auch die päpstliche Antikenverwaltung in dem Protokoll ihrer Sitzung vom 3. Januar 1829, in dem sie den Zustand der Vasen folgendermaßen beschrieb: «Raccolta di Vasi Etruschi scavati presso Canino al piano dell'Abbadia. [...] Generalmente tutti questi oggetti erano provisoriamente riuniti con colla Cervione, onde erano

daß weniger signifikante Scherben zu Pulver zerstoßen und anschließend zu einer Paste verrührt wurden, mit der Lücken in der Wandung der Gefäße dann ausgefüllt werden konnten.

Wurden die Grabungsarbeiten schon mit erstaunlicher Systematik durchgeführt, so erst recht die anschließende Fundbearbeitung. Die einzelnen Gegenstände wurden mit Inventarnummern versehen und in einen Generalkatalog aufgenommen. Dieser enthielt neben einer genauen Beschreibung des Objektes auch Angaben zum Ort und dem Datum seiner Auffindung sowie eventuell vergesellschafteten Funden, die allerdings nicht vollständig verzeichnet wurden. Bei den registrierten Funden handelte es sich fast ausnahmslos um figürlich bemalte Vasen, da diese mit ihren Darstellungen und Beischriften in historischer Hinsicht besonders aufschlußreich zu sein versprachen. Ferner ließ Lucien Abbildungen herstellen: Es waren Gesamtpläne von den Grabungsarealen, die er mit antiken Grabbezirken gleichsetzte und nach den dort aufgefundenen Cippen den in den Inschriften genannten Vulcenter Familien zuordnete (Abb. 11). Des weiteren ließ er Zeichnungen von bemalten Vasen anfertigen, bei denen es sich nahezu ausschließlich um attisch schwarzfigurige und rotfigurige Keramik handelte. Die Vasen wurden als vollständige Gefäße rekonstruiert, figürliche Darstellungen nochmals eigens herausgezeichnet, Beischriften und Signaturen wurden in Umzeichnung wiedergegeben. Mit den Abbildungen beauftragte er Luigi Maria Valadier[79], den Sohn des römischen Architekten und Archäologen Giuseppe Valadier[80]. Einen Teil dieser Dokumentation verwendete Lucien für seine Publikationen, welche unverzüglich erschienen und gleichermaßen wissenschaftlichen Zwecken dienen wie den Verkauf der Funde fördern sollten: Die Erstveröffentlichung einiger ausgewählter Funde kam 1829 in Form eines kommentierten Kataloges mit anschließender historischer Abhandlung heraus[81]. Binnen weniger Monate wurde ein weiterer ursprünglich als Übersetzung geplanter, dann aber erheblich erweiterter Band vorgelegt, welcher schon nach kurzer Zeit eine Zweitauflage erfuhr[82]. Dieser sollte weiterhin durch einen Atlas mit Lithographien ausgewählter Vasen, welche Valadier angefertigt hatte, ergänzt werden. Abgesehen von wahrscheinlich zwei Lieferungen ist der Atlas jedoch nicht realisiert worden[83]. Die Publikationen des Fürsten von Canino beziehen sich weitgehend auf figürlich bemalte, hauptsächlich attische Vasen und berühren Bronzen, Goldschmuck, Skarabäen oder auch andere Funde höchstens am Rande. Welcher Art sie waren und welchen wissenschaftlichen Wert sie für die Vasenforschung und darüber hinaus immer noch haben, vermag am besten ein Beispiel zu verdeutlichen: Zu der Schale des Exekias mit der Meerfahrt des Dionysos im Innenbild, die später nach München gelangte[84] (Abb. 12), finden sich folgende Angaben in der ersten Publikation[85]: die Fundnummer 1900, ein Titel, der auf die Darstellung Bezug nimmt, «La nave di Bacco», die Bezeichnung des

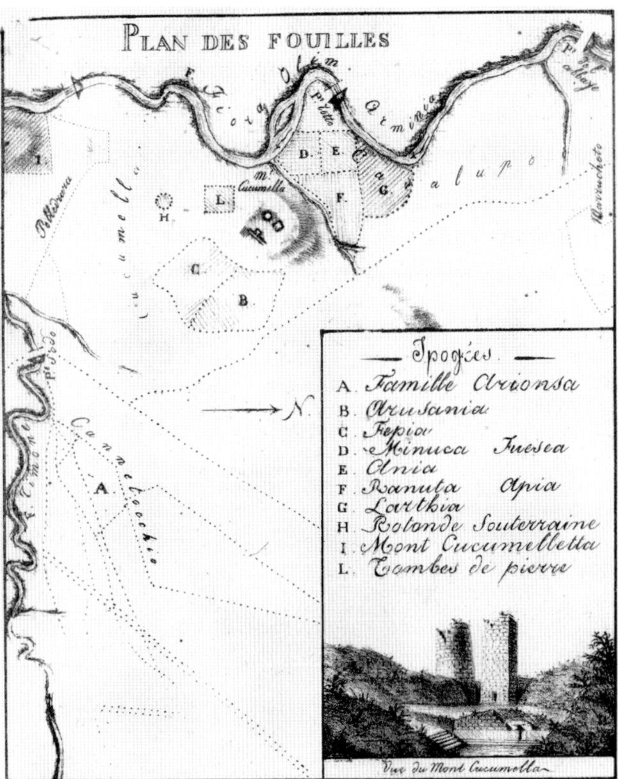

Abb. 11 Vulci, Plan der Ausgrabungen Bonaparte, 1828-1829. Zeichnung von Luigi Maria Valadier.

visibili nella pristina forma, e nel loro vero stato d'integrità, non mancavano che del pulimento, rimanendo come erano sortiti dalla terra. [....]» (Rom, Archivio di Stato, Camerlengato, Parte II, Titolo IV, Busta 188).

79 Thieme – Becker XXXIV (1940) 46 s. v. Valadier, Luigi Maria (E. Schulze-Battmann).

80 I. Ciampi, Vita di Giuseppe Valadier architetto romano (1870); E. Schulze-Battmann, Giuseppe Valadier, ein klassizistischer Architekt Roms (1939); Thieme – Becker XXXIV (1940) 45f. s. v. Valadier, Giuseppe (E. Schulze-Battmann), P. Marconi, Giuseppe Valadier (1964); E. Debenedetti, Valadier, diario architettonico (1979) und dies. (Hrsg.), Valadier, segno e architettura, Ausstellungskatalog Rom 1985 (1985).

81 Bonaparte, Catalogo.

82 Bonaparte, Museum.

83 L. Bonaparte, Atlas Lithographié du Museum Étrusque (1830). Siehe dazu auch S. P. Fox in: Citazioni Archeologiche 107 ff. Taf. 1–9.

84 Beazley, ABV 146 Nr. 21.

85 Bonaparte, Catalogo 159 ff. und Bonaparte, Museum 179 ff.

Gefäßes, seine Maße, eine Beschreibung des Innenbildes, ferner der Hinweis auf ein zusammen mit diesem gefundenes Gefäß, die Beschreibung der Außenseite, die Nennung der Künstlersignatur, welche zudem in Umzeichnung wiedergegeben wird. Es folgen weitere Umzeichnungen, Linien, die Lucien für demotische Inschriften hielt, bei denen es sich in Wirklichkeit aber um genauestens erfaßte Risse im Firnis handelt. Zuletzt werden Fundort, Grab und Funddatum genannt.

Zweifellos ist dies eine vergleichsweise ausführliche und überaus detaillierte Dokumentation, wie sie aus der Hand von anderen Ausgräbern jener Jahre kaum bekannt ist. Bereits ein kommentierter Katalog stellt gegenüber den sonst üblichen Fundlisten, die es oftmals gar nicht gestatten, die darin genannten Stücke noch zu identifizieren, eine bemerkenswerte Leistung dar. Hervorzuheben sind Fülle und Vielfalt der Angaben, die zur Charakterisierung des einzelnen Objektes gemacht werden. Darüber hinaus aber werden erstmals die Zugehörigkeit des Fundes zu einem bestimmten, nach seinem Inhaber benannten Grab sowie die Zusammengehörigkeit mit anderen Funden berücksichtigt. Diese Neuerungen waren zum Teil offenbar intuitiv entwickelt worden, in ihrer ganzen Tragweite wurden sie indes längst nicht begriffen. Sie ermöglichen es aber heute, anhand der dokumentierten Funde, das heißt insbesondere der attischen Vasen, gewisse Fundgruppen wiederzugewinnen, einzelne Funde oder größere Fundgruppen auf ihren genauen Fundort zurückzuführen, auf diese Weise Rückschlüsse auf die Topographie der Nekropole zu ziehen[86].

Dessen ungeachtet geriet die Publikation des Fürsten von Canino ins Kreuzfeuer der Kritik[87]. Der Katalog enthält nämlich zum Teil phantastische Deutungen der figürlichen Darstellungen. So glaubte Lucien, in dem rebenumsponnenen Schiff des Dionysos die Arche des Noah erkennen zu können, welchem die Erfindung des Weines nachgesagt wurde. Den Namen des Exekias hielt er für hebräisch und las Ezekiel. An solche Deutungen, die freilich nicht grundlos in Umlauf gesetzt wurden, sondern auf älteren Forschungen beruhten[88], schlossen sich zweifelhafte Überlegungen zum Ursprung der Funde und überholte historische Folgerungen an. So meinte Lucien, in dem Fundort seiner Vasen nicht Vulci zu erkennen, wie es bereits der comunis opinio der Gelehrten entsprach[89], sondern das antike Vetulonia, das schon an mehreren Orten gesucht worden war[90]. Anlaß zu dieser Annahme bot die mit der Exekias-Schale zusammen gefundene Amphora des Malers von Berlin 1686, welche sich heute ebenfalls in München befindet[91] (Abb. 13). Sie trägt eine Beischrift VIΘΛΟΝΟΧΕΙ, die später von John D. Beazley als Pseudoinschrift identifiziert wurde[92]. Lucien aber hatte die Beischrift als VIΘΛΟΝ… gelesen und «Vitulonia» übersetzt[93]. Im Verein mit einer etwas wirren Kombination von Zitaten antiker Autoren und unter Rückbezug auf ältere Thesen schien sie die Identifizierung des Fundortes

86 A. De Angelis, ArchCl 1990, 29 ff.

87 Vgl. die Rezensionen von D. Raoul-Rochette, Journal des Savans 1830, 114 ff. 177 ff.; E. Gerhard, BdI 1829, 60 ff. und T. Panofka, BdI 1829, 136 ff. sowie ders., BdI 1830, 182 ff.

88 Dahinter steht eine alte Vorstellung, die seit der Renaissance enorme Verbreitung erfahren hatte und damals vor allem von Annius von Viterbo (1432–1502) vertreten worden war (Iohannes Annius Viterbiensis, Antiquitates [1498; Nachdr. Rom 1512 und Paris 1515]). Sie beruhte darauf, den Ursprung der Etrusker an den Anfang der Welt zu versetzen und Noah, der nach der Sintflut auch nach Italien gekommen sei, eine Reihe kultureller Errungenschaften zuzuschreiben. So sollte Noah den Menschen die Kunde von Ackerbau und Weinbau gebracht und den Vorfahren des Tuscus, des mythischen Ahnherrn der Etrusker, gezeugt haben. Diese Vorstellung blieb bis weit in das 18. Jahrhundert hinein wirksam und trug zum Beispiel in der Sprachforschung dazu bei, daß das Etruskische als dem Hebräischen verwandt angesehen und der aramäischen Sprachfamilie zugeordnet wurde (E. Fiesel, Etruskisch. Die Erforschung der indogermanischen Sprachen II [1931] 1 ff.). Zu Beginn des 19. Jahrhunderts fand eine erneute Auseinandersetzung mit den Schriften des Annius von Viterbo statt, die sich auf den Umkreis der gerade wieder ins Leben gerufenen Accademia di Scienze ed Arti degli Ardenti in Viterbo konzentrierte.

89 Die Identifizierung des Pian de' Voci mit dem antiken Vulci geht auf F. A. Turriozzi, Memorie storiche dell'antica città di Tuscania che ora volgarmente dicesi Toscanella (1778) und F. Annibali, Notizie storiche della casa Farnese e della città di Castro (1817–18) zurück.

90 Vetulonia galt als Sitz des Fanum Voltumnae, des Hauptheiligtums des etruskischen Zwölfstädtebundes. Mit seiner Lokalisierung, die vermeintlich in das Herz des antiken Etrurien geführt hätte, hatte sich bereits Annius von Viterbo, der Vetulonia in der Gegend seiner Heimatstadt vermutet hatte, beschäftigt (Iohannes Annius Viterbiensis, Viterbiae Historiae Epitoma [1488] und ders., Antiquitates [1498]). Der Frage wurde auch von der späteren Forschung wiederholt Beachtung geschenkt. Nachdem in der Literatur davon die Rede war, daß Vetulonia über Heilquellen verfügt hatte, und Lucien selbst bei früheren Ausgrabungen in der Nähe von Musignano auf die sogenannten Bagni Etruschi gestoßen war (siehe oben Kap. II), schien eine Lokalisierung von Vetulonia in der Umgebung von Vulci nunmehr auf archäologische Befunde gestützt zu sein.

91 Beazley, ABV 297 Nr. 11, CVA Deutschland 3, München 1 (1939) 23 f. Taf. 32, 2; 33, 2.

92 J. D. Beazley, BSA 32, 1931/32, 1 ff. bes. 10 f. Nr. 1. 3. 8–11 und ders., AJA 33, 1929, 361 f.

93 Bonaparte, Catalogo 157 und Bonaparte, Museum 163 ff.

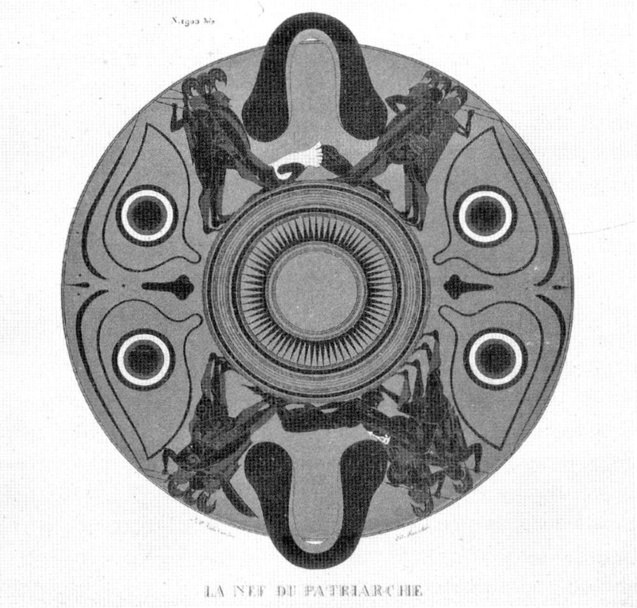

Abb. 12 Schale des Exekias, 1829. Kolorierte Zeichnung von Luigi Maria Valadier.

mit dem etruskischen Vetulonia nahezulegen[94]. Erst durch den Fund einer römischen Inschrift im Jahre 1835, in der der populus Vulcentium genannt wird[95], konnte die Frage, jedenfalls was Vulci betrifft, endgültig geklärt werden[96].

Des weiteren vertrat Lucien die Ansicht, daß der Ursprung der vielen bemalten Vasen, die auf seinem Grundstück zutage kamen, nicht in Griechenland, sondern am Fundort selbst liegen müsse. Daß er schwarzfigurige und rotfigurige Gefäße für etruskisch hielt, brachte ihn in eine heftige Kontroverse mit anderen Gelehrten, namentlich Eduard Gerhard. Von dieser Streitfrage, die an sich wesentlich älter ist und weit in das 18. Jahrhundert zurückreicht, durch die Vulcenter Funde aber neue Nahrung erhielt, wird noch ausführlich die Rede sein[97]. Um aber auf Luciens eigentliche Leistungen für die Altertumswissenschaft zurückzukommen, so sind seine Methoden der Ausgrabung und seine Art der Aufbereitung des Fundmaterials

94 Vgl. die diesbezüglichen Ausführungen, die Lucien in seinem Brief vom 30.12.1828 an Vincenzo Campanari darlegt (Tuscania, Biblioteca Civica, Fondo Cerasa, Carteggio Campanari; Buranelli in: Luciano Bonaparte 86 f. Anm. 29).

95 CIL XI 2928.

96 Die Identifizierung des antiken Vetulonia hingegen gelang erst Isidoro Falchi (I. Falchi, Vetulonia e la sua necropoli antichissima [1891; Nachdr. 1965] 7 ff.), nachdem noch weitere Versuche, unter anderem von George Dennis (G. Dennis, Classical Museum 2, 1845, 229 ff.), fehlgeschlagen waren. – Zum Gebiet des antiken Vetulonia siehe: C. B. Curri, Vetulonia I (IGM 127 II NE – SE, 128 III NO, 128 IV SO, 128 IV NO), Forma Italiae, Regio VII, Volumen IV (1978).

97 Siehe unten Kap. II.

Abb. 13 Amphora des Malers von Berlin 1686, 1829. Kolorierte Zeichnung von Luigi Maria Valadier.

wichtiger als seine veralteten und teilweise abstrusen wissenschaftlichen Theorien[98]. Auf antiquarischem Gebiet nämlich war er den meisten Gelehrten seiner Zeit weit voraus und hatte mehrere wegweisende Neuerungen ersonnen. Freilich stand er mit seinen Anliegen nicht allein, entsprach doch die Suche nach Authentizität, die nur durch Autopsie erreicht werden konnte, durchaus einer allgemein verbreiteten Bestrebung. Wie anders erklärte es sich, wenn der Herzog von Luynes um die gleiche Zeit Versuche zur Herstellung des schwarzen Firnis attischer Vasen unternahm und einige seiner Proben in der Porzellanmanufaktur von Sèvres den antiken Vorbildern gemäß brennen ließ[99]. Derselbe Herzog von Luynes begann, Scherben von Gefäßen zu zeichnen, sie sogar zu sammeln und trotz ihres fragmentierten Zustandes der Überlieferung für wert zu befinden[100].

Mit Luciens wissenschaftlichen Leistungen auf das engste verbunden ist der Franziskaner Maurizio Malvestiti da Brescia[101], der seinem unmittelbaren Umkreis angehörte. Maurizio, der Sohn eines Schneiders, hatte früh entschieden, sich den Fratres Minores anzuschließen, und war nach seinem Noviziat 1794 in den Konvent von San Giuseppe in Brescia eingetreten, wo er Philosophie studierte. Nachdem die napoleonischen Truppen in die Lombardei eingerückt waren und Brescia der Repubblica Cisalpina einverleibt worden war, mußten die Konvente geschlossen werden, die Ordensbrüder in ihre Familien zurückkehren. Maurizio indessen verließ Brescia und ging nach Ferrara, das zum Hoheitsgebiet des Kirchenstaates gehörte. 1798 wurde er im Konvent von Santo Spirito aufgenommen, studierte hinfort Theologie und empfing dort 1800 die Priesterweihe. Dann ging er nach Rom, schloß sich dem Konvent von Ara Coeli an und nahm eine Tätigkeit als Dozent für Philosophie und Theologie auf. In den Katakomben vor den Toren der Stadt, wo Maurizio manchmal Messen zelebrierte oder Führungen veranstaltete, machte er wohl Bekanntschaft mit Lucien, der ihn als Lehrer für seine Kinder engagierte. Mit Genehmigung des Papstes wurde der Geistliche von seinem Konvent zeitweise freigestellt, so daß er von 1806 bis 1846 teils bei den Bonaparte in Frascati, Thorngrove und Canino lebte, teils seine Tage in Ara Coeli mit Forschung und Lehre zubrachte. Der Familie Bonaparte, deren Hauskaplan und nächster Vertrauensmann Padre Maurizio war, blieb er zeit seines Lebens in tiefer Freundschaft verbunden, auch als er im Alter wieder nach Brescia zurückkehrte[102] (Abb. 14). Die Rückkehr entsprach einem lange gehegten Wunsch, doch gab die erst 1846 erfolgte Wiedereröffnung des Konventes von San Giuseppe zusammen mit der Bitte eines Bruders, am Wiederaufbau des Ordens mitzuwirken, letztlich den Ausschlag. Der mittlerweile über Siebzigjährige, der als eminenter Kleriker und langjähriger Begleiter von Lucien ein beachtliches Maß an politischer Gewandtheit besaß, unterstützte das lombardische Risorgimento, mithin die Erhebung seiner Heimatstadt gegen die Habsburger Monarchie. Während der Dieci Giornate di Brescia 1849 übernahm er die entscheidende Rolle als Vermittler zwischen den Bürgern der eingenommenen Stadt und dem als unnachgiebig und grausam bekannten österreichischen Feldmarschalleutnant Freiherrn von Haynau[103]. Dank seiner Umsicht und seines diplomatischen Geschicks konnte der Franziskaner eine bedingunglose Kapitulation aushandeln und damit eine verhältnismäßig glimpfliche Beendigung der Konfrontation herbeiführen. Diese Leistung bildet

98 Es würde an dieser Stelle zu weit führen, Lucien Bonaparte in allen Aspekten als Gelehrten zu charakterisieren. Gleichwohl soll darauf hingewiesen werden, daß er in dieser Eigenschaft vielfach an Thesen anknüpfte, welche von Annius von Viterbo an der Wende des 15. zum 16. Jahrhundert in die Welt gesetzt und während des 16. bis 18. Jahrhunderts vielfach weiterentwickelt wurden. Die Thesen des Annius von Viterbo waren im zweiten Viertel des 19. Jahrhunderts allgemein geläufig und wurden gerade im Umkreis der Accademia degli Ardenti di Viterbo aufgegriffen. Die Accademia degli Ardenti di Viterbo selbst wurde im frühen 19. Jahrhundert wiederbelebt, Lucien und Alexandrine Bonaparte sowie Padre Maurizio Malvestiti da Brescia zählten seit 1819 zu ihren Mitgliedern.

99 Der Herzog von Luynes beschäftigte sich intensiv mit der Zusammensetzung und Verarbeitung von Metallen und stellte auch originalgetreue Kopien antiken Goldschmuckes her, die zusammen mit seiner Antikensammlung in der Bibliothèque Nationale, Cabinet des Médailles, aufbewahrt werden.

100 Einige dieser Zeichnungen befinden sich in Paris, Bibliothèque Nationale, Cabinet des Médailles. Den Hinweis verdanke ich Irène Aghion (Paris). Siehe auch I. Aghion – M. Avisseau-Broustet, Revue de la Bibliothèque Nationale de France, H. 3, 1994, 12 ff.

101 R. Paini Gavazzeni, Fra Maurizio da Brescia (1950).

102 Davon zeugen umfangreiche Schriftwechsel mit mehreren Kindern, allen voran Charles-Lucien (1803–1857), der später eine wissenschaftliche Laufbahn einschlug, und Constance (1823–1876), die einem Orden beitrat; beiden war Padre Maurizio sehr zugetan. Zu Charles-Lucien, dem späteren Fürsten von Canino und Musignano, siehe DBF VI (1954) 912 f. s. v. Bonaparte, Charles-Lucien-Jules-Laurent (E. Franceschini) und Dizionario Biografico degli Italiani XI (1969) 549 ff. s. v. Bonaparte, Carlo Luciano (M. Cappelletti-Alippi).

103 C. Albasini, Il padre Maurizio Malvestiti O. F. M. Pagine di storia bresciana (1899); T. Speri, Le Dieci Giornate (1924) passim und U. Baroncelli in: G. Treccani degli Alfieri (Hrsg.), Storia di Brescia III 2 (o. J.) 265 ff. bes. 303 ff.

hauptsächlich den Grund, weshalb Padre Maurizio der Nachwelt im Gedächtnis blieb[104].

Seine von den Zeitgenossen hoch geschätzte Gelehrsamkeit geriet darüber weitgehend in Vergessenheit. Padre Maurizio, der über hervorragende Kenntnisse des Hebräischen verfügte, beschäftigte sich mit Studien zu altorientalischen Sprachen, besonders aber mit antiker Musik, deren Harmonien er zu ergründen suchte. Über Jahre hinweg erarbeitete er eine Methode, die es ihm erlaubte, die liturgischen Gesänge der Israeliten wiederzugewinnen, indem er den Buchstaben des hebräischen Alphabetes bestimmte Notenwerte zuordnete und die Initialen einer jeden Silbe des biblischen Textes einer entsprechenden Melodie zugrunde legte. Seine Erkenntnisse faßte er in einer Abhandlung zusammen, die im Anhang auch einen konkreten Versuch zur Vertonung eines Psalms enthält. 1837, zu einer Zeit, als ein wachsendes Interesse an der Geschichte religiöser Körperschaften einsetzte, wurde Padre Maurizio zum Chronisten seines Ordens berufen. Er widmete sich intensiv dieser Aufgabe und trug autoritativ zu der einschlägigen Historiographie bei. Davon abgesehen betätigte sich Padre Maurizio als Sekretär von Lucien, besorgte die italienische Übersetzung von dessen Gedichten und war Redakteur sämtlicher, selbstverständlich auch seiner archäologischen Schriften[105]. Dabei ist es oft schwierig, zwischen den Ansichten des Einen und denen des Anderen zu trennen, war der Franziskaner doch Luciens Ratgeber in ziemlich allen Belangen. So läßt sich einstweilen nur vermuten, daß die seltsame hebräische Lesung von Exekias' Künstlersignatur und die biblische Deutung von Dionysos' Meerfahrt mit Padre Maurizios Ansichten korrespondierten[106]. Allerdings trieb dieser auch historische und religionsgeschichtliche Studien über die ältesten Völker Italiens, welche ihn anscheinend nicht weniger als seine musikgeschichtlichen Studien beanspruchten; zumindest wußte er manchen Zeitgenossen Ergebnisse davon mitzuteilen[107]. Aus seiner Hand stammen einige der Vulcenter Fundberichte, ferner Notizen mit Angaben zu Farbmischungen, welche sich für die Restaurierung antiker

Abb. 14 Angelo Inganni, Padre Maurizio Malvestiti (o. J.).

104 Daran erinnert das Denkmal mit einer Bronzebüste des Franziskaners, das anläßlich des fünfzigsten Jahrestages der Dieci Giornate 1899 am Cidnéo von Brescia errichtet wurde.

105 Luciens Schrifttum ist vielfältig und umfangreich, wenngleich nur teilweise veröffentlicht. Erschienen sind unter anderem der Roman La tribu indienne ou Édouard et Stellina (1799), Charlemagne ou l'Église sauvée (1814), ein episches Gedicht in 24 Gesängen mit einer Widmung an Pius VII., L'Odyssée (1815), Ode contre les détracteurs d'Homère (1815), La Cirnéïde ou la Corse sauvée (1819), ein episches Gedicht in 12 Gesängen, die zeitgeschichtliche Schrift La vérité sur les Cent jours (1835); Mémoires sur les vases étrusques (1836); der erste Band seiner Memoiren, Mémoires de Lucien Bonaparte, Prince de Canino, écrits par lui-même I (1836), sowie eine weitere zeitgeschichtliche Schrift, Le Dix-huit Brumaire (1845), die von Alexandrine posthum herausgegeben wurde, und schließlich die in mehrere Sprachen übersetzten archäologischen Veröffentlichungen.

106 Bemerkenswert ist in dem Zusammenhang die Tatsache, daß die zweifelhafte Interpretation der Schale in der französischen Übersetzung noch betont wurde, in der der Titel «La nef du Patriarche» lautete (Bonaparte, Museum 179 ff.). Dort wird auch zu der von anderen Gelehrten vertretenen Deutung der Szene auf Bacchus bzw. Dionysos Stellung genommen. Der Kommentar wendet sich gegen Gerhard, der eine Beliebtheit dionysischer Bildthemen auf Vulcenter Vasen bemerkte; vgl. E. Gerhard, AdI 1831, 36. 86).

107 So berichtet Stendhal, daß es mehrere Erklärungen für die zeitliche Einordnung der in Etrurien zutage kommenden Gräber gebe, deren plausibelste seiner Einschätzung nach die des Padre Maurizio sei, die er deshalb auch an seine Leser weitergebe. Padre Maurizio zufolge zeugten die betreffenden Gräber von einem Volk, das älter sei als die Etrusker und das möglicherweise gleichzeitig mit den ältesten Ägyptern existiert hatte. Stendhal, Mélanges d'Art: Les tombeaux de Corneto, Henri Beyle, Œuvres 37 (Martineau 1932; Nachdr. 1968) 218 f.; vgl. ferner B. Pincherle, In compagnia di Stendhal (1967) 296, A. Hus in: L'Italie préromaine et la Rome républicaine, Mélanges offerts à Jacques Heurgon (1976) 437 ff. bes. 452 f. und M. Crouzet, Stendhal ou Monsieur Moi-même (1990) 718.

Vasen besonders eigneten, wobei letztere zwischen 1828 und 1830 verfaßt worden sein dürften[108]. Beide Gelehrten, Padre Maurizio und der Principe di Canino, waren Mitglied in mehreren wissenschaftlichen Institutionen und altertumskundlichen Vereinigungen, zu denen seit 1819 die Accademia di Scienze ed Arti degli Ardenti in Viterbo[109] und seit 1829 das Instituto di Corrispondenza Archeologica in Rom[110] gehörten. Padre Maurizio wurde außerdem 1846 in die Pontificia Accademia Romana di Archeologia aufgenommen[111] und 1847 zum Ehrenmitglied der Accademia dei Lincei ernannt[112].

Lucien Bonaparte unterhielt zu vielen Gelehrten, Literaten, Geistlichen und Diplomaten regelmäßige, mehr oder weniger persönliche Kontakte. Zum Kreise seiner Bekannten zählte Henri Beyle alias Stendhal[113], der zwischen 1831 und 1840 französischer Konsul im nahegelegenen Civitavecchia war und von dort aus gelegentlich nach Canino kam[114]. Des weiteren gehörten Eduard Gerhard[115] aus Rom, später Berlin, Peter Wilhelm Forchhammer[116] aus Kiel, Francesco Orioli aus Bologna[117] und Giovanni Battista Vermiglioli[118] aus Perugia dazu, um einige Altertumswissenschaftler zu nennen. Von dem Austausch mit ihnen zeugen abundante Schriftwechsel. In diesen Briefen wird meistens von Neufunden und Forschungsproblemen berichtet, wobei Details wie übergeordnete Zusammenhänge berührt werden. Die meisten Korrespondenzpartner begaben sich bei Gelegenheit selbst nach Canino und konnten sich gleich vor Ort Kenntnis von den laufenden Ausgrabungen sowie den neuesten Funden verschaffen.

Darüber hinaus richtete Lucien Bonaparte im Erdgeschoß des Gehöftes von Musignano ein archäologisches Museum ein, das nicht nur Treffpunkt von Gelehrten, sondern auch öffentlich zugänglich war. Er kam damit der überall erhobenen Forderung entgegen, Kunstgegenstände nicht länger als Fürstengut, sondern als Gemeingut zu betrachten. Freilich unterlag dieses Museum gewissen Zutrittsbeschränkungen[119]. Davon abgesehen handelt

108 Paini Gavazzeni a.O. 61.

109 Lucien Bonaparte: Perugia, Privatarchiv, Carte Bonaparte, CCCLIII und Viterbo, Biblioteca Comunale degli Ardenti II D VI 28: Accademia di Scienze ed Arti degli Ardenti, Ruoli Accademici, Numero 277. Padre Maurizio: Viterbo, Biblioteca Comunale degli Ardenti II D VI 28: Accademia di Scienze ed Arti degli Ardenti, Ruoli Accademici, Numero 278. Siehe auch A. Emiliozzi, Il Museo Civico di Viterbo. Storia delle raccolte archeologiche, Musei e collezioni d'Etruria 2 (1986) 123 Anm. 1.

110 G. Rodenwaldt, Archäologisches Institut des Deutschen Reiches, 1829–1929 (1929) 77. 80.

111 Paini Gavazzeni a.O. 68.

112 D. Carutti, Breve storia della Accademia dei Lincei (1883) 165 und G. Gabrieli, Contributi alla storia dell'Accademia dei Lincei (1989) II 1609.

113 Stendhal gehört zu denjenigen Schriftstellern der Romantik, die sich in ihren Werken immer wieder mit den Etruskern beschäftigten. Sein Zeugnis ist vor allem deshalb von Interesse, weil es die allgemeinen Begleitumstände der Wissenschaftsgeschichte erhellt. Siehe dazu ausführlich Hus in: L'Italie préromaine et la Rome républicaine. Mélanges offerts à Jacques Heurgon (1976) 437 ff.

114 Besuche von Stendhal sind während der dreißiger Jahre, die dieser mit Ausnahme seines Pariser Aufenthaltes von 1836 bis 1839 in Civitavecchia verbrachte, mehrmals belegt. Siehe etwa Stendhal, Voyages en Italie, hrsg. von V. del Litto (1973) 1193 ff. Der Dichter war Alexandrine-Marie Bonaparte Valentini, einer der Töchter von Lucien und Alexandrine, die leidenschaftliche Sonette in italienischer Sprache verfaßte, anscheinend besonders zugetan (Stendhal, Correspondance, hrsg. von H. Martineau und V. del Litto [1967] X 110–113 und A. Donati, La principessa Maria Bonaparte Valentini [1951]). Es wird außerdem angenommen, daß Pierre-Napoléon Bonaparte, einer von Luciens und Alexandrines Söhnen, der ungestümste unter seinen Geschwistern, das Vorbild für die Figur des Fabrice del Dongo in der Chartreuse de Parme (1839) gab (Crouzet a.O. 850 ff.).

115 Siehe unten Kap. II.

116 H.B. Jessen in: R. Lullies – W. Schiering (Hrsg.), Archäologenbildnisse (1988) 27 f. Forchhammer war zuletzt im März 1840, kurz vor dem Tod von Lucien Bonaparte, in Canino. Vgl. P.W. Forchhammer, Denkrede auf Lucian Bonaparte, Prinzen von Canino, gehalten den 15ten August 1840 in der Akademischen Aula zu Kiel (1840).

117 Francesco Orioli (1783–1856) war unter anderem für die kirchenstaatliche Denkmalbehörde tätig. Er unterhielt zu vielen Gelehrten seiner Zeit, so auch zu Ippolito Rosellini in Pisa, Kontakte. A. Emiliozzi Morandi in: La figura e l'opera di Francesco Orioli (1783–1856), Atti del terzo convegno interregionale di Storia del Risorgimento del Comitato di Viterbo 1983 (1985) 1 ff.

118 Giovanni Battista Vermiglioli (1769–1848) war Ordinarius für Archäologie und Kunstgeschichte an der Universität von Perugia. Er beschäftigte sich unter anderem mit etruskischen Inschriften und wurde als Ausgräber durch die 1840 erfolgte Entdeckung des Volumniergrabes in Ponte San Giovanni bei Perugia bekannt. Mit Lucien Bonaparte unterhielt er einen Schriftwechsel, der zum Teil in der Biblioteca Augusta del Comune in Perugia aufbewahrt wird. 1831 folgte Vermiglioli erstmals der Einladung des Fürsten von Canino und besichtigte mehrere Tage lang die Ausgrabungsstätte in Vulci. Ohne Autor, Cento lettere inedite di LVII uomini illustri italiani e stranieri defonti nella prima metà del secolo XIX tratte da più ampj carteggi e scritte al Cavaliere Giovanni Battista Vermiglioli (1842) 15 f.

119 Derselbe Gedanke, der sich seit dem 18. Jahrhundert in ganz Europa ausbreitete, zur Gründung öffentlicher Museen führte und mit der Entstehung einer gebildeten Öffentlichkeit

es sich bei dem Museum in Musignano um das erste Grabungsmuseum schlechthin. Von dessen Einrichtung läßt sich durch eine 1833 erschienene Schrift von Lucien, die die Beschreibung seines Museums enthält und als Begleitbroschüre gedacht war, ein recht genaues Bild gewinnen[120]. Demnach waren 1500 Exponate, die wie üblich nach Materialgruppen zusammengestellt waren, in insgesamt fünf Sälen zu besichtigen: Der erste Saal enthielt Cippen mit etruskischen Inschriften, in denen Lucien treffend Grenzsteine für Grabbezirke erkannte[121], der dritte 400 bemalte Vasen aller Perioden und sogenannte Kuriositäten, zu denen plastisch gestaltete Vasen, diverse Salbgefäße und ägyptische Amulette zählten[122], der vierte beherbergte etruskische Bronzen, worunter alle möglichen Gefäße, Geräte und Waffen versammelt waren, der fünfte wiederum 300 bemalte Vasen, welche durch eine außergewöhnliche künstlerische Qualität bestachen und von Lucien als «Raffaeli degli Antichi» bezeichnet wurden. Der zweite Saal nahm neben 400 Buccherogefäßen zum ersten Mal einen geschlossenen Grabzusammenhang auf, indem er mit dem gesamten Inventar der Tomba del Tripode Votivo, einem Prunkgrab der orientalisierenden Zeit, bestückt war[123]. Die Rekonstruktion eines etruskischen Grabes mit seinen einzelnen Beigaben und einer möglichst getreuen Wiedergabe ihrer Fundlage stellte ein Novum in der Ausstellungskonzeption dar. Das Beispiel der Tomba del Tripode Votivo in Musignano wurde von mehreren Seiten aufgegriffen, vor allem aber von den Campanari, die es mehrfach übernahmen und auf höchst eindrucksvolle Weise weiterentwickelten: So präsentierten sie anläßlich der von ihnen organisierten temporären Etruskerausstellung, einer der ersten großen Sonderausstellungen[124], die

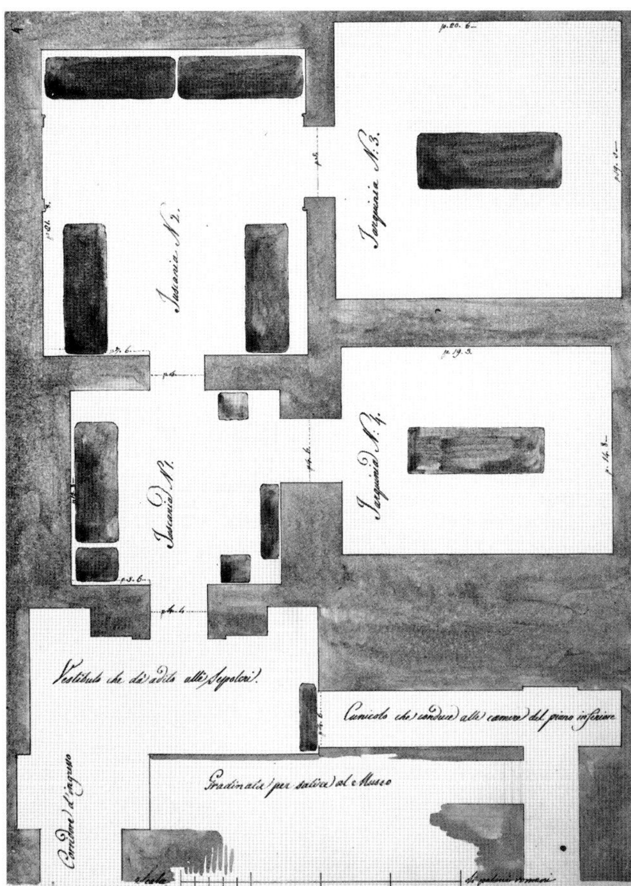

Abb. 15 Ausstellung der Campanari in der Londoner Pall Mall 1837: Plan des Erdgeschosses.

1837 bis 1838 in der Londoner Pall Mall gezeigt wurde, dem englischen Publikum elf etruskische Kammergräber, die mehr oder weniger originalgetreu nachgestellt waren[125]. Zu diesem Zweck war, über insgesamt drei Geschosse verteilt, jeweils ein ganzer Saal zu einer Grabkammer umgestaltet worden (Abb. 15). Die Einrichtung der elf Grabkammern bestand aus Faksimiles der Wandmalereien, dem zugehörigen oder nachträglich hinzugefügten Mobiliar sowie weiteren, meist willkürlich zusammengestellten Beigaben, die annähernd prototypisch sein sollten (Abb. 16). Die räumliche Wirkung wurde dadurch gesteigert, daß die Säle keinerlei Tageslicht empfingen, sondern im

allgemein einherging, hatte vor allem durch die Französische Revolution und während der napoleonischen Zeit starke Impulse empfangen.

120 L. Bonaparte, Lettera di S. E. il principe di Canino contenente la descrizione del suo Museo di antichità etrusche (1833) 7 ff.

121 Die verschiedenen Abschnitte der Vulcenter Nekropole wurden nach den Familiennamen der Grabinhaber benannt; vgl. Bonaparte, Museum ohne Seitenzahl Abb. 11.

122 Vgl. L. Bonaparte, Lettera di S. E. il principe di Canino contenente la descrizione del suo Museo di antichità etrusche (1833), wo derartige Funde unter «curiosités» subsumiert sind.

123 Zur Tomba del Tripode Votivo ebenda 7 f.; vgl. Buranelli in: Luciano Bonaparte 95 ff. und G. Colonna, StEtr 46, 1978, 81 ff. Taf. 18–33.

124 Im Sommer 1821 war bereits das Grab Sethos' I. in originalgetreuer Nachbildung in der Egyptian Hall in London zu sehen gewesen. Die Ausstellung war von dem italienischen Reisenden Giovanni Battista Belzoni, der das Grab 1817 im Tal der Könige entdeckt hatte, und dem italienischen Arzt Alessandro Ricci eingerichtet worden. Als Vorlage für die mittlerweile verlorene Nachbildung dienten Acquarelle, die sich heute größtenteils im City Museum in Bristol befinden. S. Mayes, The Great Belzoni (1959).

125 Ohne Autor (S. Campanari?), A brief Description of the Etruscan and Greek Antiquities now exhibited at No. 121 Pall Mall, opposite the Opera Colonnade (o. J.?) (1837) und E. C. Hamilton Gray, Tour to the Sepulchres of Etruria in 1839[2] (1841) 4 ff.

Fackelschein besichtigt wurden (Abb. 17). Eines der elf Kammergräber, die Tomba Campanari aus Vulci, deren originale Wandmalereien beim Ablösen teilweise zerstört worden waren, war mit Faksimiles ausstaffiert, die sogar dem tatsächlichen Erhaltungszustand entsprachen (Abb. 18). Allerdings wurde, wohl um die Lücken an den Wänden nicht dominant werden zu lassen, in der Mitte der Grabkammer eine Säule mit Figuralkapitell als Blickfang integriert (Abb. 19). Die Herkunft dieser Säule aus dem Vulcenter Grab ist allerdings zweifelhaft[126]. Nur ein einziger, der zwölfte Saal im Obergeschoß der Pall Mall, der auch zum Verkauf von Ausstellungsstücken genutzt wurde, enthielt Vitrinen mit Exponaten, die aus dem räumlichen Zusammenhang herausgelöst waren[127]. Des weiteren hatten die Campanari seit 1839 eine dauerhafte Ausstellung in Tuscania installiert, die nun sogar nach draußen verlagert war. Im Garten ihres Anwesens wurde die Tomba dei Vipinana, eine große Grabanlage hellenistischer Zeit, die erst im Januar desselben Jahres in Tuscania entdeckt worden war und zahlreiche Sarkophage enthalten hatte, eindrucksvoll präsentiert[128]. Die Grabanlage wurde nachgebaut und mit einem Teil der Sarkophage sowie Beifunden ausgestattet (Abb. 20). Die anderen Sarkophage wurden neben Säulenfragmenten, Inschriften und Skulpturen, die aus mehreren Gräbern zusammengetragen waren, im Freien aufgestellt (Abb. 21). Von üppiger Vegetation umrankt vermittelten sie einen besonders lebendigen Eindruck einer etruskischen Nekropole. Allein der Gedanke authentischer Zusammenhänge, was die Fundgruppen selbst wie auch ihre Einbettung in das örtliche Ambiente anbelangt, war in dem Museum von Musignano in seinen Anfängen verwirklicht. Es sollte in der Folge eine rasante Entwicklung erleben[129].

Eine Materialgruppe war im Museum von Musignano allerdings nicht vertreten: die prachtvollen Funde etruskischen Goldschmuckes, welche die Gräber von Vulci ebenfalls reichlich enthalten hatten[130]. Sie gehörten zum Privatbesitz von Alexandrine, die zu feierlichen Anlässen im Ornat einer etruskischen Adeligen zu erscheinen pflegte. So wird von einem abendlichen Empfang im Hause eines Botschafters in Rom berichtet, welchem auch die Fürstin von Canino beiwohnte, die sich bei der Gelegenheit mit einem goldenen Halscollier und Ohrgehängen aus den neuesten Vulcenter Ausgrabungen zeigte[131]. Funde von Goldschmuck, die in Gräbern verschiedener Epochen angetroffen wurden, waren ausnahmslos ihr vorbehalten und wurden vom Fundort aus ihrer eigenen Sammlung zugeführt. Diese Sammlung war zwar weithin berühmt, jedoch den wenigsten Zeitgenossen tatsächlich bekannt. Sie wurde, nachdem versuchte Verkäufe an die Vatikanischen Museen wegen differierender Preisvorstellungen gescheitert und anderweitige Verkäufe daraufhin gesetzlich unterbunden worden waren[132], fast gänzlich unter Verschluß gehalten und entzieht sich aus diesem Grunde bis heute jedweder Kenntnis[133].

Alexandrine hatte 1828, während Lucien in den Marken weilte und an seinem enzyklopädischen Werk über Himmelskörper arbeitete, die Initiative zur Durchführung

126 Zu der lange angenommenen Herkunft aus der Tomba Campanari siehe F. Messerschmidt – A. von Gerkan, Nekropolen von Vulci (1930) 44 ff. Abb. 28–46. 53–55; dagegen C. Weber-Lehmann, JdI 112, 1997, 191 ff. bes. 193 ff. Nach G. Colonna stammt die Säule aus Tuscania (Colonna in: A. Mandolesi – A. Naso [Hrsg.], Ricerche archeologiche in Etruria meridionale nel XIX secolo, Atti dell'incontro di studio Tarquinia 1996 [1999] 37 ff. bes. 56).

127 Colonna in: ebenda 37 ff.

128 Colonna, StEtr 1978 a. O. 81 ff. Taf. 18–33.

129 Das Museum von Musignano war freilich von einem entsprechenden Zeitgeist geprägt. So zielten die Forderungen des Kunstgelehrten und Archäologen Antoine Chrysostome Quatremère de Quincy schon früher darauf, Antiken in ihren landschaftlichen Zusammenhang einzubinden. Das prominenteste Beispiel ist der Streit um den Laokoon, der nach seiner Rückführung aus Paris auf Anregung von Quatremère de Quincy nicht in den Vatikanischen Museen, sondern an seinem Fundort aufgestellt werden sollte. F. Haskell – N. Penny, Taste and the Antique. The Lure of Classical Sculpture 1500–1900 (1981) 108 ff. Carlo Fea vertrat eine ähnliche Haltung; R. T. Ridley, Xenia 1, 1992, 117 ff.

130 L. Bonaparte, Lettera di S. E. il principe di Canino contenente la descrizione del suo Museo di antichità etrusche (1833) 9.

131 E. C. Hamilton Gray, Tour to the Sepulchres of Etruria in 1839 (1841) 276 und G. Dennis, Cities and Cemeteries of Etruria I3 (1883) 485 Anm. 9.

132 Die Ankaufskommission der Vatikanischen Museen hatte bereits 1830 vorgehabt, die Schmucksammlung der Fürstin von Canino kraft ihres gesetzlich verankerten Vorkaufsrechtes zu erwerben, dafür aber keinen akzeptablen Preis entrichten wollen. Die langwierigen Verhandlungen, in deren Verlauf sich sogar der Papst selbst als oberste Instanz einschaltete, endeten mit Luciens Entschluß, die Preziosen lieber an Ort und Stelle wieder zu vergraben, als sie den Vatikanischen Museen zu einem Spottpreis zu überlassen. Auch eine erneute Avance der Vatikanischen Museen im Jahre 1837 scheiterte. Zugleich wurde den Fürsten von Canino untersagt, die Schmucksammlung anderweitig zu veräußern. Daher zogen sie es vor, die Preziosen gleichsam als stille finanzielle Reserve unter Verschluß zu halten, um sie zu einem späteren Zeitpunkt zu verkaufen. Siehe auch unten Kap. V.

133 Es würde hier zu weit führen, gebührend auf die Canino'sche Schmucksammlung einzugehen.

Abb. 16 Plan zur Gestaltung von Saal 3 der Ausstellung in der Londoner Pall Mall 1837: Nachbildung der Tomba delle Bighe von Tarquinia.

Abb. 17 Ansicht von Saal 3 der Ausstellung in der Londoner Pall Mall 1837: Nachbildung der Tomba delle Bighe von Tarquinia.

Abb. 18 Ansicht der nachgebildeten Tomba Campanari von Vulci. Zeichnung (verschollen).

Abb. 19 Säule mit Figuralkapitell aus Tuscania. Zeichnung von Samuel James Ainsley 1842.

Abb. 20 Ausstellung der Campanari in Tuscania: Aufstellung von Sarkophagen aus der Tomba dei Vipinana in einem nachgebildeten Raum. Acquarell von Samuel James Ainsley, 1842.

Abb. 21 Ausstellung der Campanari in Tuscania: Aufstellung von Sarkophagen aus der Tomba dei Vipinana von Tuscania und anderen Grabdenkmälern im Freien. Lithographie nach einer Zeichnung von George Dennis 1842.

von Ausgrabungen ergriffen[134]. Sie hatte nach der Affäre Dorow die Gunst der Stunde erkannt und betrachtete die Ausgrabungen als ein geeignetes Mittel, der veritablen Finanzmisere ihrer Familie entgegenzuwirken. Nach Luciens vorzeitiger Rückkehr, die allein durch die überraschenden Funde beim Ponte della Badia veranlaßt war, nahm sich Alexandrine vor allem der finanziellen Seite des Unternehmens an. Sie sorgte dafür, daß große Teile des Fundgutes, vor allem die wissenschaftlich bedeutsamen und auf dem Kunstmarkt begehrten attischen Vasen, nach Rom gebracht und umgehend ausgestellt wurden. Solche Verkaufsausstellungen fanden bereits einmal im August 1829 im Palazzo Gabrielli, dem Hause von Luciens Schwiegersohn, in der Via della Pigna statt[135] und wurden des öfteren noch im Palazzo Lancellotti in der Via dei Coronari abgehalten. Dort residierte bis 1839 der Kardinal Joseph Fesch[136], ein Onkel und Gönner von Lucien, der schon, als er noch offiziell Gesandter der französischen Regierung war, mehr als Sammler und Mäzen, denn als geistlicher Würdenträger oder Diplomat in Erscheinung trat[137]. Mit dem Erlös aus dem Verkauf von Fundgut wurden zum einen die laufenden Ausgrabungen unterhalten, welche mit bis zu hundert Arbeitern und Angestellten enorme Summen verschlangen, und zum anderen die immer schlechtere wirtschaftliche Situation des Fürstenpaares aufgebessert. Alexandrine, die selbst aus dem merkantil geprägten Bürgertum stammte und in erster Ehe mit einem Finanzmakler verheiratet gewesen war, verstand sich bestens auf ihre Geschäfte. Über die regulären Verkaufsausstellungen hinaus knüpfte sie Kontakte zu allen möglichen europäischen Fürstenhäusern und den sich inzwischen allerorts etablierenden öffentlichen Museen, die einen willkommenen Absatzmarkt für das archäologische Fundgut darstellten[138]. Mit Charme und Esprit konnte Alexandrine die potentesten Herrschaften in Europa und deren Agenten immer wieder zum Kauf von griechischen Vasen oder anderen Funden bewegen, was ihr sogar bei dem für seinen Geiz gemeinhin bekannten König Ludwig I. von Bayern, der weiblichem Raffinement manchmal auf kostspielige, ja verhängnisvolle Weise erlegen war[139], ohne Umschweife gelang[140]. Kleinere Gastgeschenke, die sie bei Besuchen überreichte, gingen oftmals größeren Ankäufen durch die wohlhabenden Gastgeber voraus[141]. Umfangreiche Bestände gelangten auch über bestimmte

134 Bonaparte, Museum 12 f.

135 Charlotte Bonaparte, die ältere Tochter aus Luciens erster Ehe mit Christine Boyer, war seit 1815 mit dem Fürsten Mario Gabrielli verheiratet. Die Ausstellung wurde unter anderen vom Herzog von Buckingham und Chandos wie auch den Vertretern der staatlichen Denkmalbehörde besucht (Rom, Archivio di Stato, Camerlengato, Parte II, Titolo IV, Busta 188, Fasc. 890 und Camerlengato, Parte II, Titolo IV, Busta 189).

136 Joseph Fesch, Halbbruder von Letizia Bonaparte, war seit 1802 Erzbischof von Lyon, seit 1803 Kardinal und französischer Gesandter in Rom. Seine papsttreue Gesinnung, die er 1811 bei dem Pariser Nationalkonzil unter Beweis stellte, trug ihm Napoleons Ungnade und den Verlust seiner Würden ein. Fesch lebte bis zu seinem Tod in Rom, wo er seit 1815 auch seine Halbschwester Letizia Bonaparte bei sich aufnahm. DBF XIII (1971) 1196 ff. s. v. Fesch, Joseph (T. De Morembert); J. B. Lyonnet, Le cardinal Fesch I. II (1841); A. Ricard, Le cardinal Fesch (1893); A. Latreille, Napoléon et le Saint-Siège, 1801–1808. L'ambassade du cardinal Fesch à Rome (1936) und H. Colombani, Le cardinal Fesch (1979).

137 Zur Sammlung Fesch: ohne Autor, La gallerie de feu S. E. le cardinal Fesch (1841–1845). Die Sammlung Fesch enthielt auch Vasen aus den Grabungen der Fürsten von Canino; dazu Costantini, Coll. Fesch. –Zur Beziehung zu Lucien und Alexandrine sowie Padre Maurizio siehe F.-R. de Chateaubriand, Mémoires d'Outre-Tombe (1849–1850) passim.

138 Als erste staatliche Einrichtung dieser Art in Europa wurde das Britische Museum 1759 gegründet; ihm folgten 1769–1779 das Fridericianum in Kassel und 1773 das Museo Pio Clementino im Vatikan, wobei aber alle genannten Beispiele ebenso wie die bestehenden fürstlichen Sammlungen, die zur selben Zeit allmählich ihre Tore öffneten, noch gewissen Zutrittsbeschränkungen unterlagen. Die seit dem 18. Jahrhundert überall in Europa im Entstehen begriffene gebildete Öffentlichkeit erhielt erst durch die Französische Revolution und vor allem in der napoleonischen Zeit einen breiteren Zugang zu Kunstwerken.

139 Ludwigs Schwärmereien für alle möglichen Frauen, die nicht seine Ehefrau waren, sind hinlänglich bekannt. Die Affäre mit Lola Montez, die ihn letztlich zum Rücktritt zwang, bedeutete schließlich den Skandal des 19. Jahrhunderts. E. C. Conte Corti, Ludwig I. von Bayern (1937); A. Zucconi, Ludovico innamorato. Viaggi in Italia di Ludovico I. di Baviera (1944); M. Dirrigl, Ludwig I., König von Bayern, 1825–1848 (1980); R. Rauh – B. Seymour, Ludwig I. und Lola Montez. Der Briefwechsel (1995); H. Gollwitzer, Ludwig I. von Bayern. Königtum im Vormärz. Eine politische Biographie (Nachdr. 1997); G. Mann, Ludwig I. von Bayern, hrsg. von H.-M. Gauger (1999).

140 Dieser kaufte der Fürstin von Canino zuerst 1832 und nochmals 1839 persönlich Antiken, einmal griechische Vasen, das andere Mal etruskischen Goldschmuck, für beträchtliche Geldsummen ab. Im Zusammenhang mit diesen Ankäufen ist von Interesse, daß Ludwig I. sich von April bis Juni 1832 und von Februar bis Mai 1839 in seiner Villa Malta in Rom aufgehalten hatte (Noack, Deutschtum in Rom II 370), während die Fürsten von Canino jeweils anschließend nach München reisten.

141 So erhielt die Königin von Bayern nach Ausweis von Dokumenten der Antikensammlungen München im Vorfeld eines größeren Ankaufs von Vasen, ein kleines etruskisches Schreibetui von der Fürstin von Canino zum Geschenk.

Agenten, die im Auftrag ihrer Herrschaften regelmäßig mit Alexandrine korrespondierten, in die Museen von München, Paris oder Berlin, Leiden oder London[142]. Dabei traten Alexandrine die gelehrten Bekannten von Lucien, die wie Eduard Gerhard zugleich als Agenten tätig waren, hilfreich zur Seite, wenn es darum ging, Expertisen auszustellen, Ausfuhrlizenzen und Zollpapiere zu beschaffen oder ihr sonstige Gefälligkeiten zu erweisen[143]. Solchermaßen gelangten Vasen und andere Antiken in die verschiedensten europäischen und auch in amerikanische Sammlungen[144]. Ab 1834 ließ Alexandrine in einigen Hauptstädten Europas, in denen mittlerweile eine rege Nachfrage bestand, Auktionen veranstalten, bei denen die hoch geschätzten Vasen aus Canino, die inzwischen als Markenzeichen für beste Qualität galten, in großer Zahl über den Tisch gingen; dafür sprechen die reichhaltigen Angebote in den Verkaufskatalogen[145].

Während der Fürst von Canino an seinen wissenschaftlich bedeutsamen und zugleich verkaufsfördernden Vasenkatalogen arbeitete und angesichts des enormen Fundmaterials mit der Publikation bald nicht mehr nachkam, wurde beschlossen, die Grabungen ab dem Herbst 1830 vorläufig ruhen zu lassen. Die ersten zwei Kampagnen, die sich ganz auf die Gegend beim Ponte Rotto konzentriert hatten, waren dermaßen fruchtbar gewesen, daß sich die Zahl der figürlich bemalten Vasen mittlerweile auf viertausend Exemplare belief[146]. Die meisten von ihnen waren, wie sich herausstellen sollte, griechischer Herkunft und gehörten der spätarchaischen bis frühklassischen Zeit an[147]. Davon abgesehen war im Januar 1830 ein Prunkgrab der orientalisierenden Zeit aufgedeckt worden, das nicht weit entfernt beim Ponte Sodo lag und neben etruskischen Bronzen reiche Goldfunde sowie ägyptische Fayenceamulette enthalten hatte. Letztgenannte Funde waren bislang ohne Parallele. Sie zogen das Interesse von Lucien, der das Grab nach einer Prunkfibel (Abb. 22) und drei Ptah-Patäken (Abb. 23) als «Grotte du Trophée et des Thérapins» bezeichnete[148], und von anderen Gelehrten an[149]. Die Bronzen hingegen konnten als geläufige Funde und sogar als Leitformen einer früheren Epoche angesehen werden, von der man sonst kaum etwas wußte. Die Erfahrung jedenfalls hatte schon mehrfach gelehrt, «che i vasi si trovano senza metalli, e i metalli senza vasi»[150]. In den folgenden Jahren fanden nicht zuletzt aus Kostengründen nur kleinere Kampagnen statt, die sich auf die Fluren von Cavalupo und der Doganella verlagerten und insgesamt wenige Erfolge bescherten[151]. Jedoch führten sie 1831 zur

142 Im Nachlaß der Fürsten von Canino befindet sich ein umfangreiches Dossier mit Korrespondenz. Daraus geht hervor, daß vor allem Friedrich von Thiersch, weniger Martin von Wagner für München, Charles Paillet für Paris, Eduard Gerhard für Berlin, George Gibson für Leiden und James Millingen für London Erwerbungen tätigten.

143 So wird aus Dokumenten in Rom und München deutlich, wie Eduard Gerhard der Fürstin von Canino 1841 zur Einfuhr von Vasen nach Frankfurt am Main verhalf, in der Hoffnung, eine günstige Erwerbung für Berlin tätigen zu können; seine Hoffnung hatte sich allerdings bald zerschlagen, nachdem Friedrich von Thiersch schneller eine höhere Geldsumme dafür hatte bereitstellen können.

144 D. von Bothmer in: Gens antiquissima Italiae. Antichità dall'Umbria a New York, Ausstellungskatalog New York (1991) 43.

145 Ohne Autor, Catalogue de vases grecs provenant des fouilles de M. Lucien Bonaparte, Prince de Canino, Paris (1834); J. J. Dubois, Catalogue de tableaux anciens et modernes, vases étrusques et antiques provenant des fouilles de Canino, propriété de M. Lucien Bonaparte, Paris (1840); ohne Autor, Catalogue d'une riche et belle collection de livres et de vases étrusques etc. trouvées à Canino appartenant à son Excellence Madame la Princesse de Canino, Rotterdam (1840); J. J. Dubois, Notice d'une collection de vases peints tirés des fouilles faites en Étrurie par feu M. le Prince de Canino, Paris (1843); H. W. Schulz, Notice d'une collection de vases peints tirés des fouilles faites en Étrurie par feu Le Prince de Canino, Paris (1845); C. Barthelemy, Notice d'une collection de vases et coupes antiques en terre peinte provenant du feu Prince de Canino (Lucien Bonaparte), Paris (1848).

146 E. Gerhard, AdI 1831, 7 f. (über 100 im Besitz von Dorow und Magnus, 1000 im Besitz Candelori, 300 im Besitz Feoli, 2000 im Besitz Canino, zusammen über 3000 Vasen); Vatikan, Biblioteca Apostolica Vaticana, Archivio, Codices Vaticani Latini 9770 f. 12 ff. (M. Buonocore, Codices Vaticani Latini, Codices 9734–9782 [Codices Amatiani] [1988]).

147 A. De Angelis, ArchCl 1990, 29 ff.; C. Reusser, Vasen für Etrurien. Verbreitung und Funktionen attischer Keramik im Etrurien des 6. und 5. Jahrhunderts vor Christus (2002) I 49 ff. und ders. in: Citazioni Archeologiche 147 ff.

148 Orvieto, Fondazione Claudio Faina, Notizheft mit diversen Eintragungen von Lucien Bonaparte, darunter Aufzeichnungen zum Grab vom Ponte Sodo; dazu jetzt auch A. Costantini – C. Hausmann, Archaeologiae. Research by Foreign Missions in Italy 1, 2003, 33 ff. bes. 71. 79. Abb. 8 und C. Hausmann in: Citazioni Archeologiche 27 ff. bes. 68. Bei den «thérapins» handelt es sich um eine Wortschöpfung von Lucien, welche offenkundig vom Griechischen θηραποντες inspiriert ist.

149 So hatte Francesco Orioli aus Bologna in seiner Eigenschaft als Mitglied der Ankaufskommission der Vatikanischen Museen diese Funde besichtigt und dem Ägyptologen Ippolito Rosellini in Pisa insbesondere von den ägyptischen unter ihnen berichtet (Pisa, Biblioteca Universitaria, Ms. 294.2 Fasc. 19/3). Zum Grab vom Ponte Sodo siehe auch unten Kap. V.

150 E. Gerhard, BdI 1830, 5.

151 Die Dokumentation für die Grabungen im Zeitraum vom 28. Oktober 1828 bis 23. März 1833 ist sehr umfangreich;

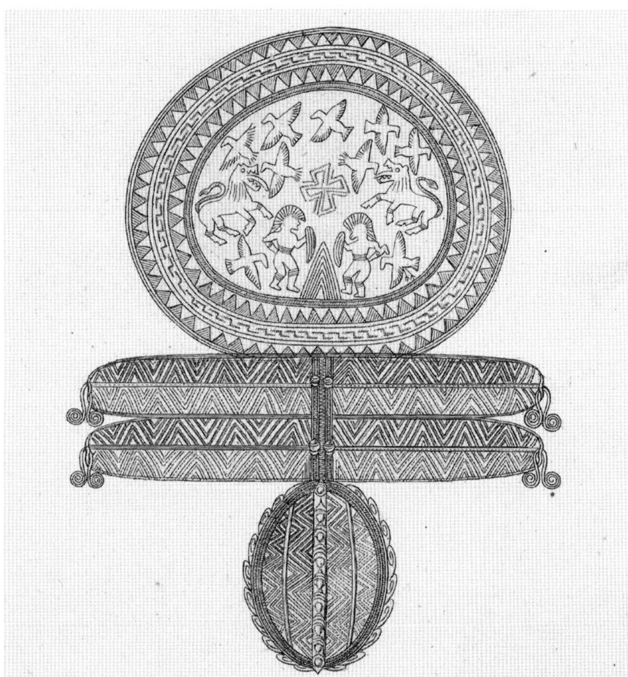

Abb. 22 Goldene Prunkfibel aus dem Grab beim Ponte Sodo, entdeckt 1830, Ausgrabungen der Fürsten von Canino.

Entdeckung der Tomba del Tripode Votivo, einem weiteren noch unversehrten Elitegrab der orientalisierenden Zeit[152]. Es barg eine Kriegerbestattung mit reicher Bewaffnung, ein Inventar, das wegen der außergewöhnlich guten Erhaltung der Bronzen für die besondere Ausstellung im Museum von Musignano ausgewählt wurde[153]. Lucien wandte sich seit 1832 von der archäologischen Tätigkeit ab und politischen oder besser gesagt historischen Schriften über die napoleonische Zeit zu. Nachdem der Tod seines Bruders inzwischen mehr als eine Dekade zurücklag, dessen einziger Sohn, der Herzog von Reichstadt, in Schönbrunn gerade verstorben und die Familie Bonaparte im selben Jahr in London wieder zusammengetroffen war, erwachte Luciens politisches Interesse von neuem und er begann, die napoleonische Zeit aus der Rückschau zu betrachten[154]. Das brachte ihn unter anderem zur Abfassung seiner Memoiren, die in der autorisierten Fassung teils bereits zu seinen Lebzeiten[155], teils erst posthum veröffentlicht wurden[156]. Währenddessen nahm Alexandrine die Ausgrabungen auf dem Piano della Badia wieder auf; auf ihren Namen lauteten seit 1834 alle erforderlichen Lizenzen, sie übernahm die organisatorische Leitung des archäologischen Unternehmens[157]. Dabei gingen Angestellte, denen die Aufsicht über die Feldarbeit und die Anfertigung von Fundberichten übertragen wurde, ihr zur Hand. Alexandrine kümmerte sich fortan um den gesamten Schriftverkehr, sowohl was die Genehmigungen als auch den Verkauf von Funden anging, und entschied ferner darüber, wann und in welchem Umfang Grabungen angestrengt wurden. Dabei mußte sie dafür Sorge tragen, daß sämtliche Arbeiter, die anderswo in der Landwirtschaft abgezogen wurden, für die Ernteeinsätze wieder rechtzeitig zur Verfügung standen. Denn die Grabungen, die normalerweise von Oktober bis April, höchstens noch bis Mai andauerten, weil danach ein drückendes Klima in der Maremma herrschte, das die Malaria mit sich brachte und auf Monate hinaus jede Arbeit im Freien nahezu unmöglich machte, fielen zum Beispiel mit der Olivenernte zusammen. So hatte Alexandrine die Arbeitseinsätze zu koordinieren und mit dem landwirtschaftlichen Betrieb des Anwesens in Einklang zu bringen. Ferner mußte sie die Feldarbeit und die schriftliche Dokumentation kontrollieren, da sie für die ordnungsgemäße Durchführung der Grabungen gegenüber der staatlichen

sie umfaßt Fundberichte, die meist wöchentlich, zeitweise sogar täglich von Padre Maurizio Malvestiti da Brescia, einem gewissen Antonio Vergini und einem gewissen Giovanni Battista Fieschi, letztere wohl Grabungsassistenten der Fürsten von Canino, verfaßt wurden (Rom, Archivio di Stato, Camerlengato, Parte II, Titolo IV, Busta 188). Zu einigen Grabungsberichten existieren zudem noch Zweitschriften (Viterbo, Archivio di Stato, Delegazione Apostolica, Serie II, Parte II, Busta 670).

152 Die Tomba del Tripode Votivo ist mindestens das zweite Grab der orientalisierenden Zeit, das bei den Canino'schen Ausgrabungen zum Vorschein kam; voraus ging die Entdeckung des Grabes vom Ponte Sodo im Jahr 1830. Der Verbleib seines Inventares, das bei einer Auktion 1837 unter den Hammer kam, ist unbekannt. Siehe auch Buranelli in: Luciano Bonaparte 95.

153 L. Bonaparte, Lettera di S. E. il principe di Canino contenente la descrizione del suo Museo di antichità etrusche (1833) 7 f.

154 So meinte er selbst «J'eus souvent une opinion contraire à celle de mon frère, et j'eus toujours le courage de mon opinion; mais le temps qui met tout à sa place me démontre tous les jours davantage que, pour bien juger un colosse, il faut le voir à distance, et que de hautes questions politiques, examinées dans l'effervescence de la jeunesse ou dans le calme de l'âge mûr, peuvent changer d'aspect.» (Iung, Lucien Bonaparte III 398 ff.).

155 L. Bonaparte, Mémoires de Lucien Bonaparte écrits par lui-même I (1836). Mit der Niederschrift und Veröffentlichung seiner Memoiren wandte Lucien sich gegen anonyme Schriften, die mittlerweile zu mehreren in Umlauf gebracht worden waren und die vorgaben, seine Lebenserinnerungen zu sein.

156 Der authentische Rest von Luciens Manuskript wurde erst viel später von Theodore Iung (Iung, Lucien Bonaparte) veröffentlicht.

157 Rom, Archivio di Stato, Camerlengato, Parte II, Titolo IV, Busta 231, Fasc. 2248 und Rom, Archivio di Stato, Miscellanea del Camerlengato 1772–1871, Busta 638/1.

Denkmalbehörde verantwortlich war. So mußte sie veranlassen, daß regelmäßig ein Fundbericht an den für Canino zuständigen Governatore di Toscanella geschickt wurde, damit dieser ihn dann an die zuständige Denkmalbehörde nach Viterbo weiterleiten konnte. Abgesehen von solchen organisatorischen Aufgaben verfolgte Alexandrine ihre Ausgrabungen zweifellos mit regem sachlichem, aber, anders als ihr Mann, nicht mit eigentlich wissenschaftlichem Interesse. Einem engen Vertrauten aus späteren Tagen, dem Grafen Charles von Chaumont-Quitry[158], der selbst keine entsprechende Erfahrung hatte, berichtete sie in zahllosen Briefen ausführlich, oftmals rückblickend von ihrer archäologischen Tätigkeit[159]. Ihre Korrespondenz mit dem in Frankreich lebenden Bekannten, die vielleicht erst in den vierziger Jahren einsetzte, gibt Auskunft über die späteren Funde und gewährt Einblick in die Haltung, die sie ihren Ausgrabungen in den dreißiger Jahren entgegenbrachte[160]. Weit davon entfernt, eine reine Schatzgräberin zu sein, gerierte sich Alexandrine gegenüber dem Grafen von Chaumont-Quitry als ausgesprochene Kennerin des archäologischen Metiers. So berichtete sie ihm, daß es durchaus arme und reiche Gräber gäbe, einfache Erdgruben, die von den Arbeitern «morticini» genannt würden, und aufwendigere Grabanlagen, die man als «cassoni» bezeichnete. Letztere bestünden aus einem offenen Vorhof, von welchem mehrere verschlossene Kammern, sogenannte «grotte», abzweigten. Unversehrte Grotten seien selten, oftmals hätten Erdbeben oder eindringende Feuchtigkeit den porösen Tuffstein zum Einsturz gebracht und die Funde unter schweren Felsbrocken begraben. Allerdings würden schöne Scherben in Fachkreisen mitunter höher bewertet als vollständige Gefäße von lediglich mittelmäßiger Qualität. Manche Grotten seien überhaupt ganz leer, nicht wenige auch schon in früherer Zeit geplündert worden. Die ältesten Gräber seien meistens die reichsten; darin fände sich Goldschmuck oftmals völlig mit Gebeinen vermischt, von welchen in der Regel nur noch Schädel und lange Röhrenknochen übrig seien. Neben Körperbestattungen habe es Brandbestattungen gegeben, wobei die Asche dann in hübschen Bronzegefäßen beigesetzt worden sei. Die jüngeren Gräber enthielten ebenfalls Goldschmuck, häufig seien dies Myrtenkränze oder Medaillons mit Frauenköpfen, die offenbar Porträts der Verstorbenen darstellten. In diesen Gräbern begegneten außerdem figürlich bemalte Vasen, die ausgesprochen erotische Szenen zeigten, welche sich

Abb. 23 Fayencefigürchen aus dem Grab beim Ponte Sodo, entdeckt 1830, Ausgrabungen der Fürsten von Canino.

kaum beschreiben, geschweige denn genauer vorstellen ließen. Solche Obszönitäten gebe es gegenwärtig allenfalls noch im Orient[161]. Alexandrines Ausführungen zeigen deutlich, daß sie selbst nicht bloß eine vage Vorstellung von der Feldarbeit, sondern im Gegenteil eine sehr genaue Anschauung davon besaß. Ohne Zweifel mußte sie persönlich oft am Fundort gewesen und mit dem Material in Berührung gekommen sein, was sie dann dazu veranlaßte über den funktionalen oder historischen Zusammenhang des einen oder anderen Objektes nachzudenken; dies geschah stets auf ungezwungene, unterhaltsame, aber nicht gerade systematische Weise.

Ab Herbst 1838 wurde wieder in größerem Umfang gegraben[162]. Die zwei folgenden Kampagnen betrafen ein weiter südlich gelegenes Areal, das in jenen Tagen zu einem Geflügelhof gehörte und demnach als Polledrara bezeichnet wurde. Sie förderten mehrere Gräber der orientalisierenden Zeit zutage und zogen zugleich wieder stärker das Interesse der Gelehrtenwelt an, das diesmal nämlich auch solchen älteren Gegenständen und den mit ihnen verbundenen neuen Fragestellungen galt. Angeregt durch die 1836 erfolgte Entdeckung der Tomba Regolini-Galassi in Cerveteri, dem einzigen monumentalen Tumulusgrab der orientalisierenden Zeit, rückte inzwischen die etruskische Frühgeschichte als Forschungsfeld in den Vordergrund. Dort hinein spielte nun die durch die Schriftquellen angeregte Frage nach der Herkunft der Etrusker, welche anfangs mit den attischen Vasen verbunden, dann aber in eine frühere Periode, die orientalisierende Zeit, hinaufgeschoben worden war. Die etruskische Frühgeschichte bot allerdings mit ihren gemischten, teils ägyptisch, teils orientalisch, teils griechisch geprägten Fundgruppen ein überaus schwieriges Terrain.

158 DBF VIII (1956) 876 Nr. 23 s. v. Chaumont-Quitry, Odon-Charles-Joseph de (R. D'Amat).

159 Unveröffentlichte Korrespondenz, auszugsweise zitiert von Fleuriot de Langle, Alexandrine Bonaparte.

160 Fleuriot de Langle, Alexandrine Bonaparte 193 ff. 239 ff.

161 Fleuriot de Langle, Alexandrine Bonaparte 250 ff.

162 Rom, Archivio di Stato, Miscellanea del Camerlengato 1772–1871, Busta 638/1.

Denn von den gleichzeitigen Kulturen war bestenfalls die ägyptische aus ihrem Ursprungsland mit vergleichbaren Funden bekannt[163].

Während sich Funde der orientalisierenden Zeit aus Etrurien mehrten, die von der Forschung kaum erschlossen werden konnten, stieg das allgemeine Interesse daran ebenfalls an. Denn die figürlich bemalten Vasen aus Vulci, die sich endlich als attisch erwiesen hatten, hatten erstmals gezeigt, daß grundsätzlich mit Beziehungen zwischen den verschiedenen Kulturen, und sei es auch nur mit Handelskontakten, zu rechnen war[164]. Die Frage nach auswärtigen Beziehungen, insbesondere zu der Hochkultur Ägyptens, aber führte zu der Frage nach den Wurzeln und, nachdem Ägypten als Maßstab entwickelter Kulturen angesehen wurde, zu der Frage nach der historischen Grösse des antiken Etrurien. Diese wiederum, für die beiden Nachfolgestaaten, das Großherzogtum Toskana und den Kirchenstaat, schon seit der Renaissance relevant, gewann mit dem wachsenden nationalstaatlichen Denken in jenen Jahren umso mehr an Bedeutung und besaß gerade im Vorfeld des italienischen Risorgimento eine ungeheuere Aktualität[165].

An dem einsetzenden wissenschaftlichen Diskurs aber nahm Lucien, obwohl er großes Interesse daran bekundete, nicht mehr teil. Denn mittlerweile war er akut an einem Magenkarzinom erkrankt und sein Zustand erlaubte es kaum, dem Lauf der Forschung noch aktiv zu folgen. Selbst die Anteilnahme an den Ausgrabungen von Alexandrine fiel ihm offenbar schwer und war nurmehr sporadischer Natur. Gleiches gilt für Padre Maurizio, der sich wegen Luciens Krankheit zwar häufiger in Canino aufhielt, jedoch mit anderen Dingen als den Vulcenter Ausgrabungen befaßt war. Die familiäre Situation ließ eine intensivere Auseinandersetzung mit den hinzukommenden frühgeschichtlichen Funden nicht mehr zu, während sich die alten wissenschaftlichen Fragestellungen bezüglich der Identifizierung des Ortes und der Herkunft der figürlich bemalten Vasen ohnedies erübrigt hatten. Die Aufmerksamkeit, die Lucien und Padre Maurizio den Ausgrabungen schenkten, beschränkte sich auf Augenblicke, in denen spektakuläre Funde zum Vorschein kamen. So geschah es im Frühjahr 1839, als von den Arbeitern eine augenscheinlich ägyptische Grotte aufgedeckt wurde, die eine halblebensgroße ägyptisch anmutende Statuette und zahllose mehr oder minder ägyptische Kleinfunde enthielt[166], und im Herbst desselben Jahres, als ein jüngeres Grab unweit davon zum ersten Mal rotfigurige Gefäße spätklassischer Zeit freigab, deren Darstellungen, Themen der griechischen Mythologie, eine Apotheose des Kadmos[167], ein Parisurteil[168] und eine Gigantomachie[169], ein letztes Mal Luciens Interesse erregten[170].

Im Juni 1840 erlag Lucien seinem Krebsleiden, was nicht nur eine Wende in Alexandrines Leben herbeiführte, sondern auch gravierende Auswirkungen auf die Ausgrabungen in Vulci hatte[171]. Zunächst fanden dort

163 Sie war durch Napoleons Ägyptenexpedition und Champollions Entzifferung der Hieroglyphen wissenschaftlich ins Blickfeld gerückt. Demgegenüber war der Orient archäologisch so gut wie nicht erschlossen, die frühgriechische Kultur nur aus den homerischen Epen bekannt.

164 G. Kramer, Über den Styl und die Herkunft der bemalten griechischen Thongefäße (1837).

165 Vgl. A. Mazzoldi, Delle origini italiche e della diffusione dell'incivilimento italiano all'Egitto, alla Fenicia, alla Grecia e a tutte le nazioni asiatiche poste sul mediterraneo (1840). Siehe dazu die Rezension von A. Bianchi Giovini, Sulle origini italiche di Angelo Mazzoldi. Osservazioni (1841) sowie A. Mazzoldi, Risposta alle osservazioni di A. Bianchi Giovini sulle origini italiche (1842) und A. Bianchi Giovini, Ultime osservazioni sopra le opinioni di Angelo Mazzoldi (1842), schließlich die überarbeitete Neuauflage von A. Mazzoldi, Delle origini italiche e della diffusione dell'incivilimento italiano all'Egitto, alla Fenicia, alla Grecia e a tutte le nazioni asiatiche poste sul mediterraneo (1846). – Mazzoldi stützt sich ausdrücklich auch auf die Grabungsergebnisse von Lucien Bonaparte; siehe A. Mazzoldi, Delle origini italiche e della diffusione dell'incivilimento italiano all'Egitto, alla Fenicia, alla Grecia e a tutte le nazioni asiatiche poste sul mediterraneo (1840) 222. 414 f. (Appendice XVI. Sunto di lettera di Luciano Bonaparte).

166 Siehe unten Kap. III.

167 Rotfigurige Hydria des Kadmosmalers in Berlin, Antikensammlung, Inv. F 2634; Beazley ARV^2 1187 Nr. 33; A. Furtwängler, Beschreibung der Vasensammlung im Antiquarium (1885) II 744 ff. Nr. 2634; J. D. Beazley, BSR 11, 1929, 27; W. Hahland, Studien zur attischen Vasenmalerei um 400 v. Chr. (1931) 70 f.; K. A. Neugebauer, Führer durch das Antiquarium II. Vasen (1932) 127 f.

168 Rotfigurige Hydria des Kadmosmalers in Berlin, Antikensammlung, Inv. F 2633; Beazley ARV^2 1187 Nr. 32; Furtwängler a. O. 741 ff. Nr. 2633; Hahland a. O. 70 f.; Neugebauer a. O. 128 f. Taf. 66; C. Clairmont, Das Parisurteil in der antiken Kunst (1951) 55 Nr. K 169; I. Raab, Zu Darstellungen des Parisurteils in der griechischen Kunst (1972) 179 Nr. B 15.

169 Rotfigurige Schale des Erginos und Aristophanes in Berlin, Antikensammlung, Inv. F 2531; CVA Berlin, Antiquarium (3) Taf. 119, 1–4 Taf. 120, 1–3 Taf. 121, 2–4 Taf. 133, 10; Beazley ARV^2 1318 Nr. 1; A. Furtwängler a. O. 709 ff. Nr. 2531; E. Pfuhl, MuZ II 589. III 587; Hahland a. O. 17 f.; Neugebauer a. O. 102.

170 Siehe unten Kap. III.

171 Sein Leichnam wurde in der Kapelle der Bonaparte in der Gemeindekirche von Canino beigesetzt. Alexandrine ließ von dem Bildhauer Luigi Pampaloni ein Grabmal anfertigen, dessen Darstellungen noch einmal auf den Lebenslauf

keine Aktivitäten mehr statt, denn Alexandrine war vollauf damit beschäftigt, die Hinterlassenschaft ihres Mannes zu regeln[172]. Von allen möglichen Seiten wurden Forderungen an sie herangetragen, die sich auf allfällige Steuern oder sonstige Abgaben bezogen, und auch Charles-Lucien, der älteste Sohn von Lucien und Alexandrine und nachfolgende Fürst von Canino, dem ohnehin ein Teil des väterlichen Erbes zustand, bekundete ein aktives Interesse an der Liquidierung des elterlichen Vermögens[173]. Alexandrine war zwischen 1840 und 1841 vollauf mit Erbschaftsangelegenheiten beschäftigt und dermaßen in finanzielle Bedrängnis geraten, daß sie umgehend einige Antiken und Kunstgegenstände verkaufen mußte[174]. Dazu wußte sie sich wie eh und je geschickt alter Bekannter zu bedienen[175] und angesehene Autoritäten auf den Gebieten der Kunst und Altertumswissenschaft für ihre Zwecke einzuspannen[176]. Erst 1842 nahm sie die Arbeiten in der Nekropole wieder auf, nunmehr gemeinsam mit ihrem Schwiegersohn, dem Grafen Vincenzo Valentini[177]. Diese Ausgrabungen zogen sich bis 1852 hin und erstreckten sich vor allem über Gebiete im Süden der Nekropole. Sie dienten einmal mehr finanziellen Zielen, boten der einsamen Alexandrine zugleich aber Abwechslung und wurden bald zu ihrer hauptsächlichen Beschäftigung. In diese steckte sie wohl all ihre verbleibende Energie, welche sie nicht gerade auf die Pflege des politischen Vermächtnisses ihres Mannes und die Verteidigung seines durch den Historiker Adolphe Thiers in ein schiefes Licht gerückten Andenkens verwandte[178]. Bei den letzten Kampagnen kamen bedeutende Funde ans Licht, unter denen zwei Sarkophage mit plastisch ausgearbeiteten Deckelfiguren aus spätklassischer Zeit herausragen, welche 1846 beim Ponte Rotto gefunden wurden[179] und einige Jahre später

von Lucien anspielen (A. Caputo Calloud, Ricerche di Storia dell'Arte 13–15, 1981, 57 ff. bes. 62 ff. mit Abb. 8. 9).

172 Stendhal, französischer Konsul in Civitavecchia, teilte dem französischen Historiker Adolphe Thiers umgehend Luciens Ableben mit und ließ sogleich dessen Vermögen, mithin die attischen Vasen, schätzen. (Stendhal, Correspondance, hrsg. von H. Martineau und V. Del Litto [1968] III 372 f.).

173 Luciens Erbe ging teils an seinen ältesten Sohn Charles-Lucien über, dem das Anwesen von Canino mitsamt dem zugehörigen Fürstentitel zufiel, teils verblieb es bei Alexandrine, die in Musignano lebte und unter anderem auch den bedeutenden Schriftnachlaß ihres Mannes aufbewahrte. Zum Verbleib von Luciens Manuskripten nach Alexandrines Tod siehe A. Pietromarchi, Luciano Bonaparte. Il fratello nemico di Napoleone (1994) 294 ff.

174 Umfangreiche Vasenbestände wurden 1841 nach Frankfurt am Main gebracht. Ein großer Teil davon wurde von Friedrich von Thiersch für die Münchener Antikensammlung erworben (München, Staatliche Antikensammlung, Mappe «Vasensammlung Canino» mit entsprechenden Dokumenten, unter anderem einem Brief von Eduard Gerhard an Friedrich von Thiersch, datiert Berlin, 11. Juni 1841, und einem Vertragsentwurf zum Ankauf von Vasen aus der «Réserve étrusque», datiert Frankfurt am Main, 14. September 1841. Siehe auch München, Bayerisches Hauptstaatsarchiv, Abteilung III: Geheimes Hausarchiv: Kabinettskasse Ludwigs I. 52/1/5: Privateigenthum Seiner Majestät des Königs Ludwigs I.); ein geringerer Teil (22 Gefäße) gelangte durch Eduard Gerhard nach Berlin (Furtwängler a. O. I S. XX f.). Es folgten weitere Verkäufe in Paris.

175 So wandte sie sich an Eduard Gerhard (Berlin, Deutsches Archäologisches Institut, Briefarchiv: Brief von Alexandrine Bonaparte an Eduard Gerhard, datiert Canino, den 9. Juli 1841), der ihr dann bei der Beschaffung von Zollpapieren für die Ausfuhr der Vasen nach Frankfurt am Main behilflich war; siehe A. Costantini in: Wrede, Eduard Gerhard 79 ff. bes. 84 ff.

176 Der Maler J.-A.-D. Ingres, der seit 1839 Direktor der Académie Française in Rom war, übernahm die Schätzung einiger zum Verkauf bestimmter Gemälde aus der Sammlung des Fürsten von Canino; Fleuriot de Langle, Revue de France, Juillet 1939, 40. Im Gegenzug erhielt er eine attisch rotfigurige Amphora, die bei den Vulcenter Grabungen im März 1829 zum Vorschein gekommen war (Bonaparte, Museum 133 Kat. 1462 Taf. 33 und J. J. Dubois, Notice d'une collection de vases peints tirés des fouilles faites en Étrurie par feu M. le Prince de Canino, Paris [1843] 28 Nr. 98) und sich seit 1851 in Montauban, Musée Ingres, befindet (Beazley ARV^2 194 Nr. 4; Catalogue du musée de Montauban [1863] Nr. 98 und B. Laufer, Kaineus Studien zur Ikonographie [1985] 35). P. Picard-Cajan in: A.-F. Laurens – K. Pomian (Hrsg.), L'Anticomanie. La collection d'antiquités aux 18e et 19e siècles (1992) 279 ff.

177 Der Graf Vincenzo Valentini war seit 1836 mit Alexandrine-Marie Bonaparte verheiratet. Das Ehepaar unterstützte Alexandrine nach dem Tod von Lucien bei den Ausgrabungen in Vulci und unternahm später eigene Ausgrabungen in der Nähe von Perugia, der Heimatstadt von Vincenzo Valentini. A. Donati, La principessa Maria Bonaparte Valentini (1951).

178 Alexandrine veröffentlichte Teile von Luciens Nachlaß, namentlich seine historisch bedeutsame Schrift Le Dix-huit Brumaire (1845), und verfaßte selbst eine gegen Thiers gewandte Schrift: Appel à la justice des contemporains de feu Lucien Bonaparte en réfutation des assertions de M. Thiers dans son Histoire du Consulat et de l'Empire par Mme la princesse de Canino Veuve Lucien Bonaparte (1845). Damit protestierte sie gegen die diffamierende Darstellung von Lucien, wie sie sich in den gerade erschienenen ersten Bänden von Thiers großem Geschichtswerk findet; A. Thiers, Histoire du Consulat et de l'Empire I–IV (1845).

179 Rom, Archivio di Stato, Ministero dei Lavori Pubblici, Industria, Agricoltura e Belle Arti, Busta 418, Fasc. 5 c.

nach Boston gelangten[180]. Von diesen Sarkophagen berichtet Alexandrine, die mittlerweile Kontakte zu mehreren französischen Literaten geknüpft hatte, in einem Brief an Victor Hugo, in welchem ihr dilettantisches Interesse an Dichtung und Altertum, das der charmanten alten Dame nurmehr zum gesellschaftlichen Ereignis gereichte, treffend zum Ausdruck kommt[181].

Während Alexandrine sämtlichen Übergriffen auf ihre Besitzstände trotzte und ihrerseits auch die ungesetzliche Ausfuhr von Antiken, wie sie Hugo gegenüber eingesteht, höchstens als Kavaliersdelikt betrachtete, trieb sie die Ausgrabungen in Vulci mit äußerster Kraft voran. Mit den Feldarbeiten betraute sie André Boyer[182], einen Neffen von Lucien aus der Verwandtschaft von dessen erster Frau, der sich sonst als Prokurist der Bonaparte zu betätigen pflegte. Unter seiner Aufsicht gingen die Ausgrabungen in Vulci künftig mit dermaßen rabiaten Methoden vor sich, daß George Dennis[183], der zwischen 1842 und 1847 mehrmals Etrurien bereiste und für sein großes Opus recherchierte, sich entsetzte angesichts der sinnlosen Zerstörung, die sich seinen Augen am Grabungsort darbot[184]: Er berichtete von Gräbern, die gewaltsam aufgebrochen wurden, um möglichst rasch an den Inhalt zu gelangen, und wußte weiterhin davon, daß weniger qualitätvolle Funde entweder gar nicht geborgen oder absichtlich zerstört und weggeworfen wurden, um den Preis für die qualitätvollere Ware hochzuhalten. Zu dem Ausschuß zählte die meiste etruskische Keramik, insbesondere Impasto und der undekorierte oder nur ritzverzierte Bucchero, Waren also, die zu Luciens Lebzeiten im Museum von Musignano ausgestellt wurden, mit denen sich auf dem Kunstmarkt aber weder damals noch in jenen Tagen nennenswerte Gewinne erzielen ließen[185]. Ob dieser Zustände erstattete Dennis Anzeige, was zwar zu einer Nachfrage seitens der Behörden[186], aber letztlich kaum zu einer Besserung der herrschenden Verhältnisse führte[187]. Aus dieser Zeit stammt der schlechte Ruf, der den Ausgrabungen der Fürsten von Canino generell anhaftet und in der Literatur seither permanent kolportiert wird[188]. Tatsächlich treffen die zurecht angeprangerten Verhältnisse nur auf die letzten Kampagnen zu[189]. Die Fürstin von Canino gab ihre Grabungslizenz 1852 an Alessandro François ab[190]. Der gebürtige Florentiner, der zuvor schon in Chiusi und

180 Boston, Museum of Fine Arts, Inv. 86.145 und 1975.799. R. Herbig, Die jüngeretruskischen Steinsarkophage (1952) 13 ff. Nr. 5. 6 Taf. 37. 38. 40; F. Matz, Chronologische Bemerkungen zu einigen Deckelfiguren etruskischer Sarkophage. MarbWPr 1973 (1974) 14 ff. Taf. 1–5 Nr. 1. 2; M. B. Comstock – C. C. Vermeule, Sculpture in Stone. The Greek, Roman and Etruscan Collections of the Museum of Fine Arts, Boston (1976) 244 ff. Nr. 383. 384; CIE II 1, 2 5313. 5314; TLE² 321; G. Colonna, StEtr 48, 1980, 163 Taf. 54 a. b.

181 Siehe Anhang, Dokument A.

182 Siehe auch oben Anm. 68. Die Fundberichte von Boyer befinden sich Literaturangaben zufolge (H. Vallet, Les «Voyages en Italie» [1804]. Journal d'un compagnon d'exil de Lucien Bonaparte [1986] und B. Klakowicz, La collezione dei Conti Faina in Orvieto. La sua origine e le sue vicende, Storia e documenti [1970]) im Archiv Faina.

183 George Dennis kam auf seiner ersten Etrurienreise im Juni 1842 erstmals nach Vulci. In seiner Begleitung reiste der Maler Samuel James Ainsley, der Zeichnungen von den antiken Fundplätzen und der umliegenden Landschaft anfertigte, darunter auch zwei vom Ponte della Badia, die das genaue Datum des Besuches tragen (London, Britisches Museum, Department of Engravings and Drawings). Siehe Abb. 56. 57. – Dennis unternahm zwischen 1842 und 1847 noch mehrere Reisen nach Etrurien, teils zusammen mit Ainsley, teils allein, von denen er in diversen Zeitschriftenartikeln berichtete und die er seinem erstmals 1848 erschienenen Werk ‹The Cities and Cemeteries of Etruria› dann zugrunde legte. Während seiner langen Aufenthalte in Rom, wohnte und arbeitete Dennis meistens im Istituto di Corrispondenza Archeologica, das seit 1836 in der Casa Tarpeia auf dem Kapitol seinen Sitz hatte. Siehe D. E. Rhodes, Dennis d'Etruria. Vita e viaggi dello scopritore degli Etruschi (1992) 39 ff.

184 G. Dennis, The Westminster Review 41, 1844, März-Juni, 145 ff. bes. 153 ff. (Beschreibung eines Besuches der Begräbnisplätze von Vulci) und ders., The Cities and Cemeteries of Etruria I (1848) 409 ff.

185 Über den damaligen Marktwert der verschiedenartigen Funde informieren die Bemerkungen von Stendhal, der neben einem allgemein kulturellen auch ein reges kommerzielles Interesse an dem Fundmaterial aus Etrurien bekundete. Vgl. A. Hus in: L'Italie préromaine et la Rome républicaine, Mélanges offerts à Jacques Heurgon (1976) 437 ff.

186 In einem Schreiben vom 30. November 1846 an die Commissione Generale Consultiva di Antichità e Belle Arti weist Vincenzo Valentini den Vorwurf, die Principessa di Canino habe bei ihren Ausgrabungen in Vulci Gräber zerstört, mit Entschiedenheit zurück (Rom, Archivio di Stato, Ministero dei Lavori Pubblici, Industria, Agricoltura, Commercio e Belle Arti, Busta 418, Fasc. 5 c).

187 Das Nachlassen von Kontrollen bzw. die Lockerung in der Handhabung der geltenden gesetzlichen Bestimmungen hängt offenkundig mit den anders gelagerten Interessen Gregors XVI., insbesondere während dessen fortgeschrittener Amtszeit, und erst recht Pius' IX. zusammen.

188 Vgl. F. Buranelli in: Luciano Bonaparte 81 ff.

189 Die ersten Kampagnen unter der Leitung von Lucien waren noch von E. Gerhard, BdI 1831, 86 ff. und C. C. J. von Bunsen, AdI 1834, 85 als mustergültig hervorgehoben worden. Das bestätigt auch G. Dennis, The Cities and Cemeteries of Etruria I (1848) 410 unten.

190 Viterbo, Archivio di Stato, Delegazione Apostolica, Serie II, Parte II, Busta 156, Fasc. 13, 6.

an anderen Orten im Großherzogtum Toskana gegraben hatte[191], beabsichtigte, in Florenz ein Museum etruskischer Altertümer einzurichten; dieses wollte er unter topographischen Gesichtspunkten gliedern und auch mit Fundmaterial aus Vulci bestücken[192]. Gemeinsam mit Adolphe Noël des Vergers führte er ab 1855 die Grabungen in der Nekropole fort[193]. Dann arbeitete er allerdings schon auf dem Grundstück der Torlonia, an die das Anwesen samt Fürstentitel von Canino und Musignano 1853 aus Charles-Luciens Hand verkauft worden war[194]. Alessandro François entdeckte 1857, zwei Jahre nach Alexandrines Tod[195], das berühmte nach ihm benannte Grab mit den historischen Wandmalereien aus Vulci[196].

Die Ausgrabungen, die die Fürsten von Canino zwischen 1828 und 1852 in der Nekropole von Vulci durchführten, verliefen in mehreren Phasen, die einmal unter der Leitung von Lucien, dann unter der Ägide von Alexandrine standen, ein Umstand, der ganz verschiedene Schwerpunkte und Zielsetzungen mit sich brachte. Die bedeutendsten Aktivitäten fanden in den ersten Jahren zwischen 1828 und 1830 statt, wobei allein in diesem kurzen Zeitraum ungefähr viertausend attische Vasen ans Licht kamen[197]. Auf diesen Gefäßen, die wissenschaftlich von außerordentlicher Signifikanz und antiquarisch oftmals von hervorragender Qualität sind, beruht vor allem der Stellenwert, der den Canino'schen Ausgrabungen in Vulci zukommt. Dem fortschrittlichen Antikenverständnis von Lucien und seiner aktiven Beteiligung ist es zuzuschreiben, daß die wichtigsten Kampagnen von einer verhältnismäßig ausführlichen Dokumentation und fortlaufenden Publikationen begleitet wurden. Darüber sollte allerdings das Schaffen des Padre Maurizio, dessen Ansichten nicht selten in den Veröffentlichungen des Fürsten von Canino zum Ausdruck kommen, während seine Handschrift sich häufig in unveröffentlichten Manuskripten findet, keinesfalls vergessen werden. Anhand der erhaltenen Dokumentation ist es heute immer noch möglich, einzelne Vasen mit Beifunden zu verbinden oder sie auf ihren genauen Fundort zurückzuführen und auf diese Weise Aufschluß etwa über die Topographie der Nekopole zu erhalten[198]. Die Kampagnen der dreißiger Jahre fanden mit mehreren Unterbrechungen und insgesamt in wesentlich kleinerem Umfang statt. Seit 1834 standen sie unter der Leitung von Alexandrine, die abgesehen von der gelegentlichen Beteilung ihres Mannes und des Paters, allein dafür zuständig war. Sie ließ jedoch erst ab 1838 wieder in größerem Umfang Arbeiten durchführen. Ihre Ergebnisse sind, auch weil Alexandrine weniger im Mittelpunkt der Gelehrtenwelt stand[199], im allgemeinen schlechter, oftmals vor allem durch private Korrespondenzen dokumentiert und überhaupt nicht mehr publiziert. Dennoch erlauben

191 Zu diesen Ausgrabungen, die unter anderem den Krater des Klitias und Ergotimos zum Vorschein brachten, siehe A. François, AdI 1848, 299 ff. und MonInst 4 (1844–48) Taf. 54–58 sowie ferner M. Cristofani, BdA 62, 1981, 11 ff. und E. Barni – G. Paolucci, Archeologia e antiquaria a Chiusi nell'Ottocento. Storie di eruditi, mercanti, collezionisti e scavatori (1985).

192 Die Funde aus den toskanischen Grabungen von Alessandro François bildeten neben der älteren mediceïschen Sammlung einen wesentlichen Bestandteil des Museo Etrusco, das seit 1853 in dem Verbindungstrakt zwischen den Uffizien und dem Palazzo Pitti untergebracht war und 1871 in das sogenannte Cenacolo di Foligno überstellt wurde, welches bereits das Museo Egizio beherbergte (G. F. Gamurrini, Relazione storica del R. Museo Egizio ed Etrusco in Firenze [1873]). Aus dem einstigen Museo Etrusco ging 1883 das Museo Archeologico hervor (L. A. Milani, Museo Topografico dell'Etruria [1898] und ohne Autor, StEtr 2, 1928, 75 ff. Taf. 52. 53). Zur Geschichte des Archäologischen Museums von Florenz siehe A. Romualdi in: Gli Etruschi, Ausstellungskatalog Venedig (2000) 515 ff.

193 Viterbo, Archivio di Stato, Delegazione Apostolica, Serie II, Parte II, Busta 156, Fasc. 13, 6. Vgl. A. Noël des Vergers, L'Étrurie et les Étrusques. Dix ans des fouilles dans les Maremmes pontificales (1862–1864). Die Vulcenter Funde aus den Grabungen von François und Noël des Vergers verblieben großteils im Besitz der Torlonia (Rom, Villa Albani).

194 Der Verkauf, der auch Mobiliar und Vieh einschloß, erfolgte durch Charles-Lucien Bonaparte. Die Urkunde ist auf den 28. November 1853 datiert (Rom, Archivio Storico Capitolino, notai, sez(ione) XII, notai Bacchetti e Torriani).

195 Alexandrine hatte verfügt, daß der größte Teil ihres Vermögens sowie alle Schriftstücke und Kunstgegenstände einschließlich der Grabungsdokumentation ihrer Enkelin Luciana, einer Tochter von Alexandrine-Marie Valentini und Vincenzo Valentini, zufalle. (Rom, Französische Botschaft, Archiv; Fleuriot de Langle, Alexandrine Bonaparte 395 ff.). Luciana Valentini heiratete den Grafen Zeffirino Faina. Siehe auch B. Klakowicz, La Collezione dei Conti Faina in Orvieto. La sua origine e le sue vicende, Storia e documenti (1970) 1 ff. und G. M. Della Fina in: Citazioni Archeologiche 13 ff.

196 S. Steingräber (Hrsg.), Etruskische Wandmalerei (1985) Nr. 178 und F. Buranelli (Hrsg.), La Tomba François di Vulci, Ausstellungskatalog Rom (1987).

197 Schon die erste Grabungskampagne hatte an die 2.000 attische Vasen erbracht, wie aus den Publikationen des Fürsten von Canino hervorgeht. Die Codices Amatiani überliefern die Zahl von fast 4.000 attischen Vasen im Jahre 1830. (Marco Buonocore, Codices Vaticani Latini, Codices 9734–9782 [Codices Amatiani] [1988]).

198 A. De Angelis, ArchCl 1990, 29 ff.

199 Alexandrine Bonaparte war seit 1819 Mitglied der Accademia di Scienze ed Arti degli Ardenti di Viterbo (Perugia, Privatarchiv, Carte Bonaparte, CCCLIII und Viterbo, Biblioteca Comunale degli Ardenti II D VI 28: Accademia di Scienze ed Arti degli Ardenti, Ruoli Accademici, Numero 280).

Abb. 24 Die Casa Tarpeia auf dem Kapitol in Rom. Titelvignette der Monumenti inediti publicati dall'Instituto di corrispondenza archeologica II, 1834-1838.

die verfügbaren Dokumente, zu denen die sporadischen Stellungnahmen von Lucien und Padre Maurizio hinzutreten, wenigstens manche herausragenden Fundgruppen, zu denen auch die ägyptische Grotte in der Polledrara gehört, im nachhinein wenigstens weitgehend wiederzugewinnen. Die in den vierziger und fünfziger Jahren auf Betreiben von Alexandrine und Vincenzo Valentini durchgeführten Kampagnen können nur als Raubgrabungen bezeichnet werden. Wenngleich sie bemerkenswerte Funde völlig verschiedener Zeitstellung erbrachten, sind diese aufgrund der unsachgemäßen Vorgehensweise und der mangelhaften Dokumentation für Fragestellungen, die den Kontext berühren, kaum von Belang. Nur in seltenen Fällen, etwa bei der Entdeckung der zwei spätklassischen Sarkophage in einem Grab beim Ponte Rotto, schaltete sich Padre Maurizio nochmals ein[200]. Dieser widmete seine Aufmerksamkeit ansonsten mehr den musikgeschichtlichen und seinen Orden betreffenden Studien, die er in den Jahren zwischen 1840 und 1846 in Rom und Canino zum Abschluß brachte.

2. Eduard Gerhard, Emil Braun und das Instituto di Corrispondenza Archeologica in Rom

Ein für die Vulcenter Ausgrabungen und ihre wissenschaftliche Auswertung überaus wichtiges Moment stellt die Tätigkeit von Eduard Gerhard[201] in Rom dar (Abb. 25). Dieser war eigentlich Philologe, ein Schüler von August Boeckh in Berlin, hatte sich aber nach seiner Promotion bereits mit Studien zur antiken Kunstgeschichte befaßt, bevor er 1822 erstmals nach Italien kam. Dort lernte er die erhaltenen Denkmäler aus eigener Anschauung kennen. Zusammen mit August Kestner, Theodor Panofka und Baron Otto Magnus von Stackelberg rief Gerhard 1823 die Hyperboreisch-Römische Gesellschaft ins Leben. Dieser Verein hatte sich die Erforschung des antiken Rom und seiner Denkmäler zum Ziel gesetzt; allein der Weg dorthin war durch die Zerstreuung der Antiken über alle möglichen Aufbewahrungsorte nicht leicht. Die als unübersichtlich und wenig geordnet empfundene materielle Hinterlassenschaft sollte durch die Erstellung von Katalogen zu den bestehenden Sammlungen und durch die Zu-

200 So benachrichtigte Padre Maurizio unverzüglich Pietro Ercole Visconti, indem er ihm in einem Brief vom 13. Februar 1846 ausführlich Bericht erstattete (Rom, Archivio di Stato, Ministero dei Lavori Pubblici, Industria, Agricoltura e Belle Arti, Busta 418, Fasc. 5 c).

201 O. Jahn, Eduard Gerhard. Ein Lebensabriß (1868); Noack, Deutschtum in Rom II 203 f. (mit weiteren Hinweisen); Allgemeine Deutsche Biographie VIII (1878; Nachdr. 1968) 760 ff. s. v. Gerhard, Friedrich Wilhelm Eduard (L. Urlichs); Neue Deutsche Biographie VI (1964) 276 f. s. v. Gerhard, Friedrich Wilhelm Eduard (F. Matz); H. B. Jessen in: R. Lullies – W. Schiering (Hrsg.), Archäologenbildnisse (1988) 20 ff.; Wrede, Eduard Gerhard, passim.

sammenfassung des vorhandenen Fundmaterials in reich bebilderten Foliobänden zugänglich gemacht werden. Es galt, der Archäologie eine neue und breitere Grundlage zu schaffen, auf welche die Gelehrten zurückgreifen konnten. Dieses Anliegen entsprach einem allgemein gehegten Bedürfnis, dem die Etruskologen Giuseppe Micali[202] und Francesco Inghirami[203] gleichfalls nachzukommen suchten, indem sie umfassende Werke über etruskische Denkmäler vorlegten.

Derselbe Gedanke führte im Dezember 1828 zur Gründung des Instituto di Corrispondenza Archeologica, das unter Beteiligung des preußischen Gesandten Christian Carl Josias von Bunsen, des hannoverischen Geschäftsträgers August Kestner, von Eduard Gerhard und dem Herzog von Luynes am Palilientag des darauffolgenden Jahres aus der Taufe gehoben wurde[204]. Es handelte sich dabei um eine anfangs noch internationale Einrichtung, die als Anlaufstelle für Archäologen, Kunstsammler und an der Antike interessierte Diplomaten aus ganz Europa gedacht und zuerst im Palazzo Caffarelli, dem Sitz des preußischen Gesandten, ab 1836 dann in der Casa Tarpeia auf dem Kapitol in Rom untergebracht war (Abb. 24). Hier sollten die wissenschaftlichen Anstrengungen der internationalen Gelehrtenwelt an einem Ort zusammengeführt werden. Es ist bemerkenswert, daß kaum Vertreter des Gastlandes, die einer solchen Einrichtung skeptisch, wenn nicht ablehnend gegenüberstanden, an ihrer Gründung teilhatten. Eine Ausnahme bildeten der Italiener Carlo Fea, Commissario delle Antichità, und der Däne Bertel Thorvaldsen, der gleichfalls Repräsentant der päpstlichen Antikenverwaltung war. Das Instituto di Corrispondenza Archeologica wurde weithin als Konkurrenz zu bereits bestehenden Einrichtungen wie der Accademia Romana di Archeologia, die nicht zufällig, sondern vielmehr im Gegenzug 1829 zur Pontificia Accademia Romana di Archeologia erhoben wurde, aufgefaßt[205]. Die erfolgreichen

Abb. 25 August Kestner, Eduard Gerhard (1843).

und erfolgversprechenden Ausgrabungen, die damals vielerorts in Etrurien einsetzten, begünstigten indessen die Entstehung einer Institution, die sich der Bekanntmachung wichtiger Grabungsergebnisse annahm. Um sowohl alte als auch neue Funde in adäquater Form präsentieren zu können, wurde das Institut mit einer ganzen Reihe von Publikationsorganen ausgestattet. Dazu gehörten die Zeitschriften, die dem Zweck dienten, neues Material und aktuelle Erkenntnisse unverzüglich zu veröffentlichen. Gerade im Bullettino nahmen Berichte über die Ausgrabungen in Etrurien breiten Raum ein; in den Annali dagegen wurden übergreifende Artikel abgedruckt. Zu den hauseigenen Publikationen zählten des weiteren die Monumenti, großangelegte Tafelwerke, in denen archäologisches Material auf anschauliche Weise dargeboten wurde. Die Aktivitäten des Instituts wurden ergänzt durch Adunanzen, die in regelmäßigen Abständen abgehalten wurden und einem großen Kreis von Gelehrten und Dilettanten offenstanden. Dabei wurden herausragende Denkmäler präsentiert sowie Forschungsfragen diskutiert. Das breitgefächerte Angebot wurde während der ersten Jahre zu einem nicht geringen Teil mit Vulcenter Fundmaterial aus den Canino'schen Ausgrabungen bestritten (Abb. 26. 27). Es geht maßgeblich auf die Anregung von Eduard Gerhard zurück, der dem Instituto di Corrispondenza Archeologica bis 1832 als

202 Micali, Monumenti.

203 F. Inghirami, Monumenti etruschi o di etrusco nome disegnati, incisi, illustrati e pubblicati dal cavaliere Francesco Inghirami I–VII (1821–1826).

204 A. Michaelis, Geschichte des Deutschen Archäologischen Instituts, 1829–1879 (1879); Noack, Deutschtum in Rom I 414 ff.; G. Rodenwaldt, Archäologisches Institut des Deutschen Reiches, 1829–1929 (1929); A. Rieche, 150 Jahre Deutsches Archäologisches Institut, Rom, Ausstellungskatalog Bonn (1979); F. W. Deichmann, Vom internationalen Privatverein zur preußischen Staatsanstalt, Das Deutsche Archäologische Institut. Geschichte und Dokumente IX (1986); Rieche in: Wrede, Eduard Gerhard 35 ff.

205 R. T. Ridley, RM 103, 1996, 275 ff. Zur Problematik dieser Gründung siehe jetzt auch G. Maurer, Preußen am Tarpeischen Felsen – Chronik eines absehbaren Struzes, Die Gesichchte des Deutschen Kapitols in Rom 1817–1918 (2005) 67 ff.

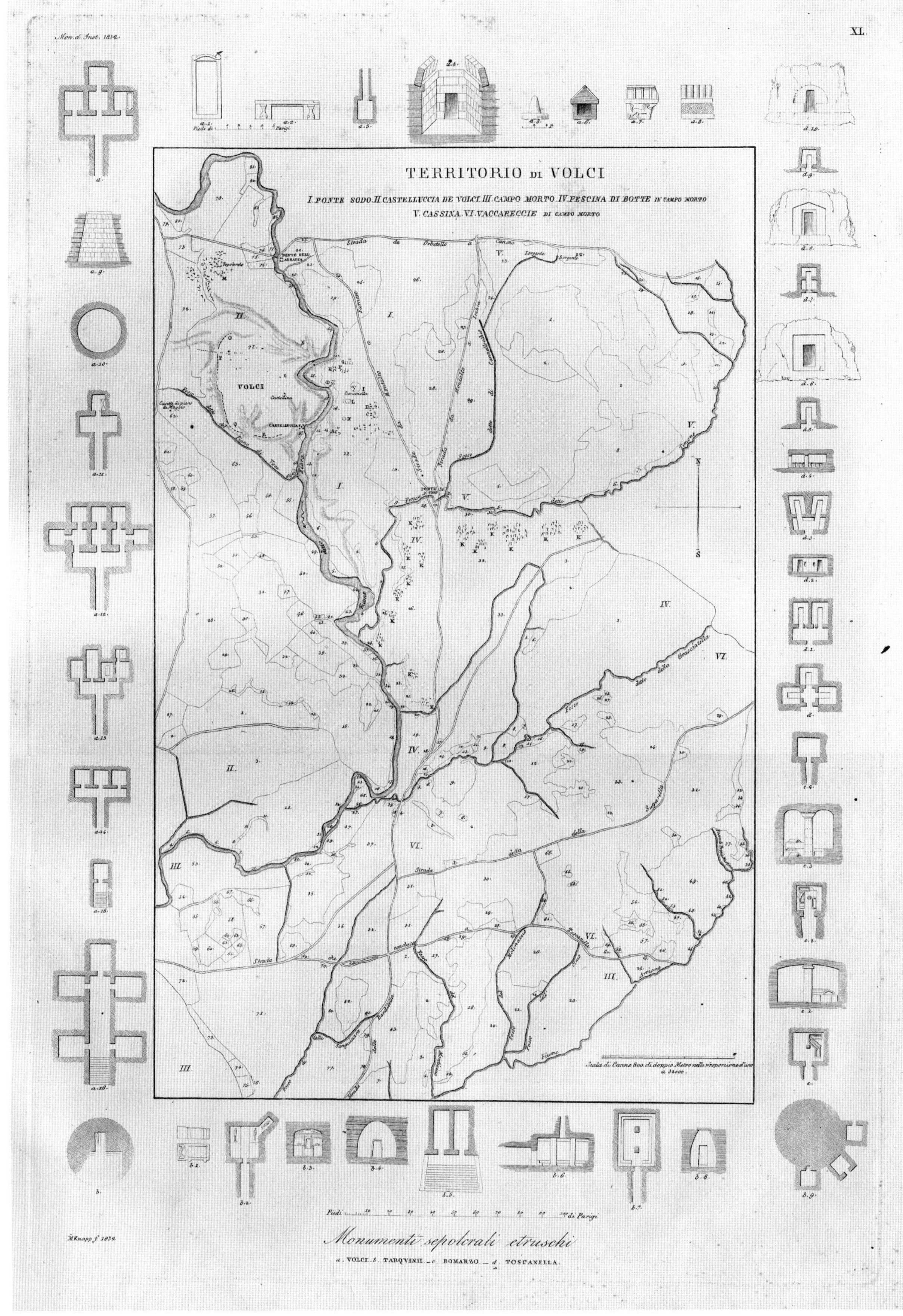

Abb. 26 Das antike Vulci, 1832. Stich von Johann Michael Knapp.

Abb. 27 Vulci, Ponte della Badia und Funde aus der Umgebung (Nr. 13. 14 Tarquinia, Nr. 15. 16 Viterbo), 1832. Stich von Johann Michael Knapp.

Erster Sekretar mit dem ihm eigenen organisatorischen Talent zur Verfügung stand[206].

Das Instituto di Corrispondenza Archeologica war in hohem Maße durch Eduard Gerhard und dessen Vorstellung von einer fortschrittlichen Altertumswissenschaft geprägt. Gerhard betrachtete die Archäologie, die sich aus der antiquarischen Tradition herauszuentwickeln begann und als eigenständige Disziplin eben erst im Entstehen begriffen war, als eine «monumentale Philologie», wie er sie nannte[207]. Darunter verstand er die Lehre von dem materiellen Teil der antiken Überlieferung, der den schriftlichen Teil ergänzen und korrigieren sollte. Die traditionelle Philologie und die monumentale Philologie fügten sich demnach gleichberechtigt in den Rahmen einer umfassenden Altertumswissenschaft ein. Die monumentale Philologie beruhte auf intensivem Studium der Denkmäler, am besten der Originale oder möglichst getreuer Wiedergaben. Dadurch daß dieses Studium sich nicht auf ästhetisch ansprechende Gegenstände beschränken, sondern sich auf sämtliche erhaltenen Zeugnisse ausdehnen sollte, manifestierte sich darin eine Weiterentwicklung der antiquarisch beeinflußten Denkmälerkunde, welche jedoch lange vor einer regelrechten Realienkunde haltmachte[208]. Gerhard war von der Notwendigkeit der visuellen Erfassung einer möglichst großen Zahl von Denkmälern als Quelle der Erkenntnis unbedingt überzeugt, wie es denn auch in seinem berühmten Dictum «Monumentorum artis qui unum vidit, nullum vidit, qui milia vidit, unum vidit» zum Ausdruck kommt. Daraus erklärt sich sein ständiges Bestreben, antike Gegenstände verschiedener Art zu sichten, zu sammeln, schließlich in Wort und Bild bekannt zu machen.

Sein eigenes Interesse konzentrierte sich indessen auf Denkmäler mit einer reichhaltigen ikonographischen Überlieferung. Denn erst die Bilder gewährten ihm Einblick in die Lebensverhältnisse des antiken Menschen; sie zu erklären gehöre zu den vornehmsten Aufgaben der Archäologie. Daneben böten die Bilder, sofern es Mythenbilder seien, Anhaltspunkte für das Verständnis der antiken Religion, deren Rückgewinnung nach seinem Dafürhalten ein weiteres wichtiges Anliegen der neuen Disziplin darstelle. Als Gelehrter stand Eduard Gerhard in der Tradition der romantisch-spekulativen Kunstmythologie, die Friedrich Creuzer begründet hatte[209]. Seinem individuellen, mitunter eigenwilligen Zugriff auf die Denkmäler ist es zuzuschreiben, daß er bestimmten Gattungen rigoros den Vorzug vor anderen gab. Zu denjenigen Denkmälern, mit denen er selbst sich am meisten beschäftigte, gehören vor allem die attischen Vasen archaischer und klassischer Zeit[210], ferner etruskische Spiegel[211], Urnen und Gemmen. Eine dementsprechende sachliche Auswahl durchzieht jedoch nicht nur sein eigenes, recht umfangreiches Schrifttum, sondern prägte nachdrücklich auch die wissenschaftliche Ausrichtung des Instituts[212], das daher den Spottnamen «Istituto dei vasi» oder «Institut des pots cassés» erhielt[213]. Wie bestimmend sich Gerhards Vorliebe für attisch schwarzfigurige und rotfigurige Vasen äußerte, zeigen gewisse Umstände, welche die Ernennung von Ippolito Rosellini[214], eines Ägyptologen der ersten Stunde und einzigen Nachfolgers von Champollion in der akademischen Landschaft Italiens, zum Mitglied des Instituto di Corrispondenza Archeologica begleiteten. Spätestens als die Ausgrabungen der Fürsten von Canino 1830 aus dem Grab beim Ponte Sodo ägyptische Fayenceamulette zum

206 A. H. Borbein in: Wrede, Eduard Gerhard 25 ff. Das umfassende Angebot an Publikationen und Veranstaltungen wurde von der Pontificia Accademia Romana di Archeologia dann getreu übernommen.

207 D. Rößler in: Wrede, Eduard Gerhard 55 ff.

208 Realienkundliche Bestrebungen ergaben sich zuerst angesichts der Funde aus den Vesuvstädten. Innerhalb der Etrurienforschung wurde eine umfassende, übrigens sehr bemerkenswerte Abhandlung über die gesamte materielle Hinterlassenschaft des vorrömischen Italien von Wilhelm Abeken vorgelegt (W. Abeken, Mittelitalien vor den Zeiten römischer Herrschaft [1843]).

209 G. F. Creuzer, Symbolik und Mythologie der alten Völker, besonders der Griechen I–IV (1810–1812); E. Howald, Der Kampf um Creuzers Symbolik (1926; Nachdr. 1984); R. Herbig in: R. Benz (Hrsg.), Goethe und Heidelberg (1949) 267 ff.; W. Sonle, G. F. Creuzers Symbolik und Mythologie in Frankreich (1972); M.-M. Münch, La «Symbolique» de Friedrich Creuzer (1976) sowie ferner T. Hölscher in: R. Lullies – W. Schiering (Hrsg.), Archäologenbildnisse (1988) 14 f.

210 R. Hurschmann in: Wrede, Eduard Gerhard 101 ff.

211 G. Zimmer in: Wrede, Eduard Gerhard 107 ff.

212 Auf seine Initiative gehen die Sammlungen der gravierten etruskischen Griffspiegel und der reliefverzierten etruskischen Urnen zurück, ebenso wie die der von Tommaso Cades hergestellten Gipsabdrücke von etruskischen Skarabäen (E. Gerhard, Etruskische Spiegel I–IV [1840–1867]; G. Körte, Etruskische Spiegel I [1897]; H. Brunn – G. Körte, I Rilievi delle Urne Etrusche I–IV [1870–96]; E. Gerhard, BdI 1831, 102 ff.; 1834, 113 ff.; 1839, 97 ff.).

213 H. Sichtermann, Die griechische Vase (1963) 12.

214 G. Bardelli, Biografia del Prof. Ippolito Rosellini (1843); G. Dei, Biografia del Cav. Prof. Ippolito Rosellini (1843); I. Hilmy, The Literature of Egypt and the Soudan. A Bibliography II (1887) 182ff.; H. Hartleben, Champollion. Sein Leben und sein Werk I. II (1906) passim; M. C. Guidotti (Hrsg.), Il nilo sui lungarni. Ippolito Rosellini egittologo dell'Ottocento (1982); W. R. Warren – E. P. Uphill – M. L. Bierbrier, Who was who in Egyptology[3] (1995) 263 f. s. v. Rosellini, (Niccolo Francesco) Ippolito Baldassare.

Vorschein gebracht hatten, war deutlich geworden, daß die Erforschung der etruskischen Frühgeschichte letztendlich nicht ohne ägyptologische Fachkenntnisse auskommen konnte[215]. Das Instituto di Corrispondenza Archeologica bemühte sich deshalb, einen Ägyptologen in den Kreis seiner Mitglieder aufzunehmen. Ippolito Rosellini, der gerade von der toskanischen Ägyptenexpedition zurückgekehrt war und die ersten Bände seines verdienstvollen Tafelwerkes über die Denkmäler Ägyptens und Nubiens zur Publikation vorbereitete[216] und gelegentlich auch Interesse an etruskischen Funden aus seiner toskanischen Heimat bekundete[217], schien einer solchen Auszeichnung würdig zu sein und erhielt 1831 eine entsprechende Ernennungsurkunde[218]. In einem Begleitschreiben dazu ließ Gerhard das neue Mitglied wissen, daß er sich in Bälde eine Geschichte der ägyptischen Vasenmalerei von ihm erhoffe, ähnlich derjenigen, die er selbst soeben zur griechischen und etruskischen Vasenmalerei verfaßt habe[219], eine Aufforderung, die von völliger Unkenntnis der archäologischen Hinterlassenschaft Ägyptens zeugte[220].

In der Tat sollte den bemalten Vasen, die in Vulci auf einmal so zahlreich zum Vorschein kamen und die schlagartige Bekanntheit der Fundstätte begründeten, Eduard Gerhards ungeteilte Aufmerksamkeit gelten. Im März 1829, als reguläre Grabungen auf dem Piano della Badia seit einem halben Jahr vonstatten gingen, begab Gerhard sich zum ersten Mal an den Schauplatz der spektakulären Entdeckungen. Sein Ziel war vor allem Canino, wo er sehr zuvorkommend empfangen, von dem Fürstenpaar selbst über die nahegelegene Fundstätte und durch die Magazine in Musignano geführt wurde[221]. Mit dabei waren wahrscheinlich mehrere Zeichner, die zusammen mit Gerhard aus Rom gekommen waren. Sie sollten einige der Funde festhalten, was ihnen für eine Auswahl von figürlich bemalten Vasen großzügig genehmigt wurde. Gerhard nutzte unterdessen die Gelegenheit, um die Funde genauer in Augenschein zu nehmen und mit Lucien über die schwarzfigurigen und rotfigurigen Vasen zu diskutieren. Vergleichbare Gefäße waren bislang hauptsächlich von Fundorten in Unteritalien und Sizilien, zum Beispiel aus der Sammlung von Sir William Hamilton aus Neapel bekannt[222] und traten in Etrurien nun ebenfalls in größerem Umfang auf, ein Umstand, der Anlaß gab, die bereits heftig debattierte Frage ihrer Herkunft erneut aufzugreifen. Gerhard unternahm anschließend noch mehrere Reisen nach Etrurien, die dem Studium bemalter Vasen galten und ihn wiederholt nach Canino führten, wo er gerade während der ersten Kampagnen häufig zu Gast war. Dabei wurde er stets von Zeichnern begleitet, die ganz nach seinen Vorstellungen Zeichnungen anfertigten. Erhalten ist ein Konvolut aus ungefähr 500 Blättern, die teils im Archiv des Deutschen Archäologischen Instituts in Rom, teils im Archiv des Pergamon-Museums in Berlin aufbewahrt werden[223]. Die Zeichnungen geben ausschließlich attische Vasen wieder, von denen die meisten sich im Besitz des Principe di Canino befanden und dementsprechend mit dem Kürzel «PdC» gekennzeichnet wurden. Bemerkenswert daran ist vor allem das gezielte Augenmerk auf figürliche Darstellungen. Die Vasenbilder wurden in größerem Maßstab noch einmal herausgezeichnet, wohingegen die Gefäße selbst, sofern sie dargestellt wurden, völlig zurücktreten (Abb. 28). Darin gleichen diese Zeichnungen, die großteils von einem gewissen Apolloni signiert sind, denjenigen, welche Luigi Maria Valadier für den Fürsten von Canino anzufertigen pflegte[224]. Die von Gerhard über einen längeren Zeitraum hinweg immer wieder veranlaßten Zeichnungen sind ein Bestandteil des sogenannten Gerhard'schen Apparates, einer umfangreichen Materialsammlung, zu der auch Gipsabgüsse und Bücher gehören, welche Gerhard zu Lehr- und Lernzwecken zusammengetragen hatte[225].

215 Vgl. E. Gerhard, AdI 1831, 14 f. mit Anm. 27. Neben Gerhard war Christian Carl Josias von Bunsen bestrebt, die Ägyptologie in das Institut einzubinden.

216 I. Rosellini, Monumenti dell'Egitto e della Nubia disegnati dalla spedizione scientifico-letteraria toscana in Egitto I–III (1832–1844).

217 Rosellini unternahm oftmals Reisen zu etrurischen Fundplätzen in der Toskana. In seinem Nachlaß befindet sich unter anderem noch die Zeichnung einer etruskischen Urne aus Chiusi (Pisa, Biblioteca Universitaria, Ms. 948 Fasc. 948/16).

218 Sie ist unterzeichnet von Christian Carl Josias von Bunsen, Eduard Gerhard und August Kestner und Rom, den 20. November 1831 datiert (Pisa, Biblioteca Universitaria, Ms. 948 Fasc. 1/6).

219 Brief von Eduard Gerhard an Ippolito Rosellini, datiert Rom, den 21. November 1831 (Pisa, Biblioteca Universitaria, Ms. 948 Fasc. 1/7).

220 Gerhard unterhielt von 1831 bis 1842 eine fortdauernde Korrespondenz mit Rosellini, in der er des öfteren dessen ägyptologischen Rat einholte (Pisa, Biblioteca Universitaria, Ms. 294, 1, Fasc. 60).

221 A. Costantini in: Wrede, Eduard Gerhard 79 ff.

222 P. F. H. D'Hancarville, Antiquités étrusques, grecques et romaines, tirés du cabinet de M. Hamilton I–IV (1766–1767) und ders., Collection of Engravings from ancient Vases mostly of pure greek Workmanship (1791–1795). Siehe ferner N. H. Ramage, AJA 94, 1990, 469 ff.

223 A. Costantini, Atti della Accademia Nazionale dei Lincei. Memorie 10 (1998).

224 S. P. Fox in: Citazioni Archeologiche 107 ff. Taf. 1–9.

225 V. Stürmer in: Wrede, Eduard Gerhard 43 ff.

Abb. 28 Schale des Douris, entdeckt 1829 in Vulci, Ausgrabungen der Fürsten von Canino.

Der persönliche Umgang, den Lucien Bonaparte und Eduard Gerhard miteinander pflegten, konnte indessen nicht über ihre differierenden Ansichten in Sachfragen hinwegtäuschen. Insbesondere was die Herkunft der figürlich bemalten Vasen aus Vulci anbelangt, vertraten beide eine entgegengesetzte Meinung, die sie als Protagonisten in einem noch andere Gemüter bewegenden und gerade von neuem entflammten Streit mit Verve verfochten[226]. Lucien Bonaparte hielt die schwarzfigurigen und rotfigurigen Vasen wie sämtliche anderen Gefäße aus seinem Boden für etruskisch und stützte sich dabei auf Thesen, die Vertreter der Etruscheria des 18. Jahrhunderts aufgestellt hatten[227] und die sich mit der aus den Schriftquellen gespeisten Frage nach der Herkunft der Etrusker mischten. Demnach seien die Etrusker Pelasger aus Ätolien, welche die Apenninenhalbinsel vor der Ankunft von Griechen erreicht hätten; die fraglichen Vasen seien folglich in die Zeit vor der hellenischen Landnahme zu datieren. Eduard Gerhard, der die in Vulci gefundenen Vasen nun ebenfalls aus eigener Anschauung kannte, war der festen Überzeugung, daß sie griechischen Ursprungs seien. Das schloß er aus der frappanten Ähnlichkeit, die sie mit Vasen von griechischen und großgriechischen Fundplätzen hatten,

226 L. Beschi in: S. Settis (Hrsg.), Memoria dell'antico nell'arte italiana III (1986) 358 ff. und R. M. Cook, Greek Painted Pottery² (1972) 287 ff.

227 F. Buonarroti, Explicationes (1723–1726) und A. F. Gori, Museum Etruscum (1737–1743).

wobei er gleichfalls an ältere Thesen anknüpfen konnte[228]. Das Auftreten gleichartiger Vasen in Vulci erklärte er mit der Anwesenheit von Griechen in Etrurien, wofür die Schriftquellen mit Demaratos von Korinth ein konkretes Beispiel benannten. Die gegensätzlichen Positionen waren schnell bezogen, die Kontroverse spitzte sich allerdings noch weiter zu[229]: Lucien Bonaparte polemisierte immer mehr gegen die Graecomanie einiger Gelehrter, von denen Eduard Gerhard nur der prominenteste war. Er verwies auf die hohe Zahl von Vulcenter Funden, die unmöglich von antiken Handelsaktivitäten herrühren könnten; weiterhin trügen einige Vasen Inschriften, die sich nicht einmal von Gräzisten vernünftig lesen ließen – es handelte sich dabei in der Tat um Pseudoinschriften wie diejenige auf der Amphora des Malers von Berlin 1686 –; die Inschriften könnten also keinesfalls griechisch sein, weshalb auch die Gefäße, da sie vor dem Brand beschriftet wurden, nicht griechisch seien. Schließlich sei aus Griechenland weder quantitativ noch qualitativ auch nur annähernd Vergleichbares zu den Vulcenter Funden überliefert. Eduard Gerhard wiederum wußte von den spärlichen Beispielen schwarzfiguriger und rotfiguriger Gefäße, die aus Athen bekannt waren[230], und hatte eine genaue Kenntnis der Vasen aus Unteritalien und Sizilien. Mit den Vulcenter Funden stand ihm nun eine dritte Gruppe zur Verfügung, die er den anderen zur Seite stellen konnte. In einer breit angelegten Studie verglich er die drei Gruppen hinsichtlich der Tonbeschaffenheit und Gefäßformen; vor allem aber unterschied er nach Art und Stil der Darstellungen. Auf diese Weise erhielt er mehrere Kategorien von Gefäßen: Vasen, die in ägyptischer Manier bemalt seien, schwarzfigurige und rotfigurige Gefäße, dann nolanische oder unteritalische Vasen, wobei er sämtliche Kategorien für griechisch erachtete. Seine Erkenntnisse legte Eduard Gerhard in einer 1831 in den Annali veröffentlichten Abhandlung dar[231]. Diese kann, weil sie fast die gesamte, damals bekannte Überlieferung einbezieht und auf eine historische Entwicklung Rücksicht nimmt, als erste Geschichte der griechischen Vasenmalerei gelten.

Allerdings bedurfte es erst noch zwingender Beweise und einiger Korrekturen ehe sich Gerhards Ansicht vom griechischen Ursprung der meisten Gefäße und seine Einteilung der griechischen Keramik schließlich durchsetzen konnte. In mancher Hinsicht nämlich vermochte auch Gerhard, dessen Vorgehensweise von einer bemerkenswerten Systematik gekennzeichnet ist, nur intuitiv zu urteilen. Das trifft insbesondere auf diejenigen Vasen zu, welche in seinen Augen in ägyptischer Manier gestaltet waren, womit er vor allem korinthische und etrusko-korinthische Gefäße meinte, während man gemeinhin alle Keramik der orientalisierenden Zeit so zu bezeichnen pflegte. Dadurch daß sie kaum lesbare Elemente, das heißt Signaturen und Beischriften oder Mythenbilder aufwiesen, boten diese naturgemäß weniger Anhaltspunkte für eine Herkunftsbestimmung. Der Streit aber drehte sich hauptsächlich um die schwarzfigurigen und rotfigurigen Gefäße, die auch an dem Fundgut der Canino'schen Grabungen jener Jahre mit Abstand den höchsten Anteil hatten. Für ihren in der Mehrzahl griechischen Ursprung brachte Eduard Gerhard kraftvolle Argumente bei, doch sah er sich dazu veranlaßt, aus der Funddichte dieser Gefäße auf die Existenz einer überwiegend griechischen Bevölkerung in Vulci zu schließen. So konnte auch der Streit um die Herkunft dieser Gefäße letztlich nicht durch den Rapporto Volcente, der vor allem durch die systematische Ordnung des immensen Fundstoffes besticht, sondern durch eine Schrift von Gustav Kramer, der den Fundstoff selbst wesentlich weiter durchdringt, entschieden werden. Daß diese ausgerechnet aus der Feder eines Philologen stammte, während Gerhard, selbst Philologe, seine monumentale Philologie zu etablieren suchte, kann bloß als Ironie der Wissenschaftsgeschichte angesehen werden. Gustav Kramer aber gelang es 1837, anhand der Beischriften und Signaturen die griechische Herkunft auch der korinthischen Gefäße nachzuweisen und außerdem zu zeigen, daß sämtliche Gefäße als Handelsware nach Etrurien wie auch in andere Gegenden des antiken Italien gelangt waren[232]. Der von Eduard Gerhard formulierten Erkenntnis der griechischen Herkunft und der von ihm entwickelten Klassifikation der griechischen Keramik, deren griechischer Ursprung und historischer Stellenwert von Gustav Kramer nachgewiesen wurden, konnte allerdings erst Otto Jahn, der an der Einteilung der Gruppen und ihrer Benennung noch Modifikationen vornahm, 1854 zum Durchbruch verhelfen[233].

Gerhard pflegte vor allem mit Lucien, aber auch mit Alexandrine einen angeregten und jedenfalls andauernden Kontakt, der selbst dann nicht abbrach, als er 1833

228 L. Lanzi, De' vasi dipinti volgarmente chiamati etruschi (1806).

229 Vgl. zum Beispiel E. Gerhard, BdI 1829, 60 ff. 116 ff. und L. Bonaparte, BdI 1829, 113 ff. 177 ff.

230 So befand sich Louis-François-Sébastian Fauvel (1753–1838), der als französischer Vizekonsul von 1780 bis 1821 in Athen lebte, bereits im Besitz entsprechender Gefäße. Einige Exemplare aus seiner Sammlung wurden später von Baron Otto Magnus von Stackelberg publiziert (O. M. von Stackelberg, Die Graeber der Hellenen [1837]).

231 E. Gerhard, AdI 1831, 5 ff. Taf. A.

232 G. Kramer, Über den Styl und die Herkunft der bemalten griechischen Thongefäße (1837).

233 O. Jahn, Beschreibung der Vasensammlung König Ludwigs in der Pinakothek zu München (1854) S. IX ff.

Abb. 29 Hydria des Kadmosmalers mit Darstellung des Parisurteils, entdeckt 1839 in Vulci, Ausgrabungen der Fürsten von Canino.

seinem Wunsch entsprechend endlich nach Berlin berufen wurde[234]. Dort war nicht lange zuvor das Königliche Museum am Lustgarten eröffnet worden. Für dieses Museum hatte Gerhard bereits seit 1829 von Rom aus gelegentlich Ankäufe getätigt. Seine Vorstellung im Hinblick auf die Einrichtung dieses Museums ging dahin, eine vollständige Abfolge aller antiken Kulturen und Epochen zu präsentieren und etwaige Lücken in den Beständen mit Zeichnungen und Gipsabgüssen zu schließen. Zu diesem Zweck ließ er Zeichner in Neapel, Rom und in Etrurien arbeiten, deren talentiertester, Carlo Ruspi, sogar großformatige Wandmalereien tarquiniensischer Grabkammern aufnahm[235]. Nachdem Gerhard aber mit Reproduktionen im klassizistischen Berlin kaum auf Gegenliebe stieß, mußte er sich gedulden, bis seine guten Verbindungen zum preußischen Königshaus ihm jene Sonderstellung als «Archäolog am Museum» erwirkten, um deretwillen er dann aus Rom zurückkehrte. Nun war er mit planmäßigen Erwerbungen beauftragt, die er nach eigenem Gutdünken festlegen und aus einem regulären Etat bestreiten konnte. Bei deren Realisierung freilich profitierte er ganz erheblich von seinen Bekanntschaften aus früheren Jahren. Mit Lucien und mehr noch Alexandrine korrespondierte er auch weiterhin und ließ sich auf direktem Wege die neuesten Funde für nachfolgende Ankäufe reservieren.

In Rom wurde Eduard Gerhard künftig von Emil Braun vertreten, der ihn über den Fortgang der Ausgrabungen in Etrurien, die Geschäfte des Instituts auf dem Kapitol und nicht zuletzt den römischen Kunstmarkt permanent auf dem laufenden hielt. Emil Braun pflegte rege Kontakte, unter anderem zu den örtlichen Kunsthändlern. Er selbst brachte nach und nach eine beachtliche Antikensammlung zusammen, tätigte aber auch Ankäufe für Dritte, die er früher oder später weitervermittelte. Als Stellvertreter von Gerhard hatte er selbstverständlich die Pflicht, für diesen den Antikenhandel im Auge zu behalten, ihn fallweise auf griechische Vasen, etruskische Bronzen und Gemmen

234 G. Platz-Horster, JbBerlMus 34, 1992, 35 ff. (Kurzfassung des Aufsatzes in: Etrusker und Europa 362 ff.) und U. Kästner in: Wrede, Eduard Gerhard 87 ff.

235 C. Weber-Lehmann in: Etrusker und Europa 414 ff.

Abb. 30 a. b. Schale des Töpfers Erginos und des Malers Aristophanes mit Darstellung einer Gigantomachie, entdeckt 1839 in Vulci, Ausgrabungen der Fürsten von Canino.

Abb. 31 Schale des Töpfers Erginos und des Malers Aristophanes mit Darstellung einer Gigantomachie, entdeckt 1839 in Vulci, bei den Ausgrabungen der Fürsten von Canino.

aufmerksam zu machen, die als Erwerbungen für Gerhard selbst oder das Berliner Museum in Frage kommen konnten, und gegebenenfalls auch dementsprechend tätig zu werden. Desgleichen mußte er einem von Gerhard besonders gehegten Wunsch entsprechen und im Handel befindliche Vasen für dessen Archäologischen Apparat zeichnen lassen.

Einer der Kunsthändler, bei denen Braun gewöhnlich verkehrte, war Giuseppe Basseggio[236], ein jüdischer Antiquar, der in der Via del Babuino einen renommierten Laden besaß und in seiner Vigna am Pincio vor der Porta del Popolo ein Lager mit angeschlossener Restaurierungswerkstatt unterhielt. Basseggio hatte sich vor allem in den zwanziger Jahren als Kompagnon von Silvestro Guidi mit ägyptischen Altertümern, die frisch aus Alexandria gekommen, nach Livorno verschifft und in Rom verkauft worden waren, in Liebhaberkreisen einen Namen gemacht[237]. Als der Markt mit Ägyptischem immer mehr überschwemmt wurde und die Preise sanken, während in unmittelbarer Nähe vorzügliche Funde aus etruskischen Gräbern zum Vorschein kamen, erweiterte Basseggio sein Angebot. In den dreißiger Jahren führte er in seinem Sortiment regulär auch heimische Antiken, griechische Vasen und etruskische Bronzen, von denen so manche aus den Grabungen der Fürsten von Canino stammten[238]. Dank seiner gut funktionierenden geschäftlichen Beziehungen zu Alexandrine Bonaparte, die ihn vertraulich als ihren «Marchand des Mille et une Nuits»[239] bezeichnete, war er einer der wenigen Anbieter von Canino'schen Antiken[240]. Basseggio übernahm nahezu sämtliche Funde, die Alexandrine nicht selbst behielt, einzeln verkaufte oder

236 Über Giuseppe Basseggio, einen der bekanntesten römischen Kunsthändler jener Jahre, finden sich nur versprengte Notizen in der Literatur und den handschriftlichen Dokumenten.

237 Silvestro Guidi hatte zu Beginn des 19. Jahrhunderts mehr als ein Dutzend Reisen nach Ägypten und Nubien unternommen, um ägyptische Altertümer zu erwerben; dabei war er mindestens einmal, möglicherweise auch öfter in Begleitung der Brüder Filippo und Pietro Cavazzi gereist. Die Ware wurde unterdessen teils in Rom zwischengelagert, teils von Giuseppe Basseggio weiter vertrieben. Siehe M. Buonocore, Codices Vaticani Latini, Codices 9734–9782 (Codices Amatiani) (1988) passim.

238 Basseggio führte seit 1833 in geringerem Umfang auch eigene Grabungen in der Nähe von Viterbo durch (Rom, Archivio di Stato, Miscellanea del Camerlengato 1772–1871, Busta 638/1).

239 Fleuriot de Langle, Alexandrine Bonaparte 256.

240 Vgl. das Rechungsbuch der Fürsten von Canino (Dokument 18). Außer Basseggio führte auch Francesco Depoletti Antiken aus dieser Sammlung.

zu ihren großen Auktionen gab; neben einigen Vasen handelte es sich dabei vor allem um Bronzen. Auf diese Weise landeten zum Beispiel auch jene rotfigurigen Vasen mit der Apotheose des Kadmos, dem Urteil des Paris und der Gigantomachie, die im Herbst 1839 in der Polledrara gefunden worden waren, bald darauf in Basseggios Laden. Dort wurden sie für den Gerhard'schen Apparat gezeichnet (Abb. 29. 30. 31). Auf Geheiß von Gerhard konnte Braun nun weiterhin diese Vasen erwerben und dem Berliner Museum zusenden. Bei Basseggio, der aus hervorragenden Quellen schöpfte, kauften vornehmlich Kenner wie Friedrich Maler aus Karlsruhe, Raffaele Gargiulo aus Neapel, Eduard Gerhard aus Berlin und eben auch Emil Braun in Rom. Dieser besuchte den Laden häufig, bisweilen fast täglich und versäumte es selten, Eduard Gerhard im fernen Berlin zu unterrichten. Die Korrespondenz der beiden, die alle paar Tage anwuchs, bietet ein genaues Bild dessen, was man auf dem Kunstmarkt in Rom, dem Zentrum des internationalen Antikenhandels, in jenen Jahren gerade erwerben konnte[241].

Emil Braun[242] (Abb. 32) war von 1833 an in wechselnden Positionen am Instituto di Corrispondenza Archeologica in Rom beschäftigt, bis er 1840 dessen Erster oder Dirigierender Sekretar wurde. Philologisch und philosophisch sehr gebildet und in der Denkmälerkunde bestens bewandert, war er zugleich eine der schillerndsten Persönlichkeiten dieser Institution. Bevor er in Begleitung von Gerhard nach Rom kam, hatte er Archäologie, Kunstgeschichte, Germanistik und Philosophie unter anderem in Göttingen studiert, woher seine Bekanntschaft mit den Brüdern Grimm rührte[243]. In Rom erfüllte er als Archivar, Sekretar und Redakteur der institutseigenen Publikationen

Abb. 32 August Kestner, Emil Braun (o. J.).

eine ganze Reihe organisatorischer Aufgaben. Daneben widmete er sich seiner wissenschaftlichen Tätigkeit, die sich in mehreren Veröffentlichungen zur Topographie und Kunstmythologie niederschlug, sowie dem institutsinternen Vortragsprogramm. Darüber hinaus aber befaßte er sich mit verschiedenen industriellen Unternehmungen, die ihn zusehends mehr in Anspruch nahmen und in den Augen seiner Kollegen dem Institut entfremdeten[244]. Braun beschäftigte sich mit Galvanoplastik, einem Verfahren zur Herstellung und Konservierung von Bronzen, für das er Dennis und manch andere Briten begeistern konnte[245], mit der Herstellung künstlichen Marmors und mit der Entwicklung der Fotografie, naturwissenschaftlichen Errungenschaften, die der originalgetreuen und rationellen Vervielfältigung von Antiken zugute kamen. Auf sein Be-

241 Sie wird im Briefarchiv des Deutschen Archäologischen Instituts Rom und Berlin aufbewahrt.

242 Allgemeine Deutsche Biographie III (1876) 264 f. s. v. Braun, Emil August (L. Urlichs); Neue Deutsche Biographie II (1955) 548 f. s. v. Braun, Emil August (K. Schauenburg); Noack, Deutschtum in Rom II 102 (mit weiteren Hinweisen); H.-G. Kolbe, RM 86, 1979, 529 ff. Taf. 173–176; ders., Wilhelm Henzen und das Institut auf dem Kapitol. Eine Auswahl seiner Briefe an Eduard Gerhard (1984) 388 f. Taf. 6. 7, 1. 3–4; ders. in: R. Lullies – W. Schiering (Hrsg.), Archäologenbildnisse (1988) 31 f.; B. Andreae, Kurze Geschichte des Deutschen Archäologischen Instituts Rom dargestellt im Wirken seiner leitenden Gelehrten (o. J.) 20 f. und W. Fastenrath Vinattieri, Der Archäologe Emil Braun als Kunstagent für den Freiherrn Bernhard August von Lindenau. Ein Beitrag zur Sammlungsgeschichte des Lindenau-Museums und zum römischen Kunsthandel in der ersten Hälfte des 19. Jahrhunderts (2004).

243 E. Braun, Briefwechsel mit den Brüdern Grimm und Joseph von Laßberg, hrsg. von R. Ehwald (1891).

244 Ziemlich alle Biographen stimmen darin sogar in der Wortwahl überein. Tatsächlich war das Institut während Brauns Amtszeit als Erstem Sekretar von Mißwirtschaft geprägt, vielleicht auch gefährdet. Noack, Deutschtum in Rom I 417. 443 f.

245 George Dennis berichtete in einem Brief an seinen Vater, den er am 5. Juli 1846 aus Rom schrieb, über Emil Brauns Versuche mit Galvanoplastik. Dieser beabsichtige, den Handel mit galvanoplastisch konservierten Bronzeobjekten künftig nach England auszudehnen und er selbst, Dennis, hoffe, unter Umständen daran partizipieren zu können. D. E. Rhodes, Dennis d'Etruria. Vita e viaggi dello scopritore degli Etruschi (1992).

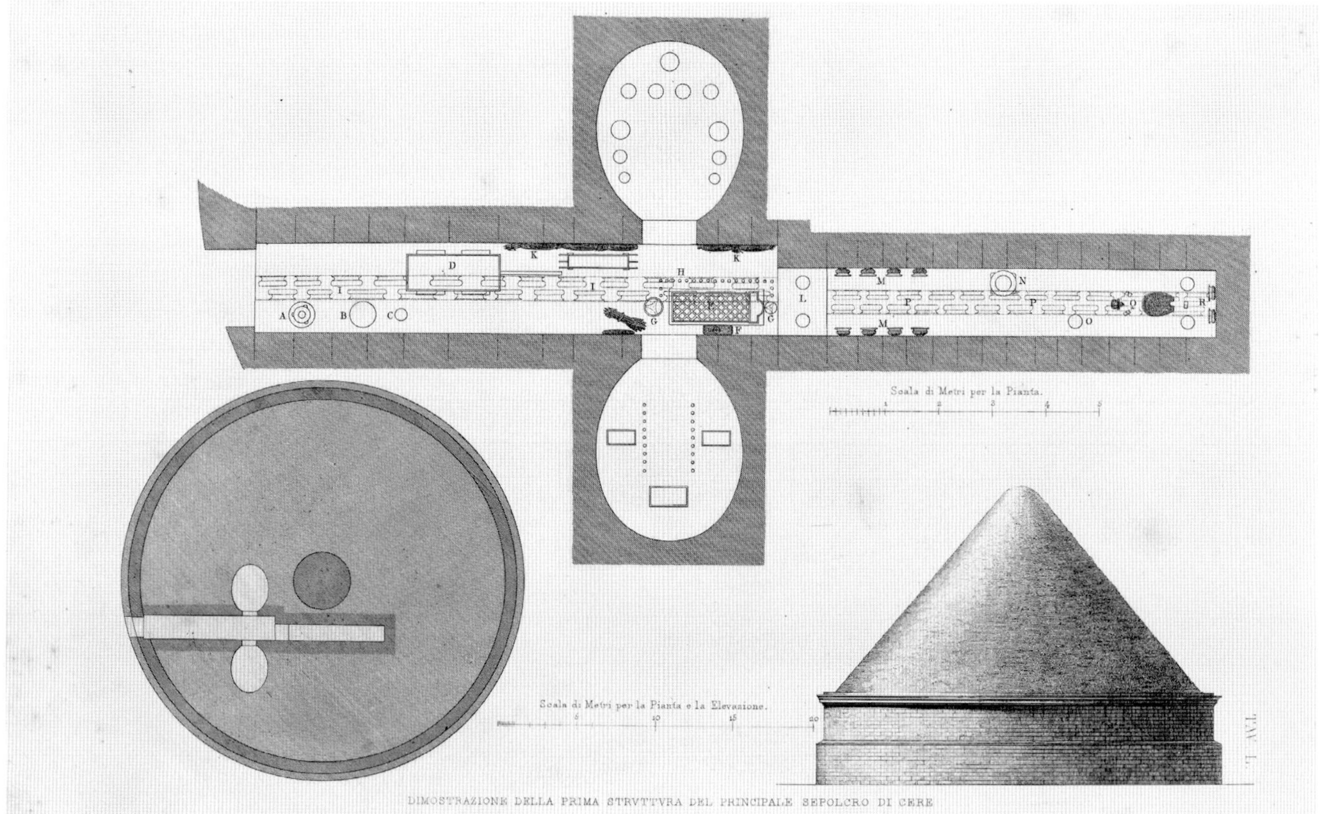

Abb. 33 Cerveteri, Tomba Regolini-Galassi, Ansicht des Tumulus, Stich.

treiben entstanden in den Kellerräumen der Casa Tarpeia und in einer benachbarten Scheune Werkstätten, an der Piazza di Spagna richtete er eine Verkaufsstelle für seine Nachbildungen ein. Obwohl seine Erkenntnisse zweifellos auch dem archäologischen Institut zum Vorteil gereicht hätten, besann man sich dort eher auf monumentale oder auf herkömmliche Philologie[246]. Theodor Mommsen jedenfalls behauptete von Braun, unter Anspielung auf dessen ungebremsten Geschäftssinn, er sei «eine recht wohl erfundene Vexiermaschine, die man beliebig stellen kann auf Aphroditen oder auf Stiefelwichse»[247]. Und Heinrich Brunn bekannte daraufhin: «Dir kann ich es wohl gestehen, daß Brauns Zwitterstellung zwischen Geschäften und Wissenschaft mir eigentlich widerlich ist»[248]. Die angebliche Diskrepanz zwischen Geschäften und Wissenschaft, die in Emil Brauns Wirken womöglich über die Maßen zum Tragen kam, deckt sich jedenfalls mit einer gewissen Befangenheit seiner Kollegen, die hauptsächlich unter den deutschen Gelehrten zu bestehen schien. In Frankreich hingegen unternahm der Herzog von Luynes, der unter anderem die Entwicklung der Fotografie energisch vorantrieb, erfolgreich Analysen von antiken Metallobjekten, die einerseits in originalgetreue Nachbildungen mündeten, und andererseits dazu dienten, vergessene Technologien zu entschlüsseln, um sie in Zukunft vielleicht wieder nutzbar zu machen[249]. Braun erzielte zunächst

246 Brauns Versuche zielten in erster Linie auf die Vervielfältigung von Kunstgegenständen, für die es in der entstehenden archäologischen Wissenschaft ein dringendes Bedürfnis gab. Bemerkenswert ist in diesem Zusammenhang die Tatsache, daß der französische Physiker D. F. Arago, als er 1839 die Förderung der von ihm entwickelten Daguerrotypie beantragte, die Möglichkeit der originalgetreuen und rationellen Wiedergabe ägyptischer Denkmäler zur Begründung seines Vorhabens anführte. H. L. Nickel, Fotografie im Dienste der Kunst. Die Anwendung der Fotografie in der Kunstwissenschaft, Archäologie und Vorgeschichte (1959) 16.

247 Brief von Theodor Mommsen an Heinrich Brunn, datiert den 31. Dezember 1849 (Rom, Deutsches Archäologisches Institut, Briefarchiv; L. Wickert, Theodor Mommsen II [1964] 71 ff.).

248 Brief von Heinrich Brunn an Theodor Mommsen, datiert den 3. Februar 1850 (Rom, Deutsches Archäologisches Institut, Briefarchiv; L. Wickert, Theodor Mommsen II [1964] 71 ff.)

249 Dies brachte ihm unter anderem die Aufgabe ein, für die Weltausstellung 1851 in London einen Bericht über die Verarbeitung von Edelmetall zu erstellen und den Vorsitz in einer internationalen Expertenkommission für diesen Bereich zu übernehmen. I. Aghion – M. Avisseau-Broustet, Revue de la Bibliothèque Nationale de France, H. 3, 1994, 15 f.

Abb. 34 Cerveteri, Tomba Regolini-Galassi, Innenansicht der Cella, Stich.

mit der Vervielfältigung von Papstporträts Erfolge. Dann verlagerte er seine Aktivitäten zunehmend nach England. Allein was ihre kommerzielle Umsetzung anbelangt, war seinen industriellen Unternehmungen letztlich nicht der gewünschte Erfolg beschieden. Jedenfalls blieben dem Institut nach seinem Tod noch ungedeckte Kredite, welche Braun für eben jene Zwecke aus dem amtlichen Haushalt aufgenommen hatte[250].

Mit Emil Brauns Tätigkeit in Rom stimmen die Ausgrabungen, die Alexandrine zunächst noch mit ihrem Mann, dann mit ihrem Schwiegersohn in der Vulcenter Nekropole unternahm, zeitlich überein. Anders als sein Vorgänger beschäftigte sich Braun in den ersten Jahren selbst kaum mit Funden aus Etrurien, unternahm auch selten Reisen dorthin, denn seine eigenen Forschungen hielten ihn meist in Rom fest. Berichte über entsprechende Ausgrabungen, welche er für die Institutszeitschriften redigierte, stammen aus der Feder von Mitarbeitern, zu denen Friedrich Wilhelm Schulz, Ludwig von Urlichs, Wilhelm Abeken, Richard Lepsius und Otto Jahn gehörten. Als jedoch die Tomba Regolini-Galassi 1836 in Cerveteri entdeckt wurde, ein monumentales Tumulusgrab mit überaus reichen Grablegen, das enormes Aufsehen erregte und das allgemeine Interesse an dem antiken Etrurien von neuem entfachte, wandte auch Braun sich dem sensationellen Fund zu[251]. Allgemein wurde dieses Grab als Parallele zu den bekannten mykenischen Tholoi angesehen, welches im Unterschied zu diesen im Inneren noch eine unberührte Ausstattung mit prunkvollem Goldschmuck aufzuweisen hatte (Abb. 33). Darüber hinaus aber lenkte Braun den Blick auch auf die Lage der einzelnen Funde, erkannte er doch, wie viel sie über deren ursprüngliche Zweckbestimmung aussagen konnte. Unter den Bronzen dieses Grabes befanden sich einige ihrer Art nach unbekannte Gegenstände, die dem militärischen, aber auch kultischem oder häuslichem Gebrauch gedient hatten; bei anderen war ersichtlich, daß sie im originalen Zustand an den Wänden aufgehängt waren (Abb. 34). Mit der Tomba Regolini-Galassi setzte die Erforschung der etruskischen Frühgeschichte überhaupt erst ein, obwohl die orientalisierende Zeit durch Elitegräber wie jene der Canino'schen Grabungen in Vulci schon seit einigen Jahren dokumentiert war[252]. Ein gemeinsames Merkmal sämtlicher entsprechenden

250 Wilhelm Henzen war mit der Abwicklung von Brauns Nachlaß befaßt. Dieser sollte, sofern er archäologische Relevanz hatte, beim Instituto di Corrispondenza Archeologica verbleiben.

251 E. Braun, BdI 1836, 56 ff.

252 Zu den ersten Gräbern dieser Zeit, die überhaupt aufgedeckt wurden, zählten das Grab vom Ponte Sodo in Vulci

Grabinventare, die einer übergreifenden Beurteilung mehr oder minder geschlossen zugrunde gelegt wurden, waren die als etruskisch eingestuften Bronzen. Andere Gattungen wurden als fremd oder fremdartig empfunden, in aller Regel auf nicht näher bestimmte Verbindungen mit Ägypten zurückgeführt, eine Annahme, die durch vereinzelte ägyptische Fundstücke wie die Fayencefigürchen aus der Grotte du Trophée et des Thérapins in Vulci anscheinend bestätigt wurde. Mit der Tomba Regolini-Galassi indessen rückte Griechenland massiv in den Vordergrund: Denn sowohl die Architektur, die zumal durch das Gewölbe in Kragebauweise an die bekannten Kuppelgräber von Mykene erinnerte, als auch vereinzelte Buccherogefäße mit etruskischen Besitzerinschriften, die dem griechischen Alphabet nahestanden, deuteten eben nach Griechenland[253]. Hinzu kam, daß die schwarzfigurigen und rotfigurigen Vasen aus Etrurien sich soeben als griechisch erwiesen, Verbindungen nach Griechenland demnach mindestens in jüngerer Zeit bestanden hatten und folglich in früherer Zeit ebenfalls angenommen werden konnten. Mit der früheren Zeit wurde nun auch die Herkunftsfrage verbunden, die bislang an den attischen Vasen hing, welche sich unterdessen als von Völkerwanderungen unabhängige Handelsware herausgestellt hatten[254]. Was den fremden Einfluß auf das frühe Etrurien angeht, richteten sich alle Vermutungen einerseits auf das alte Ägypten und andererseits auf das pelasgische Griechenland. Letzteres ging schon eher mit der literarischen Tradition zur Herkunft der Etrusker überein und schien nunmehr auch mit einem monumentalen Bauwerk präsent zu sein[255].

Es dauerte jedoch nicht lange, bis bei den Ausgrabungen von Alexandrine die ägyptische Grotte in dem Polledrara genannten Teil der Nekropole von Vulci ans Tageslicht kam. Während die Architektur dieses Grabes sich kaum von der Architektur umliegender Gräber unterschied, mutete die Ausstattung der einen Kammer eher ägyptisch an. Die Kunde von dem singulären Fund verbreitete sich rasch und die Canino'schen Ausgrabungen in Vulci, um die es zumal nach Beilegung des Vasenstreites zwischendurch ruhiger geworden war, standen sofort wieder im Mittelpunkt des allgemeinen Interesses. Emil Braun, etruskischer Frühgeschichte mittlerweile sehr zugetan, hielt sich selbst auch weiterhin vom Fundplatz fern. Allerdings schickte er mehrmals Mitarbeiter zu den Fürsten von Canino, die wie üblich Berichte für das Bullettino mit den wichtigsten Fundnotizen abfaßten[256]. Vom Kapitol in Rom behielt er die Ausgrabungen von Alexandrine ebenso wie deren geschäftliche Disposition genau im Blick. So brachte er sich, sobald die Funde aus der ägyptischen Grotte zum Verkauf standen, umgehend in deren Besitz. Am darauffolgenden Palilientag konnte er die jüngst erworbenen Preziosen im Rahmen eines Festvortrages präsentieren und die Ergebnisse seiner Forschungen zur etruskischen Frühgeschichte erläutern, was am Jahrestag der Gründung Roms recht passend schien[257]. Dann dürften seine diesbezüglichen Forschungen ins Stocken geraten sein, jedenfalls kam er seinen wiederholten Ankündigungen, die Funde aus der ägyptischen Grotte bekannt zu machen, bis zuletzt nicht nach. Vielmehr beschäftigte er sich jetzt mit Galvanoplastik und der Herstellung künstlichen Marmors. Seine diesbezüglichen Interessen sollten ihn während der vierziger und fünfziger Jahre mehrmals nach England führen. Im Britischen Museum, dessen Mitarbeiter Brauns Ideen ungleich aufgeschlossener gegenüberstanden als manche Kollegen des Instituts in Rom, durfte er Studien und Versuche zur Reproduktion der Parthenonskulpturen unternehmen[258]. Berufliche und familiäre Bande[259], die er unterdessen in London knüpfen konnte, hielten ihn stets längere Zeit dort fest[260]. In Rom war er eher sporadisch

(1830) und die Tomba del Tripode Votivo in Vulci (1832) sowie die Tomba del Sole e della Luna ebenfalls in Vulci (1829).

253 R. Lepsius, AdI 8, 1836, 186 ff. Taf. B und ders., Über die Tyrrhenischen Pelasger in Etrurien und über die Verbreitung des italischen Münzsystems von Etrurien aus. Zwei Abhandlungen (1842).

254 G. Kramer, Über den Styl und die Herkunft der bemalten griechischen Thongefäße (1837).

255 Mit der Auffindung dieses Grabes und einer noch intakten Kammer wurde plötzlich deutlich, daß in Etrurien in einer Zeit nicht lange nach der Gründung Roms eine bedeutende Kultur bestanden hatte, welche die Verhältnisse der homerischen Welt begreiflich machte. Die Tomba Regolini-Galassi wurde mit dem Grab bzw. Schatzhaus des Atreus verglichen und vermittelte lange vor Heinrich Schliemanns Entdeckungen eine ungefähre Vorstellung von einer mykenischen Grabausstattung. Die Rezeptionsgeschichte der Tomba Regolini-Galassi wäre gewiß einer eigenständigen Betrachtung wert. Zur Erforschung des Grabes bzw. Schatzhauses des Atreus siehe O. Pelon, Tholoi, tumuli et cercles funéraires. Recherches sur les monuments funéraires du plan circulaire dans l'Égée de l'âge du Bronze (IIe et IIe millénaires av. J.-C.) (1976) 171 ff.

256 L. Urlichs, BdI 6, 1839, 65 ff.

257 E. Braun, BdI 1844, 102 ff. bes. 105 ff.

258 Davon zeugt seine Korrespondenz mit Gerhard aus den Sommermonaten der Jahre 1849 und 1850 (Rom, Deutsches Archäologisches Institut, Briefarchiv).

259 Braun heiratete nach dem Tod seiner ersten Frau, der Bildnismalerin Louise Purgold (gestorben 1848), im Oktober 1849 die Engländerin Anne Thomson aus Primrose-Clitheroe.

260 Braun stellte Anfang der fünfziger Jahre eine größere Zahl von Abgüssen bedeutender Kunstwerke für den Crystal Palace in Sydenham her. Dieses Ausstellungsgebäude,

zugegen, wiewohl er die Leitung des Instituts nach wie vor innehatte. Von dem Fortgang der Ausgrabungen in Vulci, über die nun auch im Bullettino nicht mehr berichtet wurde[261], nahm Braun allenfalls beiläufig Notiz. Möglicherweise hatte ihn Dennis, der zwischen seinen Etrurienreisen zeitweilig in der Casa Tarpeia wohnte und mit Braun freundschaftlichen Umgang pflegte[262], über die beklagenswerten Umstände der Ausgrabungen dort informiert. Eduard Gerhard, dem langjährigen Bekannten der Fürsten von Canino, seinem eigenen Mentor und Vorgänger, gegenüber bemerkte er einigermaßen betroffen: «An der Barbarei der Vulcenter Ausgrabungen haben alle theil, wir auch. Wir sind eben durch den Reichthum unvorbereitet überrascht worden. Campana, der in Caere gräbt, machts besser und hat bereits eine Vasensammlung aufgestellt, die Staunen erregt»[263].

Die wissenschaftlichen Ambitionen von Emil Braun gingen auch in jenen Jahren nicht verloren. Zwar nötigten ihn gewisse Umstände, sich seiner Antikensammlung großteils zu entledigen, unter anderem der Funde aus der ägyptischen Grotte, die Braun dank seiner Kontakte dem Britischen Museum überlassen konnte, doch brachte ihn das keineswegs von der Erforschung der etruskischen Frühgeschichte ab. Um die Jahrhundertmitte wurden neue Funde selten, die betagte Fürstin von Canino sollte ihr Anwesen samt Ländereien den Fürsten Torlonia überlassen und auch in Berlin klagte Eduard Gerhard über ein abflauendes Interesse an archäologischen Belangen[264]. Braun knüpfte unterdessen an frühere Arbeiten an und brachte das Manuskript seines Führers zu den Denkmälern Roms zum Abschluß. Im Zuge dieser Arbeit hatte er die päpstlichen Sammlungen zu beschreiben, die mittlerweile durch die Funde aus Etrurien enormen Zuwachs erfahren hatten und um ein eigenes Museum etruskischer Altertümer angereichert worden waren. Nachdem dieses im Unterschied zu anderen Sammlungen aus aktuellem Anlaß hervorgegangen war, bedurfte es einer Einleitung, in der Braun die epochalen Entdeckungen der vorangegangenen Jahre würdigte und zu den archäologischen Forschungen folgendermaßen Stellung nahm: «Vielleicht ist kaum ein anderes Jahrzehend an Funden rein wissenschaftlichen Interesses so reich gewesen, wie das, welches in den Fasten der classischen Denkmälerkunde durch die vulcenter Ausgrabungen bezeichnet ist. Selbst die herculanischen und pompejanischen Entdeckungen haben nicht eine ähnliche Umgestaltung der gesamten Kunstanschauung des Alterthums herbeizuführen vermocht, obwohl diesselben an viel gewichtigeren Kunstwerken weit reicher gewesen sind. Die Fülle des mit einem Mal dargebotenen Stoffes hat es aber den Gelehrten, die für die Verarbeitung desselben kaum hinreichend vorbereitet waren, nicht gestattet, sich desselben in gehöriger Muße zu bemächtigen. Sehr häufig sind diejenigen, welche sich mit den durch so viele mythische Bilder gebotenen Ideen beschäftigt haben, in einen Rausch versetzt worden, der nicht eben ein heiliger ist. Dadurch, dass der eigenthümliche Kunstwerth dieser Denkmäler bald überschätzt, bald übersehen worden ist, haben sich die Freunde des Schönen, denen die Gegenwart einen anderweitig so reichen Genuss darbot, von ihnen abgewandt, und im Allgemeinen fürchtet man sich noch jetzt, wo so manches zu ihrer Erläuterung geschehen ist, vor der langen Weile, die mit der Betrachtung kaum halbverständlicher Bilder verbunden zu sein pflegt»[265]. Der gewöhnlichen Forschung und ihren recht einseitigen Anliegen konnte Braun demnach nicht sonderlich viel abgewinnen. Stattdessen schenkte er sein Interesse mehr den Denkmälern der etruskischen Frühgeschichte, mit denen er sich bereits eingehend beschäftigt hatte. Gerade den Funden aus der Tomba Regolini-Galassi, die unterdessen in die päpstlichen Sammlungen eingegangen waren, räumte er den breitesten Raum in der Beschreibung des etruskischen Museums, mithin den vordersten Platz in seinem gesamten archäologischen Gedankengebäude ein, allerdings mit der Einschränkung: «Nur diejenigen, welche den geistigen Entwickelungsgang des hellenischen [sic!] Alterthums bis in seine Wurzeln hinein zu verfolgen wünschen und für die volksthümliche Naivetät, die sich an diesen anspruchslosen Kunstgebilden allerwärts offenbart, Sinn haben, kann die genauere und eindringliche Betrachtung der hier aufgehäuften Denkmäler ein nachhaltiges Interesse gewähren. Darf man es doch selbst Archäologen von Fach nicht verargen, wenn sie vor einem wissenschaftlichen Publicum das aufrichtige Geständniss ablegen, dass für sie das ewige Einerlei der Vasenbilder etwas Ermüdendes hat»[266].

ein epochales Werk aus Stahl und Glas, war ursprünglich für die Weltausstellung 1851 im Londoner Hyde Park errichtet, danach abgebaut und in erweiterter Form in Sydenham wieder aufgebaut worden. Dort wurde es 1854 als Museum und Ausstellungsgebäude neuerlich eröffnet.

261 Berichte über Ausgrabungen in Etrurien ließen generell nach; die wenigen in den vierziger Jahren veröffentlichten Berichte betreffen andere Fundplätze, darunter Chiusi, Cortona, Veji, Cerveteri und Sovana, aber nicht mehr Vulci.

262 D. E. Rhodes, Dennis d'Etruria. Vita e viaggi dello scopritore degli Etruschi (1992) 42.

263 Brief von Emil Braun an Eduard Gerhard, datiert Rom, den 28. Juli 1846 (Rom, Deutsches Archäologisches Institut, Briefarchiv).

264 G. Platz-Horster, JbBerlMus 34, 1992, 35 ff. (Kurzfassung des Aufsatzes in: Etrusker und Europa 362 ff.).

265 E. Braun, Die Ruinen und Museen Roms. Für Reisende, Künstler und Alterthumsfreunde (1854) 779 f.

266 Ebenda 780.

3. Denkmalschutz und Denkmalpflege in Rom und dem Kirchenstaat

Ein weiteres wichtiges Moment für die Vulcenter Ausgrabungen und den Umgang mit der archäologischen Hinterlassenschaft allgemein stellt die damals geltende Antikengesetzgebung im Kirchenstaat dar. Bereits in den vorangegangenen Jahrhunderten hatte es nicht an Versuchen gemangelt, die Bauwerke und Kunstschätze Roms, welche in einzigartiger Weise das Bild der Stadt prägten, vor dem Verfall oder der Veräußerung ins Ausland zu schützen[267]. Beide Anliegen gewannen jedoch im beginnenden 19. Jahrhundert vor dem Hintergrund der französischen Besatzungszeit eine ungeheuere Aktualität. Auf der Grundlage des Vertrages von Tolentino hatte Napoleon bekanntlich die bedeutendsten Kunstschätze Roms nach Paris schaffen und 1801 das Musée Central im Louvre mit ihnen ausstatten lassen[268]. Dieses wurde anfangs als glanzvoller Höhepunkt europäischer Sammeltätigkeit eingerichtet und in der Folge durch Kriegsbeute und rechtmäßige Erwerbungen, wie beispielsweise den Ankauf der Sammlung Borghese, sukzessive erweitert[269]. Den Antiken wurde ein hoher Stellenwert eingeräumt, denn der Erste Konsul und künftige Kaiser, auf dessen Wunsch sich Büsten von Lucius Junius Brutus und Marcus Junius Brutus unter den Exponaten befinden sollten, stellte sich ostentativ in die Tradition der römischen Republik[270]. Ohnedies wußte Napoleon, der weder monarchische noch kirchliche Legitimation besaß, antike Vergangenheit gezielt als Vorbild zu nutzen und sie mit traditionellen christlichen und zeitgenössischen politischen Werten zu besetzen. Das Musée Napoléon, wie der Louvre seit 1803 hieß, bildete mit seiner Auswahl von Werken antiker, neuzeitlicher und zeitgenössischer Kunst ein wichtiges Instrument für politische Propaganda im Dienste des Directoire und des Empire[271]. In Rom hinterließ der napoleonische Kunstraub indessen eine völlig desolate Situation[272]: Als Pius VII. Chiaramonti[273] im Jahre 1800 sein Pontifikat antrat, waren die Vatikanischen Museen praktisch leergeräumt, private Sammlungen teils enteignet, teils nach Frankreich verkauft. Die Urbs und ihr nächstes Umland entbehrten nun ausgerechnet derjenigen Schätze, die von jeher Reisende und Pilger anzogen, zudem zeitgenössischen Künstlern, welche in Scharen in Rom residierten, als Modell dienten, die kurzum das größte Kapital der Stadt darstellten.

Deshalb gehörte es zu den vordringlichsten Aufgaben des neuen Papstes, die enormen Lücken, die unter antiken wie neuzeitlichen Kunstwerken klafften, schleunigst zu schließen. Pius VII. richtete das Amt eines Ispettore Generale delle Belle Arti ein und besetzte es mit dem Bildhauer Antonio Canova auf Lebenszeit[274]. Zugleich ließ er von Carlo Fea, dem Commissario delle Antichità, der von Haus aus Jurist und Theologe war, ein umfangreiches Paket von Maßnahmen erarbeiten[275], denen er durch ein eigenhändig unterzeichnetes Edikt 1802 Gesetzeskraft verlieh[276]. Dieses Edikt knüpfte an ältere Bestimmungen an, welche ergänzt und wesentlich verschärft wurden. Es beinhaltete ein generelles Ausfuhrverbot und eine allgemeine Meldepflicht für Antiken und Kunstgegenstände, eine staatliche Kontrolle über archäologische Ausgrabungen, die von privater Hand durchgeführt werden konnten und vor allem neue Funde zutage fördern sollten, ein staatliches Vorkaufsrecht auf solche Funde sowie alle anderen

267 Emiliani, Leggi 55 ff.

268 P. Wescher, Kunstraub unter Napoleon (1976) und J. Chatelain, Dominique Vivant Denon et le Louvre de Napoléon (1973) sowie ferner F. Haskell – N. Penny, Taste and the Antique. The Lure of Classical Sculpture 1500–1900 (1981) 108 ff.

269 A. Michaelis, Ein Jahrhundert kunstarchäologischer Entdeckungen^2 (1908) 21 ff.

270 Brutus diente als zentrale Leitfigur für die Akteure der Französischen Revolution. Die Rolle, die insbesondere der Brutus aus der Anfangszeit der römischen Republik spielte, ist vielschichtig; siehe dazu K. M. Welwei, Gymnasium 108, 2001, 123 ff. Auch Lucien Bonaparte nannte sich als Jakobiner Brutus. Vgl. R. L. Herbert, David, Voltaire, Brutus and the French Revolution. An essay in art and politics (1972) und K. Scheinfuß (Hrsg.), Von Brutus zu Marat. Kunst im Nationalkonvent 1789–1795 (1973).

271 J. Traeger in: H. Bungert (Hrsg.), Das antike Rom in Europa. Die Kaiserzeit und ihre Nachwirkungen, Vortragsreihe der Universität Regensburg (1985) 141 ff.

272 C. Pietrangeli, Strenna dei Romanisti 36, 1975, 354 ff. und Pietrangeli, Musei Vaticani 105 ff.

273 Moroni, Dizionario LIII (1851) 115 ff. s. v. Pio VII.; Dictionnaire Napoléon (1989) 1330 ff. s. v. Pie VII. (Jean-Marcel Champion); A. F. Artaud de Montor, Histoire du pape Pie VII. I–III^3 (1839); G. Giucci, Storia della vita e del pontificato di Pio VII. (1857); P. I. Rinieri, Napoleone e Pio VII. 1804–1813 (1906); J. Leflon, Pie VII. Des Abbayes bénédictines à la Papauté I (1958) und J. Schmidlin, Papstgeschichte der neuesten Zeit I. Papsttum und Päpste im Zeitalter der Restauration (1800–1846) (1933) 16 ff.

274 Das Amt des Ispettore Generale delle Belle Arti erlosch mit dem Tod von Canova wieder. Zu Canova siehe M. Missirini, Della vita di Antonio Canova (1824); A. D'Este, Memorie della vita di Antonio Canova (1864); Thieme – Becker V (1911) 515 ff. s. v. Canova, Antonio (P. Paoletti).

275 Zu dem Amt des Commissario delle Antichità sowie zu dessen langjährigem Inhaber Carlo Fea (1800–1839) siehe R. T. Ridley, Xenia 1, 1992, 117 ff. bes. 145 ff. sowie ferner O. Rossi Pinelli, Ricerche di Storia dell'Arte 8, 1978/79, 27 ff.

276 Emiliani, Leggi 86 ff. Nr. 11.

Abb. 35 Domenico del Frate, Papst Pius VII. Chiaramonti mit dem Commissario delle Antichità, Carlo Fea, bei der Auswahl antiker Vasen für die Biblioteca Vaticana (1815).

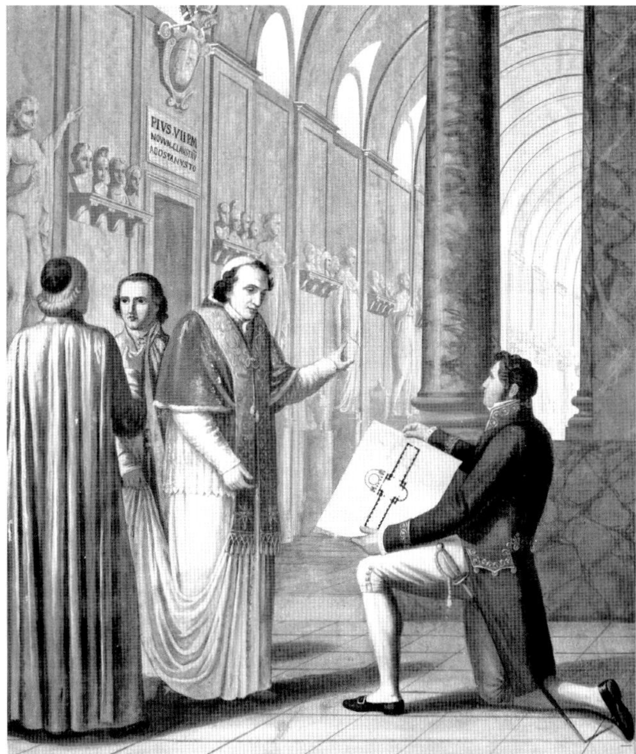

Abb. 36 Domenico del Frate, Papst Pius VII. Chiaramonti mit Plan zur Erweiterung der Vatikanischen Museen um den Braccio Nuovo (1818).

geschützten Gegenstände und schließlich einen regulären Fonds für Ankäufe durch die Vatikanischen Museen. Der bestehende Denkmalschutz im Kirchenstaat, der sich selbstverständlich auch auf Bauwerke erstreckte, und die Einrichtung der Vatikanischen Museen waren demnach auf das engste miteinander verquickt. Die neue Regelung bescherte zwar dem florierenden römischen Kunsthandel, der vornehmlich eine englische Klientel bediente, empfindliche Einbußen, führte aber dazu, daß die Vatikanischen Museen allmählich wieder mit Exponaten bestückt werden konnten. Die zahlreichen Ankäufe erforderten bald sogar die Gründung eines weiteren Museums, des Museo Chiaramonti, das dem mittlerweile wiederhergestellten Museo Pio-Clementino bereits 1807 angeschlossen werden konnte und wegen seiner wachsenden Bestände, um die Pius VII. sich eigens bemühte (Abb. 35), 1822, also noch während seines Pontifikates, um den Braccio Nuovo erweitert werden mußte[277] (Abb. 36).

Während man sich in Rom vorerst mit Neuerwerbungen behalf, wurden auf diplomatischem Wege manche Anstrengungen zur Rückführung der geraubten Kunstwerke unternommen. Diese blieben jedoch ohne Erfolg, selbst als Pius VII. persönlich nach Paris reiste, um die Trauung des künftigen Kaiserpaares vorzunehmen und der Krönung beizuwohnen. In den darauffolgenden Jahren verschlechterten sich die Beziehungen zwischen beiden Staaten, bis die von Napoleon verhängte Kontinentalsperre für britische Schiffe, die Pius VII. nicht umsetzte, den Ausschlag für das Zerwürfnis der beiden Potentaten gab und der Kirchenstaat französischer Administration unterstellt wurde. Die zweite französische Okkupation ging nicht mehr mit Plünderung, sondern mit Förderung der Stadt einher, denn diese wurde zweite Hauptstadt des Kaiserreichs und endlich das Titelreich von Napoleons Sohn, des Königs von Rom. So wurde bekanntlich eine Commission des Embellissements gebildet, unter deren Leitung umfangreiche Restaurierungen antiker Bauwerke und Ausgrabungen im Stadtgebiet durchgeführt wurden[278]. Auch an umliegenden Orten fanden archäologische Arbeiten statt, die etwa in Veji und Cerveteri weite Teile der römischen Hinterlassenschaft beider etruskischen Städte ans Licht brachten. Als Pius VII. ab 1814 wieder seines Amtes walten konnte, standen vor allem zwei Aufgaben an: die Restitution der während der ersten französischen

277 F. A. Visconti – G. A. Guattani, Il museo Chiaramonti aggiunto al Pio-Clementino da N. S. Pio VII. p. m. I (1808) und G. D'Este – A. D'Este, Elenco degli oggetti esistenti nel Nuovo Braccio del Museo Chiaramonti (1822).

278 R. T. Ridley, The eagle and the spade, the archaeology of Rome during the Napoleonic era (1992).

Okkupation geraubten Kunstwerke, über die auf dem Wiener Kongreß verhandelt wurde, und die Schaffung einer Antikengesetzgebung und einer Antikenverwaltung, welche die frühere Ordnung wiederherstellen und den durch die Ausgrabungen während der zweiten französischen Okkupation immens gewachsenen Anforderungen der Denkmalpflege in Zukunft gerecht werden sollten. Mit der erstgenannten Aufgabe wurden der Staatssekretär Kardinal Ercole Consalvi und der in den Rang eines Diplomaten erhobene Antonio Canova betraut, denen es 1815 mit Unterstützung der Aliierten gelang, wenigstens einen Teil der betreffenden Kunstwerke nach Rom zurückzuholen[279]. Die letztgenannte Aufgabe wurde dem Kämmerer Kardinal Bartolomeo Pacca angetragen. Dieser erhielt 1816 die Weisung, eine Commissione Consultiva di Antichità e Belle Arti ins Leben zu rufen, welche bei Erwerbungen für die Vatikanischen Museen beratend und bei der Erteilung von Ausfuhrlizenzen für Antiken und Kunstgegenstände ausführend tätig werden sollte, eine Maßnahme, die darauf zielte, die strikte Einhaltung des Ediktes von 1802 zu gewährleisten[280].

Des weiteren verfaßte Kardinal Pacca ein neues Gesetz, das die frühere Rechtsprechung im Kern zwar übernahm, diese aber erweiterte und den Umgang mit Antiken und Kunstgegenständen einmal von Grund auf regelte. Das Edikt Pacca trat 1820 in Kraft und löste damit alle früheren Bestimmungen ab[281]. Es behielt die allgemeine Meldepflicht für Antiken und Kunstgegenstände und auch die Genehmigungspflicht für entsprechende Verkäufe sowie das staatliche Vorkaufsrecht auf Antiken und Kunstgegenstände bei. Verkäufen ins Ausland wurde außerdem durch deren Besteuerung entgegengewirkt, von welcher lediglich zeitgenössische Kunstwerke ausgenommen waren. Einer Genehmigung bedurfte es auch, wenn Antiken und Kunstgegenstände aus Rom an andere Orte des Kirchenstaates verbracht werden sollten. Des weiteren unterstanden Ausgrabungen der staatlichen Kontrolle, insofern als sie genehmigt sein mußten und die Ausgräber verpflichtet wurden, wöchentlich einen genauen Fundbericht vorzulegen und Veränderungen, das heißt Restaurierungen und Ergänzungen, wenigstens so lange zu unterlassen, bis die Funde in ihrem originalen Zustand begutachtet worden waren. Den Ausgräbern wurde auferlegt, ergrabene Architekturen ebenfalls zu dokumentieren und hernach für ihre Erhaltung zu sorgen. Überhaupt wurde in dem Edikt Pacca im Unterschied zu dem Edikt von 1802 ein wesentlich stärkeres Augenmerk auf Ausgrabungen und die Erhaltung von antiken sowie kirchlichen und klösterlichen Bauwerken gerichtet. Die überaus dezidierte Gesetzgebung erforderte eine Reihe staatlicher Behörden, welche die Einhaltung der Bestimmungen überwachen und auf institutioneller Ebene für den Denkmalschutz Sorge tragen sollten. Die höchste Instanz hierfür bildete das Camerlengato, die Kämmerei, welcher der Kardinal Camerlengo, also Kardinal Pacca selbst, als oberster Dienstherr und direkter Untergebener des Papstes vorstand. Ihm wurde die Commissione Generale Consultiva di Antichità e Belle Arti zur Seite gestellt, ein Gremium, das sich aus Vertretern der Vatikanischen Museen, der Akademien und Hochschulen zusammensetzte und beratende Funktion innehatte; den Vorsitz führte Antonio Canova. Der Commissione Generale in der Hauptstadt war in den einzelnen Provinzen des Kirchenstaates jeweils eine eigene Commissione Ausiliaria unterstellt, die in Zusammenarbeit mit den lokalen Behörden, den Legazioni oder Delegazioni Apostoliche, die Vorgänge vor Ort kontrollieren und Anträge von Privatleuten oder aktenkundige Fälle von Verstößen nach Rom weiterleiten sollte. Ihre Zuständigkeit wurde 1821 in einer gleichfalls von Kardinal Pacca verfaßten Richtlinie nochmals spezifiziert[282]. Das Camerlengato wiederum entsandte regelmäßig Abordnungen in die Provinzen, die den überland verstreuten Bestand an geschützten Bauwerken überprüfen, die Notwendigkeit von Maßnahmen zu deren Konservierung feststellen und laufende Ausgrabungen im Hinblick auf ihre ordnungsgemäße Durchführung sowie auf mögliche künftige Ankäufe durch die Vatikanischen Museen besichtigen sollten. Die auf Veranlassung Pius' VII. geschaffene Antikengesetzgebung des Kirchenstaates, die in dem Edikt Pacca kulminierte, war entscheidend durch Antonio Canova und Carlo Fea geprägt. Ersterem ist es zuzuschreiben, daß dem originalen Zustand von Fundstücken und Kunstwerken eine ungewöhnlich große Bedeutung beigemessen und jedweder Restaurierung kritisch begegnet wurde[283]. Letzterer vertrat vor allem die Ansicht, daß ein nachhaltiger Schutz von Denkmälern nur

279 A. Ferrajoli, Lettere inedite di Antonio Canova al Cardinale Ercole Consalvi (1888); B. Nogara in: Centenario della morte del cardinal Consalvi (1923); L. Berra, RendPontAc 27, 1951/52, 239 ff. sowie neuerdings Y. zu Dohna, Canova und die Tradition. Kunstpolitik am päpstlichen Hof, Italien in Geschichte und Gegenwart 26 (2006) bes. 77 ff.

280 Der Commissione Consultiva di Antichità e Belle Arti gehörten ursprünglich Antonio Canova, Bertel Thorvaldsen, Antonio D'Este, Carlo Fea und Filippo Aurelio Visconti an.

281 Emiliani, Leggi 100 ff. Nr. 14; Bartolomeo per la Misericordia di Dio Vescovo di Frascati Card. Pacca della S. R. C. Camerlengo, Xenia Antiqua 1, 1992, 7 ff. sowie ferner L. Huetter, Capitolium 1931, 511 ff. und I. Di Stefano Manzella, RendPontAc 49, 1976/77, 249 ff.

282 Emiliani, Leggi 111 ff. Nr. 15.

283 O. Rossi Pinelli, Ricerche di Storia dell'Arte 13/14, 1981, 41 ff.

durch staatliches Eingreifen erreicht werden konnte, und bewirkte deren Umsetzung in positives Recht[284].

Das Pontifikat Pius' VII. Chiaramonti (1800–1823) erbrachte ein grundlegendes Gesetzeswerk, das ganz aus den Gegebenheiten der napoleonischen Zeit resultierte. Seine Entstehung erklärt sich zunächst aus der besonderen Situation in Rom, wie auch seine Entwicklung erst nach und nach den Verhältnissen im übrigen Kirchenstaat Rechnung trug. Antiken und Kunstgegenstände sollten vor allem in Rom versammelt sein und ein gewisses Gefälle zwischen der Stadt und dem restlichen Kirchenstaat blieb diesbezüglich auch weiterhin bestehen. Im Vergleich zu manchen anderen italienischen Staaten, die unter ihren Kunstschätzen ebenfalls Verluste aus der napoleonischen Zeit zu verschmerzen hatten, war das Gesetzeswerk des Kirchenstaates, wenn es auch sonst in vielfacher Hinsicht äußerst rückständig war, was den Denkmalschutz anbetrifft, überaus fortschrittlich[285]. Das benachbarte Großherzogtum Toskana, das nach dem Wiener Kongreß wieder an Ferdinand III. von Habsburg-Lothringen zurückgefallen war, kehrte zum Beispiel zu seiner früheren Gesetzgebung aus der Zeit Leopolds I. von Habsburg-Lothringen zurück[286]. Folglich konnten Antiken und Kunstgegenstände dort fast uneingeschränkt auch ins Ausland verkauft, Ausgrabungen nach eigenem Gutdünken durchgeführt werden; lediglich für Gemälde, Skulpturen und Medaillen wurden nun gewisse Regelungen getroffen[287]. Eine dermaßen lockere Handhabung in bezug auf Kunstgegenstände und Antiken stimmte mit den allgemeinen Freihandelsgesetzen des Großherzogtums überein, welche gleichfalls aus leopoldinischer Zeit stammten und der Toskana einen wirtschaftlichen Aufschwung brachten. Dies führte dazu, daß in den neugeordneten italienischen Staaten auch der gesamte internationale Kunsthandel über den Hafen von Livorno abgewickelt wurde. Die starke Diskrepanz, die zwischen der Gesetzgebung des Kirchenstaates und derjenigen des Großherzogtums Toskana bestand, bildete den Grund dafür, daß der Schmuggel im allgemeinen und der illegale Handel mit Kunstgegenständen und Antiken im besonderen nirgendwo so sehr blühte wie an der gemeinsamen Grenze beider Staaten im nördlichen Latium. Diese wurde streckenweise durch den Fiora gebildet und führte unmittelbar an dem antiken Vulci vorbei. Das Anwesen von Canino lag also im Grenzgebiet und das Castello della Badia bei der alten Brücke über den Fiora hatte bis zur Einigung Italiens tatsächlich als Zollstation gedient[288].

Das überaus fortschrittliche Gesetzeswerk Pius' VII. kam unter den nachfolgenden Päpsten erst richtig zum Tragen, da diese es unverändert übernahmen und daran festhielten, als sich die großen Entdeckungen vielerorts in Etrurien einstellten. Zudem traten sowohl Leo XII. Della Genga (1823-1829) als auch Pius VIII. Castiglioni (1829-1830) dieses höchste Amt in so fortgeschrittenem Alter an, daß ihnen ohnehin kaum Zeit geblieben wäre, kulturpolitisch eigene Akzente zu setzen[289]. Während ihres Pontifikates entfalteten die von Pius VII. eingerichteten Institutionen der Denkmalpflege erst ihre volle Wirkung. Die frühen Ausgrabungen im südlichen Etrurien, namentlich in Tarquinia und Vulci, wurden also staatlicherseits kontrolliert. Entsprechend wurden auch die Ausgrabungen der Fürsten von Canino, an denen sich die Vorgehensweise der päpstlichen Antikenverwaltung beispielhaft aufzeigen läßt, nach Maßgabe des Ediktes Pacca behandelt. Sie fielen formell der Zuständigkeit der Delegazione Apostolica di Viterbo zu, sämtlicher Schriftverkehr in bezug auf Grabungslizenzen und Grabungsberichte ging zunächst durch die Hände des Governatore di Toscanella, der seinerseits die Unterlagen an die Commissione Ausiliaria nach Viterbo weiterreichte[290]. Von ihr wurde die Commissione Generale Consultiva di Antichità e Belle Arti in Rom verständigt[291]. Diese begab sich auch zusammen mit Vertretern des Camerlengato, dem zuletzt alle Entscheidungsgewalt oblag, in regelmäßigen

284 Dizionario Biografico degli Italiani XXXXV (1995) 518 ff. (R. T. Ridley) und ausführlich R. T. Ridley, The Pope's Archaeologist. The life and times of Carlo Fea (2000).

285 M. Speroni, La tutela dei beni culturali negli Stati Italiani Preunitari I. L'età delle riforme (1988). Siehe auch A. Porretti in: A. Porretti – M. G. Franceschini, Ricerche e luoghi archeologici dell'Ottocento. Scavi nel patrimonio di S. Pietro in Tuscia (1985).

286 Speroni a. O. 51 ff. und Emiliani, Leggi 43 f. Nr. 20.

287 Emiliani, Leggi 48 ff. Nr. 28. 29.

288 Rom, Archivio di Stato, Catasto Gregoriano, Denominazione Ponte dell'Abbadia, Territorio Canino, Antica Provincia Civitavecchia, Mappa e Brogliardo 5. – Das Castello della Badia ist in der Karte mit dem Buchstaben «A» gekennzeichnet, seine Nutzung im Begleitheft als «Dogana» ausgewiesen. – Vgl. Auch G. Dennis, The Cities and Cemeteries of Etruria I (1848) 399.

289 J. Schmidlin, Papstgeschichte der neuesten Zeit I. Papsttum und Päpste im Zeitalter der Restauration,1800–1846 (1933) 367 ff.

290 Im Archivio di Stato di Viterbo werden die Dokumente der Delegazione Apostolica di Viterbo und somit der Commissione Ausiliaria di Viterbo aufbewahrt. Hinsichtlich der Ausgrabungen der Fürsten von Canino in Vulci sind darin sämtliche Vorgänge erfaßt, die dazugehörigen ausführlichen Berichte auch oft in Zweitschrift erhalten, wohingegen die Erstschrift in aller Regel nach Rom überstellt wurde.

291 Die einschlägigen Dokumente, die ursprünglich im Archiv des Camerlengato abgelegt wurden, gingen nach der Gründung des italienischen Staates an das Archivio di Stato di Roma über.

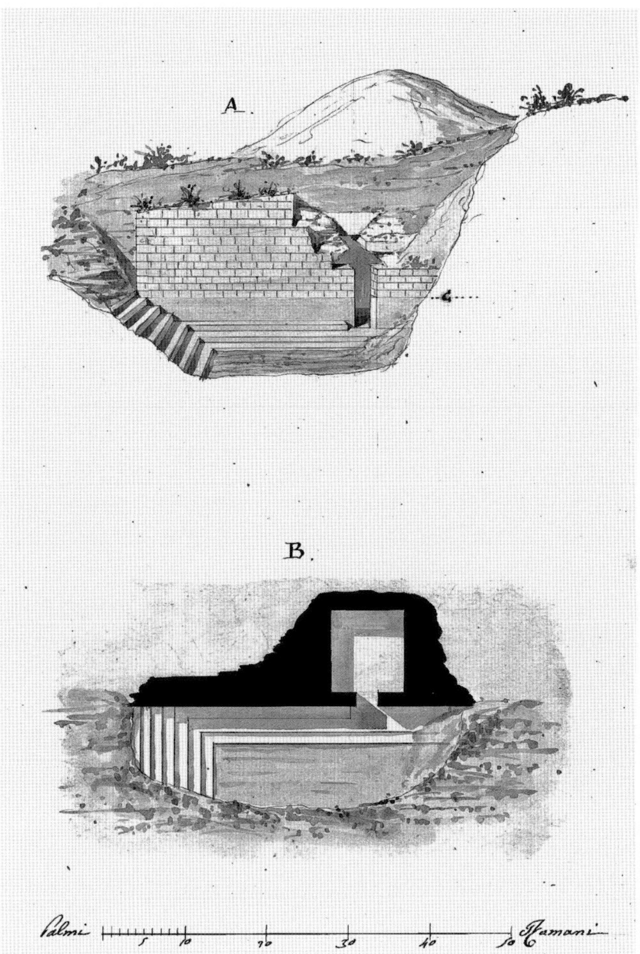

Abb. 37. 38 Vulci, Tumulo della Cuccumella, 1829. Kolorierte Zeichnung von Luigi Maria Valadier.

Abständen selbst zu den Fundstätten. Den Fürsten von Canino wurde im Mai 1829, als die erste Grabungskampagne sich zu Ende neigte, zum ersten Mal eine offizielle Visite abgestattet[292]. Dann begaben sich Vincenzo Camuccini, Bertel Thorvaldsen, Antonio Nibby, Giuseppe Valadier, Agostino Tofanelli, Filippo Tomassini und Luigi Maria Valadier zu der Residenz der Fürsten nach Musignano. Ein erster Rundgang, auf dem Lucien sie begleitete, führte durch sechs Säle mit lauter Vasen und eine Galerie mit Regalen voller Bronzen; Alexandrine zeigte den Herrschaften außerdem zwei gesonderte Vitrinen, in denen ihr schon reichlich vorhandener etruskischer Goldschmuck aufbewahrt wurde. Am folgenden Tage wurde die Grabungsstätte in Vulci gemeinsam besucht. Nachdem die meisten der freigelegten Gräber um ihrer besseren Erhaltung willen und ebenso aus ganz praktischen Gründen längst wieder zugeschüttet waren, begnügte man sich damit, die verbliebenen Cippen zu besichtigen, welche auch die Einteilung des Grabungsgeländes markierten, und deren Inschriften aufzunehmen. Dann schritt man weiter zu dem bedeutendsten Grabmal im Gebiet des Ponte Rotto, dem weithin sichtbaren Tumulo della Cuccumella, der größtenteils freigelegt war und eingehend inspiziert wurde. Luigi Maria Valadier fertigte Zeichnungen davon an, und zwar Ansichten und Aufsichten von dem zentralen Bereich des Gebäudes, einschließlich einiger mittelalterlicher Strukturen (Abb. 37. 38) sowie Ansichten seines Architekturschmuckes, einer Soffitte und einiger geflügelter Löwenskulpturen (Abb. 39), die zusammen mit anderen plastisch gestalteten Mischwesen im Eingangsbereich gefunden worden waren. Da es sich offensichtlich um ein eminentes Grabmal aus ältester Zeit handelte, dem große kunstgeschichtliche Bedeutung eignete, wurde beschlossen, das Gebäude größtenteils abzutragen und an anderem Ort wieder aufzubauen, wofür Lucien ein finanzieller Zuschuß in Aussicht gestellt wurde[293]. Rund

292 Von diesem Besuch sind sowohl der Bericht als auch ein zugehöriges Heft mit Zeichnungen von Luigi Maria Valadier erhalten; Rom, Archivio di Stato, Camerlengato, Parte II, Titolo IV, Busta 188, Fasc. 890 (M. Bonamici, Prospettiva 21, 1980, 6 ff.). Vgl. Abb. 37–39.

293 Vgl. E. Gerhard, BdI 1829, 49 ff. – Es läßt sich heute nicht mehr feststellen, ob dieses Vorhaben tatsächlich umge-

Abb. 39 Vulci, Tumulo della Cuccumella, 1829. Kolorierte Zeichnung von Luigi Maria Valadier.

um den Tumulo della Cuccumella schlossen sich weitere Grabungsflächen an. Dort wurden die Arbeiten unterdessen fortgeführt und den Besuchern bot sich Gelegenheit, der Eröffnung zweier Gräber beizuwohnen, wobei die Vorgehensweise der Arbeiter begutachtet wurde. Dann wurde weiter im Norden der Ponte della Badia in Augenschein genommen, eine gewaltige Brücke aus römischer Zeit, die weit und breit den einzigen Übergang in das Großherzogtum Toskana ermöglichte und die, wie man feststellte, einer Restaurierung bedurfte. Der Architekt Giuseppe Valadier erhielt Auftrag, die Beschädigungen mit demselben lokalen Tuffstein zu beheben, aus dem das gesamte Bauwerk errichtet war. Zurück in Musignano wurden die Magazine aufgesucht, wo man von den jüngst geborgenen Funden und der Vorgehensweise bei ihrer Restaurierung Kenntnis nehmen konnte. Danach wurde abermals die Sammlung der Fürsten, diesmal mit wesentlich größerer Sorgfalt besichtigt. Man gelangte zu dem Schluß, daß es sich vor allem in bezug auf Vasen um eine höchst bedeutende und lehrreiche Sammlung handelte, die derjenigen des Neapeler Museums in nichts nachstand[294]. Daher sprach man sich grundsätzlich für Erwerbungen aus diesen Beständen aus, eine Entscheidung, die dem Camerlengato als Empfehlung unterbreitet wurde. Tatsächlich kam es noch im August desselben Jahres, als die Fürsten von Canino ihre Sammlung im Palazzo Gabrielli in Rom zeigten, zu Verhandlungen mit dem Governo Pontificio[295]. Mit entsprechenden Ankäufen sollte die Vasensammlung der Biblioteca Vaticana erweitert, in Zukunft ein eigenes «Nuovo Museo di Vasi Dipinti» bestückt und damit endlich in Rom eine dem Neapeler Museum ebenbürtige Vasensammlung eingerichtet werden. Dafür wurden die folgenden Auswahlkriterien festgelegt[296]: Es sollten Vasen angekauft werden, welche eine gewisse Größe erreichten, sich durch eine besondere Form oder Bemalung auszeichneten, irgendwelche Signaturen oder Beischriften trugen, identifizierbare mythologische oder auch künstlerisch wertvolle Darstellungen zeigten. Unter den genannten Gesichtspunkten wurden mehrere hundert Objekte, vornehmlich attische Vasen, ansonsten noch einige etruskische Bronzen und wenige als Kuriositäten bezeichnete Kleinfunde, ausgewählt[297]. Da die Preisvorstellungen auf beiden Seiten allerdings stark differierten, zogen sich die Verhandlungen hin, um schließlich

setzt wurde. Ein ähnliches Vorgehen ist erst durch die Tomba dei Vipinana in Tuscania belegt (siehe oben Kap. II). Der Tumulo della Cuccumella ist inzwischen jedenfalls bis auf die Grundmauern abgetragen und gehört zu den umstrittensten Grabbauten der Vulcenter Nekropole. Vgl. beispielsweise F. Messerschmidt, StEtr 4, 1930, 421 ff. Taf. 25. 26; G. Caputo in: La civiltà arcaica di Vulci e la sua espansione, Atti del X Convegno di Studi Etruschi e Italici, Grosseto – Roselle – Vulci 1975 (1977) 1 ff. Taf. 1–5 und G. Colonna in: Spectacles sportifs et scéniques dans le monde étrusco-italiques. Actes de la table ronde organisée par l'Equipe de recherches étrusco-italiques de l'UMR 126 (CNRS Paris) et l'Écoles française de Rome, Rom 1991 (1993) 328 ff.

294 Vgl. A. De Jorio, Real Museo Borbonico. Galleria de' Vasi (1825) sowie ferner E. Pistolesi, Real Museo Borbonico (1838–1845). – Die Vasensammlung des Neapeler Museums konnte generell als die bedeutendste gelten und wurde gerade gegenüber den römischen Beständen von Vasen immer wieder als Vergleichsgröße herangezogen; siehe auch E. Gerhard, BdI 1829, 81 f.

295 Von diesen Verhandlungen zeugt ein umfangreiches Dossier aus dem Archiv des Camerlengato; Rom, Archivio di Stato, Camerlengato, Parte II, Titolo IV, Busta 191 (F. Buranelli in: Luciano Bonaparte 88 ff. 115 ff.).

296 Buranelli in: Luciano Bonaparte 89 Anm. 37.

297 Im Nachlaß des Fürsten von Canino befindet sich eine von ihm erstellte Liste, die unter dem Titel «Vases choisis pour le Vatican» die offizielle Liste des Camerlengato mit den zum Ankauf bestimmten Objekten bestätigt; Perugia, Privatarchiv, Carte Bonaparte CCCLII.

ergebnislos im Sande zu verlaufen. Ein Ende fanden sie aber erst, nachdem die Vatikanischen Museen ähnliche Vulcenter Funde aus der Sammlung Candelori erworben hatten[298]. Die erste Visite der staatlichen Denkmalbehörde bei den Ausgrabungen der Fürsten von Canino, die im übrigen als einzige von einer zeichnerischen Dokumentation begleitet wurde, macht indessen deutlich, in welchem Maße der Kirchenstaat sich der auf seinem Territorium befindlichen Baudenkmäler annahm und in welcher Weise er sich bestimmte Kunstgegenstände, die zur Zierde Roms gereichten, zu sichern gedachte. Darin freilich, daß der Boden möglichst gewinnbringend beackert werden sollte, ob im eigenen oder im öffentlichen Interesse, waren sich private Grundstückseigentümer und päpstliche Gesetzgeber wohl einig. Dabei erscheint es bemerkenswert, daß die verschiedenen kirchenstaatlichen Institutionen, die für die Denkmalpflege und für die Vatikanischen Museen zu sorgen hatten, oftmals von denselben Leuten in Personalunion getragen wurden. Viele von ihnen waren noch von Pius VII. in ihr Amt berufen worden, was ein übriges dazu beitrug, daß nicht nur die Gesetzgebung dieses Papstes, sondern auch die von ihm geprägte Geisteshaltung der Restauration während des gesamten ersten Drittels des 19. Jahrhunderts unverändert fortlebte[299].

Die Verhältnisse änderten sich grundlegend mit dem Amtsantritt Gregors XVI. Cappellari[300] (1831–1846), dem wieder ein längeres und wirkungsvolleres Pontifikat beschieden sein sollte (Abb. 40). Zu Beginn standen politische Entscheidungen an, denn die Julirevolution in Frankreich hatte bekanntlich auf die italienischen Staaten übergegriffen und der gerade erst gewählte Souverän hatte Mühe, die auf sein Hoheitsgebiet überschwappende Revolutionswelle einzudämmen. Weiterhin waren tiefgreifende wirtschaftliche Reformen vonnöten, wollte er innenpolitisch Stabilität erlangen. Das allgemeine Bewußtsein eines Wendepunktes der Geschichte mochte zugleich auch Lucien dazu bewogen haben, sich nun den historisch gewordenen Ereignissen der napoleonischen Zeit und seinen Memoiren zuzuwenden. Gregor XVI. übernahm in bezug auf die Denkmalpflege die vorhandenen Strukturen, machte sich seit Mitte der dreißiger Jahre aber daran, seine eigenen kulturpolitischen Vorstellungen, mithin ein umfangreiches Programm von Museumsgründungen zu verwirklichen. Nicht weniger als drei Antikenmuseen sollten während seines Pontifikates aus der Taufe gehoben, die päpstlichen Sammlungen vom Vatikan sogar auf den Lateran ausgedehnt werden. Dabei wurden mehrere Gesichtspunkte berücksichtigt: Zum einen waren die Museumsgründungen von praktischem Nutzen. Sie kamen nämlich den Bedürfnissen der Denkmalpflege entgegen, indem sie die durch Erwerbungen langsam überquellenden Magazine entlasten und ausgewählten Funden eine würdige Unterkunft geben konnten. Zum anderen erwuchsen sie aus politischem Denken. Denn Rom sollte in dem Gerangel der wiederhergestellten italienischen Staaten und unter dem Eindruck des von Norden heraufziehenden Einigungsgedankens seine historisch begründete Größe auf der Apenninenhalbinsel und darüber hinaus als caput mundi der Christenheit behaupten. Diesen Anspruch konnten mehr als alles andere die mit Rom verbundenen Antiken zum Ausdruck bringen. Die Museumsgründun-

Abb. 40 Francesco Podesti, Papst Gregor XVI. Cappellari (o. J.).

298 Der Ankauf von Teilen der Sammlung Candelori erfolgte 1829; die berühmte Brettspielervase des Exekias (Beazley, ABV 145 Nr. 13) geht jedoch auf eine spätere Schenkung der Gebrüder Candelori an Gregor XVI. zurück (A. Nibby, Dichiarazione del dipinto di un antico vaso fittile vulciente offerto dai Signori Candelori alla Santità di Nostro Signore Papa Gregorio XVI [1834]).

299 M. Jonsson, La cura dei monumenti alle origini. Restauro e scavo di monumenti antichi a Roma 1800–1830, Acta Instituti Romani Regni Sueciae XIV (1986) und Pietrangeli, Musei Vaticani 115 ff.

300 H. Bastgen, Forschungen und Quellen zur Kirchenpolitik Gregors XVI. Bd. I (1929); J. Schmidlin, Papstgeschichte der neuesten Zeit I. Papsttum und Päpste im Zeitalter der Restauration, 1800–1846 (1933) 511 ff. und Gregorio XVI.

gen, welche die Kulturpolitik Gregors XVI. im wesentlichen ausmachen, stellten also einesteils einen Rückgriff auf gewachsene Strukturen, andernteils die Schaffung eines neuen übergeordneten Ganzen dar. Dies kündigte sich bereits in der ersten Maßnahme dieses Papstes an, einer 1833 erlassenen Richtlinie für die Vatikanischen Museen, deren Triebfeder nicht wissenschaftliche Gelehrsamkeit, sondern eine umfassende humanistische Bildung und ein ausgeprägtes Sendungsbewußtsein war[301].

Den Auftakt gab das Museo Gregoriano Etrusco, das der kunstbeflissene und vielseitig interessierte Papst 1837, am sechsten Jahrestag seiner Wahl, feierlich eröffnen konnte[302]. Allein die Pläne, ein Museum für etruskische Altertümer einzurichten und diesen eine ehrwürdige Aufstellung in Rom zu geben, waren wesentlich älter. Sie gingen auf Vincenzo Campanari zurück, einen der ersten Ausgräber in Vulci, der bereits 1824 einen entsprechenden Vorschlag unterbreitet hatte und der neuerdings zusammen mit dem Governo Pontificio im Stadtgebiet von Vulci grub[303]. Die Pläne wurden umgesetzt, nachdem 1835 die aufsehenerregende Bronzestatue des sogenannten Mars in Todi zum Vorschein kam, welche umgehend von den Vatikanischen Museen erworben wurde und künftig den Mittelpunkt des Museums für etruskische Altertümer bildete[304]. Sie trat zu den seit längerem zusammengetragenen Beständen, insbesondere an figürlich bemalten, vornehmlich attischen Vasen, welche großteils aus Vulcenter Grabungen stammten, sowie an diversen Funden aus Tarquinia, Cerveteri und von anderen Orten, hinzu. Kurz nach Eröffnung des Museums konnte kraft des staatlichen Vorkaufsrechtes das Inventar der 1836 in Cerveteri entdeckten Tomba Regolini-Galassi erworben und noch in die Ausstellung einbezogen werden[305]. Das Museum etruskischer Altertümer beherbergte somit die neuesten Funde aus Etrurien, welche auf diese Weise dem Verkauf ins Ausland entgingen, insbesondere aber griechische Vasen, die im Vordergrund fast eines jeden gelehrten Interesses standen und selbstverständlich einen Schwerpunkt der vatikanischen Sammlung bildeten. Es wurde binnen kürzester Zeit eingerichtet[306], und zwar von einem Gremium, dem Gaspare Salvi, Vincenzo Camuccini, Pietro Ercole Visconti, Luigi Grifi, Giuseppe D'Este, Bertel Thorvaldsen und Antonio D'Este angehörten. Zu besichtigen waren mehrere Räume des ehemaligen Appartamento Zelada, die sich in einem Rundgang folgendermaßen erschlossen[307]: Bereits im Eingangsbereich stimmten zwei großformatige Pferdeköpfe, Vulcenter Grabskulpturen, den Besucher auf die Begräbnisplätze des antiken Etrurien ein. Dann gelangte man durch acht Säle, die nach Materialgattungen und Themengruppen geordnet waren: In den ersten dreien wurden anhand von Urnen, Sarkophagen und Skulpturen die Bestattungsbräuche, Totenbehältnisse und Totengottheiten der Etrusker anschaulich gemacht; in zwei weiteren führten schwarzfigurige und rotfigurige Vasen antike Götterdarstellungen vor Augen. Der sechste, zugleich der größte und reichste Saal des Museums, nahm etruskische Bronzen auf. Er beherbergte neben zahlreichen Waffen die Statue des Mars von Todi als prominentestes Stück der Sammlung; eine Tischvitrine in der Mitte des Raumes enthielt etruskische Arbeiten aus Edelmetall, darunter den Goldschmuck aus der Tomba Regolini-Galassi (Abb. 41). Wurde in diesem Saal ein Licht auf Gebrauchsgegenstände, Bewaffnung, Tracht und Schmuck geworfen, so illustrierten ausgesuchte Kunstwerke in den anschließenden zwei Sälen Szenen aus dem antiken Leben. Der eine Saal beherbergte Kopien von Wandmalereien aus Vulci und Tarquinia, die ausschnitthaft an die Wand gehängt waren, sowie Skulpturen und griechische Vasen, darunter die berühmte Amphora

301 Regolamento e disciplinare per il Museo Vaticano (Vatikan, Archivio dei Musei Vaticani, Carteggio VI).

302 Zur Geschichte des Museo Gregoriano Etrusco siehe Moroni, Dizionario XLVII (1847) 108 ff. s. v. Museo Gregoriano Etrusco; P. Perali in: Gregorio XVI 365 ff.; F. Magi in: Études étrusco-italiques (1963) 119 ff. und Pietrangeli, Musei Vaticani 156 ff.; F. Buranelli in: Gli Etruschi, Ausstellungskatalog Venedig (2000) 511 ff. und jetzt auch ders. in: F. M. Ricci (Hrsg.), Vaticano. Museo Gregoriano Etrusco (2003) 9 ff.

303 F. Buranelli, Gli scavi a Vulci della società Vincenzo Campanari. Governo Pontificio, 1835–1837 (1992).

304 Zur Entdeckung dieser Figur, die sofort eine heftige wissenschaftliche Diskussion auslöste, siehe T. Panofka, BdI 1835, 130 f.; F. Speroni, BdI 1836, 65 ff.; F. Roncalli, MemPontAc 11, 1973 und M. Cristofani, I Bronzi degli Etruschi (1985) 292 Nr. 116 mit Abb.; zu ihrer Bedeutung für die Gründung des neuen Museums Roncalli a. O. sowie ferner Moroni, Dizionario XLVII (1847) 112 s. v. Museo Gregoriano Etrusco; C. Pietrangeli, Opere di provenienza tuderte nei Musei Vaticani (1993) 15 ff. (mit weiterer Lit.).

305 Zur Entdeckung dieses Grabes siehe E. Braun, BdI 1836, 56 ff. und L. Pareti, La tomba Regolini-Galassi del Museo Gregoriano Etrusco e la Civiltà dell'Italia centrale nel sec. VII a. C. (1947) (mit weiterer Lit.); zu ihrer Eingliederung in das Museum ebenda sowie ferner Moroni, Dizionario XLVII (1847) 108 ff. s. v. Museo Gregoriano Etrusco.

306 Zwischen dem Beschluß zur Gründung dieses Museums und seiner Eröffnung vergingen nur drei Monate. Allerdings wurde auch nach der Eröffnung noch an der Einrichtung weitergearbeitet. So stieg die Zahl der Ausstellungsräume von zunächst sieben (Diario di Roma vom 11. Februar 1837) auf elf (L'Album. Giornale letterario e di belle arti vom 24. März 1838) an.

307 P. E. Visconti, L'Album. Giornale letterario e di belle arti 1837, ohne Seitenzahl und E. Braun, BdI 1837, 1 ff.

Abb. 41 Museo Gregoriano Etrusco, Sala die Bronzi, ohne Datum. Stich, anonym.

des Exekias[308], der andere ausschließlich Vasen, die ein großes Format besaßen, künstlerisch besonders wertvoll waren oder bemerkenswerte Darstellungen aufwiesen; die attischen Schalen wurden auf eigens für sie konzipierte drehbare Sockel gestellt, so daß sie von allen Seiten betrachtet werden konnten (Abb. 42). Schließlich wurde der Besucher zum Ausgangsbereich geleitet, wo ein Vulcenter Grab mitsamt seiner Ausstattung nachgebaut war und auf diese Weise die einst funeräre Bestimmung fast aller Exponate veranschaulichen sollte[309]. Damit orientierte sich die Einrichtung dieses Museums im Grunde an dem Konzept, das Lucien Bonaparte in Musignano umgesetzt hatte, und das in direkter Folge von den Campanari anläßlich ihrer Etruskerausstellung in der Londoner Pall Mall weiterentwickelt worden war[310]. Allerdings zeugt die Rekonstruktion eines Vulcenter Grabes im Vatikan gegenüber der effektvollen Inszenierung von elf etruskischen Gräbern in der kurz zuvor eröffneten Londoner Ausstellung von einer recht oberflächlichen Rezeption, die auch nach Ansicht von Zeitgenossen längst nicht so beeindruckend war[311]. Das Museo Gregoriano Etrusco verfolgte weder konzeptionell innovative noch eigentlich wissenschaftliche Ziele; es sah sich im Gegenteil sogar dem Vorwurf ausgesetzt, der Wissenschaft hinderlich zu sein[312]. Vielmehr war es darauf ausgerichtet, die etruskische Kultur als bedeutende Vorläuferin der römischen ins Blickfeld zu rücken und ihr erstmals seit den Tagen des Kaisers Claudius wieder einen angemessenen Stellenwert im Bewußtsein der Öffentlichkeit Roms zu geben[313].

308 Beazley, ABV 145 Nr. 13; Etrusker und Europa 328 f. Abb.

309 Diese Rekonstruktion wurde im Zuge der neuen Aufstellung, die zwischen 1920 und 1924 von Bartolomeo Nogara vorgenommen wurde, demontiert und durch die bedeutendsten Funde aus der Tomba Regolini-Galassi ersetzt.

310 G. Colonna, StEtr 46, 1978, 81 ff. bes. 88 ff.

311 Vgl. E. Braun, BdI 1837, 1 ff. und E. C. H. Gray, Tour to the Sepulchres of Etruria in 1839 (1940).

312 Vgl. E. Braun, Die Ruinen und Museen Roms. Für Reisende, Künstler und Altertumsfreunde (1854) 777 ff. bes. 782 f.; siehe dazu jetzt auch G. Maurer, Preußen am Tarpeischen Felsen – Chronik eines absehbaren Sturzes, Die Geschichte des Deutschen Kapitols in Rom 1817–1918 (2005) 65 ff.

313 Vgl. P. Grimal, Auf der Suche nach dem antiken Italien (1965) 177 ff. – Zum Umgang mit dem etruskischen Erbe im frühkaiserzeitlichen Rom siehe M. Torelli, Elogia Tarquiniensia (1975), ders., Die Etrusker. Geschichte, Kultur und Gesellschaft (1988) 297 ff., ders. in: M. Pani (Hrsg.), Continuità e trasforma-

Abb. 42 Museo Gregoriano Etrusco, Galleria di Vasi, ohne Datum. Stich, anonym.

Dem Museo Gregoriano Etrusco, das in der Tat das erste staatliche Museum etruskischer Altertümer war, folgte auf den Tag genau zwei Jahre später das Museo Gregoriano Egizio[314]. Ihm war indes die Gründung von Sammlungen ägyptischer Altertümer in anderen italienischen Staaten, vor allem der Museen von Turin[315] und Florenz[316] vorausgegangen. Seit dem Ägyptenfeldzug Napoleons und insbesondere Champollions Entzifferung der Hieroglyphen erfreute sich die Kultur des alten Ägypten überall so großer Beliebtheit, daß die meisten europäischen Museen, die entweder schon seit längerem bestanden oder just zu jener Zeit gegründet wurden, gerade in den zwanziger und dreißiger Jahren umfangreiche Ankäufe aus Ägypten tätigten. Diese wurden nicht selten über den römischen Kunsthandel abgewickelt, welcher im bezug auf eingeführte Antiken durch das Edikt Pacca in keiner Weise beeinträchtigt war und eben dadurch endlich wieder aufleben konnte. Zu denjenigen Antiquaren, die sich selbst nach Ägypten begaben und ihre Waren von dort mitbrachten, zählte Silvestro Guidi, der schon viele Male an den Nil gereist war. Guidi hatte den Vatikanischen Museen bei mehreren

zioni fra repubblica e principato. Istituzioni, politica, società (1991) 47 ff. und S. Bruni in: Gli Etruschi, Ausstellungskatalog Venedig (2000) 638.

314 Zur Geschichte des Museo Gregoriano Egizio siehe Moroni, Dizionario XLVII (1847) 118 ff. s. v. Museo Gregoriano Egizio; R. Lefevre in: Miscellanea Gregoriana, Raccolta di scritti pubblicati nel I Centenario della fondazione del Museo Egizio 1839–1939 (1941) 429 ff.; ders. in: Gregorio XVI 223 ff. und Pietrangeli, Musei Vaticani 161 ff.

315 Das Turiner Museum gründete auf der ersten Sammlung Drovetti, die 1824 durch Carlo Felice von Piemont erworben wurde. S. Curto, Storia del Museo Egizio di Torino (1976; ^{3}1990); A. M. Donadoni Roveri in: Il Museo Egizio di Torino. Guida alla lettura di una civiltà (1988) 7 ff. und S. Curto in: L'Egitto fuori dell'Egitto. Dalla riscoperta all'Egittologia, Kongreß Bologna 1990 (1991) 97 ff.

316 Die ägyptische Sammlung des Museums von Florenz ging zunächst aus der Sammlung Nizzoli hervor, die 1824 durch Leopold II., Großherzog der Toskana, angekauft wurde. Bereits kurze Zeit später kamen die Objekte von der französisch-toskanischen Ägyptenexpedition 1828–1829 hinzu. Siehe G. F. Gamurrini, Relazione storica del R. Museo Egizio ed Etrusco in Firenze (1873); E. Scamuzzi in: Scritti dedicati alla memoria di Ippolito Rosellini nel primo centenario della morte 1943 (1945) 21 ff.; E. Bresciani in: M. C. Guidotti (Hrsg.), Il nilo sui lungarni. Ippolito Rosellini egittologo dell'Ottocento (1982) 15 ff. und P. E. Del Francia in: L'Egitto fuori dell'Egitto a. O. 159 ff.

Abb. 43 Museo Gregoriano Egizio, Sala dei Leoni, ohne Datum. Stich, anonym.

Gelegenheiten ägyptische Altertümer angeboten, deren Erwerb jedoch trotz der befürwortenden Stellungnahme der Commissione Generale Consultiva di Antichità e Belle Arti vom Camerlengato in aller Regel abgelehnt worden war[317]. Begründet wurde die Entscheidung stets damit, daß der Kirchenstaat ohnedies ein reiches kulturelles Erbe zu pflegen habe, demgegenüber importiertes Kulturgut nachrangig zu behandeln sei, und für solche Erwerbungen keine finanziellen Mittel zur Verfügung stünden. Nachdem aber das Museo Gregoriano Etrusco eingerichtet war und der Papst sich inzwischen die wissenschaftliche Dokumentation der Obelisken Roms persönlich angelegen sein ließ[318], zeitigte eine neuerliche Offerte von Guidi den gewünschten Erfolg. 1838 wurden nicht nur von Silvestro Guidi, sondern ebenso von Giuseppe Basseggio und Pietro Paolo Spagna ägyptische Altertümer erworben, welche die Gründung des mittlerweile ernsthaft geplanten Museums sicherten[319]. Diese wurde außerdem dadurch forciert, daß Gregor XVI. Ankäufe etruskischer, griechischer und römischer Antiken aus dem Etat der Vatikanischen Museen zugunsten ägyptischer Antiken vorläufig untersagte. Des weiteren konnte auf vorhandene Bestände zurückgegriffen werden, welche sich teils seit langem in der Sala dei Papiri der Biblioteca Vaticana befanden, teils auch andernorts in Rom zusammengezogen und 1838 in den Vatikan überstellt wurden[320]. Somit konnte das Museo Gregoriano Egizio

317 A. Tulli in: Miscellanea Gregoriana, Raccolta di scritti pubblicati nel I Centenario della fondazione del Museo Egizio 1839–1939 (1941) S. XXI ff.; R. Lefevre in: Le Vie d'Italia (1947) Nr. 4 und Pietrangeli, Musei Vaticani 136.

318 Den ägyptischen Obelisken wurde seitens der Päpste von jeher großes Interesse entgegengebracht, galten die im Ursprung mit dem Sonnenkult verbundenen Monumente doch auch den Christen Roms in gewisser Weise als Symbol ihrer Religion. Zum Himmel aufstrebend und mit dem Kreuz bekrönt wurden Obelisken, Zeichen des Sieges über das Heidentum, vor den großen Basiliken Roms errichtet. Siehe E. Iversen, Obelisks in exile I (1968) 184 f., C. D'Onofrio, Gli obelischi di Roma[2] (1967) sowie ferner L. Habachi, The Obelisks of Egypt (1984).

319 Rom, Archivio di Stato, Camerlengato, Parte II, Titolo IV, Busta 2822 (R. Lefevre in: Gregorio XVI 264 ff.). Vgl. M. Buonocore, Codices Vaticani Latini, Codices 9734– 9782 (Codices Amatiani) (1988).

320 So wurden ägyptische Denkmäler von öffentlichen Plätzen der Stadt entfernt und durch Nachbildungen ersetzt. Des weiteren wurden die Bestände des Museo Borgiano und des Museo Kircheriano sowie die Funde vom Kanopos der Villa Hadriana, die bislang in den Kapitolinischen Museen aufbewahrt worden waren, nun in den Vatikan verbracht.

Abb. 44 Museo Gregoriano Egizio, Sala delle Imitazioni, ohne Datum. Stich, anonym.

mit mehreren Schauräumen, die in den ehemaligen Privatgemächern Pius' IV. untergebracht waren, 1839 eröffnet werden. Die Ausstellung war von dem Barnabiter Luigi Maria Ungarelli, jenem vor allem philologisch versierten Ägyptologen, der die Obelisken Roms bearbeitete[321], und dem Bildhauer Giuseppe Fabris, Generaldirektor der Vatikanischen Museen, mehr unter repräsentativen als unter wissenschaftlichen Gesichtspunkten konzipiert worden[322]: Schon im Eingangsbereich, in dem sich bemalte Holzsärge befanden, wurde der Besucher einer ägyptisch anmutenden Architektur gewahr. Durch ein mächtiges von Papyrussäulen flankiertes Portal gelangte er in den folgenden Saal, der mit zeitgenössischen Wandmalereien in ägyptischem Stil ausgestattet war und die Exponate auf diese Weise mit nilotischen Landschaften umgab[323]. An Originalen beherbergte er ausschließlich Skulpturen, de-

321 L. M. Ungarelli (1779–1845) stammte aus Bologna und gehörte den Barnabitern an. In Rom war er als Lehrer und Lektor für Theologie tätig; daneben beschäftigte er sich intensiv mit alten Sprachen und Kulturen, namentlich der ägyptischen. So traf er 1825 auf Jean-François Champollion. Eine lebenslange Freundschaft verband ihn außerdem mit dem Ägyptologen Ippolito Rosellini in Pisa, dessen ägyptische Grammatik er redigierte und ins Lateinische übersetzte (G. Gabrieli, Orientalia 19, 1926, 1 ff.). Seine Kenntnis der altägyptischen Sprache und Monumente brachte ihn durch Vermittlung von Rosellini in die Dienste des Vatikan. Ungarelli erhielt den Auftrag, die Obelisken Roms zu erfassen und nach neuesten Erkenntnissen der Sprachwissenschaft darzustellen, ein Vorhaben, das auf Champollion zurückging und nach dessen Tod von Rosellini an Ungarelli delegiert worden war (A. Mercati in: Gregorio XVI 289 ff.). Die ausführliche Publikation, Interpretatio Obeliscorum Urbs ad Gregorium XVI. Pontificem Maximum digesta per Aloisium Mariam Ungarellium, erschien 1842. Inwieweit Ungarelli, dem die Einrichtung des Museo Gregoriano Egizio zugeschrieben wird, tatsächlich daran beteiligt war, bleibt letztlich unklar (R. Lefevre in: Gregorio XVI 223 ff. bes. 248 ff.). Zu Luigi Maria Ungarelli siehe P. E. Visconti, L'Album. Giornale letterario e di belle arti 13, 1846/47, 89 ff. 125 ff. 375 ff. 429 ff.; I. Hilmy, The Literature of Egypt and the Soudan. A Bibliography II (1887) 299; G. Boffito in: Scrittori Barnabiti IV (1937) 91 ff.; W. R. Warren – E. P. Uphill – M. L. Bierbrier, Who was who in Egyptology^{3} (1995) 422 s. v. Ungarelli, Padre Luigi Maria.

322 L. M. Ungarelli, L'Album. Giornale letterario e di belle arti 5, 1838/39, 393 ff. (= Nuovo Museo Gregoriano Egizio nel Vaticano, Estratto dall'Album 5 [1839]) und ders., L'Album. Giornale letterario e di belle arti 6, 1839/40, 19. 225 ff.

323 Zeitgenössische Wandmalereien in ägyptischem Stil mit illusionistischen Landschaften; vgl. Villa Paolina 1809 als Beispiel einer entsprechenden Innenraumdekoration der napoleonischen Zeit. J.-M. Humbert, L'Égyptomanie dans l'Art occidental (1989).

ren prominenteste, die beiden Löwen Nektanebos' I.[324], die vom Brunnen des Acquedotto Felice auf der Piazza di San Bernardo kamen, an der Stirnseite des Raumes zu Seiten der Statue von Tuja[325], der Mutter Ramses' II., aus der Villa Verospi Vitelleschi, den einstigen Horti Sallustiani, aufgestellt waren (Abb. 43). An die Sala dei Leoni schlossen sich zunächst ein weiterer Raum mit ägyptischen Skulpturen und die Sala delle Imitazioni mit ägyptisierenden Werken der römischen Kaiserzeit an. Von diesen stammten die meisten aus der Villa Hadriana bei Tivoli, allen voran der Antinoos[326], der nun an der Stirnseite des Raumes zwischen zwei Sphingen stand, und der gelagerte Nil[327], der an der Langseite des Raumes zwischen zwei Durchgängen Platz fand; über ihm an der Wand hing eine Büste Gregors XVI. von Giuseppe Fabris (Abb. 44). Es folgten weitere Säle mit ägyptischen Statuen sowie mit Mumien, schließlich einige Räume mit Kleinfunden, Papyri und Inschriften. Einen besonderen Schwerpunkt der päpstlichen Sammlung bildeten die ägyptischen und ägyptisierenden Altertümer aus dem römischen Italien, deren Eingliederung in das neue Museum allerdings umstritten war[328]. Gerade durch diese Exponate aber sollte sich das Museo Gregoriano Egizio von allen anderen ägyptischen Museen unterscheiden. Denn dadurch führte es als einziges die ägyptische Kultur, die aus lokalen Funden im übrigen auch aus den Gärten römischer Villen vor Augen stand[329], zugleich als eine fest am Ort verwurzelte Kultur vor[330].

Offensichtlich waren sowohl die ägyptische als auch die etruskische Kultur ein integrierender Bestandteil der Kultur des antiken Italien oder besser gesagt Roms. Gleiches konnte für die griechische gelten, fügten sich doch die griechischen Vasen von Fundorten in Italien völlig nahtlos in das Museo Gregoriano Etrusco ein[331]. Freilich verhielt es sich damit nicht anders als mit den Werken griechischer Plastik, die sei es als griechisches Original oder als römische Kopie seit eh und je in den Musei Pio-Clementino und Chiaramonti Platz fanden. Auf ihre kulturspezifische Einordnung oder auf historische Beziehungen zwischen den verschiedenen Kulturen kam es dabei keineswegs an. Die Denkmäler genügten als Kunstwerke vollkommen. Dahinter stand die Vorstellung von einer Vierheit der Antike, welche sich aus einer ägyptischen, einer etruskischen, einer griechischen und einer römischen Kultur zusammensetzte, die irgendwie nacheinander oder nebeneinander existiert hatten[332]. An dieser Anschauung, die auf das 15. Jahrhundert zurückgeht, sich mitunter aber noch bis spät ins 19. Jahrhundert halten konnte[333], änderte sich auch durch die Diskussion um die griechischen Vasen und ihre inzwischen geklärte Herkunft nichts. Der Gründer der beiden neuen Museen erhob keinen wissenschaftlichen Anspruch. Dafür war mit den Musei Gregoriani Etrusco und Egizio erstmals die gesamte antike Hinterlassenschaft in herkömmlichem Sinne an einem Ort versammelt, und zwar an jenem, der schon in der Antike der Kristallisationspunkt aller vier Kulturen war.

Beide Museumsgründungen aber sind insofern ambivalent, als sie der spezifischen Situation sowohl des antiken als auch des zeitgenössischen Rom Rechnung trugen. Mit dem Museo Gregoriano Etrusco, dessen Sammlung großteils aus griechischen Vasen bestand, welche ursprünglich einmal für ein «Nuovo Museo di Vasi Dipinti» zusammengetragen worden waren, konnte sich Rom endlich mit Neapel messen. Dadurch daß etruskische Funde erstmals mit einem öffentlichen Museum gewürdigt wurden, wurde die Aneignung der etruskischen Kultur, wie sie im Großherzogtum Toskana, zuerst in Florenz unter dem Patronat der Medici im 16. und 17. Jahrhundert und dann in Cortona und Volterra durch die Etruscheria des 18. Jahrhunderts[334] schon früher vonstatten gegangen war, vom Kirchenstaat

324 G. Botti – P. Romanelli, Le sculture del Museo Gregoriano Egizio, Monumenti Vaticani di Archeologia e d'Arte (1951) und A. Roullet, Egyptian and Egyptianzing Monuments of Imperial Rome, EPRO 20 (1972) 131 f. Kat. 273. 274 Taf. 190–193 Abb. 279–283.

325 Botti – Romanelli a. O. 18 ff. 136 f. Kat. 28 Taf. 19–22 und Roullet a. O. 108 f. Kat. 179 Taf. 144 Abb. 202.

326 Botti – Romanelli a. O.; C. W. Clairmont, Die Bildnisse des Antinous. Ein Beitrag zur Porträtplastik unter Kaiser Hadrian (1966) 47 Nr. 27 Taf. 21 und Roullet a. O. 87 Kat.-Nr. 100 Taf. 87 Abb. 118.

327 Botti – Romanelli a. O. 116 f. Kat. 186 Taf. 80.

328 Lefevre in: Gregorio XVI, 223 ff.

329 I. Belli Barsali, Le ville di Roma [2](1983).

330 L. Sist in: L'Egitto fuori dell'Egitto. Dalla riscoperta all'Egittologia, Kongreß Bologna 1990 (1991) 409 ff.

331 Neben etrurischen gelangten vereinzelt auch unteritalische Funde in diese Sammlung; das prominenteste Beispiel dafür ist die Triptolemos-Amphora, eine Schenkung des Fürsten Stanislaw Poniatowski.

332 S. Morenz, Die Begegnung Europas mit Ägypten[2] (1969) 116 ff. 131 ff.

333 Dies spiegeln häufig die Titel von Museumskatalogen wider, die in kanonischer Weise als Kataloge ägyptischer, etruskischer, griechischer und römischer Altertümer bezeichnet werden.

334 Auf Anregung des Abtes Onofrio Baldelli waren bereits 1726 die Accademia Etrusca di Cortona und bald darauf ein Museum in Cortona gegründet worden (P. Barocchi – D. Gallo [Hrsg.], L'Accademia Etrusca, Ausstellungskatalog Cortona [1985]; P. Bocci Pacini – A. M. Maetzke, Il Museo dell'Accademia Etrusca di Cortona [1992] und P. Zamarchi, Il Museo dell'Accademia Etrusca di Cortona [1996]). Das Museum in Volterra geht auf den Abt Mario Guarnacci zurück, der von 1757 bis 1785 in Volterra lebte. Zur Etruscheria siehe ausführ-

überflügelt. Mit dem Museo Gregoriano Egizio erfuhren nicht zuletzt Funde aus Ägypten nun päpstlicherseits in einer Weise Beachtung, wie es unter der Schirmherrschaft Carlo Felices in Piemont und Leopolds II. in der Toskana vorbildhaft der Fall war. Dem großen wissenschaftlichen Unternehmen, das von letzterem gefördert wurde, der französisch-toskanischen Expedition von 1828-29 nach Ägypten und Nubien, setzte Gregor XVI., wiewohl mit geringerem Aufwand und wiederum mit Blick auf die spezifische Situation der Urbs, die Neuaufnahme der Obelisken Roms entgegen. Der Kirchenstaat konnte künftig in jeder Hinsicht mit den anderen italienischen Staaten konkurrieren.

Zugunsten des Museo Gregoriano Egizio mußten andere Gegenstände aus den betreffenden Räumen im Vatikan weichen. So beispielsweise die Gipsabgüsse von den Skulpturen des Parthenon und den Giebelfiguren des Aphaiatempels in Ägina, die als Geschenke einmal des britischen, dann des bayerischen Königs nach Rom gelangt waren. Des weiteren waren griechische und römische Antiken aus dem Appartamento Borgia unterzubringen und in den Magazinen unter der Sixtinischen Kapelle harrten noch Erwerbungen der Denkmalbehörde, darunter die römischen Funde aus Veji und Cerveteri, einer angemessenen Aufstellung. Allein die Räume des Palazzo Apostolico aber waren mittlerweile komplett belegt, so daß die verbleibenden päpstlichen Sammlungen anderweitig untergebracht werden mußten. Zu diesem Zweck wurde nun der arg heruntergekommene Lateranspalast renoviert. 1844 konnte schließlich das Museo Gregoriano Lateranense seine Tore öffnen[335]. Griechische, vor allem aber römische Antiken, die sich während der vergangenen Jahre in Rom und Umgebung gefunden hatten, waren hier zu bestaunen[336]. Zu den Exponaten gehörten viele Statuen aus Theatern, Thermen und von öffentlichen Plätzen der römischen Städte, Mosaiken, Grabreliefs und Sarkophage. Hierher gelangte auch ein hadrianisches Relief mit Amaltheia und dem kindlichen Zeus, das das Camerlengato 1821 von dem in Verlegenheit geratenen Fürsten von Canino erstehen konnte, welcher es seinerseits bei seiner Ankunft in Rom einst von den Giustiniani erworben hatte[337]. Im Obergeschoß des Lateranspalastes befanden sich Gemälde, ausgesuchte Werke herausragender, überwiegend italienischer Meister, sowie vereinzelte Funde aus frühchristlicher Zeit. Die Exponate sollten deutlich machen, daß die christliche Kultur Roms den Vergleich mit der heidnischen Vergangenheit keineswegs zu scheuen brauchte, sondern im Gegenteil sich aus ihr ergab und zu einem neuen Höhepunkt der Menschheitsgeschichte erhob[338]. Diese Konzeption sollte erst unter den nachfolgenden Päpsten vollends entfaltet werden, wobei die Gemälde später in die Pinacoteca Vaticana eingingen, während die frühchristlichen Bestände, um die aufkommenden Funde aus den Katakomben Roms erweitert[339], schließlich in eine größere Einheit mündeten[340]. Die Ausdifferenzierung der Musei Profano Lateranense und Sacro Lateranense erfolgte letztendlich unter anderen Vorzeichen[341]. Ursprünglich aber ging es darum, die abendländische Kultur in ihrer Gesamtheit zu präsentieren, wie dies auch andere Museen anstrebten[342], zugleich aber ihren besonderen Bezug zur Welthauptstadt Rom herauszustellen. Die Intention Gregors XVI. richtete sich ganz darauf, dem alleinigen oder jedenfalls vorrangigen Anspruch Roms und des Kirchenstaates, welcher auf einem breiten historischen Fundament basierte und mindestens auf der Apenninenhalbinsel Gültigkeit haben sollte, sichtbaren Ausdruck zu verleihen. Damit setzte er den im Norden heranwachsenden Einheitsbestrebungen in Rom ein deutliches Gewicht entgegen und unterstrich zugleich die unbedingte Einheit von Staat und Kirche. Ge-

lich M. Cristofani, La scoperta degli Etruschi. Archeologia e antiquaria nel '700 (1983).

335 Zur Geschichte des Museo Gregoriano Lateranense siehe Moroni, Dizionario XLVII (1847) 125 ff. s. v. Museo Gregoriano Lateranense; E. Josi in: Gregorio XVI 201 ff.; B. Nogara, Origine e sviluppo dei Musei e Gallerie Pontificie (1948) 46 ff. und Pietrangeli, Musei Vaticani 165 ff.

336 F. Torre, L'Album. Giornale letterario e di belle arti 11, 1844/45, 233 ff. 279 f. 333 ff.; 12, 1845/46, 2 f. sowie ferner R. Garrucci, Monumenti del Museo Lateranense descritti e illustrati (1861).

337 O. Benndorf – R. Schöne, Die antiken Bildwerke des lateranensischen Museums (1867) 16 Nr. 24; Helbig I 726 Nr. 1012 (von Steuben); J. J. Bachofen, Römische Grablampen (1890) 79 ff.; K. Schefold, Die Göttersage in der klassischen und hellenistischen Kunst (1981) 25 f. Abb. 14 und P. Liverani in: Luciano Bonaparte 72 f.

338 Vgl. A. Muñoz in: Gregorio XVI 305 ff.

339 Vgl. F. W. Deichmann, Einführung in die frühchristliche Archäologie (1983) 20 ff. sowie ferner A. Baruffa, Giovanni Battista De Rossi. L'archeologo delle catacombe (1994) und G. B. De Rossi e le catacombe romane, Ausstellungskatalog Rom (1994).

340 Die Anregung zu einem Museum christlicher Kunst stammt von Pietro Ercole Visconti und geht auf das Jahr 1839 zurück. Moroni, Dizionario LXIV (1853) 166 s. v. Sepolcro de' romani pontefici. Unter Gregor XVI. wurde bereits ein Kern von Objekten zusammengetragen. Umfangreichere Funde stellten sich aber erst mit der archäologischen Erschließung der Katakomben Roms durch Marchi ein (R. Fausti in: Gregorio XVI 405 ff.).

341 Pietrangeli, Musei Vaticani 169 ff.

342 Ähnliche Konzepte verfolgten Eduard Gerhard in Berlin und Martin von Wagner in München.

wiß hatten ihn nicht allein Sachzwänge dazu bewogen, das ägyptische und das etruskische Museum im Vatikan, dem Sitz des staatlichen Souverän, das griechisch-römische und das christliche Museum aber im Lateran, dem Sitz des Bischofs von Rom, unterzubringen. Das umfassende Programm der gregorianischen Museumsgründungen spiegelt die reaktionäre Politik dieses Papstes, die wiederum in der Atmosphäre des aufkommenden Risorgimento ihre spezifische Ausprägung erhielt[343].
Wie die vorangegangenen Ausführungen zeigen, hatten sich im zweiten Viertel des 19. Jahrhunderts für archäologische Ausgrabungen im südlichen Etrurien bestimmte Rahmenbedingungen ergeben. Diese waren allein schon durch die rechtliche Lage im Kirchenstaat abgesteckt, welche eine schriftliche Dokumentation in Form von Fundberichten und eine staatliche Kontrolle der Bauwerke und Funde forderte. Die Schaffung einer entsprechenden Gesetzgebung sowie deren Umsetzung waren auf das engste mit der Einrichtung der Vatikanischen Museen und der Ankaufspolitik der jeweiligen Päpste verquickt. Hinzu kam mit dem Instituto di Corrispondenza Archeologica eine wissenschaftliche Institution, welche sich die Bekanntmachung und archäologische Bearbeitung von Funden in besonderem Maße zur Aufgabe gemacht hatte und sich dadurch von vergleichbaren anderen Einrichtungen unterschied. Da die in ihrem Umkreis tätigen Gelehrten einesteils selbst Antiken sammelten, andernteils auch als Agenten für die europaweit entstehenden öffentlichen Museen aktiv waren, nahm das Instituto di Corrispondenza Archeologica in Rom umso mehr eine beobachtende Position ein, als diese sich auch auf den Kunstmarkt ausdehnte. Die Ausgräber indes trugen, sofern sie Grundbesitzer waren, die aus ihren Gütern Gewinne zu erwirtschaften hatten, oder Dilettanten, die ein gelehrtes Interesse an Antiken bekundeten, gelegentlich zu der ehrenvollen und zugleich verkaufsfördernden Bekanntmachung ihrer Funde bei. Von drei Seiten also wandte man sich, freilich unter ganz verschiedenen Prämissen und in der Absicht, jeweils anderen Bedürfnissen gerecht zu werden, den archäologischen Ausgrabungen im südlichen Etrurien zu.

Für die wissenschaftliche Auswertbarkeit von Funden oder die Wiedergewinnung ursprünglich zusammenhängender Fundgruppen aus jenen Ausgrabungen ist die Art des Umgangs mit Antiken von entscheidender Bedeutung. Diese ist abgesehen von der institutionell vorgegebenen in hohem Maße von der persönlichen Konstellation abhängig. Was die Ausgrabungen der Fürsten von Canino in Vulci betrifft, waren diesbezüglich günstige Voraussetzungen gegeben. Das zeigt gerade das Beispiel der attischen Vasen, die bei den Grabungen der früheren Jahre so zahlreich zum Vorschein kamen und zugleich den bevorzugten Gegenstand von Sammlern und Altertumswissenschaftlern bildeten. Während attische Vasen aus unterschiedlichen Blickwinkeln betrachtet wurden, von Lucien Bonaparte minutiös sogar mit Rissen im Firnis beschrieben, von Eduard Gerhard mit minimalen Details der figürlichen Darstellungen bildlich wiedergegeben, von den Konservatoren des Museo Gregoriano Etrusco auf drehbaren Sockeln rundum ansichtig aufgestellt wurden, manifestiert sich darin ein ausgeprägtes Bedürfnis nach möglichst präziser und originalgetreuer Dokumentation. Die voneinander abweichende Herangehensweise ist symptomatisch für eine gemeinsame Entwicklung, deren wichtigste Protagonisten Lucien Bonaparte und Eduard Gerhard waren. Für die Fundgruppen der orientalisierenden Zeit, die aus den Canino'schen Grabungen ebenfalls mehrfach zutage kamen, aber erst in späteren Jahren in den Gesichtskreis traten, galten demgegenüber andere Gegebenheiten, welche zunehmend durch Alexandrine Bonaparte und Emil Braun bestimmt wurden. Während das Zusammenspiel aller drei Seiten eine Wiedergewinnung von mehreren Fundgruppen der orientalisierenden Zeit ermöglicht, ist die Kenntnis der jeweils vorherrschenden persönlichen Konstellation für deren Rekonstruktion unerläßlich.

343 Dieselbe Haltung Gregors XVI. kommt etwa auch darin zum Ausdruck, daß er das universale Wörterbuch seines Amanuensis Gaetano Moroni maßgeblich mit auf den Weg brachte (E. Croci in: Gregorio XVI 135 ff.).

III. Die Entdeckung des Isisgrabes

Die Entdeckung des Isisgrabes ereignete sich in jenem Teil der Vulcenter Nekropole, der nach einem damals dort ansässigen Geflügelhof als Polledrara bezeichnet wird. Sie fügt sich in den Rahmen zweier Grabungskampagnen, welche die Fürsten von Canino zwischen 1838 und 1840 jeweils während des Winterhalbjahres durchführten. Beide Grabungskampagnen unterstanden der Leitung von Alexandrine, erfolgten jedoch noch zu Lebzeiten von Lucien, der sich den Entdeckungen gelegentlich ebenfalls zuwandte. Ihre Ergebnisse wurden von den Ausgräbern selbst nicht publiziert, sind aber durch die gesetzlich geforderten Fundberichte und private Aufzeichnungen des Ehepaares Bonaparte dokumentiert. Beide Grabungskampagnen wurden von aktuellen Berichten im Bullettino des Instituto di Corrispondenza Archeologica begleitet. Da sie noch über die Zeitschrift hinaus das Interesse von Emil Braun, dem leitenden Gelehrten des Instituts, und Eduard Gerhard, seinem Mentor und Ratgeber, erregten, wurden sie in deren Korrespondenz fortwährend besprochen[344]. Des weiteren wurden sie staatlicherseits überwacht und in der üblichen Weise durch mehrere Instanzen des päpstlichen Denkmalamtes kontrolliert. So trafen die obligatorischen Fundberichte, die immer in doppelter Ausführung vorzulegen waren, zum einen beim Camerlengato, zum anderen bei der Commissione Generale Consultiva di Antichità e Belle Arti ein. Letztere erstellte auch Protokolle von ihren Sitzungen, bei denen die Canino'schen Ausgrabungen wiederholt auf der Tagesordnung standen, ferner den Bericht einer Visite, die Vertreter dieser Behörde den Canino'schen Ausgrabungen abstatteten, schließlich Expertisen zu einigen Funden, welche dem Camerlengo als oberstem Dienstherrn im Hinblick auf Erwerbungen für die Vatikanischen Museen unterbreitet wurden. Damit steht eine vielfältige und umfangreiche Dokumentation zur Verfügung, auf deren Grundlage sich beide Grabungskampagnen heute noch nachvollziehen lassen.

Wenn die Entdeckung des Isisgrabes, die sich im Februar 1839 ereignete, in dem übergeordneten Zusammenhang dieser zwei Grabungskampagnen behandelt wird, geschieht das aus mehreren Gründen: Denn zum einen geben Dokumente, die von etwas früher oder später gemachten Entdeckungen berichten, Aufschluß über benachbarte Gräber und lassen dadurch auf die räumliche Umgebung des Isisgrabes schließen. Zum anderen ermöglicht es die Kenntnis der Funde, die im Laufe dieses Zeitraums geborgen wurden, manche davon, die später fälschlich dem Isisgrab zugewiesen wurden, auf andere Gräber zurückzuführen. Drittens ist es notwendig, die Begleitumstände beider Grabungskampagnen zu kennen, um Funde, die aus dem Isisgrab stammen, dann aber anderweitig veräußert wurden, soweit als möglich bestimmen zu können. Viertens macht der Vergleich von sämtlichen Dokumenten zu den Entdeckungen beider Grabungskampagnen die Besonderheit des Isisgrabes gegenüber anderen Gräbern deutlich. Davon abgesehen aber erleichtert gerade die Kenntnis einer größeren Zahl entsprechender Dokumente ganz erheblich deren Verständnis. Die vorhandenen Schriftstücke sind meist knapp und in einer Sprache verfasst, die nicht selten einer Erklärung bedarf. So gab es in jenen Jahren, die mit dem Beginn der Archäologie als wissenschaftliche Disziplin zusammenfielen, keine allgemein gültigen Richtlinien für die Beschreibung von Objekten und selbst deren Benennung konnte erheblich divergieren. Die Zusammenschau mehrerer zeitgenössischer Schriftstücke erhellt die gebräuchliche Ausdrucksweise und erhöht dadurch den Zeugniswert der einzelnen Dokumente wie auch der Überblick über Vorgänge innerhalb eines größeren Zeitraumes dazu beiträgt, Schriftstücke in ihren Kontext zu setzen und vorhandene Lücken innerhalb der Dokumentation weitestgehend zu überbrücken.

1. Die Grabungskampagne von 1838 bis 1839

Nachdem die Canino'schen Ausgrabungen im Jahr zuvor fast vollständig geruht hatten, wurden sie im November 1838 wieder aufgenommen. Zu diesem Zweck ließ Alexandrine Bonaparte ihre erlöschende Grabungslizenz, die nur auf die Fluren der Doganella und des Ponte Sodo ausgestellt war, verlängern und auf den gesamten Bereich des Piano della Badia ausweiten[345]. Dadurch hatte sie künftig

344 Den Hinweis auf diese Korrespondenz, die im Briefarchiv des Deutschen Archäologischen Instituts in Rom und Berlin aufbewahrt wird, verdanke ich Horst Blanck (Rom).

345 Mitteilung zum Antrag der Fürstin von Canino auf Erteilung einer neuen Grabungslizenz für das gesamte Gebiet des Piano della Badia, adressiert an den Camerlengo Kardinal Giustiniani, datiert 3. November 1838 (Rom, Archivio di Stato, Camerlengato, Parte II, Titolo IV, Busta 188, Fasc. 890): «E(minentissi)mo Principe / La Principessa di Canino avendo ottenuto nello scorso anno dall'Em(inen)za V(ost)ra R(everendissi)ma la conferma di poter scavare nella sua Tenuta Pian dell'Abbadia, ed annessi in un determinato vocabolo di terra, e spirando con i 15 del corr(ent)e Novembre l'anno di permesso all'ogetto sud(dett)o, rinnuova l'istanza per proseguirlo.

freie Hand in der Wahl des Grabungsareals und konnte dieses innerhalb ihrer Grundstücksgrenzen nach Belieben verlegen. Die Feldarbeit übertrug sie einem gewissen Gaetano Carini, von dem lediglich bekannt ist, daß er in jenen Jahren als Grabungsassistent bei den Fürsten von Canino beschäftigt war. Carini markierte das Grabungsareal im Gelände, beaufsichtigte die meist zehn bis zwölf ihm zugeteilten Arbeiter und verfaßte die vorgeschriebenen Fundberichte für die staatliche Denkmalbehörde. Letztere haben sich unter den Archivbeständen des Camerlengato für den Zeitraum von November 1838 bis Februar 1839 vollständig erhalten. Daraus geht hervor, daß binnen der vier Monate 146 der für Vulci typischen Cassone-Gräber freigelegt und 152 Grabkammern, die von den Vorhöfen solcher Cassone-Gräber abzweigen und direkt von ihnen aus betreten werden, geöffnet wurden. Die Funde aus diesen Grabkammern, sofern darin überhaupt Funde angetroffen wurden und die Grabkammern nicht längst verfallen oder geplündert waren, waren dürftig: Bis Ende Dezember wurden 16 große und 27 kleine Vasen gemeldet, die meisten mit schwarzfiguriger Bemalung, vier nicht genauer bezeichnete Bronzen, 41 Objekte aus Gold und 41 Körbe voller Scherben, aus denen sich zwei schwarzfigurige Gefäße von mittelmäßiger Qualität zusammensetzen ließen. Weitere Fragmente und Buccherogefäße wurden ebenfalls gefunden, aber nicht geborgen, weil ihr geschätzter Wert die durch den Transport verursachten Kosten nicht aufgewogen hätte[346]. Im darauffolgenden Januar blieben Funde fast völlig aus; bloß vereinzelt stellten sich kleinere Objekte aus Gold, der eine oder andere Korb voll fragmentierter Bronzen oder Scherben, ferner Buccherogefäße ein. Angesichts so geringfügiger Funde wurde zunächst erwogen, die Ausgrabungen vorzeitig wieder einzustellen, dann aber doch entschieden, sie vorläufig mit einer verringerten Zahl von Arbeitern fortzusetzen[347].

Fu nullo il risultato dello scavo nell'anno decorso sopra un solo quarto della Tenuta per la ragione ancora, che la Principessa non se n'occup... che coll'interrotto impiego di 5, o 6 Lavoranti, ma volendo ora riassumere un nuovo scavo di maggior proposito, desidera non limitare il lavoro ai quarti, e vocaboli della sua Terra, e domanda la solita licenza di scavare però a sua volontà in tutta l'estenzione della sudetta Tenuta Pian dell'Abbadia, ed annessi per scegliere ove troverà più opportuno di farvi por le mani / All'E(minentissi)mo e R(everendissi)mo Prin(ci)pe Il Sig(nore) Card(inale) Giustiniani Camerlengo di S(anta) Chiesa / 3 Nov(embre) 1838 / N(umer)o 5836 / La Principessa di Canino.»

346 Grabungsbericht von Gaetano Carini an den Governatore di Toscanella, datiert Musignano, den 1. Dezember 1838 (Rom, Archivio di Stato, Ministero dei Lavori Pubblici, Industria, Agricoltura, Commercio e Belle Arti, Busta 418 Fasc. 5 c): «Scavi di S(ua) E(ccellenza) La S(igno)ra P(rincipe)ssa di Canino / Illustrissimo Sig(nor) Governatore / In questo mese si sono trovati N(umero) 63 Cassoni: si sono aperte N(umero) 42 Grotte, e si sono trovati Vasi grandi 12 – piccoli 16 – Bronzi 4 – Ori N(umero) 18 –. Ed inoltre N(umero) 17 Canestri di frantumi di Vasi di varie grandezze e quantità di poco o niun valore. Sono colla dovuta stima di V(ostra) Sig(no)ria Ill(ustrissi)ma / Musig(nano) P(ri)mo Decembre 1838 / De(votissi)mo Serv(itore) Gaetano Carini.»

Grabungsbericht von Gaetano Carini an den Governatore di Toscanella, datiert Musignano, den 15. Dezember 1838 (Rom, Archivio di Stato, Ministero dei Lavori Pubblici, Industria, Agricoltura, Commercio e Belle Arti, Busta 418 Fasc. 5 c): «Scavi di S(ua) E(ccellenza) La S(igno)ra P(rincip)essa di Canino / Illustrissimo Sig(nor) Governatore / Dal dí P(ri)mo a tutt'oggi si sono trovati N(umero) 28 cassoni. Si sono aperte N(umero) 17 grotte, e si sono trovati Vasi grandi 4 – piccoli N(umero) 11–, Bronzi N(umero) 00 – Ori N(umero) 23 –, e N(umero) 14 canestri di frantumi di Vasi, Coppe, bicchieri ecc. di varie grandezze dai quali si sono ricavati due vasi, non completi, a figure nere di mediocre lavoro. E sono colla dovuta stima di V(ostra) S(ignoria) Ill(ustrissi)ma / Musignano 15 Decembre 1838 / De(votissi)mo Servit(ore) G(ae)t(an)o Carini.»

Grabungsbericht von Gaetano Carini an den Governatore di Toscanella, datiert Musignano, den 31. Dezember 1838 (Rom, Archivio di Stato, Ministero dei Lavori Pubblici, Industria, Agricoltura, Commercio e Belle Arti, Busta 418 Fasc. 5 c): «Scavi di S(ua) E(ccellenza) La S(igno)ra P(rincip)essa di Canino / Illustrissimo Sig(nor) Governatore / Dalli 16 a tutto questo giorno si sono trovati N(umero) 9 Cassoni e si sono aperte N(umero) 27 Grotte, compresi i Cassoni trovati anteriormente, nelle di cui Grotte in alcune non si è trovato niente, ed in alcune dei zini pessimi e de' vasi neri, che si sono lasciati nelle sud(dette) Grotte perché il valore di questi non compensava il trasporto. E sono colla dovuta stima di V(ostra) S(ignoria) Ill(ustrissi)ma / Musignano 31 Decembre 1838 / De(votissi)mo Servitore G(ae)t(an)o Carini.»

347 Grabungsbericht von Gaetano Carini an den Governatore di Toscanella, datiert Musignano, den 15. Januar 1839 (Rom, Archivio di Stato, Ministero dei Lavori Pubblici, Industria, Agricoltura, Commercio e Belle Arti, Busta 418 Fasc. 5 c): «Scavi di S(ua) E(ccellenza) La S(igno)ra P(rincip)essa di Canino / Illustrissimo Signore / In questi primi quindici giorni dell'anno nuovo corr(en)te si sono trovati N(umero) 14 Cassoni, e si sono aperte N(umero) 19 grotte, che secondo il solito non si è trovato niente, meno che due anelli d'oro comuni, e si pensa da dismettere. E colla solita stima ho l'onore di segnarmi / Musig(nano) 15 del 1839 / De(votissi)mo Serv(itore) G(ae)t(an)o Carini.»

Grabungsbericht von Gaetano Carini an den Governatore di Toscanella, datiert Musignano, den 31. Januar 1839 (Rom, Archivio di Stato, Ministero dei Lavori Pubblici, Industria, Agricoltura, Commercio e Belle Arti, Busta 418 Fasc. 5 c): «Scavi di S(ua) E(ccellenza) La S(igno)ra P(rincip)essa di Canino / Illustrissimo Signore / Dalli 16 a tutt'oggi si sono trovati

Tatsächlich stiegen die Funde in den folgenden Tagen leicht an. In der ersten Februarhälfte wurden immerhin drei große und vier kleine Vasen mit schwarzfiguriger Bemalung, zwei bronzene Dreifüße, sieben Körbe voll fragmentierter Bronzen und fünf Körbe voll schwarzfiguriger Scherben ans Licht befördert[348]. In der zweiten Hälfte desselben Monats gingen die Funde schon wieder zurück; es handelte sich dabei auch nur um Bruchstücke von Buccherogefäßen. Wider Erwarten ereignete sich am Monatsletzten aber eine Entdeckung, die ebenso reiche wie außergewöhnliche Funde erbrachte und alle bisherigen Ergebnisse der Grabungskampagne weit in den Schatten stellte; sie nahm den gerade fälligen Fundbericht für die zweite Februarhälfte fast zur Gänze ein (Dokument 1): In einem gewöhnlichen Cassone-Grab kam in einer von zwei Kammern eine ägyptische Statuette aus weißem Stein zum Vorschein. Diese besaß halbe Lebensgröße, wies Beschädigungen an der einen und Brandspuren an der anderen Hand auf. Einige weniger gut erhaltene Bronzen, die ursprünglich zu verschiedenen Zwecken gedient hatten, und einfache Objekte ohne besonderen Wert befanden sich noch dabei. Unter den Funden waren ferner 57 kleine goldene Fibeln, Goldfolie mit einem Gewicht von einer Unze, 30 Vasen verschiedener Form und Größe, die dem ägyptischen Stil entsprachen, und schließlich ein paar wertlose, gegenüber den genannten Vasen jedenfalls weniger bemerkenswerte Scherben.

Das solchermaßen beschriebene Grab stach demnach nicht durch seine Architektur, die sich in keiner Weise von der umliegender Gräber unterschied, sondern allein durch die Ausstattung einer seiner beiden Kammern hervor. Diese enthielt ein teilweise ägyptisch wirkendes Inventar, das offenkundig vollständig erhalten war. Die Aufmerksamkeit des Ausgräbers richtete sich zuerst auf die Statuette, die im Unterschied zu den meisten anderen Funden mit Angaben zu Material, Maßen und Erhaltungszustand beschrieben wurde, wobei gerade letzterer von besonderer Bedeutung schien; ganz ausdrücklich wurde nämlich zwischen Bruchstellen und Brandspuren unterschieden. Die Bronzen erfuhren weniger Beachtung; sie wurden summarisch nach ihrem Erhaltungszustand und Verwendungszweck charakterisiert. Bei dem überaus reichen Goldschmuck wurde zwischen Objekten aus Goldfolie, welche sich auf ein Gewicht von insgesamt 28 Gramm beliefen, und genau bezifferten kleinen Fibeln getrennt. Die Keramik wurde nur ungefähr nach ihrem Dekor klassifiziert, welcher dem sogenannten ägyptischen Stil zugeordnet wurde, und mit Hinweis auf die abweichende Größe und Form der Gefäße vermerkt. Schließlich läßt die Angabe von augenscheinlich weniger signifikanten Bronzen und Scherben ein ungewöhnliches Bestreben erkennen, diese Fundgruppe in ihren Umrissen wiederzugeben. Der Fundbericht von Carini ist kurz. Dennoch macht er durch die Art, in der er verfaßt ist, die Einzigartigkeit dieser Fundgruppe deutlich.

Freilich erregte die Knappheit, die allen Fundberichten des Aufsehers zueigen ist, in Rom seitens der Commissione Generale, die stets Abschriften davon erhielt, bereits seit Beginn der Grabungskampagne Mißfallen[349]. Unabhängig

N(umero) 21 Cassoni, si sono aperte N(umero) 23 Grotte con parecchi Grottini, e si sono rinvenuti N(umero) 3 anelli, e due spille, quattro canestri di Bronzi in frantumi e delli soliti zini, e cocci neri di nessun valore. Fin dalla settimana scorsa si principiò a diminuire la Compagnia de' Scavatori giacchè si vede esser denari e tempo spregato [sic !]. Si seguita ora con poche Persone per fare qualch'altro tentativo. E mi creda colla solita stima / Musignano 31. Genn(ai)o 1839 / De(votissi)mo Servit(ore) G(ae)t(an)o Carini.»

348 Grabungsbericht von Gaetano Carini an den Governatore di Toscanella, datiert Musignano, den 15. Februar 1839 (Rom, Archivio di Stato, Ministero dei Lavori Pubblici, Industria, Agricoltura, Commercio e Belle Arti, Busta 418 Fasc. 5 c): «Scavi di S(ua) E(ccellenza) La S(igno)ra P(rincip)essa di Canino / Illustrissimo Sig(nor) Governatore / Nei primi quindici giorni del p(rese)nte Mese di Febbraro si sono trovati N(umero) 10 Cassoni, si sono aperte N(umero) 14 Grotte nelle quali si è trovato N(umero) 3 Vasi grandi a figure nere e soggetti comuni, e quattro piccoli della med(esima) specie, N(umero) 2 tripodi ridotti in cattivo stato, e 7 canestri di Bronzi in frantumi, come ancora N(umero) 5 canestri di cocci in pezzi a figure nere di tazze, bicchieri, coppe, vasetti, lagrimini ecc. E sono coll'usata stima di V(ostra) S(ignoria) Ill(ustrissi)ma Sua / Musignano 15 Febbraro 1839 / De(votissi)mo Servit(ore) G(ae)t(an)o Carini.»

349 Sitzungsprotokoll der Commissione Generale Consultiva vom 20. Februar 1839, niedergeschrieben vom Consigliere und Segretario Luigi Grifi, unterzeichnet vom Camerlengo Kardinal Giustiniani (Rom, Archivio di Stato, Camerlengato, Parte II, Titolo IV, Busta 249, Fasc. 2620): «Processo Verbale della Sessione della Commissione Gen(era)le Cons(ulti)va di Antichità e Belle Arti die 20 Febrajo 1839 / [...] 7 Vasellame della Principessa di Canino / Non piacque il modo tenuto nel dar contezza dei trovati della Sig(no)ra Principessa di Canino, e si deliberò di scrivere a Monsignor Delegato, perchè ordinasse che gli oggetti vi fossero più descritti [....].» Vgl. den Auszug aus dem Sitzungsprotokoll der Commissione Generale Consultiva di Antichità e Belle Arti vom 20. Februar 1839 (Rom, Archivio di Stato, Ministero dei Lavori Pubblici, Industria, Agricoltura, Commercio e Belle Arti, Busta 418 Fasc. 5 c): «Commissione Gen(era)le Cons(ulti)va di Antichità e Belle Arti / Estratto dal Processo Verbale della Sessione dei 20 Febrajo 1839 / Retto al Prot(ocoll)o li 4 ap(ri)le / Non piacque il modo tenuto nel dar contezza dei trovati della Sig(no)ra Principessa di Canino, e si deliberò di scrivere a Monsignor Delegato, perchè ordinas-

von der Entdeckung des Isisgrabes erteilte der Camerlengo Kardinal Giustiniani im März 1839 an den Delegato Apostolico di Viterbo aus Rom die Weisung, nachträglich wie auch zukünftig ausführlichere Fundberichte von der Fürstin von Canino zu verlangen[350]. Diese reagierte auf eine entsprechende Aufforderung nicht[351]. Sie ignorierte eine wiederholte Nachfrage im Mai 1839 und verzichtete für die verbleibende Zeit der Grabungskampagne ganz darauf, Fundberichte vorzulegen. Die Ausgrabungen wurden unterdessen noch bis Ende April 1839 fortgesetzt; soviel jedenfalls konnte der Governatore di Toscanella in Erfahrung bringen und dem Delegato Apostolico nach Viterbo mitteilen[352].

Im selben Augenblick als die Ausgrabungen der Fürsten sich staatlicher Kontrolle entzogen, wurde das Instituto di Corrispondenza Archeologica in Rom auf sie aufmerksam. So schrieb Emil Braun am 12. März 1839 an Eduard Gerhard nach Berlin: «Jetzt hat Canino, il Principe, zu graben angefangen und viel Erhebliches gefunden: ein Dreifuß bei Basseggio, seltene Vasenvorstellungen, Goldsachen, das meiste nach Toscana gepascht. Ich habe eine Spedition dahin veranlaßt, und drucke den Rapport im nächsten Bullettino»[353]. Die angekündigte Spedition unter der Leitung von Otto Jahn besuchte noch im selben Monat mehrere Ausgrabungsstätten in Etrurien, ein Bericht über die Ergebnisse wurde umgehend veröffentlicht[354]. Diesem läßt sich entnehmen, daß der Fürst von Canino im laufenden Jahr mit Erfolg beim Ponte della Badia gegraben hatte, und zwar zuerst im Gebiet der Doganella, an der Grenze zur Toskana, dann weiter entfernt auf der Gemarkung Polledrara, wo die Arbeiten noch andauerten. Dank des Entgegenkommens des Fürsten konnten die jüngsten Funde in dessen Museum in Musignano besichtigt, die wichtigsten von ihnen beschrieben werden. Die anschließenden Ausführungen beziehen sich auf einen bronzenen Dreifuß mit figürlichem Schmuck und sonst nur auf schwarzfigurige Vasen, deren keineswegs ungewöhnlichen Darstellungen ganz das Augenmerk galt. Von seltenen Vasenbildern oder von Goldschmuck ist nicht die Rede. Der Rapport von Jahn erschien folglich lückenhaft; jedenfalls hielt Braun ihn für unzureichend und ließ ihn deshalb in der nächsten Ausgabe des Bullettino durch einen weiteren ergänzen[355].

se gli oggetti vi fossero più descritti. Cav(alier)e Luigi Grifi Seg(reta)rio / Provvisto col N(umero) 757.»

350 Brief des Camerlengo an den Delegato Apostolico di Viterbo, datiert Rom, den 2. März 1839 (Viterbo, Archivio di Stato, Delegazione Apostolica, Serie II, Parte II, Busta 156, Fasc. 13, 6): «N(umero) 757. Oggetto / Si bramano le assegne più dettagliate ed in doppia copia degli oggetti che si trovano negli scavi alla Tenuta Pian dell'Abbadia / Ill(ustrissi)mo R(everendissi)mo Signore / I rapporti, che per mezzo di V(ostra) S(ignoria) Ill(ustrissi)ma vado ricevendo dal Sig(no)r Carini incaricato della Sig(no)ra Principessa di Canino degli oggetti trovati negli scavi, che si fanno nella Tenuta in Voc(abolo) Pian dell'Abbadia, essendo fatti quasi per monosillabi, e senza alcuna descrizione, riescono al tutto insufficienti. Si compiaccia Ella pertanto di pregare la lodata Sig(no)ra Principessa ad obbligarlo a rimandare una nota in doppia copia meglio dettagliata, per ciò che risguarda alcun tempo addietro, e di adottare tal sistema per le note ad assegne future. In attenzione di che passo a confermarmi colla più distinta stima Di V(ostra) S(ignoria) Ill(ustrissi)ma e R(everendissi)ma / Roma 2 Marzo 1839 / Aff(ezionatissi)mo per servirla G(iacomo) Card(inal) Giustiniani Camerl(engo).»

351 Brief des Camerlengo an den Delegato Apostolico di Viterbo, datiert Rom, den 14. Mai 1839 (Viterbo, Archivio di Stato, Delegazione Apostolica, Serie II, Parte II, Busta 156, Fasc. 13, 6): «Oggetto / Sulle assegne degli scavi al Pian dell'Abbadia / Ill(ustrissi)mo R(everendissi)mo Signore / Dacchè io col mio dispaccio N(umero) 757 incaricai V(ostra) S(ignoria) di significare alla Sig(no)ra Principessa di Canino la necessità di mandare in appresso una nota più dettagliata ed esatta degli oggetti, che si rinvenissero negli scavi del Pian dell'Abbadia, non ho più ricevuto dalla medesima alcun assegna. La prego ad impegnarla nuovamente al diligente adempimento di questo dovere, ed a verificare se gli accennati scavi si prosieguono. In attenzione di che passo a confermarmi colla più distinta stima Di V(ostra) S(ignoria) Ill(ustrissi)ma e R(everendissi)ma / Roma 14 Maggio 1839 / Aff(ezionatissi)mo per servirla G(iacomo) Card(inal) Giustiniani Camerl(engo).»

352 Brief des Governatore di Toscanella an den Delegato Apostolico di Viterbo, datiert Toscanella, den 27. Mai 1839 (Viterbo, Archivio di Stato, Delegazione Apostolica, Serie II, Parte II, Busta 156, Fasc. 13, 6): «Governo di Toscanella N(umero) 423 / Oggetto / Scavi della Sig(nor)a Principessa di Canino – Sospensione di note di oggetti rinvenuti / Eccellenza R(everendissi)ma / Verun'altra nota di oggetti rinvenuti ne' scavi della Signora Principessa di Canino mi è pervenuta, dopo quella che risguardava la 2a 15a del passato Febrajo. So che il lavoro si è continuato fino a tutto il mese di aprile ultimo, ed invano ho atteso le ulteriori note, quantunque con tutta urbanità abbia invitato l'incaricato Gaetano Carini a volermele rimettere. Al tanto mi chiamava il venerato Dispaccio della Ecc(ellen)za V(ostr)a R(everendissi)ma 23 cadente N(umero) 4064; e con sentimenti della più distinta ed ossequiosa stima mi rassegno A V(ostr)a Ecc(ellen)za R(everendissi)ma / Li 27 Maggio 1839 / U(milissi)mo Divot(issimo) Ob(ligatissi)mo Servitore Giuseppe Camporeali Gov(ernatore).»

353 Brief von Emil Braun an Eduard Gerhard, datiert Rom, 12. März 1839 (Rom, Deutsches Archäologisches Institut, Briefarchiv).

354 O. Jahn, BdI 1839, 17 ff. bes. 21 ff.

355 Vgl. den Brief von Emil Braun an Eduard Gerhard, datiert, Rom, 23. März 1839 (Rom, Deutsches Archäologisches Institut, Briefarchiv): «[...] Jahn's Artikel ist allerdings wenig ergiebig; das hat er selbst gefühlt. Dafür sollen Sie jetzt von

Diesen Beitrag verfaßte Ludwig Urlichs, der gemeinsam mit Wilhelm Abeken und wiederum im Auftrag des Instituto im April 1839 dieselben Grabungplätze aufsuchte. Urlichs schilderte folgende Situation: «Nell'antica Vulci non trovammo nessuna grotta accessibile [...] Anche quelle dove pochi giorni addietro scavava S(ua) E(ccellenza) il principe di Canino, sul territorio della Pol(l)edrara, tra la Cuc(c)umella e il fiume, erano state ricoperte: noi non vedemmo sul luogo che una stela sepolcrale coll'iscrizione [...] ed un importante monumento di scultura»[356]. Die erst vor kurzem eröffneten Gräber, unter ihnen dasjenige mit der ägyptisch anmutenden Kammer, waren im Gelände schon nicht mehr sichtbar, die daraus geborgenen Beigaben einschließlich der Statuette längst nach Musignano verbracht, wo die beiden Besucher sie später besichtigen konnten. Urlichs bestätigte, daß das Museum der Fürsten in jenen Tagen Zuwachs erfahren hatte, welcher sämtlich aus dem Gebiet der Polledrara stammte. Ergänzend zu dem Bericht von Jahn führte er ein paar bemalte Tongefäße an. Dann wandte sich Urlichs dem hauptsächlichen Grund seines Kommens, den Funden des Isisgrabes zu, welche als eine geschlossene Fundgruppe in Musignano ausgestellt waren und von ihm erstmals ausführlich beschrieben wurden (Dokument 5).

2. Die Grabungskampagne von 1839 bis 1840

Während der Sommermonate waren die Ausgrabungen der Fürsten von Canino wie gewohnt ausgesetzt; erst im Herbst 1839 wurden sie wieder aufgenommen[357]. Das jedenfalls teilte der Governatore di Toscanella seinem Vorgesetzten nach Viterbo mit, welcher seinerseits gegenüber dem Camerlengato in Rom versicherte, die Ausgrabungen in Zukunft besonders im Auge zu behalten[358]. Die Feldarbeit wurde auch diesmal Gaetano Carini übertragen, der für den Zeitraum von November 1839 bis April 1840 pflichtgemäß und lückenlos wieder Fundberichte verfaßte, welche mit einer Ausnahme auch vollständig erhalten sind. Carini bemühte sich anfangs kaum mehr als im Vorjahr; er bediente sich vielleicht einer anderen Sprache, schilderte ausführlicher die allgemeinen Umstände der Ausgrabungen, die Funde selbst beschrieb er ebenso wortkarg wie zuvor. Seinen Angaben zufolge wurde zuerst mit fünf, dann mit zehn Arbeitern gegraben. Dabei wurden im November 1839 einzelne Objekte aus Gold, mehrere bronzene Kandelaber, einige Bronzefragmente, ein paar Buccheroscherben, sieben kleine Idole, Scherben von schwarzfigurigen und rotfigurigen Gefäßen sowie manch eine vollständig erhaltene rotfigurige Vase geborgen[359]. In

ihm einen besseren erhalten über die letzten Vulcenter Ausgrabungen [...].»

356 L. Urlichs, BdI 6, 1839, 69.

357 Nach dem Eintrag im Rechnungsbuch der Fürsten von Canino (Dokument 18) wurde ab der zweiten Oktoberhälfte 1839 erneut gegraben.

358 Schreiben des Delegato Apostolico di Viterbo an den Camerlengo in Rom, datiert Viterbo, den 11. Dezember 1839 (Rom, Archivio di Stato, Ministero dei Lavori Pubblici, Industria, Agricoltura, Commercio e Belle Arti, Busta 418 Fasc. 5 c): «Delegazione Apostolica di Viterbo / Segretaria Generale / N(umero) 10429 / Oggetto / E(minentissi)mo e R(everendissi)mo Principe / Il Governatore di Toscanella mi ha fatto tenere due note concernenti gli oggetti rinvenuti nei scavi, che la Sig(nor)a Principessa di Canino ha riaperti nella Tenuta del Piano della Badia quali mi rendo a dovere di compiegare all'Em(inen)za V(ostra) R(everedissima) non senza prevenirla, che vado contemporaneamente ad ingiungere a quel fine dicente di richiamare in seguito più dettagliate relazioni sopra gli oggetti, che si troveranno, riserbandomi poi di rassegnare all'Em(inen)za V(ost)ra R(everendissi)ma quegli ulteriori discarichi, che in proposito mi verranno comunicati. Chinato intanto al bacio della S(agra) Porpora col più profondo ossequio e venerazione passo a protestarmi Dell'Em(inen)za V(ost)ra R(everendissi)ma / Viterbo 11 Xbre 1839 / U(milissi)mo obb(ligatissi)mo ser(vitore) Girolamo D'Andrea.» – Mit selbem Datum erging ein Schreiben des Delegato Apostolico di Viterbo an den Governatore di Toscanella mit der Aufforderung, detailliertere Fundberichte einzuholen (Viterbo, Archivio di Stato, Delegazione Apostolica, Serie II, Parte II, Busta 156, Fasc. 13, 6).

359 Grabungsbericht von Gaetano Carini an den Governatore di Toscanella, datiert Musignano, den 15. November 1839 (Rom, Archivio di Stato, Ministero dei Lavori Pubblici, Industria, Agricoltura, Commercio e Belle Arti, Busta 418 Fasc. 5 c): «Scavi di S(ua) E(ccellenza) La S(igno)ra P(rincip)essa di Canino / Ill(ustrissi)mo Sig(no)re Governatore / Sulli primi del corr(en)te furono aperti i scavi in questa tenuta del Piano dell'Abbadia con cinque omini. Varie Grotte si aprirono, ma non si rinvennero in queste, che frantumi di cocci neri, zini. L'altro jeri si trovarono due grotte nelle quali si sono rinvenuti due candelabri, un piccolo, ed uno più grande, tre annelli d'oro e parecchie foglie parimenti d'oro, due coppe non complete a figure gialle, e cinque ordinarie con delle Gorgone, molti frantumi di cocci, come pure di bronzi. E mi creda con sincera stima / Musig(nano) 15 Novembre 1839 / De(votissi)mo Serv(itore) G(ae)t(an)o Carini.»

Grabungsbericht von Gaetano Carini an den Governatore di Toscanella, datiert Musignano, den 30. November 1839 (Rom, Archivio di Stato, Ministero dei Lavori Pubblici, Industria, Agricoltura, Commercio e Belle Arti, Busta 418 Fasc. 5 c): «Scavi di S(ua) E(ccellenza) La S(igno)ra P(rincip)essa di Canino / Ill(ustrissi)mo Sig(no)re Governatore / Dalli 16 a tutto il presente mese abbiamo avuto Dieci Scavatori, avendone cresciuti Cinque in questa seconda Quindicina. Si sono trovati N(umero) 9 Cassoni, che qualcuno s(e)ppoltato. Si sono aperte

der ersten Dezemberhälfte wurde die Zahl der Arbeiter nochmals aufgestockt; mit insgesamt zwölf Arbeitern wurden sechs Cassone-Gräber freigelegt und fünf Grabkammern ausgeräumt. Dabei kamen an Funden mehrere polychrom bemalte Gefäße, mehrere Bronzekandelaber, Scherben von rotfigurigen und schwarzfigurigen Vasen, Bronzefragmente und ein paar Gegenstände aus Gold hinzu. Von einer unberührten Grabkammer mit reichem Goldschmuck und besonderen rotfigurigen Vasen, wie sie in jenen Tagen aufgedeckt wurde, ist in dem Fundbericht jedoch nicht die Rede[360]. Für die zweite Dezemberhälfte, während der weiterhin gegraben wurde und sogar beachtenswerte Funde, darunter eine rotfigurige Schale mit der Darstellung einer Gigantomachie, zum Vorschein kamen, liegt kein Fundbericht vor. Seitens der staatlichen Denkmalbehörde, die keinerlei Nachträge zu der vorangegangenen Grabungskampagne erhalten hatte, konnte man sich auch jetzt kein zufriedenstellendes Bild von dem Canino'schen Fundgut verschaffen. Folglich wurden schärfere Maßnahmen angeordnet[361]. Dazu bemerkte der Governatore di Toscanella gegenüber dem Delegato Apostolico di Viterbo, daß die zuletzt eingereichten Fundberichte doch ein bißchen ausführlicher seien. Carini habe außerdem behauptet, daß er detailliertere Beschreibungen der Funde kaum anzufertigen wisse, zumal er selbst überhaupt kein Archäologe sei[362]. Dessen ungeachtet wurde die Grabungslizenz der Fürstin, die zum Jahresende ablief, unter Hinweis auf das geltende Antikengesetz anstandslos verlängert[363]. Von Januar an wurden die Fundberichte, die Carini verfaßte, noch ein bißchen ausführlicher, die Sprache der Terminologie der Denkmalbehörde angepaßt.

N(umero) 7 grotte delle quali in alcune non si è trovato niente, e nell'altre Cinque, Candelabri di bronzo fra grandi e piccoli, sette piccoli idoletti, che due passabilmente conservati, una quantità di frantumi di bronzi, Due Vasi grandi mediocri a figure Gialle, ed uno piccolo, parecchi frantumi di vasetti a figure nere, alcuni frammenti di coppe a figure gialle, ed una coppa completa, alcuni pezzi d'oro lavorati ridotti in cattivo stato, e diversi ori in anelli, spille ma poco conservati. E salutandolo colla dovuta stima mi creda quale ho l'onore di segnarmi Di V(ostra) S(ignoria) Ill(ustrissi)ma / Musignano 30 Novembre 1839 / De(votissi)mo Servit(ore) G(ae)t(an)o Carini.»

360 Grabungsbericht von Gaetano Carini an den Governatore di Toscanella, datiert Musignano, den 15. Dezember 1839 (Rom, Archivio di Stato, Ministero dei Lavori Pubblici, Industria, Agricoltura, Commercio e Belle Arti, Busta 418 Fasc. 5 c): «Scavi di S(ua) E(ccellenza) La S(igno)ra P(rincip)essa di Canino / Ill(ustrissi)mo Signore / In questi quindici giorni del corr(en)te si sono cresciuti Due Scavatori, ed in tutti sono dodici meno il Sorvegliante. Sono stati trovati dai sud(detti) N(umero) 6 Cassoni; si sono aperte N(umero) 5 grotte, tre delle quali cedute le rotte e [...]. Si sono rinvenuti nelle med(esime) l'app(ress)o oggetti: cioè un [...] mezzano a figure nere, bianche e paonazze, 4 boccoletti simili, tre Candelabri di bronzo, che uno intiero, e l'altri in pezzi, ma completi, un altro di ferro in pessimo stato, tre canestre di frantumi di vasi, coppe, tazze di figure, alcune gialle, ed altre nere, due canestre di frantumi di bronzi, tre boccole d'oro, un anello, diciotto perlette, e parecchie sfoglie d'oro. E salutandola ho il bene di segnarmi di V(ostra) S(ignoria) Ill(ustrissi)ma / Musig(nano) 15 Decembre 1839 / De(votissi)mo Servit(ore) G(ae)t(an)o Carini.»

361 Aktennotiz zu einem Schreiben des Delegato Apostolico di Viterbo an den Governatore di Toscanella (Viterbo, Archivio di Stato, Delegazione Apostolica, Serie II, Parte II, Busta 156, Fasc. 13, 6): «(Numero) 10429. Sig(nor)e Governatore di Toscanella. Li 11. Dicembre 1839. Nell'accusare a V(ostra) S(ignoria) il ricevimento delle due note degli oggetti rinvenuti negli scavi, che la Sig(nor)a Principessa di Canino ha riaperti nella Tenuta Pian dell'Abbadia, che mi ha rimesso con foglio del 3. Corr(ent)e N(umer)o 980, non lascia d'interessarla ad occuparsi sollecitamente a richiamare più dettagliate relazioni sugli articoli che si sono ritrovati, poichè non sono al certo di alcuna soddisfazione i cenni che in dette note si specificano. Ed in questa attesa con stima mi ripeto. G(irolamo) d'Andrea.»

362 Brief des Governatore di Toscanella an den Delegato Apostolico di Viterbo (Viterbo, Archivio di Stato, Delegazione Apostolica, Serie II, Parte II, Busta 156, Fasc. 13, 6): «Governo di Toscanella N(umero) 1130 / Oggetto Scavi della Sig(nor)a Principessa di Canino / Eccellenza R(everendissi)ma / Rassegno alla Ecc(ellen)za V(ostr)a R(everendissi)ma il rapporto concernente gli oggetti rinvenuti nei scavi che si eseguiscono per conto della Sig(nor)a Principessa di Canino al piano della Badia, dal 1° al 15 dello spirante; e per gli eccitamenti dati al Redattore de'medesimi, affinchè fosse meno omiso, e più significante, sembra che sia qualcosa più de' precedenti, quantunque mi abbia fatto osservare, che non essendo egli archeologo non potrebbe, ne saprebbe dare ulteriori dettagli. Con sentimenti della più distinta ed ossequiosa stima passo all'onore di rassegnarmi Della Ecc(ellen)za V(ostr)a R(everendissi)ma li 29 Xbre 1839 U(milissi)mo Divot(issimo) Ob(bligatissi)mo Servitore Giuseppe Camporeali Gov(ernatore).»

363 Aktennotiz zu einem Schreiben des Camerlengo an den Delegato Apostolico di Viterbo und die Principessa di Canino (Rom, Archivio di Stato, Ministero dei Lavori Pubblici, Industria, Agricoltura, Commercio e Belle Arti, Busta 418 Fasc. 5 c): «24 Dic(embre) 1839. Si faccia il decreto per la prosecuzione della licenza di scavare. Vista l'istanza della Sig(no)ra Principessa di Canino per proseguire lo scavo nella sua tenuta denominata il Piano dell'Abbadia, essendole spirata di valitura la licenza accordatale nel Nov(embre) 1838; Per le antecedenti verificasi praticate sopra luogo essendo certo che niente si oppone all'Editto dei 7 Ap(ri)le 1820; abbiamo deliberato di accogliere favorevolm(ent)e l'istanza; Autorizziamo quindi i segretari e cancellieri degli ufficj notarili della R(everenda) C(amera) A(postolica) a rilasciare la nuova licenza. Si ra(sse)g(na) e si scriva – Eseg(ui)to. Autogr(af)o Del(egat)o Ap(osto)lico di Viterbo partecipaz(ion)e.»

Vasen wurden nicht mehr allein nach der Größe, sondern auch nach der Form unterschieden, Goldschmuck nicht nur nach Gewicht oder Stückzahl, sondern auch nach Art des Gegenstandes angeführt. Sonstige Funde, die sich nicht den groben Kategorien der vorangegangenen Berichte zuordnen ließen, wurden erstmals erfaßt. Zwischen Januar und April 1840 kamen rotfigurige, schwarzfigurige und polychrom bemalte Vasen, Buccherogefäße, Bronzen und Goldschmuck ans Licht, sowie ferner Terrakotten, Elfenbeinarbeiten und eine seltene Muschel mit Ritzverzierungen, in der später eine Tridacna Squamosa erkannt werden sollte. Herausragende Funde wurden in diesen Berichten nicht eigens hervorgehoben[364]. Ende April 1840 wurden die Ausgrabungen dann der Jahreszeit gemäß eingestellt.

Auch über die zweite Grabungskampagne war Emil Braun genauestens informiert. Wiederum schrieb er unverzüglich an Eduard Gerhard nach Berlin: «In Antwort auf Ihren Brief vom 14. l(etzten) M(onats) bestätige ich Ihnen, daß der Prinz von Canino aufs Neue mit Erfolg gegraben hat. Schulz kommt von dorther zurück und bringt Detailles, die sich vielleicht benutzen lassen. Basseggio scheint auch hinaus zu sein»[365]. Von den erfolgreichen Canino'schen Ausgrabungen seit dem Herbst 1839 erstattete Heinrich Wilhelm Schulz, nachdem er im Auftrag des Instituts

364 Fundnotiz ohne Ort, Datum und Unterschrift, in der Handschrift von Gaetano Carini (Rom, Archivio di Stato, Ministero dei Lavori Pubblici, Industria, Agricoltura, Commercio e Belle Arti, Busta 418 Fasc. 5 c): «Nota / Dell'oggetti trovati nelli Scavi del Quarto denominato Cuccumella nel Piano dell'Abadia, da S(ua) E(ccellenza) la Sig(no)ra Principessa di Canino, dal primo a tutto li 15 Gennaro 1840 come app(ress)o: Si sono trovati 16 Cassoni, aperte 12 Grotte, nelle quali si sono trovati l'ap(press)o oggetti. Quattro Coppe con delle Gorgone, due tazzette, cinque boccoletti neri, una quantità di frantumi di cocci inconcludenti, che si sono lasciati nelle stesse grotte, diversi frantumi di Bronzi ed una spillata d'oro rotta in tre pezzi.» – Fundbericht von Gaetano Carini, datiert Musignano, den 29. Februar 1840 (Rom, Archivio di Stato, Ministero dei Lavori Pubblici, Industria, Agricoltura, Commercio e Belle Arti, Busta 418 Fasc. 5 c): «Nota / Dell'oggetti trovati nelli Scavi di S(ua) E(ccellenza) la S(igno)ra Principessa di Canino nella tenuta del Piano dell'Abbadia nel Quarto denominato Cuccumella dalli 16 del cad(ent)e a tutto questo giorno, che dalli 16 Gennaro fino alli 15 del p(rese)nte nulla fu trovato da farne menzione. Si sono trovati dunque parecchi Cassoni e aperte diverse Grotte nelle quali si è rinvenuto: Nove Vasi di diverse grandezze, che 4 detti Scuola dell'arte a figure gialle, e l'altri 5 a figure bianche, Nere e Paonazze tutti intatti. Una Colonna di marmo alta circa due palmi, e di diametro Dieci once con delle scannellature, ed una conca sopra della stessa materia. Sette coppe che tre a figure gialle due delle quali incomplete e l'altre a figure Nere, quattro spille d'oro, sette anelli, cinque boccole di brecchia, 26 perlette d'oro come sopra, e diverse sfoglie, Due Candelabri di bronzo, cinque piccoli idoletti, una quantità di frantumi parimenti di Bronzi, alcuni pezzi d'ossi lavorati, e avorio ma niente conservati. / Musignano 29 Febbraro 1840 / G(ae)t(an)o Carini.» – Fundbericht ohne Unterschrift, in der Handschrift von Gaetano Carini, datiert Musignano, den 15. März 1840 (Rom, Archivio di Stato, Ministero dei Lavori Pubblici, Industria, Agricoltura, Commercio e Belle Arti, Busta 418 Fasc. 5 c): «Nota / Dell'oggetti trovati nelli Scavi di S(ua) E(ccellenza) la Sig(no)ra Principessa di Canino nella tenuta del Piano dell'Abbadia nei Quarti denominati Cuccumella e Cavalupo in questi primi quindici giorni del corr(en)te. Un bellissimo Vaso stragrande detto di Minerva con carrateri completo e conservato, Due vasi grandi a figure gialle parimenti conservati, due altri a guisa di Urne dette Olle a figure gialle e conservati come sopra, un Vaso a tre manichi con figure nere intatto, una piccola testa in rilievo di terra cotta con degli ornamenti, quattro piccoli Lacrimatori, Nove coppe 4 a figure gialle una delle quali incompleta, e 5 a figure nere, Due Candelabri di Bronzo, alcuni vasi del sud(detto) metallo, ma non conservati, Cinque Patere similmente poco conservate, diverse canestre di frantumi tanto di cocci come di Bronzi, sette perlette d'oro ed altre piccole cose parimenti d'oro in cattivo stato / Musignano 15 Marzo 1840.» – Fundbericht von Gaetano Carini, datiert Musignano, den 15. April 1840 (Rom, Archivio di Stato, Ministero dei Lavori Pubblici, Industria, Agricoltura, Commercio e Belle Arti, Busta 418 Fasc. 5 c): «Nota / Dell'ogetti trovati nelli Scavi di S(ua) E(cellenza) la S(igno)ra P(rincip)essa di Canino nella tenuta del Piano dell'Abbadia nei Quarti Denominati Cuccumella e Cavalupo dalli 16 Marzo prossimo passato a tutt'oggi, e per meglio dire nei primi quindici giorni del p(rese)nte Mese, non essendo stato trovato niente nella seconda Quindicina di Marzo. Sei [...] a figure Bianche, Nere, e Paonazze due delle quali incomplete, tre Coppe a figure gialle di mediocre lavoro, Un gran vaso a tre manichi di vernice finissima, ma senza figure, Due Idoletti di bronzo, tre [...] una patera, parecchie canestre di frantumi tanto di cocci come di bronzi / Musignano 15 Ap(ri)le 1840 / G(ae)t(an)o Carini.» – Fundbericht von Gaetano Carini, datiert Musignano, den 30. April 1840 (Rom, Archivio di Stato, Ministero dei Lavori Pubblici, Industria, Agricoltura, Commercio e Belle Arti, Busta 418 Fasc. 5 c): «Nota / Dell'ogetti trovati nei Scavi di S(ua) E(ccellenza) la S(igno)ra P(rincip)essa di Canino nel quarto denominato Cuccumella e Cavalupo nella tenuta del Piano dell'Abbadia Proprietà della lodata P(rincip)essa Cose. Due Vasi grandi da [...] o Minerva, Dieci vasi grandi, mezzani, e piccoli a figure gialle, Cinque coppe simili, tre Vasi mezzani a figure bianche, nere, e paonazze, una quantità di frantumi di cocci, Due piccoli Candelabri, una quantità di frantumi di bronzi, dell'ossi, e avori lavorati ma poco conservati, e due anelli d'oro, ventitre perlette, due spille ed altri piccoli oggetti d'oro rotti, e tutto ciò si è trovato dalli 16 a tutto il presente giorno / Musignano 30 Ap(ri)le 1840 / G(ae)t(an)o Carini.»

365 Brief von Emil Braun an Eduard Gerhard, datiert Rom, 31. Dezember 1839 (Rom, Deutsches Archäologisches Institut, Briefarchiv).

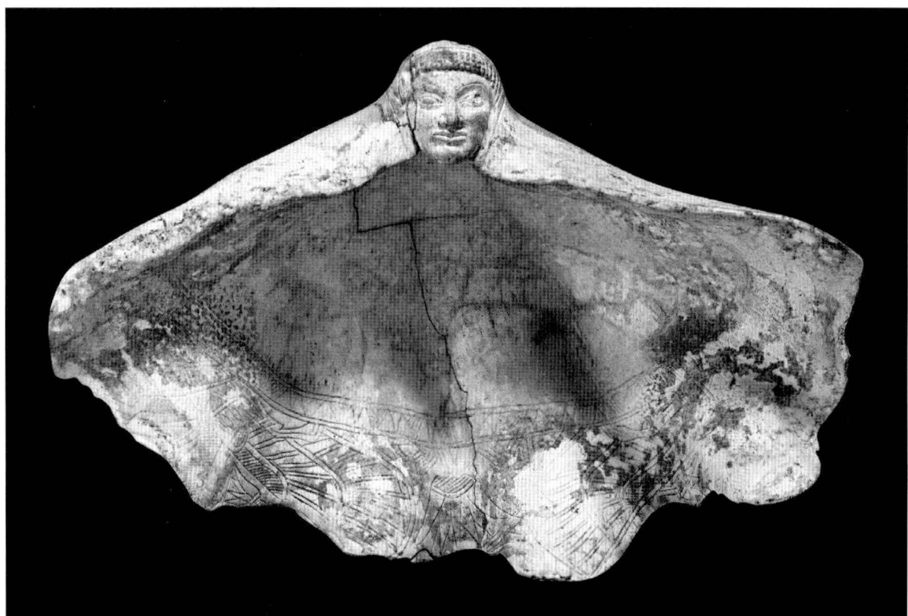

Abb. 45 Verzierte Tridacnamuschel aus Vulci. Gefunden bei den Ausgrabungen der Fürsten von Canino im Jahr 1840.

längere Zeit im Gebiet des antiken Etrurien unterwegs gewesen war, im Bullettino vom April 1840 ausführlich Bericht[366]. Demnach wurde unweit des Ponte della Badia, zuerst rund um die Cuccumella, dann zwischen der Cuccumella und dem Ufer des Fiora, gegraben. Schulz war zugegen, als man auf ein ungestörtes Grab stieß, das unter anderem einen goldenen Kranz mit Olivenlaub und zwei fast identische rotfigurige Kalpiden enthielt, die besonders bemerkenswerte Darstellungen trugen: Die eine zeigte die Einführung des Kadmos in den Olymp, ein ungewöhnliches Thema[367], die andere das Urteil des Paris[368]. Beide Darstellungen konnten anhand der Namensbeischriften identifiziert werden. Sie unterschieden sich aufgrund der Motive, der Komposition und des Stils von den meisten anderen Vasen aus Vulci und ließen sich stattdessen mit Darstellungen auf Gefäßen aus Ruvo vergleichen. Offensichtlich schienen die zwei rotfigurigen Hydrien der sogenannten apulischen Gruppe anzugehören, wie attische Vasen spätklassischer und frühhellenistischer Zeit bezeichnet wurden, von denen bislang aber nur wenige Beispiele in Vulci zum Vorschein gekommen waren. Abgesehen von dem ursprünglich geschlossenen Grabfund, zu dem die beiden spätklassischen Kalpiden gehörten, welche das meiste Interesse auf sich zogen, kamen noch weitere bemerkenswerte Vasen ans Licht. So wurde in der zweiten Dezemberhälfte eine rotfigurige Schale zutage gefördert, die eine Gigantomachie zeigte und von dem Töpfer Erginos und dem Vasenmaler Aristophanes signiert war[369]. Die meisten der von Schulz beschriebenen und klassifizierten Vasen trugen rotfigurige Darstellungen; nur eine schwarzfigurige Schale, welche Epiktetos bemalt hatte, wurde von ihm erwähnt. Ferner wies Schulz auf die verzierte Tridacnamuschel hin, die er für eine Phiale aus Alabaster hielt (Abb. 45)[370]. Reicher als an Vasen waren die Vulcenter Funde, seinen Angaben zufolge, an Bronzen, welche mittlerweile alle – ausgenommen diejenigen des Isisgrabes – in den Besitz des Kunsthändlers Basseggio

366 H. W. Schulz, BdI 1840, 49 ff.

367 Rotfigurige Hydria des Kadmosmalers in Berlin, Antikensammlung, Inv. F 2634. – Siehe Anm. 167.

368 Rotfigurige Hydria des Kadmosmalers in Berlin, Antikensammlung, Inv. F 2633. – Siehe Anm. 168.

369 Rotfigurige Schale des Erginos und Aristophanes in Berlin, Antikensammlung, Inv. F 2531. – Siehe Anm. 169.

370 London, Britisches Museum, Inv. GR 1852.1-12.3. – H. W. Schulz, BdI 1840, 56; E. Braun, BdI 1841, 134; W. Abeken, Mittelitalien vor den Zeiten römischer Herrschaft (1843) 270; ohne Autor, BdI 1848, 59; F. Thiersch in: A. Furtwängler (Hrsg.), Das Heiligtum der Aphaia (1906) 429 Abb. 336; F. Poulsen, Der Orient und die frühgriechische Kunst (1912) 73; C. Blinkenberg, Lindiaka II (1926) 10 Nr. 29; W. Andrae, ZA 45 N. F. 11, 1939, 98 Nr. 1; I. Strøm, Problems concerning the origin and early development of the Etruscan orientalizing style (1971) 284 Nr. 708; R. A. Stucky, Dedalo 19, 1974, 51 Nr. 77 Taf. 51–53; S. Haynes in: La civiltà arcaica di Vulci e la sua espansione, Atti del X Convegno di Studi Etruschi e Italici, Grosseto – Roselle – Vulci 1975 (1977) 18; A. Rathje in: J. Swaddling (Hrsg.), Italian Iron Age Artefacts in the British Museum, Papers of the Sixth British Museum Classical Colloquium (1986) 393 ff. Abb. 1–4; A. Rathje in: Die Phönizier im Zeitalter Homers, Ausstellungskatalog Hannover (1990) 99 Abb. 78; 128 f. Kat. 36 mit Abb. S. 127; Principi Etruschi tra Mediterraneo ed Europa, Ausstellungskatalog Bologna 2000–2001 (2000) 132 Kat. 84; La Méditerranée des Phéniciens de Tyr à Carthage, Ausstellungskatalog Paris 2007–2008 (2007) 382 Kat. 329.

übergegangen waren. Häufig handelte es sich um Kandelaber, die auf Löwenfüßen oder menschlichen Beinen ruhten und glatte oder kannelierte, mitunter figürlich gestaltete Schäfte besaßen. Von solchen frühestens spätarchaischen Erzeugnissen waren nicht weniger als 18 große und zehn kleine Exemplare zu der Canino'schen Sammlung hinzugekommen. Zwei der schönsten Kandelaber waren inzwischen von den Vatikanischen Museen erworben worden, nebst einem Spiegel mit der Darstellung von Eos und Kephalos, welcher aufgrund seines Reliefschmuckes zu den bemerkenswertesten seiner Art gerechnet wurde[371]. Von den anderen Bronzen verdiente, wie Schulz meinte, ein Rückenpanzer aus klassischer Zeit Beachtung, welcher mittlerweile ebenfalls den Besitzer gewechselt hatte und nun der Waffensammlung von Friedrich Maler in Rom angehörte[372]. Sämtliche Bronzen, von denen Schulz einige wahrscheinlich erst in Basseggios Laden in Rom gesehen hatte, waren in seinen Augen archaischen griechischen Werken nachempfunden und unterschieden sich dadurch von denjenigen des Isisgrabes, die ägyptischen Vorbildern folgten. Die Goldfunde aus den Canino'schen Grabungen waren, Schulz zufolge, ebenfalls großenteils an Basseggio weitergegeben worden. Sie bestanden meistens aus Blätterkränzen mit dem Laub von Efeu, Eiche, Olive oder Myrthe, und waren fragile, offensichtlich lediglich für den funerären Gebrauch bestimmte Geschmeide, an deren Enden häufig Medusenköpfe angebracht waren. Schulz berichtete ausführlich von den Ergebnissen der zweiten Grabungskampagne, wobei er zuerst auf einen geschlossenen Grabzusammenhang aus spätklassischer Zeit aufmerksam machte, bevor er sich einzelnen mitunter schon weiterverkauften Funden zuwandte, die er beschrieb und unter kunstgeschichtlichen Gesichtspunkten beurteilte. Indem er manche von ihnen denjenigen des Isisgrabes gegenüberstellte, unterstrich er die wissenschaftliche Bedeutung, die dem herausragendsten Fund des Vorjahres zukam.

Die wichtigsten Ergebnisse der beiden Grabungskampagnen zwischen 1838 und 1840 faßte Lucien Bonaparte in zwei Briefen an befreundete Gelehrte zusammen. Am 9. Dezember 1839 schrieb er an Eduard Gerhard, eigentlich in ganz anderer Absicht[373], doch teilte er ihm bei dieser Gelegenheit gleich das Neueste von den Vulcenter Ausgrabungen mit (Dokument 9): Zunächst berichtete er ihm von der ägyptischen Grotte, welche ein paar Monate zuvor schon entdeckt worden war. Sie habe eine Statuette der Isis enthalten, die von zwei Votivwagen umgeben war, ferner fünf Schilde, mehrere vergoldete Terrakottaidole, mit Hieroglyphen bedeckte Straußeneier, sowie einen mit einem Goldband geschmückten Schädel, der sich in einem Bronzebecken befunden habe. Alle diese zusammengehörigen Objekte, von denen Lucien glaubte, daß sie Gerhard interessierten, würden gemeinsam in einem Schrank aufbewahrt. Außerdem sei kürzlich eine intakt erhaltene Grotte zum Vorschein gekommen, welche reichen Goldschmuck geborgen habe, darunter einige Bullae mit besonders schönen Köpfen, außerdem zwei große Vasen identischer Form, die beide rotfigurige Darstellungen mit Beischriften zeigten, eine das Urteil des Paris, die andere die Aufnahme des Kadmos in den Olymp. Was das Isisgrab betrifft, machte Lucien auf herausragende Funde sowie deren räumliche Anordnung in der Grabkammer aufmerksam. So bezeugt er eine besondere Fundsituation rund um die Statuette, aufgrund derer sich der Gedanke an kultische Handlungen geradezu aufdrängen mußte, ferner einen Befund zu einer Bronzeschale, welcher mindestens im selben Maße eine auf Kulthandlungen Bezug nehmende Erklärung herausforderte. Außerdem ließ er wissen, daß die Fundgruppe weiterhin als solche aufbewahrt wurde. Im Hinblick auf das andere noch intakt angetroffene Grab schienen ihm weniger der Zusammenhang, als vielmehr Fülle und Güte bestimmter Funde, nämlich der attischen Vasen und des etruskischen Goldschmuckes, wichtig zu sein. Da insbesondere den zwei spätklassischen Hydrien eine hohe wissenschaftliche Signifikanz für die Vasenforschung beigemessen wurde, wurden sie in der Folge als Einzelstücke wahrgenommen; der Fundgruppe als solcher wurde weniger Beachtung geschenkt. Dieselben Ergebnisse der Ausgrabungen, die bis zuletzt die wichtigsten bleiben sollten, teilte Lucien am 4. April 1840, gegen

371 Diese Erwerbungen kamen am 29. Februar 1840 durch Vermittlung von Basseggio zustande. Sie umfaßten neben den zwei Kandelabern zwei Spiegel, einen Rückenpanzer und einen als Szepter bezeichneten Gegenstand (Rom, Archivio di Stato, Camerlengato, Parte II, Titolo IV, Busta 245, Fasc. 2570). Siehe auch F. Buranelli in: Luciano Bonaparte 101 ff. mit Abb.

372 Karlsruhe, Badisches Landesmuseum, Inv. F 632. – Jurgeit, Bronzen Karlsruhe I 101 Kat. 134; II 44 Abb. unten links.

373 Den hauptsächlichen Gegenstand des Schreibens bildete eine Auswahl von 100 attischen Vasen, die bereits bei den ersten Vulcenter Grabungen zum Vorschein gekommen, 1829 im Palazzo Lancellotti in Rom ausgestellt waren und anschließend in der Sammlung Kardinal Feschs verblieben. Diese Vasen fielen nach dem Tod seines Onkels am 13. Mai 1839 wieder an Lucien Bonaparte zurück, der sie dann aus dem Kirchenstaat ausführen und zum Verkauf anbieten konnte (Rom, Archivio di Stato, Camerlengato, Parte II, Titolo IV, Busta 276, Fasc. 2985). Siehe auch Costantini, Coll. Fesch. Zum Nachlaß Kardinal Feschs siehe ferner H. Colombani, Le cardinal Fesch (1979) 209 ff.

Ende der zweiten Grabungskampagne, Giovanni Battista Vermiglioli in Perugia mit (Dokument 17). Seine zwei Briefe sind von höchstem Interesse, weil sie Informationen aus erster Hand enthalten und im Unterschied zu Carinis Fundberichten nicht nur von einem Augenzeugen der Entdeckungen stammen, sondern darüber hinaus auch aus der Sicht eines Gelehrten mit Blick auf die damalige Forschung verfaßt sind.

Die staatliche Denkmalbehörde war durch die Fundberichte, welche von Carini anfangs noch lückenlos eingereicht und bei den Sitzungen der Commissione Generale Consultiva di Antichità e Belle Arti verlesen wurden, verstärkt auf die Ausgrabungen der Fürstin von Canino aufmerksam geworden. Die Commissione Generale empfahl bereits im April 1839, die Ausgrabungen wegen beachtlicher Metallfunde im Auge zu behalten (Dokument 4). Es ist allerdings unklar, worauf sich diese Stellungnahme stützt; denn die früheren Fundberichte enthalten keinen Hinweis auf entsprechende Metallfunde und von dem Isisgrab, für das zu diesem Zeitpunkt schon ein Fundbericht vorlag (Dokument 2), war in der betreffenden Sitzung noch gar nicht die Rede. Möglicherweise richtete sich die Aufmerksamkeit der Commissione Generale auf ein unversehrtes Kriegergrab, das kurz zuvor in Canino zum Vorschein gekommen, bislang aber nicht offiziell deklariert worden war; von diesem Kriegergrab erstattete der Commissario delle Antichità, der zugleich Mitglied der Commissione Generale war, in eben jener Sitzung Bericht (Dokument 4). Da in der Tat nichts darauf hindeutet, vieles aber dagegen spricht, daß dieses Kriegergrab ausgerechnet auf den Ländereien der gleichnamigen Fürsten entdeckt wurde[374], ist eine andere Erklärung naheliegend: Demnach hatte die staatliche Denkmalbehörde, die durch den Commissario delle Antichità von nicht deklarierten Funden Kenntnis hatte, auch von jenem in die Toskana geschmuggelten Goldschmuck erfahren, von dem Emil Braun wußte[375]. Erst im Februar 1840, als die Commissione Generale das nächste Mal zusammentraf, machte man den Fundbericht für das Isisgrab, der genau ein Jahr zuvor angefertigt worden war, offiziell bekannt (Dokument 14). Mittlerweile waren weitere bemerkenswerte Funde hinzugekommen, wie man wiederum weniger Carinis Fundberichten, als vielmehr anderen Quellen, etwa dem Bullettino entnehmen konnte, und es schien an der Zeit, sämtliche Funde der Canino'schen Ausgrabungen genauer zu begutachten. Der Camerlengo erachtete es nun jedenfalls für notwendig, den Fürsten von Canino eine amtliche Visite abzustatten (Dokument 14). Tatsächlich fand sich im Mai 1840, nachdem schon mehr als ein Jahr seit der Entdeckung des Isisgrabes und bald ein halbes Jahr seit der Auffindung der zweiten ungestörten Grabkammer mit dem reichen Goldschmuck und den zwei Hydrien des Kadmosmalers verstrichen war, eine Abordnung aus Vertretern der Commissione Generale bei den Fürsten von Canino ein (Dokument 19). Diese Abordnung wurde von vier Consiglieri, und zwar Pietro Ercole Visconti, dem Commissario delle Antichità, Giuseppe Fabris, dem Generaldirektor der Vatikanischen Museen, Luigi Canina und Luigi Grifi, dem Segretario der Commissione Generale, gebildet. Sie besichtigte auf dem Weg zuerst die Stadtmauer von Pyrgi, dann das Museum in Musignano, die Fundstätte von Vulci und zuletzt die Nekropole von Tarquinia. In Musignano wurden zunächst sämtliche Funde der letzten zwei Jahre zur Kenntnis genommen, herausragende, zum Ankauf für die Vatikanischen Museen empfohlene Stücke wurden schriftlich notiert. Dazu gehörten vor allem die rotfigurigen Hydrien des Kadmosmalers mit den Darstellungen von Paris und Kadmos sowie die rotfigurige Schale des Erginos und Aristophanes, die eine Gigantomachie zeigte. Diese drei Gefäße wurden ausführlich beschrieben. Aufgrund der speziellen Gefäßform, der seltenen Darstellungen, wie auch der späten Zeitstellung der Hydrien und aufgrund der künstlerischen Qualität der Schale wurden sie ausdrücklich zum Ankauf für die Vatikanischen Museen vorgeschlagen. Dann folgten andere, vorwiegend attische Vasen, darunter eine Bilingue, die Herakles mit einem Stier zeigte, und die Tridacnamuschel mit reichem Ritzdekor. Weiterhin wurden wiederum Keramik, unter anderem Gefäße aus Bucchero, Bronzen, zu denen zwei etruskische Spiegel zählten, und Goldschmuck, darunter einige Blätterkränze und Siegel, zugewiesen. Zum Schluß wurden die Funde des Isisgrabes, die separat aufbewahrt waren und auch von den Vertretern der staatlichen Denkmalbehörde als besonders bemerkenswertes Ensemble eingeschätzt wurden, beschrieben. Die einst miteinander vergesellschafteten Funde wurden stückweise aufgelistet; danach konnte sich die Abordnung in der Vulcenter Nekropole noch davon vergewissern, daß das Grab, aus dem sie stammten, wieder verfüllt worden war. Man besuchte andere Gräber nicht nur der Canino'schen, sondern auch der Guglielmi'schen Ausgrabungen, ferner das Stadtgebiet von Vulci auf dem jenseitigen Ufer des Fiora, wo das Governo Pontificio selbst Ausgrabungen durchführte, und reiste schließlich nach Tarquinia weiter. Diese offizielle Visite von Vertretern der staatlichen Denkmalbehörde erfolgte nach dem Abschluß der zweiten Grabungskampagne und

374 Rom, Archivio di Stato, Camerlengato, Parte II, Titolo IV, Busta 273, Fasc. 2938.

375 Während dieser außerdem von seltenen Vasen spricht – gemeint sind wohl frühere, nicht die späteren attischen Vasen – bleibt offen, weshalb bei der Commissione Generale Consultiva di Antichità e Belle Arti lediglich von Metallfunden die Rede ist.

bildete gleichsam deren Schlußpunkt. In dem gesamten Verlauf der Canino'schen Ausgrabungen in Vulci markierte sie eine noch tiefere Zäsur. Denn im Sommer 1840 verstarb Lucien; infolgedessen wurden die Arbeiten im kommenden Herbst unterlassen bis Alexandrine sie im Januar 1842 unter anderen Umständen wieder aufnahm[376].

3. Die Ergebnisse der beiden Grabungskampagnen

Die Ausgrabungen, welche die Fürsten von Canino zwischen 1838 und 1840 in der Vulcenter Nekropole durchführten, sind von mehreren Seiten dokumentiert. Den verfügbaren Angaben zufolge handelte es sich dabei um zwei Grabungskampagnen, die in kleinerem Rahmen mit höchstens zwölf Arbeitern stattfanden. Die Ausgrabungen, die grundsätzlich für die gesamten Ländereien der Fürsten genehmigt waren, beschränkten sich im ersten Jahr auf die Gebiete der Doganella und der Polledrara und konzentrierten sich im zweiten Jahr vor allem auf die Gegend westlich der Cuccumella. Dabei wurden im Durchschnitt täglich ein bis zwei Cassone-Gräber freigelegt und ein bis zwei der dazugehörigen, als Grotte bezeichneten Grabkammern ausgeräumt; anschließend wurde das Ganze wieder mit Abraum verfüllt. Während viele der Grabkammern längst verfallen oder ausgeraubt waren, bargen andere zwar noch Beigaben, die wenigsten aber enthielten komplette und unversehrt erhaltene Grabinventare. Reich ausgestattete Grabkammern bildeten ohnehin die Ausnahme. Unter den Funden wurden lediglich solche geborgen, welche einen gewissen Marktwert besaßen. Dies waren vor allem bemalte, vornehmlich attische Vasen, von denen mitunter sogar Scherben für Wert befunden wurden, aufgelesen zu werden, dann aber auch andere Waren, zu denen bei guter Erhaltung durchaus undekorierte oder ritzverzierte Gefäße, namentlich Bucchero, zählten. Ansonsten erstreckte sich das Interesse auf Bronzen, insbesondere Gerätschaften mit figürlicher Zier, und auf Goldschmuck, der in jedem Fall durch seinen Materialwert, manchmal auch durch seine Verarbeitung bestach. Andere Gattungen, die seltener vertreten waren, Terrakotten, Beinschnitzereien oder jene Tridacnamuschel, wurden beiläufig berücksichtigt. Demgegenüber wurden Cippen oder Inschriften, wie auch Architekturplastiken überhaupt nicht beachtet. Die in den Dokumenten erfaßten Funde lassen darauf schließen, daß in den zwei aufeinanderfolgenden Jahren Bereiche der Nekropole angeschnitten wurden, welche zum einen in spätarchaischer und spätorientalisierender Zeit (1839) und zum zweiten in spätarchaischer bis spätklassischer, vereinzelt auch in spätorientalisierender Zeit (1840) genutzt worden waren. In den nacheinander durchforschten Gebieten wurden insgesamt nur zwei reich ausgestattete und intakt erhalten gebliebene Grabstätten aufgedeckt.

Eine davon war das Isisgrab, das 1839 in dem Polledrara genannten Teil der Vulcenter Nekropole zutage trat. Dabei handelte es sich um eine Kammer, die zu einem Cassone-Grab gehörte und zuerst als ägyptische Grotte bezeichnet wurde[377]. Grund für diese Bezeichnung bot nicht die Architektur, fügte sich das Grab doch völlig unauffällig in das Gros der umliegenden Gräber ein, sondern allein das Inventar der betreffenden Kammer, das auffallend fremdartig, allem Anschein nach ägyptisch geprägt war. Im Mittelpunkt der gesamten Fundgruppe stand die für ägyptisch gehaltene Statuette, die ursprünglich von zwei bronzenen Räucherwagen umgeben war und an manchen Stellen tatsächlich auch Brandspuren aufwies. Des weiteren fanden sich Bronzen, die angeblich verschiedenen Zwecken gedient hatten, eine Formulierung, die sich an die damals gebräuchliche Unterscheidung von Bronzeutensilien zu militärischen, häuslichen oder religiösen Zwecken anlehnte und entsprechend verschiedene Objektgruppen kennzeichnete[378]. Darüber hinaus wurden anfangs reiche Goldfunde genannt, weitaus mehr als im Zusammenhang mit dem Inventar dieses Grabes später vorhanden waren. Viele von ihnen bestanden aus Goldfolie, wurden abgesehen von ihrem Gewicht aber nicht näher bestimmt; bei anderen handelte es sich um kleine Fibeln. Dieselbe Kammer beherbergte auch 30 Vasen verschiedener Form und Größe, die, wie es hieß, dem ägyptischen Stil angehörten, sowie mehrere für weniger bedeutsam gehaltene Scherben. Während sich die erwähnten Scherben nicht genauer einschätzen lassen, sind in den Vasen ägyptischen Stils zweifellos bemalte Gefäße der orientalisierenden Zeit,

376 Mitteilung zum Antrag der Fürstin von Canino auf Erteilung einer neuen Grabunglizenz für ihre Ländereien, adressiert an den Camerlengo Kardinal Giustiniani, datiert 26. Dezember 1841 (Rom, Archivio di Stato, Camerlengato, Parte II, Titolo IV, Busta 188, Fasc. 890): «E(minentissi)mo e R(everendissi)mo Prin(ci)pe / La Principessa di Canino Ved(ov)a ed Erede del defonto Principe Luciano Bonaparte bramando nelle Terre del suo Feudo proseguire nell'attuale Stagione invernale la lavorazione dei Scavi con Num(er)o 10, o 12 Uomini al più supplica l'E(minen)za V(ost)ra R(everendissi)ma dell'opportuno permesso secondo il solito / All'E(minentissi)mo e R(everendissi)mo Pr(inci)pe Il Sig(nore) Card(inale) Giustiniani Camerlengo di S(anta) Chiesa / 26 Dicembre 1841 / N(umer)o 4756 / La Principessa di Canino V(edov)a del Principe Luciano Bonaparte.»

377 Die Bezeichnung «Ägyptische Grotte» war im 19. Jahrhundert für jede Grabkammer mit wirklich oder vermeintlich ägyptischen Funden gebräuchlich. So wurde zum Beispiel auch das erst 1895 entdeckte Bokchorisgrab von Tarquinia noch «grotta egizia» genannt.

378 Vgl. E. Braun, BdI 1836, 56 ff. bes. 57 ff.

das heißt korinthische oder ostgriechische Waren sowie deren lokale Nachahmungen oder auch italische Keramikgattungen, zu erkennen. Das Inventar des Isisgrabes umfaßte, den verfügbaren Angaben zufolge, eine stattliche Anzahl von Funden, die verschiedenen Gattungen und Materialgruppen angehörten und in der umrissenen Auswahl eine geschlossene Fundgruppe bildeten. Diese wurde von den Ausgräbern selbst als solche wahrgenommen und darüber hinaus wegen ihrer besonderen, als ägyptisch empfundenen Eigenheiten als herausragende Entdeckung angepriesen.

IV. Die Ausstellung im Museum von Musignano

Die ersten Besucher, die die Funde aus der ägyptischen Grotte im Museum von Musignano besichtigten, waren Mitarbeiter des Instituto di Corrispondenza Archeologica. Sie waren auf Betreiben von Emil Braun um erheblicher Neufunde willen, welche in Vulci angeblich gerade zum Vorschein gekommen waren, eigens dorthin entsandt worden (Abb. 46 a. b). Nachdem Otto Jahn, der bereits im März 1839 an Ort und Stelle war, in Rom nicht eben zur Zufriedenheit Brauns hauptsächlich von attischen Vasen berichtet hatte, trafen im April 1839 Ludwig Urlichs und Wilhelm Abeken bei den Fürsten von Canino ein. Während ihres Aufenthaltes im Museum von Musignano, in dessen Verlauf sie zuerst etruskische, korinthische und attische Vasen begutachteten, blieb ihnen anschließend nur eine knappe Stunde, um sich den Funden aus der ägyptischen Grotte zuzuwenden und auch von ihnen eine katalogartige Aufstellung zu machen. Diese wurde zusammen mit dem Bericht ihrer Reise in der nächsten Ausgabe des Bullettino unter Urlichs Namen veröffentlicht. Die Leserschaft der Institutszeitschrift erfuhr daher im Juni 1839 von der außergewöhnlichen Entdeckung, die sich bei den Ausgrabungen der Fürsten von Canino im Februar 1839 zugetragen hatte (Dokument 5): Dem Bericht von Urlichs war zu entnehmen, daß fast alle Funde aus der ägyptischen Grotte entweder für ägyptisch geprägt gehalten oder mit denen aus der Tomba Regolini-Galassi verglichen wurden. Es folgte, nach Materialgruppen geordnet, eine Aufstellung der einzelnen Objekte, eine kurze Beschreibung und in manchen Fällen ein Hinweis auf bereits bekannte Vergleichsbeispiele. Zu den Bronzen, welche generell Kultgerätschaften, Waffen und Hausrat umfaßten, gehörten zwei Räucherwagen, die denjenigen aus der Tomba Regolini-Galassi ähnelten, mehrere Schilde, ein Helm, zwei Dreifüße, ein Kandelaber und eine Art Feldflasche, an der sogar noch von dem Stroh haftete, in welches das Gefäß einst eingewickelt war. Unter den Goldarbeiten kam ein reliefverziertes Schmuckband dem Goldschmuck der Tomba Regolini-Galassi und ebenso demjenigen eines anderen Grabes, das 1830 beim Ponte Sodo in Vulci entdeckt worden war, nahe. Siebzehn goldene Fibeln wurden zwar erwähnt, aber nicht näher beschrieben, weil sie nicht besichtigt wurden. Das prominenteste Stück der Fundgruppe bildete die als ägyptisch angesehene Statuette aus Stein, die Urlichs mit einer Isis identifizierte. Die Statuette hatte eine perückenartige Frisur, die Kleidung bestand aus einem Untergewand und einem langen Mantel, in der linken Hand hielt die Figur einen vergoldeten Falken mit zwei hoch aufragenden Hörnern. Anstelle des sonst üblichen Kopfputzes trug sie einen zweiten, etwas kleineren Kopf auf dem ihren. Aus demselben Material wie die Statuette bestanden zwei zylindrische Gegenstände, welche als Sockel für zwei teilweise vergoldete Sitzfigürchen aus Terrakotta dienten. Ein Salbgefäß, gleichfalls aus Stein, das in einer weiblichen Halbfigur endigte, schien ganz ägyptischen Stils zu sein, wie es auf einen weiteren aus der Literatur bekannten Fund aus Vulci zutraf. Weiterhin besaßen drei Fayencefläschchen mit hieroglyphischen Inschriften genaue Gegenstücke unter Vulcenter Funden, so daß Urlichs annehmen konnte, daß es sich um charakteristische Importe dieses etruskischen Ortes handelte. Eine außergewöhnlich hohe Zahl kleiner Fayenceringe, die anscheinend lose vorlagen, gehörten in Urlichs Augen zu einer Kette. Vier mit feinen Reliefs verzierte Straußeneier, die wilde Tiere, Reiter und Hopliten wiedergaben, erinnerten im Stil an archaische Vasen. Von der Keramik der Fundgruppe vermerkte Urlichs nur ein großes dunkles Gefäß mit polychromer Bemalung, das in zwei Friesen mehrere Tiere, einen Leierspieler und zwei Frauen sowie Lotosblüten zeigte, Motive, die ihn an Wandmalereien des ägyptischen Theben erinnerten. Während seine Aufstellung der zur ägyptischen Grotte gehörigen Funde sich aus Zeitmangel auf die genannten Stücke beschränkte, hob Urlichs ausdrücklich hervor, daß sich weder in diesem Vulcenter noch in dem zum Vergleich herangezogenen Caeretaner Grab Vasen griechischer Herkunft befanden. Die Funde aus dem Isisgrab gehörten seines Erachtens einer Zeit vor der Herstellung oder Verbreitung griechischer Vasen an, jener Zeit nämlich, in der Ägypten unter saïtischer Herrschaft stand und regen Handel im Mittelmeerraum trieb.

Der Beitrag von Urlichs diente vor allem zur Bekanntmachung der Funde aus dem Isisgrab und bot darüber hinaus eine annähernde zeitliche und geschichtliche Einordnung der Fundgruppe. Für das Verständnis dieses Grabes ist er in mehrfacher Hinsicht von Bedeutung: Zunächst besitzt er hochrangigen dokumentarischen Wert, weil die wichtigsten Funde erstmals aufgeführt sind. Des weiteren bemerkte Urlichs ausdrücklich, daß ein Teil des Goldschmuckes überhaupt nicht besichtigt wurde und daß auch die Keramik dieses Grabes in Wirklichkeit umfangreicher war, als sich seinem Beitrag entnehmen läßt. Daraus wird deutlich, daß entsprechende Teile des Grabinventares bereits im April 1839 von dem übrigen Bestand getrennt waren und offenbar an anderem Ort aufbewahrt wurden. Auf Urlichs geht dann die Bestimmung der für ägyptisch gehaltenen Statuette als Darstellung einer Isis und folglich auch die Benennung des Grabes zurück. Es nimmt nicht wunder, daß die steinerne Statuette einer Frau in halber Lebensgröße allgemein als ägyptisch ange-

Abb. 46 a. b (rechts) Mittelalterliches Gehöft von Musignano, in dessen Erdgeschoß die Magazine und das Museum der Fürsten von Canino untergebracht waren.

sehen wurde. Denn zum einen hatte sie weder in Etrurien noch in Griechenland eine Parallele. Zum anderen waren Werke ägyptischer Großplastik nicht nur aus Ägypten, sondern vielmehr auch aus Italien bekannt; nicht wenige der während der späten Republik und frühen Kaiserzeit nach Rom verschleppten Standbilder rührten aus einer vorrömischen Vergangenheit, wenn nicht sogar aus der Saïtenzeit her[379]. Daß es sich um ein Götterbild handelte, schien aus der unmittelbaren Vergesellschaftung der Statuette mit den bronzenen Räucherwagen hervorzugehen, von welcher Lucien in seinem Brief an Gerhard (Dokument 9) und gewiß auch gegenüber dem Besucher in Musignano Rechenschaft gab. Letzterer konnte sich anhand der erhaltenen Brandspuren selbst von einer mit Kulthandlungen verbundenen Verwendung der Statuette überzeugen. Damit paßte zusammen, daß die Statuette höchst altertümlich wirkte und es, wie Herodot überliefert, ja die Ägypter waren, welche als erste zu Ehren der Götter Figuren aus Stein meißelten[380]. Wiewohl Urlichs seine Ansicht nicht eigens begründete, leuchtet es ein, weshalb er in der Statuette ausgerechnet eine Isis erkannte. Isis gehört zu den anthropomorphen Gestalten des ägyptischen Pantheons und tritt in der Spätzeit gegenüber anderen ägyptischen Gottheiten hervor. Nachdem sie in späterer Zeit in Italien verehrt wurde, lag es nahe, ähnliche Verhältnisse schon in früherer Zeit zu vermuten[381]. Zweifellos aber hatte die eigentümliche Aufstellung des Bildwerkes im Museum von Musignano zu der Deutung von Urlichs beigetragen. Denn der bezeichnende Kopfputz der Isis, ein Thron oder ein Kuhgehörn mit Sonnenscheibe, fehlte, wie auch Urlichs bemerkte, bei der Statuette aus der ägyptischen Grotte. Stattdessen trug diese einen zweiten Kopf auf ihrem Haupt und hielt einen falkenartigen Vogel, nach Urlichs einen Horusfalken, in ihrer linken Hand.

Die seltsamen Attribute der Statuette wurden erst viel später von S. Haynes identifiziert. Sie erkannte darin eine etruskische Bronzebüste, zu der auch der bronzene Hörnervogel gehörte, ein weiteres Bildwerk, das von den Eigentümern der Fundgruppe mit der Statuette zusammengesetzt worden war[382]. Ihnen war offenbar daran gelegen, den Besuchern in Musignano ‹ägyptische› Exponate vorzuführen. Auf einem willkürlichen Arrangement beruhte auch die Plazierung der beiden figürlich gestalteten Tongefäße auf steinernen Sockeln, in denen Haynes die zwei Pyxiden aus Alabaster erkannte[383]. Die beiden Tongefäße erinnerten aufgrund der Haltung der weiblichen Figuren und der würfelförmigen Hocker an ägyptische Grabstatuen und wurden deshalb in hervorgehobener Position präsentiert. Während die Fürsten von Canino be-

379 A. Roullet, The Egyptian and Egyptianizing Monuments of Imperial Rome, EPRO 20 (1972) 13 ff. bes. 15 und 153 ff. (Appendix III). – Zum damaligen Wissensstand über saïtenzeitliche Plastik vgl. R. Lepsius, AdI 1837, 167 ff. und MonInst II (1836) Taf. 40.

380 Hdt. 2, 4.

381 Eine ägyptische Isisstatue der 26. Dynastie etwa wurde 1785 im Stadtzentrum von Florenz, vielleicht im Bereich eines römischen Iseums, entdeckt; siehe dazu P. R. Del Francia in: C. Morigi Govi – S. Curto – S. Pernigotti (Hrsg.), L'Egitto fuori dell'Egitto. Dalla riscoperta all'Egittologia, Kongreß Bologna 1990 (1991) 175 f. mit Abb. 4.

382 S. Haynes, StEtr 57, 1991, 3 ff. Taf. 1–7.

383 Ebenda.

teuerten, daß die Fundgruppe zusammengehalten werde, war diese nicht nur um Stücke verringert, sondern auch in bestimmter Absicht verändert worden.

Dessen ungeachtet zeugt die zeitliche und geschichtliche Einordnung der Funde, die Urlichs seinerzeit vornahm, von einem bemerkenswerten archäologischen Denken, das in der Frühphase des Faches als einer wissenschaftlichen Disziplin keineswegs vorausgesetzt werden konnte und für das Verständnis des Isisgrabes grundlegend werden sollte. Zunächst machte Urlichs deutlich, daß es sich bei der ägyptischen Grotte um eine etruskische Grabstätte handelte, wie man sie von dem Grab beim Ponte Sodo in Vulci oder von der Tomba Regolini-Galassi aus Cerveteri kannte. Derartige Gräber gehörten offensichtlich einer frühen Periode der etruskischen Geschichte an; sie unterschieden sich jedenfalls von späteren Gräbern, in denen griechische Vasen vorkamen, und zeichneten sich durch mehr oder minder ägyptisch geprägte Gegenstände aus. Urlichs unternahm eine relative zeitliche Einordnung, die er dann mit absoluten Daten, der 26. Dynastie in Ägypten, verband. Grundlage dafür boten einerseits die ägyptischen Funde, in denen er bloße Importe zu sehen meinte, welche einst als Handelsware nach Etrurien gelangt, nicht aber mit einer fremden Bevölkerung oder einer entsprechenden Herkunft der Etrusker selbst verbunden seien. Denn ähnlich verhielte es sich in späterer Zeit mit den griechischen Vasen, die sich nach einem lange währenden Streit, der die Forschung Jahrzehnte beschäftigt hatte, endlich als reine Handelsware erwiesen hatten. Andererseits ließen sich die archäologischen Anhaltspunkte mit den schriftlichen Nachrichten verbinden, die ägyptischen Funde mit den durch Herodot überlieferten auswärtigen Beziehungen der Ägypter zur Saïtenzeit verknüpfen. Während die Schriftquellen aber von Beziehungen zwischen Ägypten und Griechenland zeugten, ließen sich Beziehungen zwischen Ägypten und Etrurien allein an den Bodenfunden ablesen. Der Lückenhaftigkeit der vorhandenen Schriftquellen, die aus Etrurien selbst nicht zur Verfügung standen, Rechnung tragend sprach Urlichs von einem ägyptischen Handel mit Europa. Sein profundes Urteil über das Isisgrab stützte sich auf die neuesten, eben erst entwickelten Methoden und Erkenntnisse einer historischen Wissenschaft.

Während des Sommers 1839, als die Fürsten von Canino ihre Residenz verlassen hatten und ihr Hauskaplan, der Franziskaner Padre Maurizio Malvestiti da Brescia, der auch mit archäologischen Dingen betraut war, sich vorübergehend in seinem Konvent in Rom aufhielt, kam Elisabeth Caroline Hamilton Gray nach Musignano. Angeregt durch die zwei Jahre zurückliegende große Etruskerausstellung in der Londoner Pall Mall, hatte die englische Liebhaberin von etruskischen Altertümern beschlossen, selbst einmal die Stätten des antiken Etrurien zu bereisen. Der Weg führte sie zuerst nach Rom, wo sie das Museo Gregoriano Etrusco im Vatikan besuchte und sich bei den Gelehrten des Instituto di Corrispondenza Archeologica über die neuesten Funde und Forschungen erkundigte. Als Hamilton Gray sich dann der zumal für eine Frau ziemlich gefahrvollen Reise durch die päpstliche Maremma aussetzte und tatsächlich nach Musignano gelangte, war sie längst über die Entdeckung einer ägyptischen Grotte in der Vulcenter Nekropole informiert. Die Besichtigung der Funde stellte sogar das hauptsächliche Anliegen ihres Besuches im Museum von Musignano dar. Von diesem berichtete Elisabeth Caroline Hamilton Gray folgendermaßen[384]: «In the principal object of our visit to Musignano we were amply gratified. A small wooden commode was opened, and displayed the extraordinary Egyptian contents of the tomb which had lately been found at Vulci. We regretted

384 E. C. Hamilton Gray, Tour to the Sepulchres of Etruria in 1839 (1840) 268 ff.

exceedingly that we were so unfortunate as not to meet the Padre Maurizio, from whose politeness and learning we should have had the most perfect information, which we were unable to extract from the rustic whom the Computista sent to attend us. But, from all that we could learn, it would seem that the external appearance of this tomb did not differ from that of others in the neighbourhood, though its contents were so dissimilar. There were shown us images of large size, and with a decidedly Egyptian character. One of them had in its hand the sacred hawk of Egypt crowned with the symbol of divinity. There were several wheeled altars of bronze in the most perfect preservation, and a number of curious sacrificial instruments. There were ostrich eggs formed into cups, some of them painted, with figures exactly resembling many of those copied by Rose(l)lini from the tombs of the Pharaohs, and others with similar figures carved on them. There were small earthen vessels resembling modern shooting flasks, inscribed with Egyptian hieroglyphics. There was a great quantity of glass bugles, which we know was an ornament often used by the Egyptians. I regret that I have lost the list of these articles which I made at the time, and that what I have mentioned is all I accurately remember. But it is enough to show the Egyptian character of this Vulcian sepulchre, and to give rise to an infinity of conjectures as to its probable history and design, all tending to demonstrate frequent intercourse between Egypt and Etruria. Was the occupant of the tomb an Egyptian settled in this country, or was he an Etruscan who had formerly resided in Egypt, and had conformed to the religion and usages of the Egyptians, or was he simply a collector of curious things from distant lands, and was his museum buried along with him as his most valued possession? The latter supposition is too trivial, and in addition to one or other of the former I would add, that it is probable that the deceased held a high rank in the priestly order, for so many sacred images, vessels, and utensils, are rarely found together in the tomb of a layman. And this again leads to a train of curious speculation as to the religious rites of the two countries, whether it was usual for the one, at least partially, to adopt those of the other, and in how far there may have been in some places an identity between them. I think the most likely solution of the problem is, that the deceased was an Etruscan of great distinction who had lived in Egypt, and on his return to his native country retained the religion which he had learnt when there; and that he officiated as priest to his own household and offered up the domestic sacrifice on these very altars to Isis and to Horus. Strange that the habits, history, and tastes of an individual with a name and of a race unknown, should give rise to the most interesting speculations two thousand five hundred or three thousand years after his death, and that the traces of him should have survived those of mighty empires and powerful dynasties. We tore ourselves unwillingly from these curious enigmas, and returned to our carriage, passing through the Prince of Canino's court, where the processes of weighing and winnowing were going forward under the matter-of-fact eye of the computista, the unsatisfactory nature of our intercourse with whom, made us more and more regret the want of the enlightened and polite guidance of Padre Maurizio.»

Der Bericht, den Hamilton Gray von ihrem Besuch in Musignano verfaßte, beschäftigt sich ausschließlich mit der ägyptischen Grotte. Er wurde allerdings rückblickend niedergeschrieben und berücksichtigte wohl lediglich diejenigen Funde, von denen Hamilton Gray schon in Rom hatte reden hören und deretwegen sie überhaupt nach Musignano gekommen war; dies waren die signifikantesten, namentlich die mehr oder minder ägyptischen Stücke. So erwähnte sie wenigstens einige Funde, gab knappe Beschreibungen, welche die Angaben von Urlichs ergänzen, und ließ ihnen weitere Überlegungen, die aus den sonderbaren Funden abzuleiten waren, folgen. Viele Fragen, die sich angesichts der Funde aus der ägyptischen Grotte ergaben, blieben unbeantwortet. Immerhin hatte Hamilton Gray erfahren, daß die Architektur dieses Grabes keineswegs auffällig war, umso mehr aber das Grabinventar, das getrennt von den sonstigen Funden in einem eigenen Schrank aufbewahrt wurde. Sie erinnerte sich an mehrere großformatige figürliche Bildwerke, eines davon hielt einen Horusfalken, und rief sich mehrere Räucherwagen und andere Opfergeräte ins Gedächtnis. Unter den Funden hatte sie ferner zu Gefäßen verarbeitete Straußeneier mit aufgemalten oder eingeritzten ägyptisch wirkenden Malereien gesehen, linsenförmige Fayenceflaschen mit hieroglyphischen Inschriften und außerdem zahllose Glasperlen, wie sie im alten Ägypten bekanntlich zu beliebten Schmuckstücken verarbeitet wurden. Alle diese Funde bezeugten jedenfalls häufige Kontakte zwischen Etrurien und Ägypten, was wiederum weitere Fragen nach sich zog. So sei zuerst einmal zu klären, ob die fremdländischen Funde auf die Volkszugehörigkeit oder besondere Lebensumstände, etwa Auslandsaufenthalte des Bestatteteten, schließen ließen, dann gelte es zu erhellen, ob dieser ein Priester gewesen sei, da er einige Opfergerätschaften bei sich im Grab hatte. Ihres Erachtens handelte es sich am ehesten um einen etruskischen Priester, der längere Zeit in Ägypten gelebt und nach seiner Rückkehr den ägyptischen Gottheiten Isis und Horus weiterhin Opfer gebracht hatte. Während Hamilton Gray diesbezüglich nur spekulieren konnte, beweisen ihre Ausführungen, daß sie durchaus belesen war. Denn die Fragen, die sie stellte, beherrschten einen nicht unerheblichen Teil der zeitgenössischen etruskologischen Fachliteratur. Zweifelsohne bezog sie sich auf Giuseppe Micali, der in seinem Werk über die vorrömische Geschichte Italiens über eine etruskische Priesterklasse räsonnierte, welche auswärtige

Kontakte hatte und besonders enge Beziehungen zu den als weise geltenden ägyptischen Priesterkollegen pflegte. Eine solche einheimische Priesterklasse, die mit ägyptischer Religion und Kultur im weiteren Sinne vertraut war, hütete das berühmte, im spätrepublikanischen und frühkaiserzeitlichen Rom äußerst gefragte religiöse Wissen der Etrusker. Micali selbst schöpfte sein Wissen zum Teil aus späteren griechischen und römischen Schriftquellen, zum Teil aus gerade hinzukommenden etrurischen Funden, die er ohne eine gesicherte Methode in freier Kombination miteinander verquickte. Dadurch daß er ein relativ geschlossenes und überdies ein reichlich lebendiges Geschichtsbild entwarf, fand sein Werk unter den Gelehrten Anklang, auch wenn es in der antiquarischen Tradition des vorangegangenen Jahrhunderts wurzelte und einer historischen Sichtweise weitgehend entbehrte[385]. Während Hamilton Gray also über die Funde des Isisgrabes und deren mögliche Implikationen spekulierte, plauderte sie über Ansichten, die unter namhaften Gelehrten in Rom kursierten. Sie vermittelt vermutlich ein getreues Bild dessen, was viele Gelehrte, fortschrittliche Archäologen wie traditionelle Antiquare, angesichts der ägyptischen Funde und insbesondere des Befundes rund um die Statuette über das gerade bekanntgewordene Isisgrab dachten[386].

Ungefähr ein Jahr später, im Mai 1840, kamen die vier ausgewählten Vertreter der Commissione Generale Consultiva di Antichità e Belle Arti, zu denen nicht zufällig der Generaldirektor der Vatikanischen Museen gehörte, nach Musignano. Der Besuch sollte nicht allein der Inspektion der antiken Hinterlassenschaft an der Fundstätte selbst dienen, sondern auch dazu führen, herausragende Fundstücke für die päpstlichen Sammlungen zu akquirieren. Zu diesem Zweck wurden sämtliche Funde aus den inzwischen abgeschlossenen Grabungskampagnen der letzten zwei Jahre in Augenschein genommen, um exquisite und im Hinblick auf einen Ankauf empfehlenswerte Gegenstände auszusuchen. Diese wurden listenartig erfaßt, die Tongefäße wurden ihrer Wichtigkeit nach in verschiedene Kategorien unterteilt und jeweils mit einer Beschreibung sowie einer Begründung, weshalb das eine oder andere in die engere Auswahl genommen wurde, versehen. Dabei galt es, die Wünsche des regierenden Papstes zu beherzigen und nur Antiken auszuwählen, die seinem Geschmack entsprachen und in seine Sammlungen paßten. Gregor XVI. hatte unlängst Weisung gegeben, Ankäufe etruskischer Antiken künftig hintanzustellen, nach Möglichkeit auch ganz zu unterlassen, denn die für Erwerbungen bereitgestellten Gelder sollten für anderweitige Ankäufe verwendet werden. Die Vertreter der Commissione Generale waren also gehalten, sich mit ihren Vorschlägen zu beschränken. Die Liste ausgewählter Objekte, welche in das Protokoll der Reise aufgenommen wurde, enthielt gewiß die beachtlichsten Funde, gleichwohl aber auch die bevorzugten Stücke im Sinne der päpstlichen Ankaufspolitik (Dokument 19). Sie umfaßte vornehmlich attische Vasen, allen voran die zwei rotfigurigen Hydrien des Kadmosmalers, die äußerst detailliert beschrieben und wärmstens zum Ankauf empfohlen wurden. Desgleichen wurde die rotfigurige Schale mit der Darstellung einer Gigantomachie in die höchste Kategorie von Gefäßen eingestuft. Die nächstfolgende Kategorie schloß diverse attische Vasen, schwarzfigurige, rotfigurige und das bilingue Gefäß, das eine Episode der Herkulessage zeigte, sowie die verzierte Tridacnamuschel ein. Eine Zusammenstellung verschiedener italischer Gefäße bildete die letzte Kategorie. Abgesehen von bemalten Vasen und ein paar anderen Tongefäßen wählten die Vertreter der Commissione Generale auch unter den Bronzen. So wurden zwei gravierte etruskische Spiegel ins Auge gefaßt, deren einer Orest und Klytemnestra zeigte, während der andere die Geburt der Minerva darstellte. Ein überaus reiches Bild bot der etruskische Goldschmuck, unter dem eigentlich alle Objekte den Vatikanischen Museen zur Zierde gereicht hätten, notgedrungen aber nur wenige Beispiele in die engere Auswahl kamen; zu ihnen gehörten mehrere Blätterkränze, drei zum Teil plastisch gestaltete Bullae, Ketten, Ohrringe, Fibeln und andere Schmuckstücke. Dann endlich wurde die Fundgruppe des Isisgrabes besichtigt. Sie bildete ein geschlossenes Ensemble und wurde als solches gesondert in Musignano aufbewahrt. Die Commissione Generale gab zum Schluß ihres Besuches in Musignano von diesen Stücken sorgfältig Rechenschaft. Sie berichtete zuerst von der Statuette, die dem Grab seinen Namen gegeben hatte und als höchst altertümlich angesehen wurde; die Beschreibung der Figur stimmt bezüglich der sonderbaren Attribute mit derjenigen überein, die die anderen Besucher in Musignano gegeben hatten. In nächster Nähe der Statuette wurden die zwei Räucherwagen aufbewahrt. Die beiden Pyxiden aus Alabaster, die nach Urlichs als Sockel für die zwei figürlich gestalteten Tongefäße fungierten, wurden ebenfalls in dieser Weise beschrieben. Des weiteren vermerkte die Commissione Generale eine Büste aus Metallblechen, welche auf einer Basis ruhte, und einen Dreifuß aus Bronze. An tönernen Gefäßen registrierte sie eine polychrom bemalte Vase mit drei Henkeln, ein großes Gefäß mit einer Schiffsdarstellung und Tiermotiven sowie eine Schale, deren Bemalung im Schwinden begriffen war. Außerdem wurde ein Golddiadem in die Liste aufgenommen. Fünf Fayencefläschchen mit ägyptischen Hieroglyphen, wie sie von dem Ägyptologen Ippolito Rosellini als Weihun-

385 Micali, Monumenti. Vgl. L. Grifi, Monumenti di Cere antica spiegati colle osservanze del culto di Mitra (1841).

386 Abgesehen davon, daß sie selbst ziemlich belesen war, pflegte Hamilton Gray viele gelehrte Kontakte.

gen an die Gottheiten Amun, Ptah und Bastet gelesen zu werden pflegten, gehörten dem Ensemble ebenso an wie sechs Straußeneier mit Darstellungen von verschiedenen Tieren. Ein steinernes Salbgefäß mit weiblicher Büste, eine vierschnäuzige Lampe aus Bronze, ein bronzener Dreifuß, zwei steinerne Schalen, ein steinernes Salbgefäß, zwei bronzene Schilde und eine Vielzahl von Glasperlen in verschiedenen Farben rundeten das Ensemble ab. Die Commissione Generale befleißigte sich einer möglichst exakten Beschreibung der einzelnen Objekte, zu der mitunter auch Maßangaben gehörten, beschränkte sich insgesamt aber auf rein antiquarische Angaben. Einer Bestimmung oder gar einer Bewertung der einzelnen Objekte enthielt sie sich völlig. Sie vermerkte einzig, daß es sich bei den Funden aus dem Isisgrab um Stücke von höchster archäologischer Signifikanz handele.

V. Der weitere Weg der Funde

Bereits die ersten Besucher, die das Inventar des Isisgrabes im Museum von Musignano sahen, bekamen es nicht mehr in seinem vollen Umfang zu Gesicht. Denn schon vor April 1839, als Ludwig Urlichs und Wilhelm Abeken zur Stelle waren, war ein Teil des Inventares ausgesondert worden, welcher nicht in der Ausstellung gezeigt und möglicherweise andernorts aufbewahrt wurde. Das geht aus einem Vergleich der Fundberichte, welche Gaetano Carini an die staatliche Denkmalbehörde und Lucien Bonaparte an Eduard Gerhard und Giovanni Battista Vermiglioli geschickt hatten, mit den Beschreibungen, die Urlichs, Elisabeth Caroline Hamilton Gray und die entsandten Vertreter der staatlichen Denkmalbehörde im Museum von Musignano angefertigt hatten, hervor. Demzufolge fehlten unter den zur Schau gestellten Funden fast alle Tongefäße, nahezu der gesamte Goldschmuck sowie einige Bronzeobjekte, bei denen es sich mindestens um drei Schilde, vielleicht auch um weitere Waffen handelte. Ausgestellt waren lediglich die aufsehenerregendsten Gegenstände, offensichtlich vor allem diejenigen, welche die Bezeichnung der Grabkammer als ägyptische Grotte rechtfertigten. Sie waren mitunter in einer Weise arrangiert, die ihren ägyptischen Charakter unterstreichen sollte. Obwohl besonders Bronzeobjekte Veränderungen erfuhren, setzte sich der verbliebene Teil des Inventares, wie die Dokumente bezeugen, nur aus zugehörigen Fundstücken zusammen; Zutaten, die aus anderen Gräbern herrührten, hatte er bis dahin nicht erfahren. Da sich die allgemeine Kenntnis des Isisgrabes auf die Beschreibungen der ersten Besucher in Musignano stützt und somit lediglich auf einen Teil des in Wirklichkeit viel umfangreicheren Inventares beschränkt, blieben die nicht ausgestellten und anderweitig veräußerten Objekte bis heute unbekannt.

1. Keramik

Zu den verschollenen Objekten zählen in erster Linie die Tongefäße. Nach Carini wurden aus dem Isisgrab 30 Vasen verschiedener Form und Größe geborgen, welche dem sogenannten ägyptischen Stil angehörten. Damit sind bemalte Gefäße gemeint, hinter denen sich korinthische oder ostgriechische Waren, deren lokale Nachahmungen oder verschiedene einheimische Keramikgattungen verbergen können. Des weiteren erwähnte Carini Fragmente, die weder von Wert, noch von Besonderheit seien, eine Formulierung, die seinem Sprachgebrauch gemäß am ehesten auf Impasto oder Bucchero zutrifft. Seine Angaben zu der Art der Tongefäße sind vage, lassen aber auf das Vorhandensein verschiedener, bemalter und unbemalter Keramikgattungen der orientalisierenden Zeit schließen. Urlichs betonte, daß sich keinerlei griechische, das heißt attische und korinthische Ware in dem Grab gefunden habe; demzufolge können korinthische und etrusko-korinthische Gefäße ausgeschlossen werden[387]. Er bestätigt die Einordnung sämtlicher Keramik in die orientalisierende Zeit. Vermutlich handelte es sich bei den bemalten Tongefäßen des Isisgrabes um ostgriechische oder ostgriechisch geprägte etruskische Ware, eventuell auch um einheimische italische Ware, denen unbemalte Gefäße aus Impasto und Bucchero zur Seite standen.

Abgesehen von drei bemalten Gefäßen, die nach dem Bericht der staatlichen Denkmalbehörde in der Fundgruppe in Musignano vorhanden waren, liegt der Verbleib der übrigen bemalten wie der unbemalten Tongefäße im dunkeln. Bedeutsam erscheint in diesem Zusammenhang die Bemerkung von Emil Braun, derzufolge unter anderem auch seltene bemalte Vasen aus den Canino'schen Grabungen zu Anfang des Jahres 1839 in die benachbarte Toskana geschmuggelt wurden[388]. Es liegt auf der Hand, die aus zuverlässiger Quelle bezeugten Vorgänge auf die fehlenden Tongefäße des Isisgrabes zu beziehen. Denn diese entstammen dem reichhaltigsten Fund jener Tage und ließen sich ohne weiteres von dem übrigen Bestand des Grabinventares trennen. Unter seltenen bemalten Vasen sind vor allem ältere als die schwarzfigurigen und rotfigurigen Gefäße zu verstehen, welche neben unbemalten Impasti und Buccheri allgemein erst allmählich zutage kamen. Sie wurden alsbald über die nächst dem Fundplatz verlaufende Staatsgrenze geschafft und im Großherzogtum Toskana, das einen freieren Handel mit Antiken gestattete, weiterverkauft. Zurück blieben bis auf drei bemalte Gefäße nur die unbemalten Impasti und Buccheri.

In den Monaten, die der Entdeckung des Isisgrabes folgten, verkauften die Fürsten von Canino mehrmals Vasen, für die keine gesetzlich vorgeschriebene Genehmigung

387 Vgl. L. Urlichs, BdI 6, 1839, 70. Korinthische Keramik und ihre Nachahmungen konnten seit G. Kramer, Über den Styl und die Herkunft der bemahlten griechischen Thongefäße. Eine kunstgeschichtliche Abhandlung (1837) identifiziert werden. Eine systematische Unterscheidung zwischen korinthischer und etrusko-korinthischer Keramik erfolgte erst durch A. Furtwängler, Beschreibung der Vasensammlung im Antiquarium, Königliche Museen zu Berlin I (1885) 133 ff. und R. Hackl, Die Königliche Vasensammlung zu München I. Die älteren nichtattischen Vasen (1912).

388 Siehe oben Kap. III.

beim Kirchenstaat eingeholt wurde. Eine Bestätigung für solche Verkäufe bietet das Rechnungsbuch der Fürsten, in dem Lucien bis zu seinem Tod sorgfältig alle Bewegungen festhielt (Dokument 18). Dem läßt sich entnehmen, daß seit der Entdeckung des Isisgrabes im Februar 1839 dreimal Vasen aus den Canino'schen Beständen den Besitzer wechselten. Der Preis läßt darauf schließen, daß es sich jedesmal um eine größere Zahl von Gefäßen handelte. Als erster erwarb Secondiano Campanari im Mai 1839 Vasen, die ausnahmsweise als etruskisch verzeichnet wurden. Zwar ist nicht ausgeschlossen, daß damit tatsächlich etruskische Vasen gemeint waren, doch ist dies keinesfalls zwingend, weil Lucien, der in früheren Jahren vehement für den italischen Ursprung seiner Funde eingetreten war, nach wie vor auch griechische Vasen aus seinen Grabungen, die sich längst als griechisch erwiesen hatten, gern als etruskisch bezeichnete[389]. Weiteren Aufschluß gibt Domenico Campanari, der sich im Juni 1839 an das Britische Museum wandte und ein Angebot für die mittlerweile nach London versandten Vasen unterbreitete[390]. Es handelte sich dabei um zwei Kisten voller Gefäße, die ausdrücklich auch drei griechische Vasen enthielten, was die Schlußfolgerung nahelegt, daß der Rest womöglich aus etruskischen Gefäßen bestand. Tatsächlich kam im November 1839 eine Einigung zustande, die sich jedoch auf den Ankauf der drei griechischen Vasen durch das Britische Museum beschränkte[391]. Von den übrigen Gefäßen verliert sich seither jede Spur und es bleibt nur zu vermuten, daß sich unter der englischen Kundschaft der Campanari ein Abnehmer dafür fand[392].

Ein zweiter Posten nicht näher spezifizierter Vasen wurde im September 1839 in Rotterdam durch Vermittlung von George Gibson losgeschlagen (Dokument 18). Dieser war Kunsthändler und betrieb ein Geschäft an nobler Adresse in Rotterdam, welches sich in der Nachbarschaft des von den Fürsten von Canino bewohnten Hotels befand[393]. Gibson hatte auch andere Sammlerobjekte wie Bronzen, Gemälde, Bücher und astronomische Geräte der Fürsten von Canino in Kommission genommen[394], welche zusammen mit antiken Vasen im Januar 1840 unter den Hammer kamen[395]. Vorab gelangten 97 Gefäße in das Leidener Museum[396], fünf weitere gingen in die Sammlung des Barons van Westreenen van Tiellandt in Den Haag ein[397]. Mit Ausnahme eines etrusko-korinthischen Aryballos, der als einziger dem ägyptischen Stil zugeschrieben werden könnte[398], setzen sich diese Vasen aus schwarzfigurig oder rotfigurig bemalten attischen oder etruskischen Gefäßen zusammen, können also keinesfalls zu den Tongefäßen des Isisgrabes gehört haben. Dasselbe trifft auf vier weitere Gefäße zu, welche ebenfalls in Rotterdam an Ludwig I. von Bayern verkauft wurden[399].

389 Vgl. Dokument 17.

390 Brief von Domenico Campanari an Edward Hawkins, datiert London, 20. Juni 1839 (London, Britisches Museum, Department of Western Asiatic Antiquities, Correspondence 1826–1860, s. v. Campanari): «[...] I take this occasion also to inform you that in the course of the ensuing month I shall receive two cases of vases amongst which three are of Greek workmanship and which were obtained from the Prince of Canino by my brother in May [...].»

391 Britisches Museum, Inv. GR 1839.11-9.1-3. Die Erwerbung, die das Britische Museum im November 1839 tätigte, umfaßte insgesamt 63 Gegenstände, betraf aber Funde, die überwiegend aus den Grabungen der Campanari in Tuscania herrühren.

392 Die Familie Campanari trieb schwunghaften Handel mit Antiken. Da sie teils Funde anderer Ausgräber weitervermittelte, teils Funde aus eigenen Grabungen verkaufte oder ältere Bestände ihrer privaten Sammlung veräußerte, ist es schwierig, einen Überblick über das Sortiment zu gewinnen. Der hauptsächliche Absatz ihrer Waren erfolgte in England, wo die Familie seit der von ihr ins Leben gerufenen großen Etruskerausstellung in der Londoner Pall Mall 1836/37, die vordringlich Verkaufszwecken gegolten hatte, bei Funden aus Etrurien als marktführend gelten konnte. Der wichtigste Abnehmer war das Britische Museum, das schon 1838 die Einrichtung der Etruskerausstellung komplett übernommen hatte, und auch in späteren Jahren wiederholt Ankäufe bei Domenico Campanari tätigte. Die Schar anderer Abnehmer ist nicht überschaubar. Siehe auch G. Colonna in: A. Mandolesi – A. Naso (Hrsg.), Ricerche Archeologiche in Etruria Meridionale nel XIX secolo, Atti dell'incontro di studio 1996 (1999) 37 ff.

393 Das Geschäft von George Gibson befand sich nach Ausweis des Adressbuchs von Rotterdam in Boompjes, A 152 (www.gemeentearchief.rotterdam.nl; letztes Besuchsdatum: 19.02.09). – Diesen Hinweis verdanke ich Jos van Heel.

394 Davon zeugt eine Liste der von Gibson entgegengenommenen Objekte in der Handschrift von Lucien Bonaparte, datiert Rotterdam, Juli 1839 (Perugia, Privatarchiv, Carte Bonaparte CCCLII, 24).

395 Ohne Autor, Catalogue d'une riche et belle collection de livres et de vases étrusques, etc. trouvées à Canino appartenant à son Excellence Madame la Princesse de Canino dont la vente se fera le lundi 20 janvier 1840 à Rotterdam (o. J.) 35 ff.

396 F. L. Bastet in: De horizon voorbij, wandelingen door de antieke wereld 5 (1987) 121 ff. Eine Liste dieser Vasen findet sich in der Anlage zu einem Brief von Conrad Leemans an Eduard Gerhard, datiert Leiden, 3. Dezember 1839 (Berlin, Deutsches Archäologisches Institut, Briefarchiv).

397 M. C. Galestin, De Griekse oudheden, Rijksmuseum Meermanno-Westreenianum Den Haag (1977) 9 ff. sowie Kat. 12. 13. 15. 16. 33.

398 Leiden, Rijksmuseum van Oudheden, Inv. PC 72.

399 Das Rijksmuseum in Leiden verfügt über eine ausführliche Korrespondenz zu diesen Verkäufen, in die der

Ein dritter Verkauf antiker Vasen erfolgte in Paris, wo Charles Paillet, ein Kommissär des königlichen Museums, bemüht war, Antiquitäten und Kunstgegenstände der Fürsten von Canino zu veräußern[400]. In derselben Angelegenheit teilte Paillet der Fürstin mit, daß die griechischen und etruskischen Vasen, die sie ihm geschickt habe, zum Teil zerbrochen angekommen, mittlerweile nicht mehr sonderlich begehrt und deshalb schwer verkäuflich seien. Dennoch sei es ihm gelungen, manche davon für 3.065 Francs an einen gewissen Sapey zu verkaufen[401]. Der genannte Betrag wurde, wie im Rechnungsbuch vermerkt, im März 1840 überwiesen (Dokument 18). Einem zweiten Schreiben von Paillet läßt sich entnehmen, daß er im Mai 1840 neuerlich 31 Vasen erhalten habe, die er mit etwas Mühe für 753 Francs an den Grafen Beugnot weitergeben konnte[402]. Der entsprechende Betrag scheint zu Lebzeiten von Lucien nicht mehr gutgeschrieben worden zu sein; die Einträge im Rechnungsbuch enden im Mai 1840. Bei den in Paris verkauften Vasen, die als griechisch und etruskisch bezeichnet wurden, handelt es sich ausschließlich um schwarz- und rotfigurige Gefäße. Das geht aus einer Liste der verkauften Gefäße hervor, die Paillet an die Fürstin sandte, wobei er ihr bei der Gelegenheit gleich nahelegte, die restlichen Gefäße, die denselben Gattungen angehörten, wieder zurückzunehmen[403].

Wenn sich der Großteil der Tongefäße aus dem Isisgrab, von denen sich Urlichs und Abeken noch ein Bild verschaffen konnten, auch weiterhin dem Zugriff entzieht, scheint sich ihr Weg im Licht der damaligen Verkäufe ein Stück weit abzuzeichnen. Die unverzügliche Trennung von dem übrigen Bestand der Grabbeigaben läßt vermuten, daß sie sich bei jenen Vasen befanden, die in die Toskana gebracht und dort unter der Hand weiterverkauft wurden. Ein Beweggrund dafür dürfte Geldmangel gewesen sein, dem auch anderweitig durch Verkäufe von Wertgegenständen entgegengetreten wurde. Die erste Gelegenheit, sich dieser Keramik zu entledigen, bot sich mit den Campanari, die allein als Käufer bemalter Vasen ägyptischen Stils sowie unbemalter Impasti und Buccheri in Frage kommen. Die von ihnen erworbenen und nach England gebrachten Tongefäße dürften auch Vasen des Isisgrabes umfaßt haben. Anders als in Rotterdam oder Paris scheint in London eine Nachfrage für solche älteren Keramikgattungen bestanden zu haben. Jedenfalls hatten die Campanari schon im Februar 1839, kurz bevor das Isisgrab aufgedeckt wurde, eine stattliche Zahl derartiger Gefäße, nicht wenige davon aus Vulci, an das Britische Museum verkaufen können[404]. Vielleicht, so läßt sich hinzufügen, übte diese Erwerbung eine Signalwirkung auf andere Käufer aus. Es ist zwar nicht beweisbar, aber in höchstem Maße wahrscheinlich, daß die fehlenden Tongefäße des Isisgrabes sich zuletzt in jenen zwei Kisten befanden, welche Secondiano Campanari im Mai 1839 an Domenico Campanari nach London sandte.

2. Goldschmuck

Unbekannt bleibt auch nahezu der gesamte Goldschmuck aus dem Isisgrab. Abgesehen von dem Diadem, das mit der Bronzeschale und Knochenresten unmittelbar vergesellschaftet war und daher wohl auch bei dem übrigen Inventar belassen wurde, hatte kein Besucher in Musignano entsprechende Stücke gesehen. Urlichs erfuhr von 17 kleinen Fibeln, wie sie sich bei Körperbestattungen der orientalisierenden Zeit finden. Dem stehen 57 kleine Fibeln gegenüber, welche Carini an der Fundstätte gezählt hatte, eine Zahl, die im Hinblick auf vergleichbare Befunde zutreffender erscheint. Ferner meldete Carini Goldfolie mit einem Gesamtgewicht von 28 Gramm, wobei er keine konkreten Gegenstände benannte. Zieht man das Londoner Diadem mit einem Gewicht von 13,7 Gramm davon ab, verbleibt Goldfolie mit einem Gewicht von 14,3 Gramm. Da Lucien gegenüber Vermiglioli goldene Diademe im Plural erwähnte (Dokument 17), ist es wahrscheinlich, daß diese Goldfolie zu einem zweiten, ungefähr gleich schweren Diadem gehörte. Es wäre aber auch möglich, daß sie zu verschiedenen Objekten verarbeitet war. An weiteren Trachtzierrat, wie er mit kleinen Fibeln der orientalisierenden Zeit zusammen auftritt, wäre vielleicht zu denken, oder an plastisch ausgeführte, mit Gold plattierte Henkel, die zu den Straußeneikannen gehört haben könn-

Direktor des Museums, Conrad Leemans, involviert war. Vgl. R.B. Halbertsma, Scholars, Travellers and Trade – The Pioneer Years of the National Museum of Antiquities in Leiden, 1818–1840 (2003) 149 ff. (non vidi).

400 J. J. Dubois, Catalogue de tableaux anciens et modernes, vases étrusques et antiques provenant des fouilles de Canino, propriété de M. Lucien Bonaparte, Paris (1840).

401 Brief von Charles Paillet an die Fürstin von Canino, datiert Paris, den 3. März 1840 (Perugia, Privatarchiv, Carte Bonaparte CCLVIII, 4).

402 Brief von Charles Paillet an die Fürstin von Canino, datiert Paris, den 30. Mai 1840 (Perugia, Privatarchiv, Carte Bonaparte CCLVIII, 5).

403 Brief von Charles Paillet an die Fürstin von Canino, datiert Paris, den 3. März 1840 (Perugia, Privatarchiv, Carte Bonaparte CCLVIII, 4).

404 London, Britisches Museum, Inv. GR 1839.2-14.1 ff. Erworben wurden damals 336 Gegenstände, zum großen Teil Buccheri und Impasti, von denen einige aus Vulci stammen. Siehe CVA London, British Museum (6) Taf. 10. 12–14. 17. 19. 21–24. Zu den Erwerbungen von Buccheri siehe auch P. Perkins, Etruscan Studies 10, 2004–2007, 27 ff. bes. 30 f. und ders., Etruscan bucchero in the British Museum (2007) 3 f.

sie sich, wie es hieß, noch unter Verschluß befanden. Einige Gegenstände aus Edelmetall sollten auf Wunsch Ludwigs I. in einem eigens für sie vorgesehenen Glasschrank in dem Galeriegebäude am Hofgarten untergebracht werden[422]. 1867, noch zu Lebzeiten des längst zurückgetretenen Königs, wurden die Vereinigten Sammlungen aufgelöst, die Bestände, sofern es sich um antike Kleinkunst handelte, an das Königliche Antiquarium, sonst an das neugegründete Ethnographische Museum überstellt[423]. Das Königliche Antiquarium bildete gemeinsam mit der gleichfalls von Ludwig I. angelegten Vasensammlung das Museum antiker Kleinkunst, das seinerseits 1925 mit der Glyptothek zu den Staatlichen Antikensammlungen zusammengefaßt wurde[424]. Ludwig I. hatte testamentarisch verfügt, daß sämtliche in seinem Privateigentum befindlichen Kunstgegenstände zum sogenannten Hausgut erklärt werden sollten, welches von seinem Thronfolger und Universalerben fideikommissarisch besessen und nach salischem Recht, unter Ausschluß der Frauen, weitervererbt werden sollte[425]. Demzufolge wurden nach seinem Tod 1868 Verzeichnisse sämtlicher in Privateigentum befindlicher Kunstgegenstände angelegt. Das entsprechende Verzeichnis zur Sammlung ägyptischer, etruskischer, griechischer und römischer Altertümer schließt gegenüber dem Inventar von 1843 auch Gegenstände aus Edelmetall ein, die jetzt überhaupt erstmals erfaßt wurden. Es umspannt insgesamt rund 2.000 Nummern und stimmt vollkommen mit dem alten Inventar der Staatlichen Antikensammlungen überein[426]. Des weiteren wurde ein Verzeichnis von einzelnen Kunst-, Altertums- und anderweitigen merkwürdigen Gegenständen, die nicht bei den jeweiligen Sammlungen, sondern andernorts aufbewahrt wurden, angelegt. Darin wurden «2 Cartons mit antiken, muthmaßlich etruscischen Schmuckgegenständen, größtentheils von Gold, einiges auch von Steinen», aufgelistet, welche sich zu jenem Zeitpunkt im Wittelsbacher Palast in München befanden[427]. Nachdem es sich beim Ankauf des Goldschmuckes aus der Sammlung Canino um eine auch in der Größenordnung beachtliche Erwerbung handelte, ist es durchaus möglich, daß sich ein weiterer Teil davon, welcher nicht mit der Sammlung ägyptischer, etruskischer, griechischer und römischer Altertümer aufbwahrt wurde, 1868 in jenen zwei Kartons im Wittelsbacher Palast in München befand. Diese Vermutung wird durch ein viel späteres Schreiben, in dem sich Johannes Sieveking, der Kurator der Staatlichen Antikensammlungen, an den Kronprinzen Rupprecht wandte, bestätigt (Dokument 32). Daraus geht hervor, daß sich nach dem Tod Ottos I. 1916 noch ein Karton mit Goldschmuck aus der Sammlung Canino in Wittelsbacher Privatbesitz befand[428]. Sieveking, der die betreffenden Stücke gesehen und fotografiert hatte[429], bestätigte, daß es sich um einen weiteren Teil des von Ludwig I. zum Hausgut bestimmten und in die Staatlichen Antikensammlungen eingegangenen Goldschmuckes handelte. Er ging davon aus, daß die Stücke versehentlich nicht mit den übrigen an die Staatlichen Antikensammlungen weitergereicht worden waren. Obwohl Sieveking sich für eine Zusammenführung des Canino'schen Goldschmuckes einsetzte und darin möglicherweise von dem Kronprinzen unterstützt wurde[430], war seinem Bemühen offenbar kein Erfolg beschieden. Denn die gegenwärtigen Bestände der Staatlichen Antikensammlungen stimmen vollkommen mit dem Inventar aus dem späten 19. Jahrhundert überein, ohne daß es nachträgliche Zugänge gegeben hätte. Der nach dem Tod Ottos I. aufgetauchte Teil des Canino'schen Goldschmukkes läßt sich auch im Besitz der Familie von Wittelsbach

422 München, Bayerisches Hauptstaatsarchiv, Abteilung II: Geheimes Staatsarchiv, MK 14294: Tausch von Kunstwerken aus dem Privateigenthume Seiner Majestät des Königs Ludwig I. mit solchen aus dem Staatseigenthume. Catalogisierung der im allerhöchsten Privateigenthum befindlichen Kunstgegenstände (1834–1872).

423 München, Bayerisches Hauptstaatsarchiv, Abteilung II: Geheimes Staatsarchiv, MK 14261: Geheime Acta des Ministeriums des Innern. Die Kunstsammlungen im alten Gallerie-Gebäude im Hofgarten unter der Benennung «Vereinigte Sammlungen». 1863 wieder der Centralgemälde-Gallerie-Direktion untergeordnet. 1867 aufgelöst.

424 Vgl. D. Ohly, Die Antikensammlung am Königsplatz (1967).

425 München, Bayerisches Hauptstaatsarchiv, Abteilung II: Geheimes Staatsarchiv, MK 19013: Verlassenschaft Seiner Majestät des höchstseligen Königs Ludwig I. von Bayern (1868–1920).

426 München, Bayerisches Hauptstaatsarchiv, Abteilung II: Geheimes Staatsarchiv, MK 19045: Inventar von Gegenständen des Privateigenthums Seiner Königlichen Majestät Ludwig I. von Bayern. Sammlung ägyptischer, hetrurischer, griechischer und römischer Alterthümer (1868).

427 München, Bayerisches Hauptstaatsarchiv, Abteilung II: Geheimes Staatsarchiv, MK 19013: Verlassenschaft Seiner Majestät des höchstseligen Königs Ludwig I. von Bayern (1868–1920).

428 Das von Sieveking erwähnte Fürstenrieder Schloßinventar, in dem die Stücke offenbar verzeichnet waren, ist seit dem Zweiten Weltkrieg verloren.

429 Diese Fotografien sind nicht mehr auffindbar. Für Auskünfte über den Nachlaß von Johannes Sieveking habe ich Hinrich Sieveking (München) und Raimund Wünsche (München) zu danken.

430 Darauf könnten die Berichte des zuständigen Grafen Pappenheim (1917–1918) im Nachlaß des Kronprinzen Rupprecht hindeuten. Diesen Hinweis verdanke ich Hans Puchta (München).

nicht mehr fassen[431]. Den Angaben von Sieveking zufolge setzte er sich aus Erzeugnissen der archaischen Zeit, unter denen sich ausdrücklich kleine goldene Fibeln befanden, zusammen. Es ist naheliegend zu vermuten, daß mit dem verschollenen Teil des Canino'schen Goldschmuckes die Stücke des Isisgrabes abhanden kamen. Nachdem der vorhandene Teil des Canino'schen Goldschmuckes sich bestimmten mehr oder minder geschlossenen Fundgruppen, zum Beispiel dem Grab vom Ponte Sodo, zuordnen läßt, ist anzunehmen, daß auch der verschollene Teil aus weitgehend zusammenhängenden Fundgruppen bestand, der Goldschmuck des Isisgrabes also zu Sievekings Zeit komplett im Fürstenrieder Schloß lagerte.

3. Bronzen

Des weiteren wurden auch manche Bronzen von den Beigaben des Isisgrabes getrennt. Zwar behauptete Heinrich Wilhelm Schulz, die Bronzen des Isisgrabes seien in Musignano verblieben[432], doch scheint dies tatsächlich nur auf einen Teil davon, nicht jedoch auf einige Waffen zuzutreffen. Lucien berichtete Gerhard von fünf Schilden, die sich im Isisgrab befunden hatten, und gibt zugleich den Fingerzeig auf eine reiche Kriegerbestattung nach einem in der orientalisierenden Zeit gut bezeugten Brauch (Dokument 9). Die Kriegerbestattung des Isisgrabes hatte freilich nichts mit jener Kriegerbestattung zu tun, von der Visconti vor der Commissione Generale in Rom berichtete und die ihrerseits vielleicht Anlaß für den Beschluß gab, die Canino'schen Grabungen um reicher Metallfunde willen im Auge zu behalten (Dokument 4). Bei jener Kriegerbestattung handelte es sich in Wirklichkeit um einen Zufallsfund, auf den eine gewisse Antonia Alberoni in ihrer Vigna bei Canino um dieselbe Zeit, als das Isisgrab entdeckt wurde, gestoßen war[433]. Die Ausstellung in Musignano aber bot nach Urlichs mehrere nicht genauer bezifferte Schilde dar, von denen die Vertreter der staatlichen Denkmalbehörde, zu denen wiederum Visconti gehörte, lediglich zwei Beispiele sahen (Dokument 19). Von einem Helm, den Urlichs noch verzeichnete, hatten sie indes keine Kenntnis mehr. Zweifellos waren bestimmte Bronzen, nämlich einige Waffen, von dem übrigen Inventar des Isisgrabes getrennt worden. Mindestens drei Schilde und ein Helm fehlten. Zum Verbleib dieser Bronzen gibt es keine gesicherten Nachrichten, doch ist davon auszugehen, daß sie im Januar 1840 an Giuseppe Basseggio nach Rom verkauft wurden. Dieser erhielt laut Eintrag im Rechnungsbuch der Fürsten (Dokument 18) ein paar alte Bronzen, wobei damit altertümliche Artefakte und ältere Bestände der fürstlichen Sammlung wohl gleichermaßen gemeint waren, zumal der Kunsthändler die neuerdings hinzugekommenen Bronzefunde, die nach den Grabungsberichten überwiegend aus jüngeren Artefakten bestanden[434], im Vormonat bereits übernommen hatte. Die Commissione Generale schickte daraufhin ihre Vertreter in Basseggios Laden, damit sie die frisch eingetroffene Ware aus Canino begutachteten und nach begehrenswerten Stücken für die Vatikanischen Museen ausschauten (Dokument 14. 15). Von den zum Ankauf in Frage kommenden Gegenständen wurde eine Liste angefertigt, die nach langen Beratungen der Commissione Generale und des Camerlengo Gregor XVI. persönlich überreicht wurde. Darin wird unter anderem auf einen prunkvollen Bronzeschild hingewiesen, der den Bronzeschilden aus der Tomba Regolini-Galassi gleiche. Da letztere sich bereits im Besitz der Vatikanischen Museen befanden und man dem päpstlichen Wunsch, möglichst keine Erwerbungen etruskischer Altertümer mehr zu tätigen, nachkommen wolle, müsse dieser Schild nicht unbedingt erworben werden (Dokument 16)[435]. Tatsächlich folgte der Papst der

431 Franz von Wittelsbach (München) gab dankenswerterweise die Auskunft, daß sich bei der Hauptlinie des ehemaligen bayerischen Königshauses kein antiker Goldschmuck befindet. Ihm verdanke ich auch den Hinweis darauf, daß der gesamte Wittelsbacher Familienbesitz, der bis in jüngste Zeit Gegenstand vermögensrechtlicher Auseinandersetzungen war, schwer zu überschauen ist. Hinweise zu der nach dem Tod Ottos I. erfolgten Erbaufteilung habe ich ferner Max Oppel (München) zu verdanken.

432 H. W. Schulz, BdI 1840, 56.

433 Zu diesem Kriegergrab wurde eine eigene Akte angelegt (Rom, Archivio di Stato, Camerlengato, Parte II, Titolo IV, Busta 273, Fasc. 2938). Daraus geht eindeutig hervor, daß jener Zufallsfund, den Buranelli irrtümlich mit den Canino'schen Grabungen in Verbindung bringt (Buranelli in: Luciano Bonaparte 100 unten), nichts mit diesen zu tun hat. – Von Antonia Alberoni ist außerdem bekannt, daß sie in der Via del Palapaccio in Canino wohnte (Rom, Archivio di Stato, Catasto Gregoriano, Denominazione Morgantina, Territorio Canino, Privincia Civitavecchia, Mappa e Brogliardo 102) und eine Vigna auf der Gemarkung La Morgantina bei Canino hatte (Rom, Archivio di Stato, Catasto Gregoriano, Denominazione Morgantina, Territorio Canino, Privincia Civitavecchia, Mappa e Brogliardo 34). Dort wird die Fundstelle der Kriegerbestattung zu lokalisieren sein.

434 Siehe oben Kap. III.

435 Bericht des Camerlengo, Giacomo Kardinal Giustiniani, an Papst Gregor XVI., datiert Rom, den 25. Februar 1840 (Rom, Archivio di Stato, Camerlengato, Parte II, Titolo IV, Busta 245, Fasc. 2570): «Li 25. Febbrajo 1840 / Relazione Alla Santità di Nostro Signore Gregorio Papa XVI intorno all'acquisto di rarissimi oggetti etruschi antichi / B(eatissi)mo Padre / Avendo il Negoziante di Antichità Sig(no)r Basseggio acquistato dalla Signora Principessa di Canino molti oggetti

Empfehlung und billigte lediglich den Ankauf von sechs anderen Gegenständen, die in engerer Auswahl standen; sie bildeten dann auch die ersten Erwerbungen, die die Vatikanischen Museen aus den Grabungen der Fürsten von Canino in Vulci überhaupt tätigten[436]. Nachdem Gregor XVI. den Ankauf des Schildes abgelehnt hatte, konnte Basseggio seine längst angebahnten Verhandlungen mit ausländischen Interessenten fortführen. Damit trifft zusammen, daß Friedrich Maler, der für den Großherzog von Baden Antiken kaufte und sich zu diesem Zweck seit März 1839 wieder in Italien aufhielt, im Januar 1840 von einer günstigen Möglichkeit zum Kauf etruskischer Bronzen berichtete, welche gerade bei einem Kunsthändler in Rom eingetroffen seien und von mehreren Fundplätzen, unter anderem aus Canino stammten (Dokument 13). Maler wies besonders auf einen Schild hin, der jenen aus der Tomba Regolini-Galassi gleiche und bei Abnahme mehrerer Objekte zu einem geringeren als dem zunächst geforderten Preis erhältlich sei[437]. Es steht außer Zweifel, daß es sich dabei um denselben Schild handelt, den die Vertreter der Commissione Generale im Auge hatten; das geht aus der Seltenheit solcher Stücke im Handel, der Beschreibung des Schildes und dem veranschlagten Preis von 100 Scudi hervor. Die Herkunft des von Maler erwähnten Schildes aus den Grabungen der Fürsten von Canino kann somit als gesichert gelten. Obwohl Maler einen entsprechenden Ankauf empfahl, wurden damals keine Bronzen für die großherzoglich badischen Sammlungen erworben[438]. Der prunkvolle Schild dürfte zusammen mit zwei ähnlichen, jedoch weniger gut erhaltenen Schilden von Maler erworben und seiner eigenen Sammlung einverleibt worden sein (Dokument 31)[439]. Diese Sammlung umfaßte vornehmlich Waffen. Sie ging 1853 an die Großherzogliche Kunsthalle in Karlsruhe, später an das Badische Landesmuseum über, so daß die betreffenden Schilde letztlich dorthin gelangten[440]. Drei von fünf Schilden, die aus dem Isisgrab kamen, befinden sich folglich in Karlsruhe (Abb. 47. 48. 49)[441]. Von den zwei anderen Schilden und dem Helm, die anfangs noch in Musignano verblieben waren, fehlt dagegen jede weitere Spur[442].

4. Die verbliebenen Funde

Der auffallendste und offenkundig bedeutsamste Teil der Funde aus dem Isisgrab wurde zusammengehalten und gesondert in einem Schrank des Museums von Musignano aufbewahrt. Das läßt sich allen Berichten übereinstimmend entnehmen. Wie es scheint, stand dieser Teil des Inventares zunächst auch nicht zum Verkauf. Denn Lucien bot Gerhard im Dezember 1839 lediglich eine Auswahl von 100 attischen Vasen aus dem Nachlaß seines Onkels, Kardinal Feschs, an (Dokument 9)[443]. Darüber hinaus machte Lucien den befreundeten Gelehrten auf zwei Fundgruppen aufmerksam, welche im Verlauf der letzten beiden Grabungskampagnen zum Vorschein gekommen waren, das Isisgrab (1838/39) und das spätklassische Grab, das den reichen Goldschmuck und die Hydrien des Kadmosmalers enthalten hatte (1839/40). Beide waren unter

etruschi di singolar pregio, da essa trovati nelle sue terre del Pian dell'Abbadia presso Musignano, ed avendoli quegli trasportati in Roma, il Cardinal Camerlengo di Santa Romana Chiesa volle che una Sezione della Sua Commissione Generale Consultiva di Antichità e Belle Arti esaminasse tali oggetti pria di permettere al Basseggio l'implorata licenza di poterne fare commercio anche con gli esteri. La Sezione reputò meritevoli di riguardo le seguenti anticaglie ravvisate tutte di artefici etruschi e di singolar pregio fra le molte, che possiede. [...] Metalli 19. Scudo del diametro di palmi quattro e once due ornato alla foggia di quelli scavati in Cere e comperati dal Sig(no)r Generale Galassi, cosicche potrebbe dirsi rassomigliarsi di molto a due o tre di quelli. Essendo però presente al Cardinal Camerlengo gli ordini di Vostra Santità di non estendere più oltre gli acquisti di stoviglie etrusche, e d'altronde considerando che degli oggetti eminentemente di pregio non dovrebbe rimanere sfornito il nuovo museo etrusco, volle che la Sua Commissione limitasse la scelta a que' soli articoli, che riunisero la rarità ad un sommo merito. Tale scelta è stata ristretta alla seguente. [...] Ora si degni la Santità Vostra di prendere in considerazione il buon animo del Cardinal Camerlengo e pronunciare il suo sovrano oracolo intorno a questa proposizione che sommessamente le rassegna.»

436 Siehe F. Buranelli in: Luciano Bonaparte 101 unten mit Anm. 114.

437 Siehe auch Jurgeit, Bronzen Karlsruhe I 3 f.

438 Karlsruhe, Badisches Generallandesarchiv, 233/10714: Entwurf des Antwortschreibens des zuständigen Staatsministers, Landolin Freiherrn von Blittersdorf, datiert, Karlsruhe, den 21. Februar 1840.

439 Jurgeit, Bronzen Karlsruhe I 4.

440 Zur Sammlung von Friedrich Maler siehe ausführlich A. von Schneider, Zeitschrift für die Geschichte des Oberrheins N. F. 61, 1952, 692 ff.; M. Maaß, Badisches Landesmuseum. 150 Jahre Antikensammlungen in Karlsruhe 1838–1988 (1988) 36 ff. und Jurgeit, Bronzen Karlsruhe I 1 ff.

441 Karlsruhe, Badisches Landesmuseum, Inv. F 569-571. – Jurgeit, Bronzen Karlsruhe I 91 ff.; II 40 f. Kat. 124. 126. 127 (Abb. 47–49).

442 Aus der Korrespondenz zwischen Braun und Gerhard geht hervor, daß auch für die Königlichen Museen zu Berlin einige Bronzen aus Canino'schen Beständen von Basseggio erworben wurden. Siehe Emil Brauns Briefe an Eduard Gerhard vom 4. Januar, 25. Februar, 10. März und 2. April 1840 (Rom, Deutsches Archäologisches Institut, Briefarchiv).

443 Siehe oben Anm. 373.

Abb. 47 Bronzener Schild aus dem Isisgrab. Karlsruhe, Badisches Landesmuseum, Inv.-Nr. F 569.

wissenschaftlichen Gesichtspunkten bedeutsam, ließen sich doch mit der einen Fundgruppe ägyptische Erzeugnisse in einem frühetruskischen Kontext fassen, während aus der anderen attische Vasen spätklassischer Zeit, die bis dahin nur aus Apulien bekannt waren, erstmals auch aus Etrurien bezeugt waren. Gerhard, der sich in erster Linie um die attischen Vasen aus dem Nachlaß Feschs bemühte, teilte in bezug auf die beiden neuerdings hinzugekommenen Fundgruppen nicht nur Luciens wissenschaftliches Interesse, sondern meldete gleich auch Ankaufswünsche im Auftrag des Berliner Museums an; insbesondere die Hydrien des Kadmosmalers schienen ihn zu interessieren (Dokument 10). Lucien offerierte daraufhin den Goldschmuck; von den Hydrien des Kadmosmalers oder dem verbliebenen Inventar des Isisgrabes war im Zusammenhang mit einem Verkauf nicht die Rede (Dokument 12). In die Verhandlungen wurde Braun eingeschaltet, der sämtliche Stücke begutachten sollte (Dokument 11) und zu diesem Zweck im Februar 1840 eine Einladung des Fürsten von Canino erhielt[444]. Ob er ihr folgte, läßt

444 Brief von Emil Braun an Eduard Gerhard, datiert Rom, den 6. Februar 1840 (Rom, Deutsches Archäologisches Institut, Briefarchiv): «[...] Der Principe di Canino hat mir geantwortet und mich zu einem Besuch eingeladen. [...]»

Abb. 48 Bronzener Schild aus dem Isisgrab. Karlsruhe, Badisches Landesmuseum, Inv.-Nr. F 570.

Abb. 49 Bronzener Schild aus dem Isisgrab. Karlsruhe, Badisches Landesmuseum, Inv.-Nr. F 571.

sich nicht feststellen. Ebenso bleibt unklar, inwieweit die Verhandlungen voranschritten. Denn zur gleichen Zeit erlangte die Commissione Generale von dem Isisgrab und weiteren bemerkenswerten Funden offiziell Kenntnis (Dokument 14). Der Camerlengo Kardinal Giustiniani ordnete die Besichtigung der Funde an, welche im Mai 1840 erfolgte. Die nach Musignano entsandten Vertreter der Commissione Generale, die im Hinblick auf Erwerbungen für die Vatikanischen Museen auswählen sollten, faßten vor allem die zwei Hydrien des Kadmosmalers, manches von dem Goldschmuck spätklassischer Zeit, sodann das in Musignano verbliebene Inventar des Isisgrabes ins Auge (Dokument 19). Die in einer Liste erfaßten Gegenstände sollten noch einer engeren Auswahl unterworfen, die am Ende zum Ankauf bestimmten Gegenstände kraft des gesetzlich eingeräumten Vorkaufsrechtes für die Vatikanischen Museen erworben werden. Die Interessen der Vertreter der Commissione Generale, die sich weniger auf wissenschaftliche Ziele als vielmehr auf die Ergänzung der päpstlichen Sammlungen richteten, deckten sich, gerade was die Hydrien des Kadmosmalers angeht, mit den Interessen der Preußen. Im Juni 1840 vereitelte der Tod des Fürsten von Canino alle Verhandlungen.

Erst im Frühjahr 1841 nahm seine Witwe, die infolge von Erbstreitigkeiten umso notwendiger Geld brauchte, die von ihm angestrengten Verhandlungen wieder auf. Der ertragreichste Verkauf bestand in den attischen Vasen aus dem Nachlaß Kardinal Feschs, der allerdings erst 1843 an James Millingen erfolgen sollte[445]. Für diese Vasen, die über Millingen an das Britische Museum kamen, war noch zu Lebzeiten des Fürsten eine offizielle Ausfuhrlizenz erteilt worden, nachdem die Vatikanischen Museen selbst offenbar kein Interesse daran besaßen. Anders verhält es sich mit dem Goldschmuck, den Lucien seinerzeit Gerhard angeboten hatte; er scheint unter der Hand, wenngleich nicht ganz unbemerkt verkauft worden zu sein. Darauf läßt ein Brief von Pietro Ercole Visconti an die Fürstin von Canino schließen (Dokument 20), aus dem hervorgeht, daß Visconti ihrem Mann seine Ansicht zu dem Preis der Vasen aus dem Nachlaß Feschs sowie seine Einschätzung gewissen Goldschmuckes, den er in Musignano gesehen hatte, brieflich kundgetan hatte. Weiterhin bemühte sich Visconti, der Fürstin zu versichern, daß er keinerlei Scherereien habe verursachen wollen, vielmehr seine Meinung zu den Vasen und dem Goldschmuck abgegeben, sich sonst aber, besonders über die Herkunft des letzteren, ausgeschwiegen habe. Der Brief von Visconti zeigt, daß der Commissario delle Antichità noch zu Lebzeiten des Fürsten von zweifelhaftem Goldschmuck Kenntnis hatte, für dessen Herkunft sich später die Commissione Generale interessieren sollte. Eine Bestätigung dafür, daß der Goldschmuck aus der Grabungskampagne von 1839/40, der zum Teil aus dem spätklassischen Grab mit den Hydrien des Kadmosmalers stammte und zusammen mit den Vasen aus dem Nachlaß Feschs angeboten, im Gegensatz zu diesen aber nicht legal verkauft wurde, liefert der später entbrannte Streit um andere Funde aus derselben Grabungskampagne, unter ihnen die Hydrien des Kadmosmalers (Dokument 28). Wahrscheinlich wurde der fragliche Goldschmuck im Mai 1841 an den Marquis Campana verkauft; das legt eine Bemerkung von Braun gegenüber Gerhard nahe[446]. Die zwei Hydrien des Kadmosmalers, die aus demselben Grab wie ein Teil des Goldschmuckes stammten, wurden im Frühjahr 1841 an Basseggio abgegeben. Während Gerhard diese außergewöhnlichen Vasen nach wie vor zu erwerben gedachte und dafür auch leichter Geld aufbieten konnte, als für die ungleich teureren 100 Vasen aus dem Nachlaß Kardinal Feschs, ließ Braun diese Vasen in Basseggios Laden für den Gerhard'schen Apparat, eine umfangreiche, zu Lehr- und Lernzwecken zusammengetragene Sammlung von allerlei Materialien, zeichnen. Ein Geschäft mit den Preußen konnte allerdings nicht zustande kommen, solange die staatliche Denkmalbehörde sich selbst um einen Ankauf der Vasen bemühte (Dokument 21). Da letztere Basseggio aber nicht genügend Geld bieten wollte, kam sie mit dem Kunsthändler nicht überein, ließ die Vasen vorläufig beschlagnahmen und drohte ihm unter dem Vorwand unredlich erworbenen Besitzes mit einer Strafanzeige (Dokument 23-25). Das Gericht riet von einer Klage ab, denn, so die Begründung (Dokument 26), die Sache sei delikat. Allzu leicht werde der Anschein erweckt, daß die staatliche Denkmalbehörde lediglich den geforderten Preis nicht entrichten wolle, während eine unrechtmäßige Handlung seitens des Kunsthändlers eigentlich nicht vorliege. Die Strafanzeige wurde fallengelassen[447], die Hydrien

445 Costantini, Coll. Fesch.

446 Brief von Emil Braun an Eduard Gerhard, datiert Rom, den 22. Mai 1841 (Rom, Deutsches Archäologisches Institut, Briefarchiv): «[…] Die Prinzessin hat ihre Goldsachen an Campana verkauft […].»

447 Vgl. Rom, Archivio di Stato, Tribunale Criminale del Senatore di Roma, Volume 2123: Registro delle Querele e Denuncie del Tribunale Criminale Senatorio. Dal 1 Gennaio 1842 al di 8 Luglio 1846: «Numero di Ordine: 76; Giorno, Mese ed Anno delle Denuncie, Querele, o Relazione d'Officio: 25 Febbr(aio) 1842; Cognome, e Nome del Denunciante, Querelante, o Relatore d'Officio: Camerlengato; Cognome, e Nome dell'Imputato, o Imputati: Basseggio, Giuseppe; Delitto e qualità gravanti: Suspicazione di pericolo; Giudice e Notare della Causa: Rinaldo Milani; Giorno, Esito, e qualità di Giudizio tanto in Prima Istanza, che in Appello, o Revisione: 29 Febbr(aio) 1842 = In Archivio.»

des Kadmosmalers wurden zum Verkauf freigegeben und von Gerhard für das Berliner Museum erworben[448].

Zur gleichen Zeit wie die zwei Hydrien wechselte das Inventar des Isisgrabes, soweit es in dem Schrank in Musignano aufbewahrt wurde, in den Besitz von Basseggio, verblieb aber, im Unterschied zu den Hydrien, im Eigentum der Fürstin von Canino. Die staatliche Denkmalbehörde hatte von dem Vorgang Kenntnis und beauftragte sogleich den Commissario delle Antichità, Visconti, und den Segretario der Commissione Generale, Luigi Grifi, damit, das Inventar des Isisgrabes bei Basseggio erneut zu besichtigen (Dokument 21). Basseggio verwahrte es zuerst in seiner Vigna vor der Porta del Popolo und brachte es im Sommer 1841 in seinen Laden in die Via del Babuino, wofür er eine offizielle Genehmigung einholte[449]. Einer der Mitarbeiter der Commissione Generale, allem Anschein nach der Sottosegretario Giuseppe D'Este, erstellte wohl anläßlich der Übergabe des Inventares an Basseggio eine Liste, die eine Nennung sämtlicher Funde sowie Maßangaben enthielt (Dokument 22). Diese sollte mit dem Bericht, den die Vertreter der staatlichen Denkmalbehörde in Musignano angefertigt hatten (Dokument 19), verglichen werden, so daß Gewißheit herrschen konnte, daß die Stücke unversehrt und vollzählig an ihren neuen Aufbewahrungsort, die Vigna von Basseggio vor der Porta del Popolo, gelangt waren (Dokument 21). Tatsächlich stimmen die Angaben zu den betreffenden Funden in beiden Berichten nahezu vollständig überein. Im Frühjahr 1841, als das noch vorhandene Inventar zu Basseggio nach Rom gebracht wurde, unterrichtete die Fürstin von Canino keinen Geringeren als den Papst von ihrer ägyptischen Grotte (Dokument 27), wohlwissend, daß Gregor XVI. ägyptische Fundstücke, gerade dann wenn sie von Fundplätzen in Italien stammten, für das zuletzt von ihm gegründete ägyptische Museum im Vatikan schätzte[450]. Es bleibt zwar verborgen, wie der Papst auf das Angebot der Fürstin von Canino reagierte, doch dürfte er ein gewisses Interesse bekundet haben. Denn das als ägyptisch angepriesene Inventar wurde wegen seiner besonderen Merkmale in der Folge eingehender untersucht und zu diesem Zweck an den Barnabiter Luigi Maria Ungarelli

Abb. 50 Padre Luigi Maria Ungarelli.

(Abb. 50), einen Spezialisten für Schrift und Sprache des alten Ägypten und den einzigen Ägyptologen jener Tage in Rom, weitergereicht[451]. Ungarelli konnte sich im Hause seines Ordens, wo sich die Gegenstände noch im Frühjahr 1842 befanden, in aller Ruhe dem Studium dieser außergewöhnlichen, teils einzigartigen Stücke zuwenden. Er gelangte zu der Auffassung, daß die halblebensgroße Statuette kein ägyptisches, sondern ein altitalisches Götterbild, seines Erachtens eine Feronia, darstelle und daß es sich im übrigen um ein etruskisches Grabinventar handele, welches lediglich ein paar ägyptische Fayenceflaschen umfasse, was anderweitig ebenfalls bezeugt sei (Dokument 27. 28). Dem Urteil von Ungarelli, das sich allein auf die vorhandenen Funde stützte, schloß sich die Commissione Generale an. Sie setzte hinzu, daß offenbar auch der Grabbau einem gewöhnlichen etruskischen Grabbau entsprochen habe, da man ihn sonst wohl kaum wieder zugeschüttet hätte. Nachdem aber weder das Inventar noch die Architektur dieses Grabes sich als besonders ägyptisch erwiesen hatten, entfiel eine Erwerbung der Funde für das ägyptische Museum und es erhob sich allenfalls noch die Frage nach einer Erwerbung für das etruskische Museum. Letztere, so die Ansicht der Commissione Generale, käme nur dann in Betracht, wenn sich die angebliche Vergesellschaftung der Funde durch entsprechende Aufzeichnungen erhärten ließe (Dokument 28). Die staatliche Denkmalbehörde zeigte also nach wie vor Interesse an dem verbliebenen Inventar des Isisgrabes, wobei dieses Interesse sich nun völlig auf die Fundgruppe als solche konzentrierte. Es läßt sich nicht nachvollziehen, wie die Verhand-

448 Zu den zwei Hydrien des Kadmosmalers siehe oben Kap. II Anm. 166. 167.

449 Rom, Archivio di Stato, Camerlengato, Parte II, Titolo IV, Busta 188, Fasc. 890.

450 Zur Einrichtung des Museo Gregoriano Egizio siehe Moroni, Dizionario XLVII (1847) 118 ff. s. v. Museo Gregoriano Egizio; R. Lefevre in: Miscellanea Gregoriana, Raccolta di scritti pubblicati nel I Centenario della fondazione del Museo Egizio 1839–1939 (1941) 429 ff.; ders. in: Gregorio XVI 223 ff. und Pietrangeli, Musei Vaticani 161 ff.

451 W. R. Warren – E. P. Uphill – M. L. Bierbrier, Who was who in Egyptology^3 (1995) 422 s. v. Ungarelli, (Padre) Luigi Maria.

lungen zwischen der staatlichen Denkmalbehörde und der Fürstin von Canino im einzelnen verliefen, weil die einschlägigen Dokumente merkwürdigerweise fehlen. Mehrere Beweggründe für das anhaltende Interesse der staatlichen Denkmalbehörde sind denkbar: Zum einen umfaßte das etruskische Museum im Vatikan, in welches die Gegenstände eingegangen wären, mit der Sala della Tomba einen Raum, der eigentlich einem Grabzusammenhang vorbehalten, bislang aber mit willkürlich zusammengestellten Grabfunden bestückt war, ein öffentlich diskutierter Kritikpunkt an dem Konzept der Ausstellung. Daß das Inventar des Isisgrabes nun ersatzweise für diesen Raum in Erwägung gezogen worden wäre, ist unwahrscheinlich, denn das Museum verfügte mit dem Inventar der Tomba Regolini-Galassi bereits über eine nahezu vollständige Fundgruppe, die in der Ausstellung auseinandergerissen und über mehrere Säle verteilt worden war[452]. Eine zweite Möglichkeit bestünde in dem verbürgten Nebeneinander ägyptischer und frühetruskischer Erzeugnisse, welches ein Licht auf die neuerdings wieder thematisierten, aber längst nicht geklärten Beziehungen der Etrusker zu der alten Hochkultur am Nil werfen konnte. Auch sie dürfte im Hinblick auf die Tomba Regolini-Galassi ausscheiden. Denn diese hatte die für ägyptisch gehaltenen phönizischen Silbergefäße aus der Cella des Hauptgrabes sowie die ägyptischen Fayencegefäße aus einem der peripheren Gräber geliefert, welche ebenso wie die etruskischen Funde im Vatikan aufbewahrt wurden. Zum dritten konnte dem verbliebenen Inventar des Isisgrabes das ungebrochene Interesse der staatlichen Denkmalbehörde gegolten haben, weil sich innerhalb der Fundgruppe nochmals engere Fundgesellschaften abzeichneten, welche weitergehende Interpretationen ermöglichten und gerade im Hinblick auf die Statuette mit den zwei Räucherwagen oder die Bronzeschale mit dem Golddiadem und der Schädelkalotte religiöse Ausdeutungen geradezu herausforderten. Unter diesem Gesichtspunkt hob sich das Inventar des Isisgrabes von dem der Tomba Regolini-Galassi ab und konnte folglich als Ergänzung vorhandener Bestände und trotz der von höchster Stelle angeordneten Beschränkung noch als wünschenswerte Erwerbung für das etruskische Museum des Vatikan in Betracht gezogen werden. Sollte dies zutreffen, dann ist davon auszugehen, daß die fehlenden Dokumente diese und möglicherweise noch weitere partielle Befunde zum Inhalt hatten. Innerhalb der staatlichen Denkmalbehörde war von Amts wegen vor allem Luigi Grifi mit den Vorgängen, die das Isisgrab betreffen, befaßt. Er fungierte als Segretario der Commissione Generale und hatte daher alle Dokumente zum Isisgrab auf seinem Schreibtisch liegen, die amtsinternen Dokumente meistens sogar eigenhändig niedergeschrieben. Grifi war bereits dabei, als eine Abordnung seiner Behörde den Fürsten von Canino im Mai 1840 eine Visite abstattete und das Inventar des Isisgrabes erstmals besichtigte, und wurde ein Jahr später wieder zu Basseggio geschickt, um die Funde dort abermals in Augenschein zu nehmen. Zudem war er Mitglied einer Kommission für ägyptische Altertümer, die gegründet worden war, um Ungarelli zu entlasten und für wissenschaftliche Aufgaben, die Neuaufnahme der Obelisken in Rom und die Veröffentlichung der Bestände des ägyptischen Museums im Vatikan, möglichst freizustellen[453]. Grifi versuchte sich gerade auf dem Gebiet der ägyptischen Altertumskunde hervorzutun, wohl in der Absicht, einmal als Nachfolger von Ungarelli aufzurücken. So war er bereits an der Einrichtung des ägyptischen Museums im Vatikan federführend beteiligt gewesen. Zugleich aber verfaßte er Werke zur etruskischen Altertumskunde, namentlich eine ausführliche Arbeit über den ägyptisierenden Goldschmuck aus der Tomba Regolini-Galassi, den er für persisch erklärte und als Zeugnis persischer Religionsvorstellungen im frühen Etrurien ausdeutete[454]. Es liegt auf der Hand zu vermuten, daß ausgerechnet Grifi, aus dessen Feder die fehlenden Dokumente von Amts wegen ohnehin stammen mußten, auch ein persönliches Interesse an dem Inventar des Isisgrabes besaß. Die amtlichen Schriftstücke von Grifi haben sich mit den anderen Dokumenten der staatlichen Denkmalbehörde, die normalerweise im Staatsarchiv in Rom aufbewahrt werden, möglicherweise bis in jüngste Zeit erhalten, wurden wohl aber aus dem Staatsarchiv in Rom entwendet, 1995 auf dem Flohmarkt von Porta Portese zum Verkauf angeboten und sind seither verschollen[455]. Was immer der Inhalt dieser Dokumente gewesen sein mag, die staatliche Denkmalbehörde sah zuletzt von einem Ankauf des verbliebenen Teils des Isisgrabes für die Vatikanischen Museen ab.

452 Das Inventar der Tomba Regolini-Galassi wurde in der Aufstellung, die Giovanni Pinza zu Beginn des 20. Jahrhunderts vornahm, wieder zusammengeführt und in eben jener Sala della Tomba untergebracht.

* Hier wie im Folgenden gelten die ff. Maße:
1 oncia = 28,5 g
1 palmo = 22,34 cm
1 piede = 29,8 cm

453 R. Lefevre in: Gregorio XVI 250 f.

454 L. Grifi, Monumenti di Cere antica spiegati colle osservanze del culto di Mitra (1841).

455 Diesen Hinweis verdanke ich Alberto Laudi (Rom), der den amtlichen Schriftverkehr von Luigi Grifi am 15. August 1995 auf dem Flohmarkt von Porta Portese gesehen haben will.

Emil Braun wußte bereits am 19. März 1842 an Eduard Gerhard nach Berlin zu berichten: «Der Sieneser Dépôt und die aegyptische Grotte sind durch Basseggio disponibel»[456]. Dies geschah bemerkenswerterweise noch bevor die Commissione Generale von einem eventuellen Ankauf des verbliebenen Inventares abrückte und endgültig den Beschluß zu seiner Freigabe faßte und folglich auch bevor die Eigentümerin selbst von der Verfügbarkeit der Fundgruppe wußte. Es kam auch nicht gar so schnell zum Verkauf; im Gegenteil sollte das Inventar des Isisgrabes, das spätestens im Frühjahr 1843 zu Basseggio zurückgebracht wurde, noch eine ganze Weile dort bleiben. In Basseggios Laden lagerten unterdessen noch weitere Funde der letzten Canino'schen Ausgabungen. Sowohl die Fürstin von Canino, die sich wegen anderer Angelegenheiten in Paris aufhielt, als auch Basseggio, der aus privaten Gründen bis November 1842 in England weilte, hatten vorläufig anderes als den Verkauf dieser Funde im Sinn. Erst im Laufe des folgenden Jahres machte der Kunsthändler sich daran, die Funde für den Verkauf herzurichten und insbesondere einige Bronzen, die in weniger gutem Zustand gefunden und in Musignano nicht ausreichend restauriert worden waren, zu überarbeiten. Zur gleichen Zeit suchte Giuseppe Micali, ein gebürtiger Florentiner und Vertreter der Archeologia militante, der sich mit Leib und Seele einer umfassenden Kulturgeschichte Italiens, mithin der eigenen Nation, auf der Grundlage der materiellen Hinterlassenschaft aus der Antike verschrieben hatte[457], den Laden des Kunsthändlers auf. Micali war im Begriff, die bedeutendsten Funde der vergangenen Jahre aus Etrurien in einem Folioband zusammenzustellen und berücksichtigte dabei manche Funde aus dem Eigentum der Fürstin von Canino, unter ihnen auch einige aus dem Isisgrab[458] (Abb. 51–55). Diesen schenkte er besondere Aufmerksamkeit, zumal sie seinem erklärten Ziel, Glaubensvorstellungen und Gebräuche im frühen Etrurien darzustellen und mit denjenigen der östlichen Kulturen zu vergleichen, bestens geeignetes Material boten. Daher beschränkte er sich nicht auf Beschreibungen der Funde, sondern ließ ihnen stets Ausführungen über Zweckbestimmung und Verwendung der Gegenstände folgen. Micali besichtigte die Funde bei Basseggio, wo sie im Laufe des Jahres 1843 von mehreren Zeichnern und Graveuren für ihn aufgenommen wurden. Seine ‹Monumenti Inediti› erschienen zu Beginn des Jahres 1844 und bieten unter anderem die erste bildliche Wiedergabe von Funden aus dem Isisgrab. Auf denselben Tafeln gibt Micali jedoch noch weitere Funde aus dem Eigentum der Fürstin von Canino wieder, die bei Basseggio aufbewahrt wurden und die er selbst nicht von denen des Isisgrabes unterscheiden konnte; auch sind seine Angaben zur Entdeckung des Isisgrabes sowie dem ursprünglichen Umfang seines Inventares falsch. Micali hatte weder genaue Kenntnis, noch lag es in seiner Absicht, das Inventar in seiner Vollständigkeit oder als geschlossene Fundgruppe zu dokumentieren. Er wollte nur in bezug auf seine Fragestellung aussagekräftige Funde aus den Canino'schen Beständen in sein Werk aufnehmen. Dabei kamen zu denen des Isisgrabes noch eine korinthische oder etrusko-korinthische Kanne[459] und ein verzierter beinerner Löffel[460] hinzu[461].

Im Dezember 1843 schrieb Braun an Gerhard: «Um Ihnen indeß zu beweisen, daß ich nicht mürrisch bin, mache ich Sie auf die ägyptische Grotte aufmerksam, die Sie vielleicht bei Ihrem letzten Hiersein unbeachtet ließen. Es ist das ein Capitaletruscum, das Figur macht. Ich bin in diesen Tagen zu dem Besitz desselben gelangt und stehe mit Bericht und Vorlegung von Zeichnungen zu Dienste»[462]. Das verbliebene Inventar des Isisgrabes war inzwischen an Braun übergegangen. Mit ihm hatte Braun wahrscheinlich noch weitere Funde aus den Canino'schen Grabungen der Jahre 1838/39 und 1839/40 übernommen, welche in Basseggios Laden zum Verkauf gestanden hatten und als Einzelstücke womöglich bei Preisverhandlungen für die hauptsächliche Erwerbung ins Spiel gekommen waren. Dies würde erklären, weshalb sich schon wenig später die Tridacnamuschel, der beinerne Löffel und einige Skarabäen, gleichfalls in seinem Eigentum befanden[463]. Das Inventar des Isisgrabes, soweit es noch vorhanden war, stand aber zweifellos im Vordergrund von Brauns Interesse, einem Interesse, das Braun gegenüber Gerhard mit der herausragenden Bedeutung der Denkmäler, insbesondere der großformatigen Statuette, zu rechtfertigen suchte. Nachdem Gerhard selbst

456 Brief von Emil Braun an Eduard Gerhard, datiert Rom, den 19. März 1842 (Rom, Deutsches Archäologisches Institut, Briefarchiv).

457 Vgl. Micali, Monumenti S. V ff. und Micali, Monumenti Inediti S. I ff.

458 Micali, Monumenti Inediti 37 ff. Taf. 4–8.

459 Micali, Monumenti Inediti Taf. 5, 3–4 (Kanne). – Der Verbleib dieses Stückes ist unbekannt.

460 Micali, Monumenti Inediti Taf. 8, 12.

461 Micali bildete an gleicher Stelle auch Malereien von einem Gefäß ab, das sich seinen eigenen Angaben zufolge im Besitz des Marquis von Northampton befand (Micali, Monumenti Inediti 45 f. Taf. 5, 5). Der Umstand, daß verschiedene Zeichner und Graveure an der Herstellung der betreffenden Abbildungen beteiligt waren, spricht gleichfalls nicht gerade für eine genaue Abgrenzung der noch vorhandenen Fundgruppe.

462 Brief von Emil Braun an Eduard Gerhard, datiert Rom, den 22. Dezember 1843 (Rom, Deutsches Archäologisches Institut, Briefarchiv).

463 E. Braun, BdI 1844, 110 ff.

Abb. 51 Wiedergabe der Funde bei Micali.

sich schon viel früher für diese Denkmäler interessiert und das nicht nur dem Ausgräber, sondern auch Braun gegenüber deutlich gemacht hatte (Dokument 10), bot dieser ihm nun Zeichnungen und Beschreibungen der Stücke an. Bald gestand Braun allerdings ein: «Ob ich sobald an die Zeichnung der ägyptischen Grotte gelangen werde, weiß ich nicht. Es ist nächst dem Galassi'schen Fund das wichtigste Nationalmonument Etruriens, was in der neueren Zeit zum Vorschein gekommen ist. Die mit den feinsten Basreliefs bedeckten Strausseneier allein und die merkwürdige alterthümliche Statue eines Mannes (sic!), der einen Adler von vergoldeter Bronze auf der Hand hält, sind ohne Beispiel [...] Noch bin ich so sehr beschäftigt gewesen, daß ich an eine Revision meines Antikenbesitzes nicht habe gelangen können»[464]. Seine Gerhard in Aussicht gestellten Zeichnungen hatten sich ohnehin bald erübrigt, denn, so teilte Braun im März 1844 verdrossen mit, «von der ägyptischen Grotte hat ja Micali, dessen schlechtes Werk bereits dem König zugekommen ist, Abbildungen gegeben»[465]. Gerhard mußte sich dann in der Tat auf diese Abbildungen stützen, als er mit spitzer Feder die Rezension zu Micalis Tafelwerk schrieb[466]. Darin stellte er fest, daß manche der als ägyptisch angesehenen Gegenstände sich durchaus mit griechischen Erzeugnissen vergleichen ließen, die Straußeneier in einer Weise verziert seien, wie sie von griechischer Vasenmalerei bekannt sei, die Hydria in Wirklichkeit eine Szene der griechischen Mythologie, nämlich die Tötung des Minotaurus, zeige. Bei anderen, stärker ägyptisch geprägten Gegenständen, zu denen Gerhard sich kein fundiertes Urteil bilden konnte, enthielt er sich einer Bewertung und beschränkte sich auf antiquarische Beobachtungen, die offenlegen, daß er die Gegenstände nicht aus eigener Anschauung kannte. Insgesamt schätzte er den ägyptischen Anteil, der dem Inventar des Isisgrabes gemeinhin zuerkannt wurde, als eher gering ein und wies andere Meinungen, wie sie Micali in bezug auf das Isisgrab und Grifi in bezug auf die Tomba Regolini-Galassi geäußert hatten[467], zugunsten eines griechischen Einflusses auch auf das frühe Etrurien energisch zurück. Braun, der die von ihm erworbenen Gegenstände

464 Brief von Emil Braun an Eduard Gerhard, datiert Rom, den 19. Januar 1844 (Rom, Deutsches Archäologisches Institut, Briefarchiv).

465 Brief von Emil Braun an Eduard Gerhard, datiert Rom, den 9. März 1844 (Rom, Deutsches Archäologisches Institut, Briefarchiv).

466 E. Gerhard, AZ 1844, 308 ff.

467 Micali, Monumenti Inediti und Grifi, Monumenti di Cere antica spiegati colle osservanze del culto di Mitra (1841).

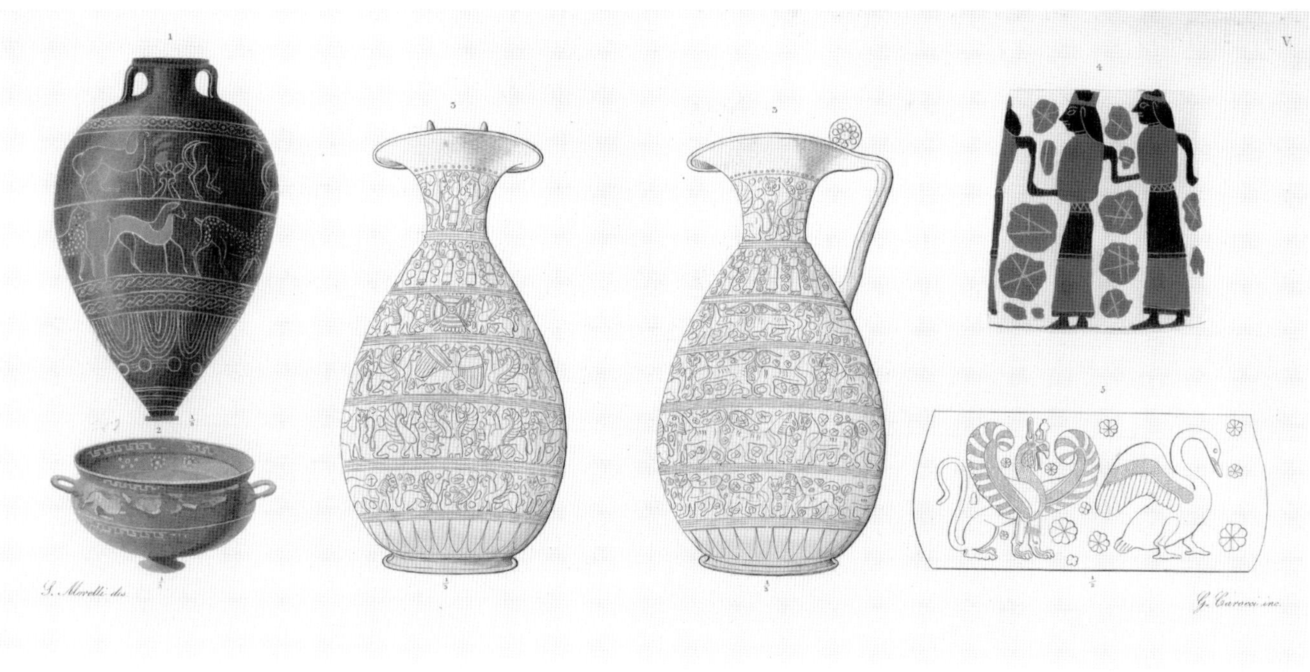

Abb. 52–55 Wiedergabe der Funde bei Micali.

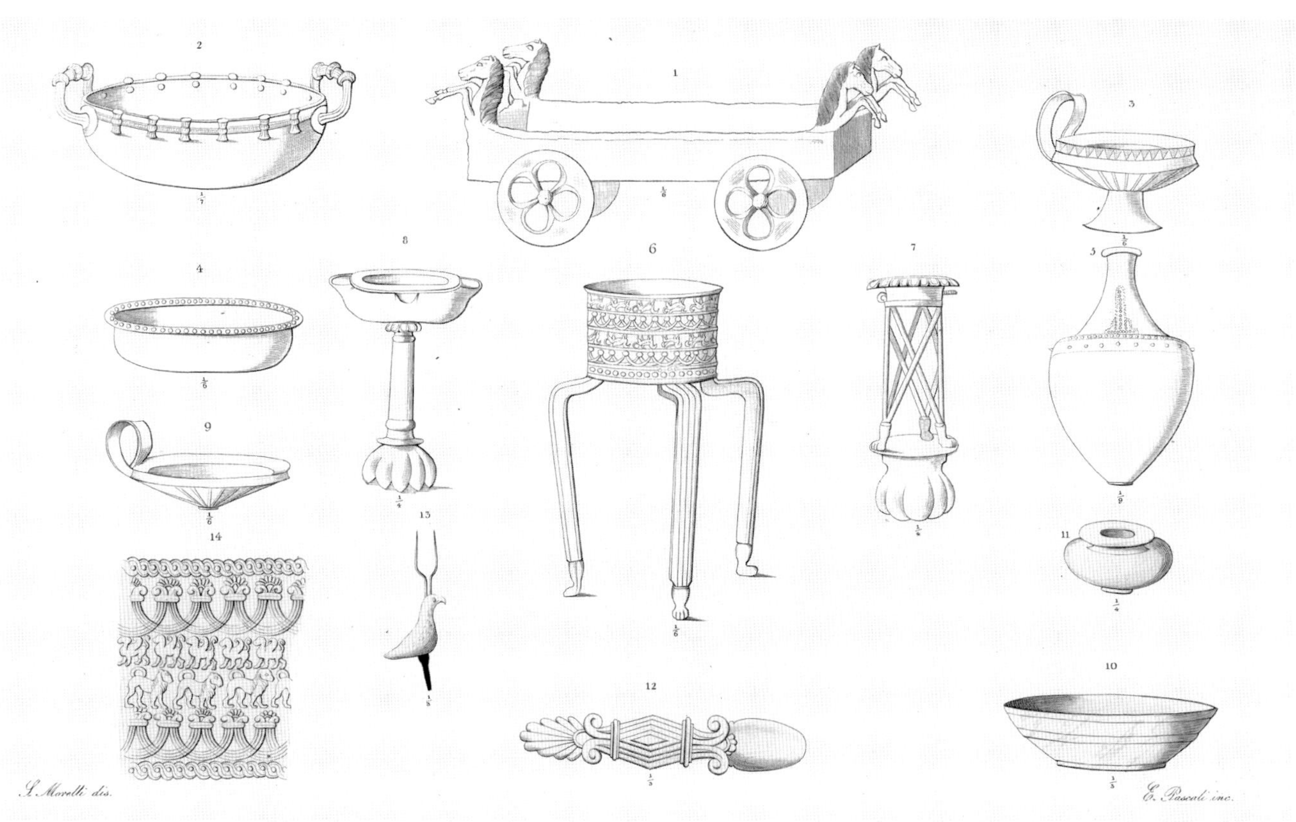

Abb. 56 Samuel James Ainsley, Ansicht von Vulci, 1842.

vermutlich selbst gerne veröffentlicht hätte und von Micalis diesbezüglichen Absichten keine Ahnung gehabt hatte, pflichtete Gerhard bei, indem er schrieb: «Der Minotaur, dessen philologische Bildung dem Stierkopf seines großen Vorahnen entspricht, soll's noch stark büßen. Der Irrthum ist unbegreiflich und unverzeihlich. Micali ist also zur Ruhe gebracht»[468]. Unbeirrt stellte Braun die Denkmäler selbst nochmals dem Fachpublikum vor: Eine passende Gelegenheit dazu bot sich bereits mit dem Festvortrag zum Palilientag 1844, den Braun nach seiner einleitenden Rede zum mittlerweile fünfzehnjährigen Bestehen des Instituto di Corrispondenza Archeologica den altertümlichen, zum Teil unvergleichlichen Funden des Isisgrabes widmete[469]. Braun beschrieb einige der Denkmäler in ihren wesentlichen Aspekten, wies auf Besonderheiten, mögliche Erklärungen, vor allem aber auf künftige Fragestellungen zu ihnen hin. Überhaupt schien sich ihm in Anbetracht frühetruskischer, daneben auch ägyptischer oder ägyptisch geprägter Funde ein weites Feld zu eröffnen, das der Altertumskunde künftig noch reiche Früchte bescheren könne. Die neuesten Forschungen zeigten doch gerade, daß die frühe etruskische Kultur, die mit der frühen griechischen weitgehend gleichgesetzt wurde, nicht nur zum afrikanischen Kontinent, namentlich zu Ägypten, sondern auch nach Mitteleuropa, zumindest zum Alpenraum, Beziehungen aufzuweisen habe[470]. Die Funde des Isisgrabes trugen demnach zu Fragestellungen bei, die damals überaus aktuell waren und in unterschiedliche Gebiete der Altertumskunde hineinreichten. Gerhard im fernen Berlin berichtete Braun: «Die Denkmäler der ägyptischen Grotte haben den 21 April effect gemacht. Sie sind für die älteste Cultur Etruriens von dem höchsten Interesse»[471]. Da die Funde des Isisgrabes anläßlich des Palilienfestes nur gestreift werden konnten, indessen aber tiefgreifendere Betrachtungen erforderten, ließ Braun sie während der folgenden Tage im Vortragssaal des Instituts zur Ansicht stehen und stellte sie bei der nächsten Adunanz im Mai 1844 zur Diskussion[472]. Auch einige andere Funde ungefähr gleicher Zeitstellung, darunter ein paar Skarabäen aus Vulci, wurden bei der Gelegenheit besprochen. In versammelter Runde gelangte man zu der Auffassung, daß die Etrusker, mindestens aber die Einwohner von Vulci und Cerveteri, in früherer Zeit ägyptische und orientalische Gegenstände in den Gräbern der Verstorbenen niederzulegen pflegten, wie sie in

468 Brief von Emil Braun an Eduard Gerhard, datiert Rom, den 9. April 1844 (Rom, Deutsches Archäologisches Institut, Briefarchiv).

469 E. Braun, BdI 1844, 102 ff.

470 Vgl. L. Steub, Ueber die Urbewohner Rätiens und ihren Zusammenhang mit den Etruskern (1843).

471 Brief von Emil Braun an Eduard Gerhard, datiert Rom, den 4. Mai 1844 (Rom, Deutsches Archäologisches Institut, Briefarchiv).

472 E. Braun, BdI 1844, 110 ff.

späterer Zeit griechische Gegenstände als Grabbeigaben bevorzugten. Darüber hinaus sei jedermann selbst eine weitergehende Interpretation der Denkmäler überlassen. Braun machte von den neuerworbenen Funden für seine eigenen Forschungen, die sich auf die etruskische Frühgeschichte konzentrierten, Gebrauch. Neben dem Inventar des Isisgrabes, über dessen Zusammengehörigkeit er ungefähr informiert war, bezog er andere Funde der gleichen Epoche, die er wahrscheinlich ebenfalls im Dezember 1843 aus den Canino'schen Beständen bei Basseggio erworben hatte, in seine Überlegungen ein.

Im Sommer 1843 kam George Dennis, der die Städte und Begräbnisplätze des antiken Etrurien bereiste, mit dem Verleger John Murray überein, daß seine Reisebeschreibungen in London gedruckt werden sollten[473]. Das zweibändige Werk wurde geschrieben, um die allgemeine Begeisterung für das antike Etrurien zu bedienen. Anders als die Reisebeschreibungen von Elisabeth Caroline Hamilton Gray, die gerade in England reißenden Absatz fanden und seit 1840 mehrmals aufgelegt worden waren, unter anderem aber auch von Dennis scharf rezensiert wurden[474], sollte sein eigenes Werk auf wissenschaftlich gesicherter Grundlage und in literarisch ansprechender Weise über die versunkene Kultur der Etrusker berichten. ‹The Cities and Cemeteries of Etruria› erschien 1848 in der Erstauflage und teilte Eindrücke und Erkenntnisse mit, welche Dennis bei mehreren Etrurienreisen, die er zum Teil in Begleitung des Malers Samuel James Ainsley unternommen hatte[475], und längeren Romaufenthalten zwischen 1842 und 1847 sammeln konnte. Ein umfangreiches Kapitel des Werkes war dem antiken Vulci und seiner materiellen Hinterlassenschaft gewidmet: Es hob an mit einer Schilderung der öden Landschaft, bot dann eine Beschreibung der Fundstätte, welche die wichtigsten baulichen Strukturen berücksichtigte, von denen die wenigsten im Gelände noch sichtbar waren. Besonderes Augenmerk wurde auf Attraktionen gerichtet, die sich im 19. Jahrhundert mit dem Namen von Vulci verbanden. So wurden der spätarchaische Tumulo della Cuccumella, das spätorientalisierende Isisgrab, die figürlich bemalten, überwiegend attischen Vasen spätarchaischer und frühklassischer Zeit und die

Abb. 57 Samuel James Ainsley, Ansicht von Vulci, 1842.

hellenistische Tomba Campanari gewürdigt[476]. Daran schloß ein weiteres Kapitel über den Besuch in Canino und das Museum von Musignano an, gefolgt von Ausführungen über attische Augenschalen und zwei spätklassische Sarkophage[477]. Dennis' Bemühungen zielten darauf, einen stimmungsvollen und möglichst getreuen Eindruck von dem seit Jahrhunderten aufgegebenen, üppiger Vegetation anheimgefallenen Vulci zu vermitteln[478], einen Eindruck, wie ihn auch Ainsleys Aquarelle wiedergeben (Abb. 56. 57). Dazu stellte er die spärliche am Ort zurückgebliebene antike Hinterlassenschaft und einige der wichtigsten von dort abtransportierten Funde zusammen. Dem Isisgrab wurde in diesem Kapitel viel Platz eingeräumt, obwohl Dennis weder die Grabarchitektur, noch das vollständige

473 D. E. Rhodes, Dennis d'Etruria. Vita e viaggi dello scopritore degli Etruschi (1992) 39 ff.

474 G. Dennis, The Westminster Review 41, März-Juni 1844, 145 ff. mit Abb.

475 Ainsley hinterließ ein umfangreiches Konvolut mit Aquarellen von diesen Reisen, welche in der British Library, Department of Prints and Drawings, aufbewahrt werden. Siehe dazu B. Origo Crea (Hrsg.), Etruria Svelata. I disegni di Samuel James Ainsley nel British Museum (1984).

476 G. Dennis, The Cities and Cemeteries of Etruria I (1848) 396 ff.

477 Ebenda 430 ff.

478 Vgl. die beiden Acquarelle von Ainsley, die am 12. und 13. Juni 1842 entstanden. (Origo Crea a. O. Nr. XII. XIII). Siehe Abb. 56. 57.

Inventar jemals gesehen hatte. Seine Beschreibung des Grabes und der Umgebung fußte auf Angaben, die andere Autoren zur Lage, Architektur und Ausstattung gemacht hatten[479]. Seine Beschreibung der Beigaben dagegen beruhte auf den noch vorhandenen Beständen, die Braun nebst einigen anderen Vulcenter Funden bei Basseggio erworben hatte. Dennis pflegte freundschaftlichen Umgang mit Braun[480] und logierte, wenn er sich zu Recherchen in Rom aufhielt, im Instituto di Corrispondenza Archeologica, wo außer Gästen noch Braun und ab 1842 auch Wilhelm Henzen wohnten. Er hatte die verbliebenen Funde zwischen 1844 und 1847 im Eigentum von Braun zu Gesicht bekommen und während dieser Zeit seine Ausführungen dazu niedergeschrieben[481]. Was die Beurteilung mancher Gegenstände betrifft, stützte er sich auf Erkenntnisse, die Braun und Gerhard zur Forschung beigetragen hatten. Er folgte Gerhard, wenn er von der griechischen Sagendarstellung auf der Hydria berichtete, und Braun, wenn er auf die Verwandtschaft der bronzenen Räucherwagen mit den Focolari aus Chiusi hinwies, berief sich folglich auf 1844 erschienene Literatur. Dennis dokumentiert also die wichtigsten Funde bei Braun, wobei er diese nicht immer nach ihrer genauen Herkunft aus dem Isisgrab zu bestimmen vermochte, sondern zusammen mit anderen Funden ungefähr gleicher Zeitstellung, die sich ebenfalls in Brauns Besitz befanden, behandelte. So wurde auch der verzierte Löffel[482] in dem Abschnitt über das Isisgrab berücksichtigt. Dennis kam es weniger auf eine vollständige Wiedergabe des Grabinventares, als vielmehr darauf an, die signifikantesten der mutmaßlich zusammengehörigen Fundstücke herauszugreifen.

Braun, der ja ein reges Forschungsinteresse an Funden der orientalisierenden Zeit hatte, wollte von einem Verkauf der bei Basseggio erworbenen Stücke fürs erste nichts wissen. Gerhard hatte sich schon im Dezember 1839 bei dem Fürsten von Canino selbst nach dem Inventar des Isisgrabes erkundigt und Braun bei dem geplanten Ankauf für das Berliner Museum um Vermittlung gebeten (Dokument 10). Nachdem die Verhandlungen damals durch das Interesse der Denkmalbehörde ins Stocken geraten und durch den Tod des Fürsten zum Erliegen gekommen waren, hatte Braun das Inventar des Isisgrabes später auf eigene Rechnung erworben. Gerhard, der offenbar nach wie vor Absichten hegte, teilte er im April 1844 mit: «Kleinigkeiten abzugeben convenirt mir in diesem Augenblick nicht. Ich habe ein hübsches, in mancher Beziehung einziges Antiquarium beisammen, das ich durch Abtrennung wichtiger Curiositäten benachtheiligen würde»[483]. Lehnte Braun zu dieser Zeit noch Verkäufe aus seiner Antikensammlung generell ab, so änderte er zwei Jahre später, als er, wie es scheint, notwendiger Geld brauchte, doch seine Meinung. Im April 1846 trat er an Gerhard heran mit der Frage: «Haben Sie wegen der Grotta egizia noch Absichten, so bitte ich zu eilen, indem Wagner wiederholt danach gefragt hat, damit es nicht wieder geht wie mit dem Zwillingspaar des Heros Kantharos»[484]. Für das Berliner Museum wurde das Inventar des Isisgrabes aber auch dann nicht erworben, denn davon riet Richard Lepsius (Abb. 58) ab. Dieser hatte seine wissenschaftliche Laufbahn mit Studien zu etruskischen und oskischen Altertümern begonnen und war 1836 nach Rom gekommen, wo er auf Anraten von Bunsen und Gerhard ägyptologische Studien aufnahm. Nach dem Tod von Champollion lagen ägyptologische Studien nahezu brach, nahmen sich doch nur zwei seiner Schüler, Ippolito Rosellini in Pisa und François Salvolini in Paris, ihrer an. Für Lepsius eröffnete sich somit ein schier unbegrenztes Feld, dem er sich gegen Ende der dreißiger Jahre ausschließlich zuwandte. Als er von 1842 bis 1845 die Preußische Expedition nach Ägypten leitete, die ihm einen Lehrstuhl in Berlin einbrachte, konnte er als ausgewiesener Fachmann der italischen und der ägyptischen Altertumskunde gelten. In Berlin war er wie Gerhard für das Museum und die Universität zugleich tätig[485]. Sein Urteil über das Inventar des Isisgrabes, das er selbst gar nicht gesehen haben konnte, wog demnach schwer, wenn er aus nicht näher bekannten Gründen von einem Ankauf der Funde abriet[486]. Braun knüpfte daraufhin Verhandlungen mit

479 Die Karte mit der Eintragung des Grabes innerhalb der Nekropole stützt sich auf M. Knapp, AdI 1832, 279 ff. und MonInst I (1829–1833) Taf. 40. 41 (Abb. 26. 27). Die Eintragung des Isisgrabes in die Karte findet sich noch nicht in der Erstauflage des Buches von 1848 (vgl. G. Dennis, The Cities and Cemeteries of Etruria I [1848] 396), sondern wurde erst später hinzugefügt.

480 Ein Exemplar der Erstausgabe seines Werkes, das sich heute im Eigentum des Deutschen Archäologischen Instituts in Rom befindet, enthält die handschriftliche Widmung: «To Dr. Emil Braun, Secretary of the Archaeological Institute, from his friend George Dennis. 1 of Jan(uary) 1849».

481 G. Dennis, The Cities and Cemeteries of Etruria I (1848) 420. 435 f.

482 London, Britisches Museum, Inv. GR 1850.2-27.48.

483 Brief von Emil Braun an Eduard Gerhard, datiert Rom, den 12. April 1844 (Rom, Deutsches Archäologisches Institut, Briefarchiv).

484 Brief von Emil Braun an Eduard Gerhard, datiert Rom, den 4. April 1846 (Rom, Deutsches Archäologisches Institut, Briefarchiv). – Es ist unklar, worauf sich die Bemerkung über den «Heros Kantharos» im Nachsatz bezieht.

485 W. R. Warren – E. P. Uphill – M. L. Bierbrier, Who was who in Egyptology[3] (1995) 249 f. s. v. Lepsius, (Karl) Richard.

486 Schriftliche Unterlagen zu dem geplanten Ankauf haben sich, wie es scheint, weder in Berlin noch in Merseburg

dem Dresdener Museum an und berichtete Gerhard im Juli 1846: «Die ägyptische Grotte wird wohl nun nach Dresden wandern. Hofr(at) Schulz als der Kunsthistoricus des archaischen Styls hat eine genaue Beschreibung davon aufgenommen und mit warmen Empfehlungen an den Minister eingesandt. Ich habe ihm indes nicht verhehlt, daß sie in Berlin in Folge Lepsius'scher Disrecomandation durchgefallen war»[487]. Heinrich Wilhelm Schulz hatte mehrere Jahre in Rom gelebt und sich dort im Umkreis des Instituto di Corrispondenza Archeologica betätigt, bevor er 1842 zum Direktor der Antiken- und Abgußsammlung in Dresden bestellt wurde[488]. Er kannte die Funde, die er im Dezember 1839 im Museum von Musignano gesehen und in seinem Bericht im Bullettino 1840 als Vergleichsbeispiele erwähnt hatte[489], aus eigener Anschauung. Die Beschreibung, welche er Braun zufolge von ihnen angefertigt hatte, blieb nicht erhalten, wie auch eine diesbezügliche Stellungnahme des Staatsministers von Wietersheim, dem als provisorischem Direktor der sächsischen Kunstakademie die Oberaufsicht über die Dresdener Kunstsammlungen oblag, verloren ging[490]. Obwohl davon auszugehen ist, daß Schulz sich für einen Ankauf der betreffenden Funde aussprach, kam auch mit dem Dresdener Museum letztlich kein Handel zustande. Braun unternahm einen dritten Versuch und bot das Inventar des Isisgrabes dem Britischen Museum an, wohl in der Hoffnung, daß seine guten Kontakte nach London einen Verkauf dorthin fördern könnten. Im Mai 1847 erkundigte er sich bei Samuel Birch, dem Braun freundschaftlich verbunden war: «Haben Sie nicht meine aegyptische Grotte in Vorschlag gebracht? Vielleicht könnte diese zur Ausgleichung der Preisdifferenzen benutzt werden, da ich diese auch mit Schaden wegzugeben geneigt wäre, sintemal sie mir zuviel Raum wegnimmt, den ich nothwendiger brauche»[491]. Birch war Kurator für ägyptische, asiatische, griechische und römische Altertü-

Abb. 58 August Kestner, Karl Richard Lepsius (28. Januar 1838).

mer und bei seinen eigenen Forschungen an fächerübergreifenden Fragestellungen, die gerade anhand solcher Funde entwickelt werden konnten, interessiert[492]. Dennoch reagierte er auf das Angebot vorläufig nicht. Braun, der sich mittlerweile verstärkt mit galvanoplastischen Experimenten beschäftigte, sein Geld dort hinein investierte und zunehmend in finanzielle Bedrängnis geriet, unternahm im April 1848 nochmals Anstrengungen, das Inventar des Isisgrabes loszuwerden. Erneut wandte er sich an Gerhard: «Für den Ankauf der Grotta egizia läßt sich nichts thun, auch wenn ich sie nach mehrjähriger Capitalauslage für den Preis von 200 Napol(éon) d'(or) gebe?»[493]. Gleichzeitig verbesserte er sein Angebot an Birch: «Wenn es Ihnen möglich sein sollte, die sogenannte Grotta Egizia, deren kunstgeschichtlich so merkwürdige, zum Theil einzigartige Gegenstände Sie bei mir sahen und deren vorzüglichste Stücke Micali in seinem letzten Werke publizirt hat, dem British Museum zum Ankauf zu empfehlen, so würde ich in Rücksicht auf die Zeitläufte den dafür ver-

erhalten; dabei muß eingeräumt werden, daß die Bestände des Zentralen Staatsarchivs Merseburg zur Zeit der Recherchen noch nicht vollständig zugänglich waren. Nicht auszuschließen ist auch, daß es sich lediglich um mündliche Mitteilungen handelte.

487 Brief von Emil Braun an Eduard Gerhard, datiert Rom, den 6. Juli 1846 (Rom, Deutsches Archäologisches Institut, Briefarchiv).

488 K. Knoll, Die Geschichte der Dresdener Antiken- und Abgußsammlung von 1785 bis 1915 und ihre Erweiterung zur Skulpturensammlung unter Georg Treu (1993) 53 ff.

489 Siehe oben Kap. III.

490 Diese Informationen verdanke ich Kordelia Knoll (Dresden). Ihrzufolge haben sich in Dresden kaum relevante Dokumente für die Jahre zwischen 1840 und 1860 erhalten.

491 Brief von Emil Braun an Samuel Birch, datiert Rom, den 25. Mai 1847 (London, Britisches Museum, Department of Western Asiatic Antiquities, Correspondence 1826–1860, s. v. Braun).

492 Dawson – Uphill – Bierbrier a. O. 45 f. s. v. Birch, Samuel.

493 Brief von Emil Braun an Eduard Gerhard, datiert Rom, den 4. April 1848 (Rom, Deutsches Archäologisches Institut, Briefarchiv).

langten Preis von 300 £ Sterl(ing) auf 200 £ ermäßigen»[494]. Bei diesem brachte er sich im selben Monat nochmals in Erinnerung: «Haben Sie keine Gelegenheit gehabt, die merkwürdigen, kunstgeschichtlich so wichtigen Monumente der aegyptischen Grotte in Vorschlag zu bringen? Möchten Sie Zeichnungen davon eingesandt?»[495]. Die Angelegenheit schien dringend und Braun dehnte sein Angebot inzwischen auch auf andere Teile seiner Antikensammlung, namentlich auf die bei Basseggio erworbenen Canino'schen Funde der Grabungen von 1838/39 und 1839/40 aus. So schrieb er Gerhard, der sich offenbar für die Tridacnamuschel interessierte, im Oktober 1848: «Die Conchiglia habe ich seiner Zeit theuer etwa 50 Scudi gekauft und den Gegenständen der ägyptischen Grotta (sic!), die ich jetzt gern, schon um Platz zu gewinnen, los wäre, und um einen geringen Preis, selbst für 700 Scudi hingeben würde, obwohl sie mir (sic!) viel mehr gekostet. Ich habe alle Gegenstände neu zeichnen lassen und könnte die Zeichnungen einsenden»[496]. Braun hoffte, die schleppenden Verhandlungen mit Hilfe von Zeichnungen in Schwung zu bringen. Diese übergab er Charles Newton, einem Kurator des Britischen Museums, der im Herbst 1848 nach Rom kam[497]. Als Braun im darauffolgenden Frühjahr selbst nach London fuhr, weil er dort generell bessere Geschäfte mit der Archäologie zu machen glaubte[498], nutzte er den Aufenthalt, um sich im Juli 1849 wiederum an Birch zu wenden: «I prevail myself of this opportunity to call you to mind the monuments of the so called Grotta egizia, which for the history of primitive etruscan art are of the utmost importance and which show the link by whom occidental and egyptian art have been originally joined together. Drawings of the most important objects have been delivered to M(iste)r Newton, who thought highly of this unvaluable collection, which it would be pity to see dismembered»[499]. Obwohl Braun gezielte Avancen machte, um den Verkauf der von Basseggio erworbenen Funde, darunter das Inventar des Isisgrabes, voranzutreiben, gelang es ihm erst, sich ihrer zu entledigen, als er persönlich mit Birch in London darüber verhandelte. Eine wesentliche Rolle dürfte auch der Umstand gespielt haben, daß Dennis' periegetisches Werk, in dem die Gegenstände des Isisgrabes als herausragende Denkmäler des antiken Vulci gewürdigt wurden, gegen Ende des Jahres 1848 in London erschienen und in der britischen Öffentlichkeit auf große Resonanz gestoßen war[500]. Jedenfalls beschlossen die Trustees des Britischen Museums auf Brauns letztes Schreiben hin prompt, daß die von ihm feilgebotenen Funde erworben werden sollten, nicht ohne allerdings den dafür verlangten Preis nochmals herabzusetzen. Dem Sitzungsbericht läßt sich entnehmen: «The Trustees authorised M(iste)r Birch to negotiate [...] for the purchase of certain Etruscan remains mentioned by D(octo)r Braun in his letter, at a sum not exceeding £ 150»[501]. Braun konnte im August 1849 aus London Heinrich Brunn in Rom darum bitten, das Inventar des Isisgrabes und einige andere Gegenstände zum Transport zu verpacken und unverzüglich nach England zu versenden. Da der Preis, den er erzielen konnte, gering, die Kosten für Verpackung, Transport und Zoll jedoch noch zu bestreiten waren, ermahnte er Brunn, diese niedrig zu halten. Zugleich ersuchte er ihn, einige Kleinbronzen aus seiner Sammlung mitzuschicken, sofern in den Kisten noch ausreichend Platz sei, diese aber an ihn selbst zu adressieren, um zu verhindern, daß sie mit Funden des Isisgrabes verwechselt würden[502]. Im Dezember 1849, als Braun längst wieder aus London abgereist war, trafen die Kisten dort ein. Bevor die darin enthaltenen Gegenstände inventarisiert werden konnten, mußte Birch, um Klarheit über ihre jeweilige Herkunft zu gewinnen, ein Verzeichnis von ihnen bei Braun

494 Brief von Emil Braun an Samuel Birch, datiert Rom, den 4. April 1848 (London, Britisches Museum, Department of Western Asiatic Antiquities, Correspondence 1826–1860, s. v. Braun).

495 Brief von Emil Braun an Samuel Birch, datiert Rom, den 29. April 1848 (London, Britisches Museum, Department of Western Asiatic Antiquities, Correspondence 1826–1860, s. v. Braun).

496 Brief von Emil Braun an Eduard Gerhard, datiert Rom, den 16. Oktober 1848 (Rom, Deutsches Archäologisches Institut, Briefarchiv).

497 Brief von Emil Braun an Eduard Gerhard, datiert Rom, den 28. Oktober 1848 (Rom, Deutsches Archäologisches Institut, Briefarchiv): «[...] M(iste)r Newton, der Numismaticus des British Museum ist hier, ein sehr ausgezeichneter junger Mann, der auch für Bildwerke einen sehr sicheren und scharfen Blick hat. [...].»

498 Brief von Emil Braun an Eduard Gerhard, datiert Rom, den 10. März 1849 (Rom, Deutsches Archäologisches Institut, Briefarchiv): «[...] Nächstes Frühjahr gehe ich nach London, wo ich den Sommer über zu bleiben gedenke. Ich habe dort bessere Aussicht, Geschäfte mit der Archäologie zu machen als in Deutschland. [...].»

499 Brief von Emil Braun an Samuel Birch, datiert London, den 19. Juli 1849 (London, Britisches Museum, Archives Department, The Trustees' Minutes 1848–1857, C 7830).

500 D. E. Rhodes, Dennis d'Etruria. Vita e viaggi dello scopritore degli Etruschi (1992) 63 ff.

501 Sitzungsbericht der Trustees des Britischen Museums vom 21. Juli 1849 (London, Britisches Museum, Archives Department, The Trustees' Minutes 1848–1857, C 7830).

502 Brief von Emil Braun an Heinrich Brunn, datiert London, den 13. August 1849 (Rom, Deutsches Archäologisches Institut, Briefarchiv).

in Rom anfordern[503]. Braun schickte umgehend das gewünschte Verzeichnis, in dem der gesamte Inhalt der Kisten Stück für Stück aufgeführt wurde, wobei die nicht zu dem Inventar des Isisgrabes gehörenden Gegenstände eingeklammert waren, während andere, von dem Handel überhaupt nicht berührte Gegenstände, welche noch in Brauns Eigentum verblieben, markiert waren (Dokument 29). Zu letzteren zählt zum Beispiel jene Tridacnamuschel aus den Grabungen der Fürsten von Canino, die später gleichfalls vom Britischen Museum erworben wurde[504]. Im Gegenzug bat Braun darum, daß man ihm die Zeichnungen, welche er 1848 von den Gegenständen des Isisgrabes zum Zwecke ihres Verkaufs hatte anfertigen lassen, zurücksenden möge, da er sie angeblich dringend, vermutlich für seine Forschungen zur etruskischen Frühgeschichte, benötigte. Diese Zeichnungen haben sich in Brauns Nachlaß, der, sofern er archäologische Relevanz besaß, an das Instituto di Corrispondenza Archeologica in Rom überging, bei welchem Braun bei seinem Tod noch Schulden hinterließ[505], nicht gefunden und sind somit verschollen.

Im Februar 1850 wurde das Inventar des Isisgrabes, soweit es vom Britischen Museum erworben und in Brauns Liste als zu diesem Grab gehörig gekennzeichnet worden war, in das Register aufgenommen (Dokument 30). Dabei wurde der verzierte Löffel, der nach Angaben von Braun nicht aus dem Isisgrab herrührte, in den Publikationen von Micali und Dennis aber bereits mit den daher stammenden Funden abgebildet war, eingeschlossen. Weiterhin wurde die tönerne Schale verzeichnet, welche in Brauns Liste fehlte. Demgegenüber hatte Braun sechs Straußeneier notiert, von denen nur fünf das Britische Museum erreichten; das sechste ging anscheinend unterwegs verloren. Die anderen zugleich erworbenen Gegenstände, die Brauns Angaben zufolge nicht zu dem Inventar des Isisgrabes gehörten, wurden separat in das Register eingetragen. Die unter der Herkunftsbezeichnung «Polledrara Tomb» erfaßten Gegenstände gerieten, kaum waren sie an das Britische Museum übergegangen, in Vergessenheit. Nur in einer knappen Notiz wurde die Erwerbung durch Samuel Birch kundgemacht[506]: «Diese für die altitalische Kunstgeschichte überaus wichtigen und in der archäologischen Literatur bereits berühmten Gegenstände [...] sind nun um den Preis von 150 Pfund dem Museum anheimgefallen. Eine nähere Erörterung derselben würde nach so viel(en) früheren Berichten überflüssig sein; doch ist zu bemerken, daß die mit eingegrabener Zeichnung versehenen Straußeneier bei neuerlicher Untersuchung nicht als solche, sondern vielmehr für Nachahmungen zu gelten haben, welche aus Alabaster[507] und auf der Drehbank gearbeitet worden sind». Die Funde wurden in London, wie es scheint, zunächst nicht restauriert, sondern in dem im wesentlichen schon in Musignano herbeigeführten Zustand belassen; erst später wurden Veränderungen vorgenommen und einige frühere Ergänzungen entfernt. Vor der zweiten Hälfte des 20. Jahrhunderts wurden solche Maßnahmen jedoch nicht schriftlich festgehalten. Es läßt sich auch nicht ermitteln, wann das Inventar des Isisgrabes, nachdem es höchstens zwei Jahre im Museum von Musignano und nur wenige Tage am Sitz des Instituto di Corrispondenza Archeologica in Rom ausgestellt war, erstmals wieder der Öffentlichkeit vorgeführt wurde. In die Fachliteratur ging es mit dem überlieferten Bestand 1910 durch Oskar Montelius erneut ein[508] (Abb. 59. 60. 61. 62). Der Prähistoriker hatte die Bedeutung von Fundzusammenhängen hervorgehoben und unter diesem Gesichtspunkt das mittlerweile umfangreiche, zum Teil verstreute Fundmaterial aus dem eisenzeitlichen Mittelitalien gesammelt. Sein Werk enthielt mehrere Vulcenter Fundgruppen, unter denen das Inventar des Isisgrabes hervorragte. Montelius hatte offenbar nicht selbst im Britischen Museum recherchiert, sondern einen Zeichner, der die einzelnen Fundstücke aufnahm und kurze Angaben zu ihnen machte, dorthin geschickt. Die nach dieser Vorlage gedruckten Tafeln zeigen, daß auch andere als die mit dem Inventar des Isisgrabes überlieferten Funde, welche in derselben Vitrine ausgestellt waren, von Montelius als zugehörig betrachtet wurden. Dazu zählen ein Gefäß aus Alabaster und eine Bronzeschale, welche die unscharfen Konturen der Fundgruppe weiter verschwimmen ließen. Von den Vorlagen des unbekannten Zeichners haben sich Kopien bei den Archivalien des Britischen Museums erhalten. Gegen Ende des 19. Jahrhunderts sind Fotografien entstanden, die zeigen, wie das Inventar des Isisgrabes in den Vitrinen des Britischen Museums ausgestellt war.

Nach dem verzweigten Weg, den das ursprünglich vollständig geborgene Inventar des Isisgrabes im Laufe von elf Jahren genommen hatte, stand der Forschung seit dem Eingang eines Großteils der Beigaben in das Britische

503 Entwurf eines Briefes von Samuel Birch an Emil Braun, datiert London, den 24. Dezember 1849 (London, Britisches Museum, Department of Western Asiatic Antiquities, Correspondence 1826–1860, s. v. Braun).

504 Siehe oben Anm. 370.

505 Mit der Abwicklung von Brauns Nachlaß war Wilhelm Henzen beauftragt. Den Hinweis auf die unter seinem Namen abgelegten Dokumente im Archiv des Deutschen Archäologischen Instituts Rom verdanke ich Horst Blanck (Rom).

506 S. Birch, AA 13, 1850, 151 f.

507 Vgl. Dokument 30.

508 Montelius, Civilisation primitive 12 f. Taf. 265–268. Siehe Abb. 59–62.

Abb. 59. 60 Wiedergabe der Funde bei Montelius.

Sépulture. **Vulci,** prov. de Roma. Période étrusque.

Polledrara. — Tomba d'Iside.

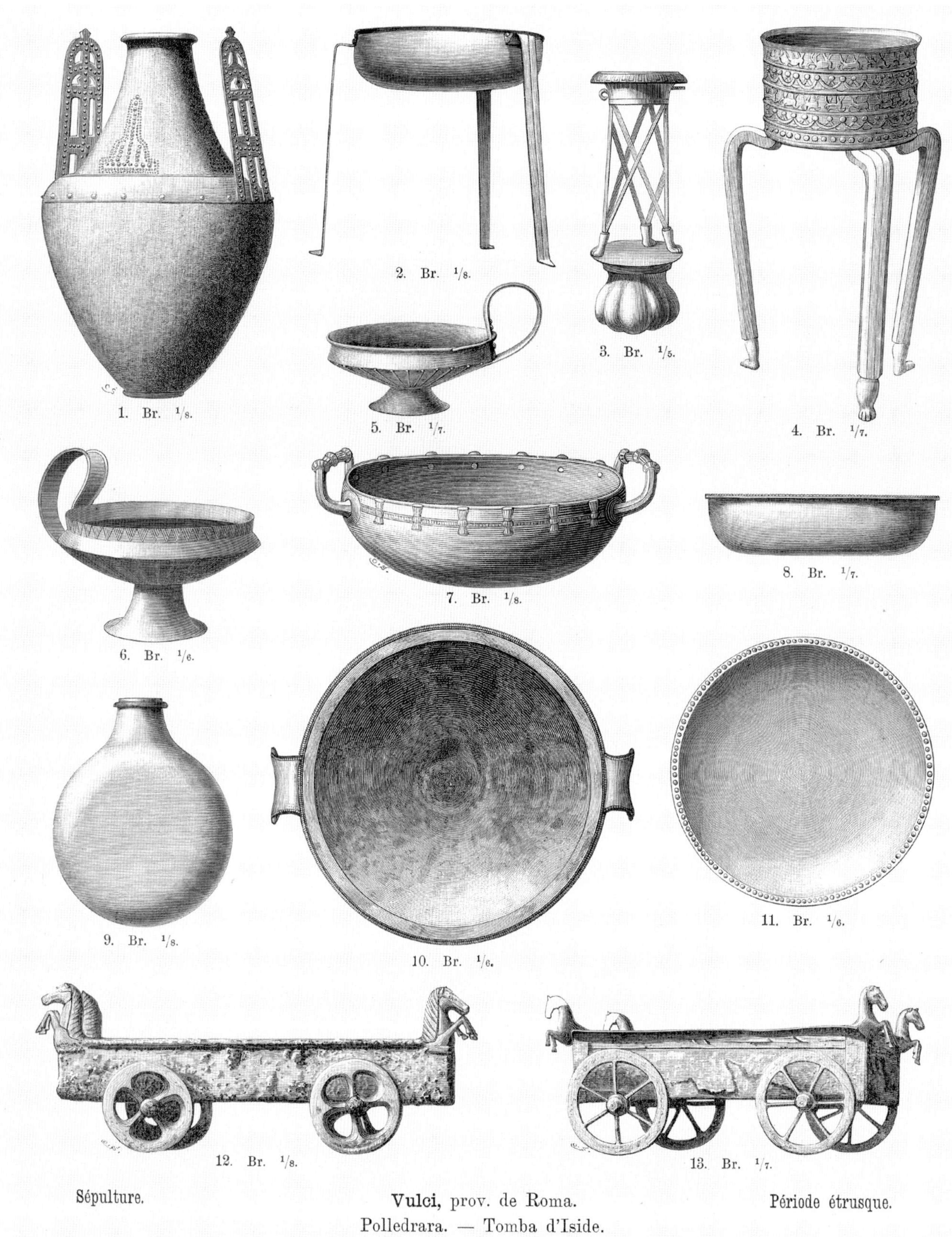

Abb. 61. 62 Wiedergabe der Funde bei Montelius.

1 a—d. Terre émaillée. 1/2.

2 a et b. Terre émaillée. 1/2.

3. Terre. c. 1/4.

4. Terre. 1/8.

5. Terre. 1/10.

Sépulture. **Vulci,** prov. de Roma. Période étrusque.

Polledrara. — Tomba d'Iside.

Museum eine nur teilweise zusammengehaltene, aber mehrfach verunklärte und durch Fremdmaterial angereicherte Fundgruppe zur Hand, die hinsichtlich ihrer Authentizität häufig Mißtrauen erregte. Ein kleinerer Teil der Beigaben, welcher gleich nach der Entdeckung des Isisgrabes von dem übrigen Bestand getrennt worden war, wurde niemals im Zusammenhang mit dem Inventar dieses Grabes bekannt. Es handelte sich dabei um Keramik, Goldschmuck und gewisse Bronzen, welche auf illegalen Wegen über die Grenzen des Kirchenstaates und damit außerhalb der Reichweite seines gesetzlich verankerten Denkmalschutzes gelangten. Der Verbleib dieser Beigaben kann zwar ein Stück weit verfolgt werden, läßt sich aber nicht mit Sicherheit ermitteln, die einzelnen Gegenstände können, mit Ausnahme der drei Schilde in Karlsruhe, nicht zweifelsfrei identifiziert werden. Der für das Isisgrab in Anspruch zu nehmende Teil seiner Beigaben ist demnach hauptsächlich unter den Gegenständen zu suchen, die 1850 in das Britische Museum gelangten. In diesem Sinne gelten nach wie vor die Worte von David Herbert Lawrence[509]: «In the British Museum lie the contents, for the most part, of the so-called Tomb of Isis, where lay buried a lady whom Dennis thought was surely Egyptian, judging from her statue, that is stiff and straight, and from the statuette of «Isis», the six ostrich eggs and other imported things that went to the grave with her: for in death she must be what she was in life, as exactly as possible. This was the Etruscan creed. – How the Egyptian lady came to Volci, and how she came to be buried there along with a lady of ancient Etruria, down in that bit of the Volci necropolis now called Polledrara, who knows? But all that is left of her is now in the British Museum. Vulci has nothing. Anyhow she was surely not Egyptian at all.»

509 D. H. Lawrence, Sketches of Etruscan Places and other Italian Essays, hrsg. von S. De Filippis (1992) 152 f.

VI. Die Bestimmung des authentischen Denkmälerbestandes

Alles, was von dem Isisgrab jemals bekannt wurde, beschränkt sich auf den seit 1850 in London aufbewahrten Bestand. Damals wurden 67 Objekte von Emil Braun erworben und mit dem Vermerk, daß sie aus der Polledrara bei Vulci kamen, in das Register des Britischen Museums eingetragen (Dokument 30). Tatsächlich stellen diese Objekte kein vollständiges Grabinventar dar. Denn bereits ein unbefangener Blick darauf zeigt, daß beispielsweise Keramik fast völlig fehlt; man vermißt Buccheri und Impasti, wie sie in zeitgenössischen Gräbern sonst üblich sind. Stattdessen sieht man sich einer Reihe seltener, mitunter singulärer Funde gegenüber, die in ihrer Zusammenstellung erst recht einer Parallele entbehren. Das hat Zweifel an der Zusammengehörigkeit des in London aufbewahrten Bestandes geweckt.

Zweifel wurden noch dadurch genährt, daß von Seiten der Ausgräber keine Publikation der Funde erfolgte. Davon abgesehen galten die Ausgrabungen der Fürsten von Canino generell als unzuverlässige Quelle, nachdem sie durch die unsachgerechte Vorgehensweise, derer Alexandrine Bonaparte sich in späteren Jahren bediente, in Verruf geraten waren. Hinzu kommt, daß der in London befindliche Bestand erst durch mehrere Hände ging, bevor er in den Besitz des Britischen Museums gelangte. Ein weiteres trugen die nachfolgenden Veröffentlichungen, in denen andere Objekte des Britischen Museums mit dem angeblichen Grabinventar zusammen behandelt wurden, zu dessen Verunklärung bei. Hermann Thiersch wies jene verzierte Tridacnamuschel, die ebenfalls aus den Canino'schen Ausgrabungen in Vulci stammte und neben dem Grabinventar an Braun veräußert, jedoch erst 1852 aus dessen Besitz erworben wurde, dem Isisgrab zu[510]. Montelius brachte ein Alabastergefäß und eine Bronzeschale, welche im Britischen Museum gemeinsam mit dem Grabinventar in einer Vitrine ausgestellt waren, mit ihm in Zusammenhang[511]. Luigia Achillea Stella fügte ein Bootsmodell aus Alabaster, das wiederum zu einem späteren Zeitpunkt aus dem Besitz von Braun erworben und dann gemeinsam mit dem Grabinventar ausgestellt wurde, hinzu[512]. Auf diese Weise gingen weitere Objekte des Britischen Museums als Beigaben des Isisgrabes in die Literatur ein, obwohl sie weder mit dem Isisgrab noch mit dem 1850 erworbenen Ensemble in London etwas zu tun hatten.

Dessen ungeachtet galt das Isisgrab vom ersten Moment an als besonders bedeutender Grabfund. Als solcher wurde es zur Beantwortung weitreichender Fragestellungen herangezogen. Alexander Stuart Murray erblickte darin einen chronologischen Angelpunkt[513]. Montelius führte das mutmaßliche Grabinventar als einen geschlossenen Grabfund vor[514]. Massimo Pallottino definierte aufgrund des vorhandenen Bestandes sogar einen ganzen Kulturhorizont am Ende der orientalisierenden Zeit[515]. Der enorme Stellenwert, der dem Isisgrab in der Forschung beigemessen wurde, steht allerdings in eklatantem Widerspruch zu der Vernachlässigung, welche die Funde und ihr vorgeblicher, aber keineswegs verbürgter Zusammenhang erfahren hatten. Das merkten einige Gelehrte, die sich mit übergreifenden Fragestellungen beschäftigten, insbesondere Giovanni Pinza[516], Georg Karo[517], Åke Åkerström[518] und Ingrid Strøm[519], kritisch zu dem Londoner Ensemble an. Allein eine regelrechte Publikation der Funde wurde nicht nachgeholt und selbst eine Revision des Londoner Bestandes ließ lange auf sich warten.

Haynes nahm sich in einer höchst verdienstvollen Studie erstmals der fragwürdigen Überlieferung des Isisgrabes an[520]. Sie verglich die frühesten veröffentlichten Beschreibungen, die bald nach der Entdeckung des Grabes angefertigt worden waren und ermittelte anhand dieser Beschreibungen einen gesicherten Bestand an Beigaben, welchen sie in einem Teil des Londoner Ensembles wiedererkannte. Andere Objekte, die im Register des Britischen

510 Zu dieser Tridacnamuschel siehe oben Kap. III bei Anm. 370 und unten Dokument 29.

511 Montelius, Civilisation primitive Taf. 265, 14 a.b (Alabastergefäß); 267, 10 (Bronzeschale).

512 L. A. Stella, Italia antica sul mare (1930) 154 f. Anm. 5 d. sowie ferner A. Göttlicher, Materialien für ein Corpus der Schiffsmodelle im Altertum (1978) 79 Nr. 466. – Zu diesem Bootsmodell siehe unten Dokument 29.

513 A. S. Murray, JHS 10, 1889, 243 ff. bes. 246 f.

514 Montelius, Civilisation primitive 12 f. Taf. 265–268.

515 M. Pallottino, StEtr 13, 1939, 113 ff.

516 G. Pinza, RendLinc 21, 1912, 79 f. und ders., Materiali per la Etnologia antica toscano-laziale I. Oggetti della prima età dei metalli (1915) 82 f.

517 G. Karo, AM 45, 1920, 111 f.

518 Å. Åkerström, Studien über die etruskischen Gräber unter besonderer Berücksichtigung der Entwicklung des Kammergrabes (1934) 66 ff.

519 I. Strøm, Problems concerning the origin and early development of the Etruscan orientalizing style (1971) 188 ff.

520 S. Haynes in: La civiltà arcaica di Vulci e la sua espansione, Atti del X Convegno di Studi Etruschi e Italici, Grosseto – Roselle – Vulci 1975 (1977) 17 ff. Taf. 6–11.

wohinhingegen die andere Bronzefigur Spuren einstiger Vergoldung aufwies und ferner eine bronzene Hand, eine Sockelung sowie einen figürlich verzierten Abschluß besaß. Die Beschreibung der zweiten Bronzefigur trifft exakt auf das erhaltene, früher stellenweise vergoldete Exemplar mit der separat gearbeiteten bronzenen Hand zu. Die Sockelung dieser Bronzefigur wurde von Micali[553], Dennis[554] und Montelius[555] wiedergegeben und später entfernt; der figürlich verzierte Abschluß bestand demnach aus den zwei Bronzestreifen mit figürlichem Reliefschmuck[556], welche als nachträgliche Zutat anzusehen sind und zum Teil wieder abgenommen wurden. Des weiteren dürfte die bronzene Hand, die in der Verbindung mit der erhaltenen Bronzefigur ziemlich ungelenk wirkt, eine nachträgliche Zutat sein. Von der erhaltenen Bronzefigur verblieben vielmehr nur der Kopf und der Rumpf im Original. Als Kopfputz der Statuette aber fungierte die inzwischen verloren gegangene Bronzefigur, von der keine Abbildung zeugt, zu der jedoch der von Micali bezeichnenderweise als Einzelstück wiedergegebene vergoldete Hörnervogel gehörte[557], der zuvor der Statuette in die Hand gegeben war. Die erhaltene bronzene Halbfigur[558], die um mehrere Zutaten ergänzt wurde[559], und der vergoldete bronzene Hörnervogel[560] gehörten folglich nicht zusammen; sie zeugen von zwei verschiedenen, einander aber wohl ähnlichen bronzenen Bildwerken aus dem Isisgrab. Von jener verlorenen bronzenen Halbfigur aber verblieb außer dem vergoldeten Hörnervogel auch die bronzene Hand[561], die wohl nicht zufällig genau mit diesem zusammenpaßt. Braun (Dokument 29) subsumierte zum einen die Halbfigur, zum anderen den Hörnervogel unter den Funden aus dem Isisgrab. Letzteren brachte er erneut mit der Statuette zusammen. Als Attribut der Statuette wurde der Hörnervogel dann im Britischen Museum gezeigt und demgemäß von Montelius dargestellt[562].

Unter den Funden, welche sich bis an die Fundstätte zurückverfolgen lassen, sind die zwei Räucherwagen mit Pferdeprotomen[563] zu nennen, die anfangs noch sehr gut erhalten waren. Sie wurden, wie Lucien Bonaparte (Dokument 9) ausdrücklich bezeugt, in nächster Nähe der Statuette gefunden; die Brandspuren derselben dürften tatsächlich von der Gesellschaft mit ihnen herrühren. Das wird dadurch bestätigt, daß ein Räucherwagen stellenweise geschmolzen ist. Der einstigen Fundlage gemäß wurden die zwei Räucherwagen allem Anschein nach neben der Statuette im Museum von Musignano ausgestellt, schienen sie doch die angenommene sakrale Bestimmung derselben zu bekräftigen. Jedenfalls wurden sie gelegentlich in einem Atemzug mit der Statuette beschrieben[564]. Micali bildete den einen Räucherwagen ab, auf den anderen ging er im begleitenden Text ebenfalls ein[565]. Braun (Dokument 29) bestätigte die Herkunft beider Räucherwagen aus dem Isisgrab.

Die zweihenklige Bronzeschale[566] kommt ebenfalls aus dem Isisgrab. Sie hatte, wie Lucien und Alexandrine Bonaparte (Dokument 9. 27) vermerkten, als Behältnis für eine Bestattung gedient. Es handelte sich dabei dem Anschein nach um eine ältere Körperbestattung, zu der das Diadem gehört hatte, deren Überreste samt Kopfschmuck später in die Bronzeschale umgebettet worden waren. Das stimmt mit Benutzungsspuren überein, die noch heute im Inneren des Gefäßes erkennbar sind. In der Ausstellung von Musignano ist die Bronzeschale nicht ausdrücklich bezeugt. Erst D'Este (Dokument 22) erwähnte sie und den zusammen mit ihr überlieferten Dreifußuntersatz. Er wies außerdem auf eine ähnliche zweihenklige Bronzeschale mit Dreifußuntersatz hin[567], welche demnach aus demselben Grab kommt. Micali bestätigte, daß zwei derartige Gefäße im Isisgrab gefunden wurden, und berichtete von deren Verwendung als Bestattungsbehältnis; das erstgenannte bildete er, allerdings ohne Dreifußuntersatz, ab[568]. Braun (Dokument 29) führte beide Schalen samt Dreifußuntersatz an.

Des weiteren werden zwei bikonische Urnen aus Bronze[569] im Britischen Museum aufbewahrt. Sie wurden von keinem Besucher in Musignano erwähnt. Auch bei Basseggio sind sie anfangs nicht bezeugt. Micali streifte als erster diese beiden Gefäße, die nach seinen Angaben nur in mäßigem Erhaltungszustand waren. Das besser

553 Micali, Monumenti Inediti 51 ff. Taf. 6, 2.

554 G. Dennis, Cities and Cemeteries of Etruria I (1848) Abb. S. 423.

555 Montelius, Civilisation primitive Taf. 266, 8 a.

556 Vgl. Montelius, Civilisation primitive Taf. 266, 8 a–c.

557 Micali, Monumenti Inediti 70 Taf. 8, 13.

558 London, Britisches Museum, Inv. GR 1850.2-27.15.

559 London, Britisches Museum, Inv. GR 1850.2-27.15 und Inv. GR 1850.2-27.15b.

560 London, Britisches Museum, Inv. GR 1850.2-27.16.

561 London, Britisches Museum, Inv. GR 1850.2-27.15.

562 Montelius, Civilisation primitive Taf. 266, 2 a–c.

563 London, Britisches Museum, Inv. GR 1850.2-27.17 und Inv. GR 1850.2-27.18.

564 Vgl. Anhang, Dokument 19.

565 Micali, Monumenti Inediti 66 ff. Taf. 8, 1.

566 London, Britisches Museum, Inv. GR 1850.2-27.19.

567 London, Britisches Museum, Inv. GR 1850.2-27.20.

568 Micali, Monumenti Inediti 68 Taf. 8, 2.

569 London, Britisches Museum, Inv. GR 1850.2-27.28 und Inv. GR 1850.2-27.29.

erhaltene bildete er, allerdings ohne Handhaben, ab[570]. Nach dem Zeugnis von Braun (Dokument 29) dürften jeweils zwei Handhaben, wie sie von Montelius wiedergegeben wurden[571], als urspüngliche Bestandteile der zwei Urnen anzusehen sein. Micali und Braun bezeugen, daß die zwei bikonischen Urnen, die anscheinend wegen ihres Erhaltungszustandes sonst nicht berücksichtigt wurden, zu dem Inventar des Isisgrabes gehörten.

Unter den Bronzen, die mit dem Inventar des Isisgrabes nach London gelangten, befinden sich insgesamt sechs Kyathoi[572]. Von den Besuchern in Musignano wurde kein einziger genannt; auch D'Este notierte keine derartigen Gefäße bei Basseggio. Micali bildete zwei Kyathoi ab, einen davon mit, den anderen ohne Fuß[573]; beide besaßen nach seinen Angaben noch ein Gegenstück. Braun (Dokument 29) gab an, daß sechs Kyathoi, die er als große «Canthari» bezeichnete, aus dem Isisgrab stammten.

Die sechs Perlrandbecken[574], die mit dem Inventar des Isisgrabes nach London gelangten, sind in der Ausstellung von Musignano nicht bezeugt. Auch bei Basseggio wurden sie zuerst nicht vermerkt. Erst Micali berücksichtigte mehrere Perlrandbecken in verschiedenen Größen; eines davon gab er in Abbildung wieder[575]. Braun (Dokument 29) gab an, daß sechs Perlrandbecken, die nach Größen abgestuft waren, zu dem Inventar des Isisgrabes gehörten.

Noch weniger wurden die zwei Kalottenschalen aus Bronze[576] beachtet. Nicht einmal Micali nahm von ihnen Notiz. Als einziger führte Braun (Dokument 29) diese beiden Schalen unter den Beigaben des Isisgrabes an. Durch Montelius, der eine von ihnen abbildete, gingen sie in die Literatur ein[577].

Bereits manchen Besuchern in Musignano stach ein Dreifuß ins Auge, der den Beschreibungen zufolge mit einem Dreifuß des Britischen Museums identisch ist. Urlichs bezeichnete ihn als rundliche Ciste (Dokument 5), Grifi (Dokument 19) charakterisierte ihn anhand der Höhe von annähernd 60 cm. D'Este (Dokument 22) führte einen Dreifuß mit Ornamenten und verzierten Füßen an. Offenkundig ist jedes Mal derselbe Dreifuß genannt[578]. Micali nahm ihn gleichfalls in sein Werk auf und gab ihn mit einem seitlich vernieteten mit Tieren und Ornamenten geschmückten Blechstreifen sowie mit drei Klauenfüßen wieder[579]. In der Fundliste von Braun (Dokument 29) figurierte er, wie es scheint, unter den zwei bronzenen Dreifüßen, die dem Britischen Museum verkauft wurden. Aus den ersten Beschreibungen geht außerdem hervor, daß dieser Dreifuß schon in Musignano in restauriertem Zustand, das heißt mit den gegossenen Klauenfüßen[580], ausgestellt war. Letztere müssen nicht aus dem Isisgrab kommen, sondern können anderweitig aus der Sammlung Canino stammen.

Demgegenüber wurde der Dreifuß[581] nicht unter den Ausstellungstücken in Musignano festgehalten; auch unter den Auslagen von Basseggio wurde er nicht erfaßt. Erst Braun (Dokument 29) berücksichtigte ihn, indem er, abgesehen von einem weiteren kleinen Dreifuß, zwei bronzene Dreifüsse als Fundstücke aus dem Isisgrab auflistete. Durch Montelius ging dieser Dreifuß dann in die Literatur ein[582].

Manch einem Besucher in Musignano fiel noch ein kleiner Dreifuß auf. Urlichs (Dokument 5) beschrieb ein Beispiel, das mit Eisen konstruiert war, was einzig auf einen Miniaturdreifuß, von dem nurmehr die Klauenfüße und Reste der eisernen Streben erhalten sind[583], zutrifft. Grifi (Dokument 19) notierte dazu eine Höhe von annähernd 27 cm, was D'Este (Dokument 22) nochmals bestätigte. Micali bildete diesen Miniaturdreifuß ab, wobei er ihn auf einem Blattkranz aufsitzend wiedergab, und vermerkte dazu, daß sein unterer Teil fehlte. Braun (Dokument 29) notierte einen kleinen Dreifuß, der mit einer Blume verbunden sei; dieser figurierte unter den Funden, die nach Braun aus dem Isisgrab kamen. Tatsächlich ist von dem Miniaturdreifuß das wenigste im Original erhalten, das meiste aus antiken oder sogar modernen Versatzstücken ergänzt, eine Maßnahme, die offenbar schon in Musignano erfolgte. Als antikes Versatzstück kann eine bronzene Nadel gelten[584].

Unter den Bronzen, die in das Britische Museum gelangten, befinden sich mehrere Bestandteile eines Thymiaterions mit Blattüberfall[585]. Sie waren schon in der Ausstellung von Musignano zu sehen, allerdings waren

570 Micali, Monumenti Inediti 68 Taf. 8, 5.

571 Montelius, Civilisation primitive Taf. 267, 1.

572 London, Britisches Museum, Inv. GR 1850.2-27.21; Inv. GR 1850.2-27.22; Inv. GR 1850.2-27.23; Inv. GR 1850.2-27.24; Inv. GR 1850.2-27.25 und Inv. GR 1850.2-27.26.

573 Micali, Monumenti Inediti 68 Taf. 8, 3; 8, 9.

574 London, Britisches Museum, Inv. GR 1850.2-27.27; Inv. GR 1850.2-27.30; Inv. GR 1850.2-27.31; Inv. GR 1850.2-27.32; Inv. GR 1850.2-27.33 und Inv. GR 1850.2-27.34.

575 Micali, Monumenti Inediti 68 Taf. 8, 4.

576 London, Britisches Museum, Inv. GR 1850.2-27.35 und Inv. GR 1850.2-27.36.

577 Montelius, Civilisation primitive Taf. 266, 7.

578 London, Britisches Museum, Inv. GR 1850.2-27.37.

579 Micali, Monumenti Inediti 68 Taf. 8, 6.

580 London, Britisches Museum, Inv. GR 1850.2-27.37.

581 London, Britisches Museum, Inv. GR 1850.2-27.38.

582 Montelius, Civilisation primitive Taf. 267, 2.

583 London, Britisches Museum, Inv. GR 1850.2-27.39.

584 London, Britisches Museum, Inv. GR 1850.2-27.39.

585 London, Britisches Museum, Inv. GR 1850.2-27. 39-41.

sie bereits damals mit anderen Bronzen verbunden. Die merkwürdige Beschreibung eines Kandelabers von Urlichs (Dokument 5) ist offenkundig von einem Blattüberfall des Thymiaterions inspiriert, wie denn auch die engstens verwandten, seinerzeit besser bekannten römischen Räuchergeräte mit Blattüberfall stets als Kandelaber bezeichnet werden. Die Weise, in der die Vertreter der staatlichen Denkmalbehörde und Micali sowohl von dem kleinen Dreifuß[586] als auch von der Lampe[587] Rechenschaft gaben, macht deutlich, daß in der Ausstellung von Musignano und später bei Basseggio mehrere Bestandteile eines Thymiaterions, mindestens aber zwei Blattkränze vorhanden waren. Das Thymiaterion ist bei Braun (Dokument 29) als Kandelaberfuß erfaßt; weitere Teile davon wurden womöglich unter den drei Bronzefragmenten registriert. Der Kandelaberfuß aber kam nach Braun aus dem Isisgrab[588].

Des weiteren war in Musignano die bronzene Lampe[589] ausgestellt. Urlichs erwähnte einen Kandelaber, dessen Beschreibung nicht eindeutig ist, möglicherweise aber die Lampe einschließt (Dokument 5). Grifi (Dokument 19) dagegen notierte ausdrücklich eine Lampe, die er als vierschnäuzig charakterisierte. D'Este (Dokument 22) berichtete von einer Lampe, welche dem kleinen Dreifuß ähnelte, was wohl bedeutete, daß sie, wie dieser, mit einem Blattkranz verbunden war; außerdem merkte er an, daß sie dieselbe Höhe, nämlich eine Höhe von 27 cm, hatte. Das stimmt mit der Darstellung von Micali überein, der die vierschnäuzige Lampe, die, wie er betonte, nicht vollständig erhalten sei, auf einem Blattkranz und einem zylindrischen Verbindungsstück, welche eine Art Lampenfuß bildeten, wiedergab[590]. Braun (Dokument 29) notierte einen Kandelaber mit einer Blume, die er zu den Funden aus dem Isisgrab zählte. Bei dem zylindrischen Verbindungsstück handelt es sich in Wirklichkeit um ein Verkleidungsblech eines Kottabos[591], der wohl nicht aus dem Isisgrab kam, sondern zur Rekonstruktion jenes eigenartigen Lampenfußes aus anderweitigen Beständen der Sammlung Canino hinzugezogen wurde. Gleiches trifft vermutlich auf das Verkleidungsblech[592] zu, das von Braun (Dokument 29), wie es scheint, unter den drei Bronzefragmenten subsumiert wurde.

Der Untersatz aus gegossener Bronze, der ursprünglich einem großen Gefäß als Fuß gedient haben dürfte[593], wird in keinem Dokument, nicht einmal in der Liste von Braun erwähnt. Er hat mit dem Isisgrab aus diesem Grund und wegen seiner späten Zeitstellung wahrscheinlich nichts zu tun; wie er zu dem Bestand des Britischen Museums kam, ist unbekannt.

Die bronzene Flasche[594] wurde mit Sicherheit aus dem Isisgrab geborgen. Das bezeugt Urlichs (Dokument 5), der außerdem erwähnte, daß sie ursprünglich in Stroh gehüllt war, von welchem erstaunlicherweise noch Reste gefunden wurden; das Stroh gab für Urlichs vermutlich den Ausschlag, das Gefäß überhaupt zu erwähnen. Die anderen Besucher in Musignano und auch bei Basseggio ließen es unbeachtet. Braun (Dokument 29) führte es unter den Beigaben des Isisgrabes an; von dem Stroh war mittlerweile anscheinend nichts mehr übrig geblieben. Von Montelius wurde die bronzene Flasche erstmals abgebildet[595].

Der zweihenklige Krug[596] wurde nur einmal von Braun (Dokument 29) erwähnt. Ihm zufolge sollte er aus dem Isisgrab stammen, was aber aufgrund seiner späten Zeitstellung eindeutig ausgeschlossen werden kann.

Der Glockenhelm aus Bronzeblech[597] ist nirgends als solcher bezeugt, paßt jedoch zu einer der bikonischen Urnen[598]. Braun führte (Dokument 29) drei Bronzefragmente unter den Beigaben des Isisgrabes auf, welche ihrerseits nicht anderweitig mit erhaltenen Gegenständen verbunden werden können. Eine Zuweisung des Glockenhelmes an das Grabinventar erscheint aufgrund der Angabe von Braun möglich und ist im Hinblick auf die bikonischen Urnen höchst wahrscheinlich.

Unter den Bronzen, die mit dem Inventar des Isisgrabes nach London gelangten, befindet sich auch eine Hälfte vom Bauch einer Feldflasche[599], die sonst nirgends erwähnt wurde, nach der Angabe von Braun (Dokument 29) jedoch zu den Beigaben des Isisgrabes gehörte; sie wurde von ihm als eine «kleine Schale mit concentrischen Buckeln»

586 London, Britisches Museum, Inv. GR 1850.2-27.39.

587 London, Britisches Museum, Inv. GR 1850.2-27.40.

588 Die Bezeichnung Kandelaber erweist sich als problematisch, da offenbleibt, ob damit ein mit einem Blattkranz ergänzter Gegenstand anderer Art oder ein Thymiaterion gemeint ist. Es ist nicht auszuschließen, daß die Bestandteile des Thymiaterions nur als Versatzstücke bei der Restaurierung anderer Gegenstände hinzugezogen wurden, ohne selbst aus dem Isisgrab zu kommen. Da es sich aber um mehrere Bestandteile desselben Thymiaterions handelt, ist dies unwahrscheinlich. Viel eher wurden verschiedenartige Funde des Isisgrabes, zu denen das Thymiaterion gehörte, miteinander verbunden.

589 London, Britisches Museum, Inv. GR 1850.2-27.40.

590 Micali, Monumenti Inediti 69 Taf. 8, 8.

591 London, Britisches Museum, Inv. GR 1850.2-27.40.

592 London, Britisches Museum, Inv. GR 1850.2-27.41.

593 London, Britisches Museum, Inv. GR 1850.2-27.42.

594 London, Britisches Museum, Inv. GR 1850.2-27.43.

595 Montelius, Civilisation primitive Taf. 267, 9.

596 London, Britisches Museum, Inv. GR 1850.2-27.44.

597 London, Britisches Museum, Inv. GR 1850.2-27.45.

598 London, Britisches Museum, Inv. GR 1850.2-27.28 oder Inv. GR 1850.2-27.29.

599 London, Britisches Museum, Inv. GR 1850.2-27.46.

angesehen. Es ist also möglich, daß sie zu den Beigaben des Isisgrabes gehörte, aufgrund ihrer Unscheinbarkeit aber sonst nicht erwähnt wurde. Auch Montelius schloß sie übrigens nicht in sein Werk ein.

Der bronzene Kessel[600] wurde weder in Musignano noch bei Basseggio dokumentiert. Braun (Dokument 29) ist der einzige, der ihn überhaupt festhielt und zugleich dem Inventar des Isisgrabes zuschrieb. Es ist nicht zu beweisen, aber wenigstens anzunehmen, daß dieser Kessel, der seiner Art nach eine geläufige Beigabe darstellte, ebenfalls aus dem Isisgrab herrührte.

Die tönerne Hydria[601] wurde besonders häufig erwähnt und meistens eingehend beschrieben, so daß ihre Zugehörigkeit zu dem Isisgrab ganz außer Zweifel steht. Die Beschreibungen beziehen sich auf die figürlichen Friese und die polychrome Bemalung, wobei letztere anfangs offenbar noch sehr gut erhalten war. Urlichs (Dokument 5) berücksichtigte die Hydria als einziges unter den Tongefäßen, die Vertreter der staatlichen Denkmalbehörde beschrieben sie sowohl in Musignano (Dokument 19), als auch bei Basseggio (Dokument 22). Micali bezeichnete die Hydria als den bemerkenswertesten Fund aus dem Isisgrab und räumte ihr demgemäß den vordersten Platz in seinem Tafelwerk ein[602]. Braun (Dokument 29) verzeichnete sie unter den Gegenständen des Isisgrabes.

Die tönerne Schale[603] stellte zweifelsohne eine Beigabe des Isisgrabes dar. Sie wurde von Grifi (Dokument 19) unter den Exponaten in Musignano aufgeführt; dabei wurde auf den schlechten Erhaltungszustand der Bemalung hingewiesen, aufgrund dessen die Schale sonst wohl eher übergangen wurde. Micali wiederum bildete die Schale ab, betrachtete er sie in bezug auf Form und Dekor doch als außergewöhnliches Beispiel von, wie er meinte, etruskischer Keramik[604]. Braun hatte sie übergangen, allem Anschein nach vergessen. Montelius bildete diese Schale erneut mit den Beigaben des Isisgrabes ab[605].

Die zwei figürlich gestalteten Gefäße aus Ton[606], die von mehreren Besuchern in Musignano erwähnt wurden, sind als Beigaben des Isisgrabes zu betrachten. In Musignano waren sie auf den beiden Pyxiden aus Gipsalabaster[607] plaziert (Dokument 5), in deren Nähe sie auch gefunden worden sein sollten (Dokument 22), mit denen sie weiter aber nichts zu tun hatten. Micali, der sie offenbar auch nicht mehr in jener willkürlichen Zusammenstellung sah, bezeichnete sie als Salbgefäße. Dieselben Gegenstände hatte Lucien Bonaparte als vergoldete Statuetten betrachtet (Dokument 9. 17) und, weil sie als ägyptisierende Götterfigürchen angesehen wurden (Dokument 9), auf den bereits beschädigten und dann zu Sockeln umfunktionierten Pyxiden präsentiert. Auch Micali erkannte in diesen Salbgefäßen ägyptisierende Darstellungen, namentlich solche der Isis[608]. Braun (Dokument 29) notierte merkwürdigerweise ein Kästchen mit drei sitzenden Figürchen, die angeblich zu dem Isisgrab gehörten; möglicherweise ist ihm bei dieser Angabe ein Fehler unterlaufen.

Unter den wenigen Tongefäßen, die in das Britische Museum gelangten, läßt sich die White-on-Red bemalte Amphora[609] mit Sicherheit auf das Isisgrab zurückführen. Sie wurde von Urlichs zwar stillschweigend übergangen, dafür aber von den Vertretern der staatlichen Denkmalbehörde in Musignano gesehen, von Grifi (Dokument 19) auch in eindeutiger Weise beschrieben. D'Este (Dokument 22) verzeichnete diese Amphora bei Basseggio und etwas später ließ Micali sie ebenda zeichnen[610]. Braun (Dokument 29) führte sie unter den Gegenständen des Isisgrabes an.

Die zahlreichen tönernen Garnspulen[611], die mit dem Inventar des Isisgrabes zusammen erworben wurden, erweisen sich in Anbetracht der Zeugnisse als problematisch, zumal es sich dabei um unscheinbares und leicht zu übersehendes Fundgut handelt. Tatsächlich wurden sie weder von den Besuchern in Musignano, noch von den Besuchern bei Basseggio bemerkt. Erst Braun hielt diese Garnspulen, die er als «Terracottenstücke» bezeichnete, unter den Funden des Isisgrabes fest (Dokument 29). Ihre Herkunft aus diesem Grab wird durch Rußablagerungen, welche sich auf den Garnspulen befinden, gestützt.

Zweifelsohne gehörten einige Neujahrsflaschen dem Inventar des Isisgrabes an. Urlichs (Dokument 5) erwähnte drei Exemplare. Damit konnte er entweder jene drei Exemplare meinen, die aus einer Formschale stammen und daher identisch sind[612], oder eines von ihnen und die beiden abweichenden Exemplare[613]. Grifi (Dokument 19) hielt fünf Exemplare fest, was D'Este (Dokument 22)

600 London, Britisches Museum, Inv. GR 1850.2-27.47.

601 London, Britisches Museum, Inv. GR 1850.2-27.50.

602 Micali, Monumenti Inediti 38 ff. Taf. 4, 1.

603 London, Britisches Museum, Inv. GR 1850.2-27.51.

604 Micali, Monumenti Inediti 43 f. Taf. 5, 2.

605 Montelius, Civilisation primitive Taf. 268, 4.

606 London, Britisches Museum, Inv. GR 1850.2-27.52 und Inv. GR 1850.2-27.53.

607 London, Britisches Museum, Inv. GR 1850.2-27.13 und Inv. GR 1850.2-27.14.

608 Micali, Monumenti Inediti 42 Taf. 5, 5.

609 London, Britisches Museum, Inv. GR 1850.2-27.49.

610 Micali, Monumenti Inediti 43 Taf. 5, 1.

611 London, Britisches Museum, Inv. GR 1850.2-27.67.

612 London, Britisches Museum, Inv. GR 1850.2-27.54; Inv. GR 1850.2-27.55 und Inv. GR 1850.2-27.57.

613 London, Britisches Museum, Inv. GR 1850.2-27.56 und Inv. GR 1850.2-27.58.

bestätigte, so daß davon auszugehen ist, daß alle fünf erhaltenen Neujahrsflaschen aus dem Isisgrab kamen. Das bezeugt auch Micali, der sogar betonte, daß drei identische und zwei weitere Neujahrsflaschen, welche er ausführlich beschrieb, im Isisgrab gefunden wurden. Dagegen führte Braun (Dokument 29) sechs Neujahrsflaschen unter den Beigaben des Isisgrabes an, was nur als versehentlicher Fehler verstanden werden kann.

Unter dem Londoner Ensemble figurieren sieben Skarabäen[614], die offenkundig nicht aus dem Isisgrab stammen. Skarabäen wurden weder von den Besuchern in Musignano, noch von D'Este oder Micali bei Basseggio beschrieben. Hätten sie sich unter den Beigaben des für ägyptisch gehaltenen Grabes befunden, wären sie gewiß erwähnt worden. Skarabäen treten erstmals auf, nachdem das Grabinventar in den Besitz von Braun übergegangen war. Dieser hatte mehrere Skarabäen aus Vulci erworben und sie dann mit den Funden des Isisgrabes zusammen ausgestellt[615]. Zwar bezeichnete er sieben Skarabäen gegenüber dem Britischen Museum später als zugehörig (Dokument 29), was sich aber weniger auf den Fundzusammenhang als vielmehr auf den Verkaufsgegenstand beziehen dürfte. Montelius bildete fünf der sieben vom Britischen Museum erworbenen Skarabäen ab[616].

Des weiteren rührt ein Perlengewebe aus dem Isisgrab her, von dem nur lose Bestandteile erhalten blieben[617]. Urlichs (Dokument 5) erwähnte eine Vielzahl von Fayenceperlen, welche er in unverbundenem Zustand sah, eine Angabe, welche die anderen Besucher in Musignano bestätigten. Hamilton Gray und Abeken machten außerdem auf die Ähnlichkeit der losen Bestandteile mit ägyptischen Perlengeweben aufmerksam. D'Este (Dokument 22) hingegen führte diese Fayenceperlen nicht eigens auf, sondern subsumierte sie vermutlich unter weiteren Kleinfunden. Micali bildete sie zwar nicht ab, wies aber in seinem Text ausdrücklich auf diese Fayenceperlen hin; auch er erkannte einen Zusammenhang mit ägyptischem Trachtzierrat[618]. Die Tatsache, daß manche von ihnen mit einem der beiden Räucherwagen[619] verschmolzen sind, sichert abermals ihre Herkunft aus dem Isisgrab. Des weiteren dürften noch einige Glasfragmente[620], die offenbar mit den Fayenceperlen zusammen aufgelesen wurden, als Bestandteile des Perlengewebes anzusehen sein.

Zu erwähnen ist ferner ein Glasfragment[621], das offenkundig von einem Spinnrocken stammt, bisher aber nirgends erwähnt und selbst im Eingangsregister des Britischen Museums nicht eigens erfaßt wurde. Sein ursprünglicher Zusammenhang mit dem Isisgrab ist dadurch gesichert, daß es mit dem einen der beiden Räucherwagen[622], an dem auch manche der Fayenceperlen anhaften[623], zusammengeschmolzen ist.

Aus dem Isisgrab wurden mehrere Straußeneier geborgen, welche von den Besuchern in Musignano verschiedentlich beschrieben wurden. Urlichs erwähnte vier Exemplare mit Ritzdekor (Dokument 5). Hamilton Gray erinnerte sich noch daran, bemalte Straußeneier, welche zu Gefäßen verarbeitet waren, gesehen zu haben. Die Vertreter der staatlichen Denkmalbehörden zählten indessen sechs Straußeneier in Musignano (Dokument 19) und ebenso viele bei Basseggio (Dokument 22). Micali, der drei Exemplare abbildete, machte ausführlichere Angaben; dem begleitenden Text ist zu entnehmen, daß ein bemaltes Straußenei überliefert sei, und fünf ritzverzierte, von denen vier Darstellungen von Tieren und Fabelwesen, das fünfte eines Kriegers Abschied zeigten[624]. Auch Dennis und Braun verzeichneten jeweils sechs Straußeneier; fünf davon kamen in London an (Dokument 29). Das bedeutet, daß ursprünglich sechs Straußeneier aus dem Isisgrab stammten, von denen jedoch nur fünf, ein bemaltes[625] und vier ritzverzierte[626], erhalten blieben, während ein ritzverziertes, das Tiere und Fabelwesen zeigte, auf dem Weg nach London verloren ging.

Der beinerne Löffel[627] taucht erstmals bei Micali auf[628]. Obwohl er von diesem unter Funden aus dem Isisgrab aufgelistet wurde, ist seine Herkunft aus demselben höchst zweifelhaft. Denn zum einen handelt es sich dabei um einen auffälligen Fund, der gewiß erwähnt worden wäre, wäre er in Musignano ausgestellt gewesen. Zum anderen hebt Braun (Dokument 29) diesen Löffel ausdrücklich als nicht zum Isisgrab gehörig hervor. Sein Fehlen auf der Liste von D'Este, spricht dafür, daß er erst später zu Basseggio gelangte. Basseggio hatte unterdessen weitere Teile der Sammlung Canino zum Verkauf übernommen, zu denen

614 London, Britisches Museum, Inv. GR 1850.2-27.59; GR 1850.2-27.60; GR 1850.2-27.61; GR 1850.2-27.62; GR 1850.2-27.63; GR 1850.2-27.64 und GR 1850.2-27.65.

615 E. Braun, BdI 1844, 112.

616 Montelius, Civilisation primitive Taf. 265, 8-12.

617 London, Britisches Museum, Inv. GR 1850.2-27.66.

618 Micali, Monumenti Inediti 61 f.

619 London, Britisches Museum, Inv. GR 1850.2-27.18.

620 London, Britisches Museum, Inv. GR 1850.2-27.66.

621 London, Britisches Museum, ohne Inv.

622 London, Britisches Museum, Inv. GR 1850.2-27.18.

623 London, Britisches Museum, Inv. GR 1850.2-27.66.

624 Micali, Monumenti Inediti 55 ff. Taf. 7, 1–3.

625 London, Britisches Museum, Inv. GR 1850.2-27.6.

626 London, Britisches Museum, Inv. GR 1850.2-27.5; GR 1850.2-27.7; GR 1850.2-27.8 und GR 1850.2-27.9.

627 London, Britisches Museum, Inv. GR 1850.2-27.48.

628 Micali, Monumenti Inediti 70 Taf. 8, 12.

vor allem Funde aus der Grabungskampagne von 1839/40 gehörten. Es ist nicht beweisbar, aber durchaus möglich, daß der Löffel bei dieser Grabungskampagne der Fürsten von Canino geborgen wurde; zu Beginn des Jahres 1840 verzeichnete Carini immerhin einige nicht näher bestimmte Beinobjekte[629]. Davon abgesehen besteht an seiner Herkunft aus der Sammlung Canino und somit aus Vulci durch das Zeugnis von Micali kein Zweifel[630].

Die Zusammenschau sämtlicher heute verfügbarer Zeugnisse beweist, daß der überwiegende Teil des Londoner Ensembles in der Tat aus dem Isisgrab stammt. Dazu gehören, abgesehen von der Statuette, die ohnedies außer Zweifel stand, nahezu alle Gegenstände aus Alabaster, das Golddiadem sowie zahlreiche Gegenstände aus Bronze, nämlich die weibliche Halbfigur, der vergoldete Hörnervogel aus Bronze, der zu einer ähnlichen Figur gehörte, die beiden Räucherwagen, die beiden zweihenkligen Schalen mit Dreifußuntersatz, zwei Dreifüße, die Lampe, das Thymiaterion, die Flasche, zudem sämtliche Gefäße aus Ton wie auch aus Fayence, die Fayenceperlen, ein bisher unberücksichtigtes Glasfragment und sämtliche erhaltenen Straußeneier. Des weiteren gehörten die erstmals durch Micali dokumentierten Gegenstände aus Bronze dazu, und zwar mehrere Kyathoi, mehrere Perlrandbekken und die zwei bikonischen Urnen. Demgegenüber beruht Micalis Zuweisung des beinernen Löffels an das Isisgrab wahrscheinlich auf einem Fehler, zumal Braun diesbezüglich widerspricht. Die erstmals durch Braun bezeugten Gegenstände aus Bronze, die beiden Kalottenschalen, das Fragment einer Feldflasche, ein weiterer Dreifuß, der Kessel, eine kleine zweihenklige Schale (die im Register vergessen wurde und sich nicht identifizieren läßt), und schließlich die Garnspulen aus Impasto, gehörten vermutlich ebenfalls dem Isisgrab an, ohne daß dies sich noch beweisen ließe. Die sieben Skarabäen, die Braun dem Isisgrab zuschrieb, dürften dagegen auszuscheiden sein, ebenso der zweihenklige Krug aus Bronze. Schließlich ist auch der Gefäßuntersatz aus gegossener Bronze, der in keinem der Zeugnisse vorkommt, vom Isisgrab zu trennen. Innerhalb der gesamten verfügbaren Dokumentation zum Isisgrab, steht den Variablen, die sich auf einzelne Gegenstände beschränken, eine überwältigende Mehrheit an Konstanten gegenüber. Dies bekräftigt, daß mit dem Londoner Ensemble großenteils das Inventar des Isisgrabes überliefert ist, wie es im 19. Jahrhundert einhellig kolportiert und von Haynes bestätigt wurde.

Eine besondere Problematik bieten einige Bronzen. Manche der Bronzen aus dem Isisgrab wurden, wie Carini (Dokument 1) bestätigt, in schlechtem Zustand am Fundplatz angetroffen. Das erforderte mindestens Maßnahmen zu ihrer Erhaltung. Die zeitgenössischen Beschreibungen der Funde machen deutlich, daß solche Maßnahmen mehrheitlich bereits in Musignano getroffen wurden[631]. Davon betroffen waren mehrere Bronzen, bei denen ganz unterschiedliche Restaurierungen und Ergänzungen vorgenommen wurden. Zu diesem Zweck wurden möglichst antike Bleche verwendet, welche von noch schlechter erhaltenen Bronzen abgenommen, nach Bedarf zugeschnitten und mit Hilfe antiker Nieten an die schadhaften Gegenstände angesetzt wurden; seltener wurden moderne Bleche entsprechend eingefügt; verbleibende Lücken wurden mit koloriertem Gips ausgefüllt. Manchen Objekten wurden antike Bestandteile angesetzt, deren Zugehörigkeit zwar wahrscheinlich, aber nicht über jeden Zweifel erhaben ist, bei denen sich die Frage nach Reparatur oder Ergänzung stellt. So kann nicht mehr zwingend bewiesen

629 Siehe oben Anm.364.

630 Der Sammlung Canino hatten einmal verzierte Löffel in größerer Zahl angehört. Derartige Funde waren bereits bei der ersten Grabungskampagne zum Vorschein gekommen; das bezeugt der Herzog von Buckingham und Chandos, der im März 1829 bei der Fürstin von Canino in Rom zu Gast war und außer Goldschmuck auch mehrere Löffel in ihrer Sammlung sah (The Private Diary of Richard, Duke of Buckingham and Chandos [1862] III 105 f.). Es ist davon auszugehen, daß die Löffel aus den früheren Grabungskampagnen zusammen mit Goldschmuck 1839 an Ludwig I. von Bayern verkauft wurden und sich unter den zahlreichen heute in München aufbewahrten Löffeln befinden. Siehe dazu F. Bubenheimer in: F. Prayon – W. Röllig (Hrsg.), Der Orient und Etrurien. Zum Phänomen des 'Orientalisierens' im westlichen Mittelmeerraum (10.–6. Jh. v. Chr.), Kolloquium Tübingen 1997 (2000) 208 f.

631 Die Eingriffe, die durch Basseggio erfolgten, dürften sich, nach den Abbildungen bei Micali zu urteilen, auf Kleinigkeiten, wie das Montieren der Dreifußuntersätze mit den zweihenkligen Schalen (London, Britisches Museum, Inv. GR 1850.2-27.19 und Inv. GR 1850.2-27.20) und das Ansetzen der Handhaben an den bikonischen Urnen (London, Britisches Museum, Inv. GR 1850.2-27.28 und Inv. GR 1850.2-27.29) beschränkt haben. Spätere Maßnahmen, die im Britischen Museum durchgeführt wurden, wurden bis in die fünfziger Jahre des 20. Jahrhunderts hinein nicht dokumentiert. Unter diesen sind hauptsächlich die Entfernung des modernen Sockels der bronzenen Halbfigur (London, Britisches Museum, Inv. GR 1850.2-27.15), mehrere Veränderungen von antiken Zutaten derselben Halbfigur und Veränderungen der mit dem Miniaturdreifuß (London, Britisches Museum, Inv. GR 1850.2-27.39), dem Thymiaterion (London, Britisches Museum, Inv. GR 1850.2-27.39-41) und der Lampe (London, Britisches Museum, Inv. GR 1850.2-27.40) verquickten Teile zu nennen.

werden, daß die zweihenkligen Schalen[632] tatsächlich auf den Dreifußuntersätzen saßen, mit denen sie bald verbunden waren. Gleiches gilt für die Handhaben der bikonischen Urnen[633], für deren Zugehörigkeit inzwischen jedoch vergleichbare Funde aus einem gesicherten Kontext sprechen. Hingegen läßt sich bei der Lampe[634], die einer Parallele entbehrt, einstweilen nicht beweisen, daß der antike Reif, der den Rand bildet, genuin zugehörig ist. Anderen Gegenständen wurden antike Bestandteile hinzugefügt, welche sich eindeutig als Zutaten zu erkennen geben. Ergänzt wurde der Dreifußständer[635], indem die Füße zugeschnitten und in die jüngeren Klauenfüße[636] eingepaßt wurden. Der figürlich und ornamental gestaltete obere Teil des Gerätes dürfte dagegen dem antiken Zustand entsprechen. Zwar erscheinen die Tierdarstellungen auf dem Kopf, doch sind die Rankengeschlinge mit Palmetten in aufwärts weisender Richtung wiedergegeben. Daraus folgt, daß der obere Teil des Gerätes nicht verkehrt herum und womöglich im nachhinein montiert wurde, wie es auf den ersten Blick den Anschein hat, sondern von jeher mit wechselnder Ausrichtung der verschiedenen Motive dekoriert war. Allzu stark fragmentierte Gegenstände wurden in Bestandteile zerlegt, welche anderweitig als Versatzstücke Verwendung fanden. Das trifft dem Anschein nach auf jene verlorene bronzene Halbfigur zu, deren rechte Hand[637] der anderen bronzenen Halbfigur[638] angefügt, während das Attribut, der Hörnervogel[639], der steinernen Statuette[640] in die Hand gedrückt wurde. Dabei wurden jedesmal sinnvolle oder doch sinngemäße Ergänzungen angestrebt, wie gerade das Beispiel der als Isis gedeuteten und um einen falkenartigen Vogel angereicherten Statuette zeigt. Ähnlich verhält es sich mit der Lampe[641], die dadurch daß sie einen Lampenfuß aus einem Blattkranz des Thymiaterions[642] und einem Teil eines Kottabos[643] erhielt, einem sogenannten Kandelaber angeglichen wurde. Als Kandelaber wurden in konventioneller Weise römische Räuchergeräte bezeichnet, welche sich aus den Thymiateria mit Blattüberfall phönizischer Tradition entwickelten und sich durch einen oder mehrere Blattkränze auszeichnen. Als Vorlage mochten entweder die in Rom allgegenwärtigen Denkmäler, das heißt die zahlreich erhaltenen, seit der Renaissance äußerst beliebten und häufig kopierten hellenistischen und kaiserzeitlichen Marmorkandelaber[644] sowie Darstellungen von Räuchergeräten an Bauten der römischen Kaiserzeit[645] gedient haben. Der nurmehr aus drei bronzenen Klauenfüßen und Resten von eisernen Streben bestehende Miniaturdreifuß[646] wurde nicht minder einer sinnstiftenden Ergänzung zugeführt. Seine konstruktiven Teile, nämlich die Standplatte, Streben und der obere Abschluß, welche aus modernen Blechen gefertigt sind, sollten ihn einem römischen Klapptischchen annähern. Das geht aus einem Vergleich mit entsprechenden römischen Funden hervor, wie sie aus den Vesuvstädten bekannt waren und im 19. Jahrhundert gerne reproduziert wurden[647]. Nicht ersichtlich ist lediglich, weshalb außerdem antike Versatzstücke, die Nadel[648] und der Blattkranz des Thymiaterions[649], hinzugefügt wurden. Möglicherweise dienten sie als weiteres Schmuckwerk. Es erhebt sich ohnehin die Frage, ob dieses Thymiaterion und diese Nadel Beigaben des Isisgrabes sind oder aus einem anderen Fund für Restaurierungszwecke beigesteuert wurden. Für eine Herkunft der Nadel aus dem Isisgrab gibt es keinen Anhaltspunkt. Von dem Thymiaterion blieben immerhin so viele Einzelteile beisammen, daß eine Herkunft aus dem Isisgrab begründet erscheint. Vermutlich wurde auch das Thymiaterion selbst, das zweite bis dahin bekanntgewordene seiner Art überhaupt[650], wenigstens annäherungsweise wiederhergestellt, indem ein Blattkranz und die Aufstecktülle mit dem Verkleidungsblech eines anderen Gegenstandes, vielleicht eines

632 London, Britisches Museum, Inv. GR 1850.2-27.19 und Inv. GR 1850.2-27.20.

633 London, Britisches Museum, Inv. GR 1850.2-27.28 und Inv. GR 1850.2-27.29.

634 London, Britisches Museum, Inv. GR 1850.2-27.40.

635 London, Britisches Museum, Inv. GR 1850.2-27.37.

636 London, Britisches Museum, Inv. GR 1850.2-27.37.

637 London, Britisches Museum, Inv. GR 1850.2-27.15.

638 London, Britisches Museum, Inv. GR 1850.2-27.15.

639 London, Britisches Museum, Inv. GR 1850.2-27.16.

640 London, Britisches Museum, Inv. GR 1850.2-27.1.

641 London, Britisches Museum, Inv. GR 1850.2-27.40.

642 London, Britisches Museum, Inv. GR 1850.2-27. 39-41.

643 London, Britisches Museum, Inv. GR 1850.2-27.40.

644 H.-U. Cain, Römische Marmorkandelaber (1985).

645 R. Grüßinger, Dekorative Friese in Rom und Latium. Ikonologische Studien zur römischen Baudekoration der späten Republik und Kaiserzeit, unpubl. Diss. Heidelberg 2001.

646 London, Britisches Museum, Inv. GR 1850.2-27.39.

647 Vgl. R. Gargiulo, Raccolta de' Monumenti più interessanti del Reale Museo Borbonico e di varie Collezioni private (1842) Nr. 60 mit Abb.; siehe auch U. Klatt, KölnJb 28, 1995, 349 ff. bes. 420 ff. 430 ff. 438 ff.

648 London, Britisches Museum, Inv. GR 1850.2-27.39.

649 London, Britisches Museum, Inv. GR 1850.2-27. 39-40.

650 Das erste Thymiaterion mit Blattüberfall kam 1835 in Cerveteri ans Licht; es wird im Museo Gregoriano Etrusco des Vatikan aufbewahrt. Siehe Museum Etruscum Gregorianum. Musei etrusci quod Gregorius XVI Pont. Max. in aedibus Vaticanis constituit monumenta linearis picturae exemplis expressa et in utilitatem studiosorum antiquitatum et bonam artium publici iuris facta (1842) I Taf. XLVIII, 2.

Abb. 63 Fragment eines Bronzeblechs in Karlsruhe (Badisches Landesmuseum, Inv.-Nr. F 640).

Kottabos[651], verbunden wurden. Auch läßt sich nicht sicher entscheiden, ob ein Kottabos, von dem mindestens ein Verkleidungsblech[652], vielleicht sogar noch das zuvor genannte zweite, zu Restaurierungszwecken verwendet wurden, zu den Beigaben des Isisgrabes zählte. Da es sich aber höchstens um zwei Teile eines solchen Gerätes handelt, ist eher davon auszugehen, daß diese aus anderen Beständen der Sammlung Canino kommen. Desgleichen sind die Zierbleche eines Pferdegeschirrs[653] als dermaßen vereinzelte Fragmente anzusehen, daß sie kaum Grund zu der Annahme einer Wagenbestattung im Zusammenhang mit dem Isisgrab bieten, sondern aus anderweitigen Beständen der Sammlung Canino herrühren dürften. Derselben Wagenbestattung, welche zur Ergänzung von Bronzen des Isisgrabes herhalten mußte, wurden auch Teile zur Vervollständigung schadhafter Bronzen entnommen, welche von Friedrich Maler erworben wurden. Haynes[654] und Jurgeit[655] konnten bereits nachweisen, daß die Fragmente des Pferdegeschirrs in London und ein weiteres heute vereinzeltes Fragment unter den Maler'schen Bronzen in Karlsruhe[656] (Abb. 63) zusammengehörten[657]. Die Beschläge des Pferdegeschirrs in London fungierten einmal als Saum der nach London gelangten bronzenen Halbfigur[658], wurden mittlerweile jedoch wieder abgenommen. Es waren nicht die einzigen antiken Zutaten, die diesem Bildwerk beigegeben wurden. Denn die rechte Hand[659] und der Hörnervogel[660], welche vermutlich beide zu der zweiten, längst verlorenen bronzenen Halbfigur gehörten, sowie ein Reliefstreifen, der ursprünglich die Schulterpartie einer Ephebenkanne bildete[661], sind ebenfalls von ihm zu trennen. Die erhaltene bronzene Halbfigur, die als besonderes Fundstück galt, wurde nicht nur um verschiedene antike Versatzstücke angereichert, sondern auch mit einer modernen Sockelung versehen. Es ist bemerkenswert, daß der Sockelung von Büsten und Halbfiguren auch von anderen Zeitgenossen große Beachtung geschenkt wurde[662]. Die Sockelung wurde bald wieder abgenommen, ließ sie sich doch unschwer als moderne Zutat identifizieren. Die restaurierten und mehr oder minder originalgetreu ergänzten Bronzen sind insofern problematisch, als es, besonders wenn mehrere antike Gegenstände oder Teile von Gegenständen zu einem Objekt zusammengefügt wurden, oft schwerfällt, zwischen dem eigentlichen Gegenstand und der Ergänzung zu unterscheiden. Eine zusätzliche Schwierigkeit besteht darin, daß typologische Studien zu vielen Gattungen fehlen, so daß das antike

651 London, Britisches Museum, Inv. GR 1850.2-27.41.

652 London, Britisches Museum, Inv. GR 1850.2-27.40.

653 London, Britisches Museum, Inv. GR 1850.2-27.15b.

654 S. Haynes, AntPl IV (1965) 20 ff.; dies., StEtr 57, 1991, 6.

655 Jurgeit, Bronzen Karlsruhe I 225 f.; II 111 Kat. 366.

656 Karlsruhe, Badisches Landesmuseum, Inv. F 640.

657 Jurgeit wies auch darauf hin, daß die Maler'schen Bronzen aus Etrurien in einer Weise restauriert wurden, die sich an Bronzen des Isisgrabes ebenfalls ablesen läßt (Jurgeit, Bronzen Karlsruhe I 5).

658 London, Britisches Museum, Inv. GR 1850.2-27.15.

659 London, Britisches Museum, Inv. GR 1850.2-27.15.

660 London, Britisches Museum, Inv. GR 1850.2-27.16.

661 London, Britisches Museum, Inv. GR 1850.2-27.15.

662 Friedrich Maler etwa richtete in dem Verzeichnis zu seiner Sammlung besonderes Augenmerk auf die Sockelung von Objekten. Vgl. Jurgeit, Bronzen Karlsruhe I 5 Anm. 36.

Formenspektrum sich nicht genau abschätzen läßt, ganz zu schweigen davon, daß Vergleichsbeispiele meistens ebenfalls seit dem 19. Jahrhundert bekannt und den damaligen Gepflogenheit gemäß restauriert sind. Dabei handelt es sich um ein generelles Problem der etruskischen Toreutik[663]. Ihm kann im Hinblick auf Einzelstücke einerseits durch eine kritische Revision der verfügbaren Dokumente, andererseits durch naturwissenschaftliche Untersuchungen, das heißt Metallanalysen und röntgenologische Bestandsaufnahmen, begegnet werden. Davon abgesehen ist dem Problem allgemein nur durch eine systematische Aufarbeitung von Fundmaterial und die Klärung von Typologie und Terminologie einzelner Gattungen beizukommen.

663 Vgl. E. F. Macnamara in: J. Swaddling (Hrsg.), Italian Iron Age Artefacts in the British Museum, Papers of the Sixth British Museum Classical Colloquium (1986) 81 ff.

Anhang

Dokument A*

Brief von Alexandrine Bonaparte an Victor Hugo, datiert Senigallia, den 9. Juli 1846 (Fleuriot de Langle, Alexandrine Bonaparte 406 ff.) (Privatbesitz).

«Sinigallia, États de l'Église, Marche d'Ancône, 9 juillet 46.

Il est bien flatteur, il est consolant, Monsieur, ce qui veut dire, hélas! Que j'ai quelquefois besoin d'être consolée pour supporter certaines amertumes de ma vie, de recevoir une aussi bonne et aimable lettre que celle écrite par Monsieur le vicomte Victor Hugo en réponse à mon envoy de Batilde. J'avais reçu le petit mot de chaleur bienveillante au moment de la réception et j'en étais déjà fort reconaissante. Cette seconde lettre a mis le comble à tout ce que j'épprouvais en retour de la première. Je la reçus par l'ambassadeur de France qui l'envoya à ma belle-fille, car cela soit dir en passant, si on n'ajoute pas Veuve Bonaparte Lucien à Princesse de Canino, tout à Rome va à ma belle-fille, pour la raison qu'elle y demeure habituellement et moi presque jamais. Ma belle-fille a donc reçu votre lettre et me l'a envoyée et enviée. Je lui ai écrit que je la savais brave et honnête femme, mais qu'elle venait de m'en donner une nouvelle preuve en ne gardant pas pour sa collection un aussi précieux autographe. Il est vrai qu'elle me porte aussi trop d'amitié pour avoir voulu me priver moi-même de ce petit trésor. Ce qui m'a surtout réjoui le cœur, ce sont les choses tendres et aimables que vous me dites, monsieur, de la part de votre chère famille. Et moi aussi je pense souvent à elle et j'aurais encore préféré m'en occuper que d'y penser, ainsi que j'en ai un moment nourri l'espoir que vous n'avez pas voulu réaliser cet hyver passé, au milieu des fleurs et des tombeau qui font la spécialité de mon séjour de Musignan, ainsi que je vous l'ai écrit dans le tems. Faute de pouvoir faires des fouilles avec vos aiglons qui m'avaient paru s'intéresser aux produits de mon archéologie pratique, j'avais mis à part quelques objets assez volumineux pour n'être pas de trop faible envoy, à cause du prix du port pour ce qui ne valait pas grande chose et de la difficulté de faire sortir du vrai beau aussi en certaine proportion de volume. J'avais à cet égard essayé un peu de vous tenter, mais le noble Pair de France a fait la sourde oreille ou a peut-être pris au sérieux mon contrebande archéologique, qu'entre tout le monde se permet et surtout la haute monde, parfois même au moyen des ambassadeurs. Enfin tant est que, considérant ce silence comme néant à la requête, en pensant que peut-être vous n'aviez pas reçu ma lettre, j'ai borné mon petit envoy à une petit boëte que Don Juan Pizare qui est en Italie à présent avec sa belle femme se fera un plaisir de vous remettre. Je désire, cher vicomte, que vous, votre belle et bonne matrone de femme et vos chers enfants voyent en ce souvenir une bien faible marque de la grande admiration, estime particulière et amitié De votre affectionnée La princesse de Canino Veuve Bonaparte-Lucien. –

P.S. – Je joins sur l'autre page une petite note des objets contenus dans la boëte, car je sais par expérience qu'on aime à connaître, autant que cela se peut, la provenance et l'usage des choses antiques et que les plus petits détails et les plus petites choses sont intéressantes pour les amateurs. Au reste vous verrez bien que ce ne sont que de très futiles curiosités, auquelles le tems seul donnait que prix. J'ai trouvé cette année des choses admirables, entre autres deux sarcophages de la plus grande dimension et du plus beau travail style grec bien qu'avec des inscriptions étrusques, que quelques-uns de vos savants archéologues de Paris traitent de grec mal écrit, ce qui fait qu'ils ne l'entendent pas. L'un de ces sarcophages et en albâtre, l'autre en pierre. La commission des Beaux-Arts de Rome s'est transportée en corps à Canino; on est dans l'étonnement et dans l'admiration. C'est cela qui aurait été agréable à trouver avec vous et votre jeune famille. Si vous m'en témoignez le désir pour vous ou Madame ou vos enfants, je vous en enverrai une description exacte. Chacun de ces sarcophages, surtout celui de pierre, est tout un poëme. Au reste, je pense que j'en ai envoyé tout chaud, tout bouillant, une description exacte à mon amie M(ada)me de Mirbel; comme vous la connaissez, si vous êtes curieux, vous pourrez la lui demander, cela m'épargnerait de le refaire. (En marge): Il est bien entendu qu'en parlant de cela à M(ada)me de Mirbel, vous voudrez bien lui faire tous mes compliments. Je ne crois pas vous envoyer là en médiocre compagnie, car c'est une aimable et bien spirituelle personne.

Antiquités étrusques – Note des objets dans la boëte.

1° Un petit vase étrusque de terre noire, canelé avec des petites peintures. Cet objet n'a rien d'un peu remarquable que l'inscription qui est sur le rebord. Il contenait les petits objets d'or et les petites perles, le tout agloméré avec de la terre. Le petit cadenas qui y était aussi annonce que les perles et l'or étaient enfilés ensemble et que le fil a été détruit après tant de siècles. Vu l'inscription du vase qui annonce positivement un petit ustensile d'un temple de

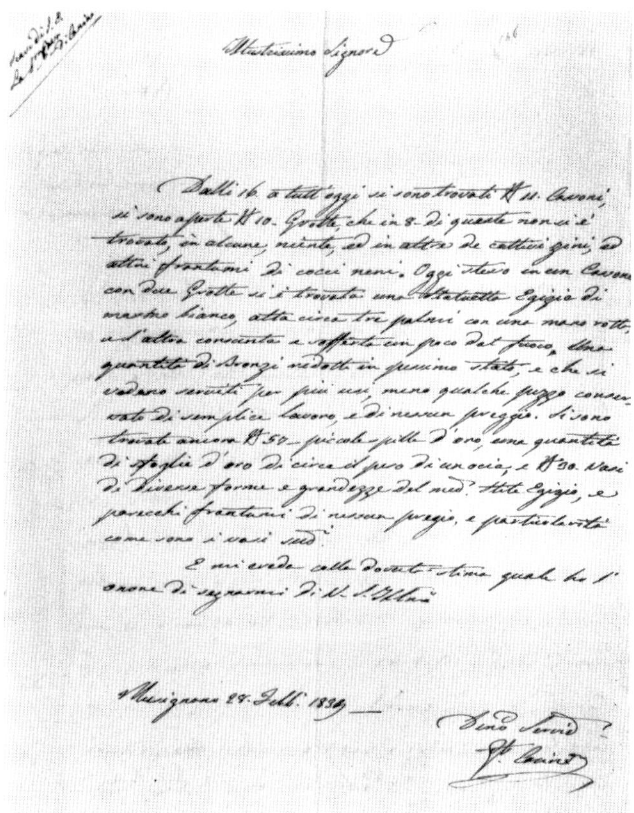

Illustrissimo Signore

Dalli 16 a tutt'oggi si sono trovati N. 11. Cassoni, si sono aperte N. 10. Grotte, che in 8. di queste non si è trovato, in alcune, niente, ed in altre de cattivi generi, ed altri frantumi di cocci neri. Oggi stesso in un Cassone con due Grotte si è trovato una Statuetta Egizia di marmo bianco, alta circa tre palmi con una mano rotta, ed altra consunta e sofferta con poco del fuoco. Una quantità di Bronzi ridotti in pessimo stato, e che si vedano serviti per più usi, meno qualche pezzo conservato di semplice lavoro, e di nessun pregio. Si sono trovati ancora N. 50. piccole palle d'oro, una quantità di foglie d'oro di circa il peso di un oncia, e N. 30. Vasi di diverse forme e grandezze del nud. Tutti Egizj, e parecchi frantumi di nessun pregio, e particolarmente come sono i vasi sud.

E mi credo colla dovuta stima quale ho l'onore di segnarmi di V. S. Illma

Musignano 28. Febb. 1839

Devmo Servitore
G. Carini

Abb. 64 Dokument 1: Gaetano Carini, Bericht von der Entdeckung der Ägyptischen Grotte (1839).

Diane, on suppose que les petites perles et l'or et le cadenas qui ont été trouvés dans le vase et qui ont été enfermés dans le papier introduit dans le goulot du vase, a pu former un petit brasselet ou collier à l'usage d'une jeune prêtresse de Diane, et comme cette Déesse était chez les anciens celle de la chasteté, j'ai pensé qu'il pouvait convenir à la jeune vierge aiglone à qui je prie papa ou maman de l'offrir de ma part, ainsi que la petite bague qui a été trouvée avec le vase et qui entoure le papier.

La petite boëte marquée n° 1 contient 6 bagues. Deux dites bagues élastiques, une d'or creuse et bosselée ou poussée, dite bague à poison parce qu'on prétend qu'elle en contient ou qu'elle en contenait, pour s'en servir d'occasion – vase de verre ou pâte antique aux cinq points mystiques ou cabalistiques, car on dit que les Étrusques étaient de grands magiciens, et enfin deux bagues scarabées gravées, l'un sur cornaline, l'autre sur sardoine, que j'offre particulièrement aux chers jeunes aiglons à leur choix.

Il y a dans la même boëte n° 1 une petite paire de boucles d'oreilles d'enfant nouveau-né; une plus grande et quelques petits brinborions résidus de bijoux échappés aux nombreux et premiers violateurs de tombeaux qui se sont succédés jusqu'à nous dans la suite des siècles. Ce qui fait qu'en général, au lieu de moissonner comme eux des trésors, nous ne faisons que glâner petitement, excepté pour ce qui est trop lourd pour emporter clandestinement, comme nos sarcophages qui pèsent des milliers de livres; bien que ces petits objets ne soyent que des débris, ils suffisent à donner quelqu'idée des fantaisies en orfèvrerie des habitants de l'Italie à cette époque qui remonte d'une manière incontestable avant la guerre de Troie. Il y a aussi un petit résidu de broderie en fil d'or, l'étoffe a disparu avec le tems.

La petite boëte n° 2 contient une chose assez singulière. C'est une bague scarabée en cornaline gravée, attenante et pour ainsi dire incrustée naturellement sur les os du pauvre trépassé qui, vu sa petitesse, doit être la bague d'un jeune enfant. Plus une paire de boucle d'oreille en forme de cor de chasse, attribuée pour cela à quelqu'enfant de chasseur. Deux larges boutons de feuilles d'or doublées d'un certain mastic; une très petite tête de bêlier trouvée dans un crâne qu'on suppose être celui d'un prêtre de Jupiter Ammon; dans laquelle tombe au milieu d'autres insignes et de quelques hiéroglyphes il y avait plusieurs espèces de parfums, ambre et benjoin [...] et une bonne quantité de perles communes et de plusieurs couleurs, dont on a fait des brasselets qui sont rares, s'ils ne sont pas beaux. Ces sortes de perles sont avec l'échantillon des parfums dans le fond de la petite boëte avec des petits bronzes, débris d'objets de sacrifice, dont il n'est resté que les choses solides, le reste, plus mince, étant tombé en poudre par l'effet de l'occidation.

Je désire que les petits échantillons donnent à la belle et aimable famille à laquelle je m'adresse, l'envie de venir fouiller elle-même quelque chose de mieux. En foi de quoi, j'espère que vous n'en doutez pas, je signe de nouveau de tout vous cinq père, mère et enfants que je suis La très affectionnée A. L.-B.»

Dokument 1

Bericht des Grabungsvorstehers der Fürstin von Canino, Gaetano Carini, über die Ergebnisse der Ausgrabungen vom 16. bis 28. Februar 1839 in Vulci, datiert Musignano, den 28. Februar 1839[664] (Abb. 64)
(Rom, Archivio di Stato, Ministero dei Lavori Pubblici, Industria, Agricoltura, Commercio e Belle Arti, Busta 418, Fasc. 5 c)

«Scavi di S(ua) E(ccellenza) La S(igno)ra Pr(incipe)ssa di Canino
Illustrissimo Signore
Dalli 16. a tutt'oggi si sono trovati N(umero) 11 Cassoni, si sono aperte N(umero) 10 Grotte, che in 8 di queste non

664 Siehe auch F. Buranelli in: Luciano Bonaparte 101.

si è trovato, in alcune, niente, ed in altre de(i) cattivi zini, ed altri frantumi di cocci neri. Oggi stesso in un Cassone con due Grotte si è trovata una Statuetta Egizia di marmo bianco, alta circa tre palmi con una mano rotta, e l'altra consunta e sofferta un poco dal fuoco. Una quantità di Bronzi ridotti in pessimo stato, e che si vedano serviti per più usi, meno qualche pezzo conservato di semplice lavoro, e di nessun pregio. Si sono trovate ancora N(umero) 57 piccole spille d'oro, una quantità di sfoglie d'oro di circa il peso di un o(n)cia, e N(umero) 30 Vasi di diverse forme e grandezze del sud(detto) Stile Egizio, e parecchi frantumi di nessun pregio, e particolarità come sono i vasi sud(detti).

E mi creda colla dovuta stima quale ho l'onore di segnarmi di V(ostra) S(ignoria) Ill(ustrissi)ma
Musignano 28. Febb(raio) 1839
Devo(tissimo) Servit(ore)
G(ae)t(an)o Carini.»

Dokument 2

Begleitschreiben des Governatore di Toscanella, Giuseppe Camporeali, zur Übersendung des Grabungsberichtes von Gaetano Carini (Dokument 1) an den Delegato Apostolico di Viterbo, datiert Toscanella, den 5. März 1839
(Viterbo, Archivio di Stato, Delegazione Apostolica, Serie II, Parte II, Busta 156, Fasc. 13, 6)

«Governo di Toscanella. N(umer)o 206.
Oggetto: Scavi della Sig(nor)a Principessa di Canino. Rapporto.
Umilio alla Ecc(ellen)za V(ostr)a R(everendissi)ma il rapporto degli oggetti trovati ne' scavi di S(ua) E(ccellenza) la Signora Principessa di Canino dal 16 a tutto il perduto mese di Febrajo; e con sentimenti di ossequiosa e distinta stima mi rassegno.
Della Ecc(ellen)za V(ostr)a R(everendissi)ma
Li 5. Marzo 1839.
U(milissi)mo Divot(issimo) Ob(ligatissi)mo Servitore
Giuseppe Camporeali Gov(ernatore)
Mons(ignore) Deleg(a)to Ap(osto)lico
di Viterbo
Delegazione di Viterbo. 7. Marzo 1839. N(umer)o 1475.»

Dokument 3

Begleitschreiben des Consigliere della Delegazione Apostolica di Viterbo, Domenico Kardinal Aledin, zur Weitersendung des Grabungsberichtes (Dokument 1) an den Camerlengo Giacomo Kardinal Giustiniani, datiert Viterbo, 8. März 1839
(Rom, Archivio di Stato, Ministero dei Lavori Pubblici, Industria, Agricoltura, Commercio e Belle Arti, Busta 418, Fasc. 5 c)

«Delegazione Apostolica di Viterbo. Segretaria Generale. N(umer)o 1475.
Oggetto: Oggetti rinvenuti nei scavi della Principessa di Canino.
E(minentissi)mo e R(everendissi)mo Principe
Contemporaneamente al ven(eratissi)mo dispaccio di V(ost)ra Em(inen)za R(everendissi)ma dei 2. andante N(umer)o 757, mi è pervenuta la relazione degli oggetti rinvenuti negli scavi fatti nella Tenuta della Sig(nor)a Principessa di Canino durante la seconda quindicina dello spirato Febbrajo, che qui compiegata ho l'onore di umiliare, nel mentre assicuro la Em(inen)za V(ost)ra R(everendissi)ma di avere abbassati gli opportuni ordini alla Sig(nor)a Principessa onde avere sollecitamente quanto col sullodato dispaccio e venuta a prescrivermi – Con tale dovuto discarico m'inchino profondamento al bacio della S(acra) Porpora e mi ripeto pieno d'ossequioso rispetto e venerazione
Dell'Em(inen)za V(ost)ra R(everendissi)ma
Viterbo 8. Marzo 1839
Umilissimo Obbligatissimo Servitore
Domenico Card(inal) Aledin
Consigliere di Delegazione
E(minentissi)mo Sig(nor) Card(inal) Camerlengo Roma
13 M(a)rz(o) 1839. N(umer)o 983 14 d(it)o
Si passi nota degli og(getti) entroind(icati) alla Commiss(ione), e il presente si unisca alla posizione. Eseguito.»

Dokument 4

Sitzungsprotokoll der Commissione Generale Consultiva di Antichità e Belle Arti, niedergeschrieben vom Consigliere und Segretario Luigi Grifi, unterzeichnet vom Camerlengo Giacomo Kardinal Giustiniani, datiert 3. April 1839
(Rom, Archivio di Stato, Camerlengato, Parte II, Titolo IV, Busta 249, Fasc. 2620)

«Processo Verbale della Sessione tenuta dalla Commissione Gen(era)le Cons(ulti)va di Antichità e Belle Arti li 3 aprile 1839 […]
7 Guerriero in una tomba di Canino. Ivindi narrato essendo dal Sig(no)re Commissario delle Antichità come nel territorio di Canino sia stata dissotterata una tomba con ivi un soldato, sul cadavere del quale rimangono ancora le armi di bronzo, fu consiglio della Sessione che si dimandasse (sic!) conto della scoperta a Monsignor Delegato di Viterbo.[665] […]

17 Lettura delle note degli scavi / Si lessero eziandio le note degli scavi operati dalla Signora Principessa di Canino in Vulci, da Calabresi in Cere, dalla Signora Duchessa di Sermoneta nella Tenuta di Palidoro, dai Fratelli Sarnani in Toscanella e dal Sig(no)re Principe Borghese in Torre Nuova, e uditone il novero degli oggetti, la Commissione fu di avviso che si prendesse cura degli arredi trovati in Vulci e in Cere, essendosi descrizioni di oggetti di oro e di bronzo assai ragguardevoli […].»

Dokument 5

Artikel von Ludwig Urlichs, der im Auftrag des Instituto di Corrispondenza Archeologica vom 4. bis 12. April 1839 die Ausgrabungsstätten Etruriens bereist hatte und in der Juniausgabe des Bullettino dell'Instituto von den neuesten Funden der Fürsten von Canino Bericht erstattete[666]:

«[…] D'un importanza particolare sono poi gli oggetti seguenti trovati tutti insieme in un sepolcro, i quali hanno quasi tutti un carattere o egiziano o comune a quei monumenti di Cerveteri […] che oggi adornano il Museo Gregoriano[667].

A. Lavori in metallo.

a. In bronzo.

1. Due incensieri a ruote somiglianti a quei del Vaticano. Negli angoli v'hanno teste di cavalli. Uno è foderato con ferro.
2. Scudi votivi d'una lamina sottile, in parte con lavori a stampa.
3. Un elmo.
4. Una cista rotonda sopra trè piedi, lavorata a stampa.
5. Un tripode, ai piedi del quale vedesi impiegato del ferro.
6. Un candelabro massiccio e rozzamente lavorato, con buchi pel lucignolo.
7. Un gran vaso simile a fiaschi di campagna. Questo fiasco era involto in paglia tuttora conservata in parte.

b. In oro.

1. Una lunga striscia d'arnese d'oro lavorato a stampa e tanto per la rigidezza dello stile quasi egizio, quanto per la finezza del lavoro, molto simile a' monumenti di Cere e a quello di S(ua) E(ccellenza) la principessa di Canino pubblicato dal Micali tav. XLV, 3[668]. Mostra il nostro arnese due file di leoni tra due file parallele di semicerchj intralciati.
2. Diecisette spille d'oro, da noi non vedute.

B. Lavori in pietra.

1. Una statua femminile, alta circa due piedi e mezzo. Pare una Iside, ma invece del modio tiene sopra la testa un'altra testa più piccola. La capellatura è ricercata, distinta con lunghi cirri e disposti a modo di parrucca. Il vestimento consiste in una lunga sopravveste contenuta da una cintola ed aperta nel mezzo, per la qual apertura vedesi una parte della sottoveste. Le mani sono stese, e a sinistra regge uno sparviere dorato con una forca alta in testa.
2. Due stele rotonde di marmo, alte quasi un piede. Sopra ciascuna di esse siede una piccola figura muliebre di terra cotta, di stile egizio. Ambedue sono decorate con collane e braccialetti d'oro, una sola mostra un largo pettorale pure d'oro, che dipende dalla collana.
3. Balsamario d'alabastro, terminante in una testa muliebre, colle mani giunte sotto il petto; stile affatto egizio

665 Vgl. das Dossier der Commissione Generale Consultiva di Antichità e Belle Arti «Sopra una tomba rinvenuta nel territorio di Canino, contenente un guerriero completamente armato» (Rom, Archivio di Stato, Camerlengato, Parte II, Titolo IV, Busta 273, Fasc. 2938).

666 L. Urlichs, BdI 6, 1839, 70 ff.

667 Gemeint sind die Funde aus der Tomba Regolini-Galassi, die zum größten Teil im Museo Gregoriano Etrusco des Vatikan aufbewahrt werden.

668 Micali, Monumenti Taf. 45, 3. – Der Hinweis bezieht sich auf die goldene Fibel aus dem Grab vom Ponte Sodo in Vulci, vormals Sammlung Canino, heute München, Staatliche Antikensammlungen, Inv. WAF 2331.

e simile a quell'altro egizio vulcente pubblicato dal Micali tav. CI, 1[669].

C. Lavori in ismalto.

1. Trè vasi in ismalto verde di mediocre grandezza, molto simili a quello pure di Vulci, che pubblicò il Micali tav. CXVIII, 3[670]. Il collo di questi vasi è decorato, e sopra i lati più stretti portano gli stessi segni geroglifici che con più altri ricorrono sopra il vaso del Micali (tom. III, p. 222), il quale dice di aver veduti parecchj di questi vasi, tutti di Vulci, in modo che paiono aver formato una buona parte del commercio artistico di quella città.

2. Una quantità straordinaria di piccoli anelli senza dubbio appartenenti ad una collana.

D. Quattro ova di struzzo, aventi incise in rilievo assai basso figure di bestie, di cavalieri, guerrieri con scudi, in uno stile affine a quello de' vasi arcaici.

E. Lavori in terra cotta.
Una grande olla con fondo bruno, nel collo e nella parte bassa decorata con meandri. Il ventre del vaso mostra due strisce, e nella parte superiore figure di animali in colore turchino, in quella di sotto vi è un sonator di lira sopra un trono retto da piedi di grifo, e dietro di lui un gruppo di trè donne circondato da fiori di loto (Confrontisi la pittura tebana Rosellini, Mon. Civ. Tav. 98[671]), finalmente due altre donne. I colori impiegati ne' vestimenti sono il rosso ed il turchino, quest'ultimo prevale. – La parte opposta di questo vaso non abbiamo potuto osservare, ci parve però che seguitassero le figure di animali. I colori sono crassi e senza splendore, la terra non ha sulla superficie alcuna vernice.

Questo è quel che in un'oretta di tempo abbiamo potuto notare intorno una così importante scoperta. Non posso cavarne quelle conseguenze che forse ne risulterebbero, perchè ci vorrebbe un'ulteriore esame degli oggetti, e mi contento di additar la rilevante circostanza, che nè in questa tomba della Polledrara, nè in quella galassiana di Cere [...] si è trovato verun vaso d'arte e di provenienza greca. Potrebbero questi monumenti riferirsi ad un'epoca avanti la fabbricazione o lo spaccio di vasi greci, epoca in cui da Psammetico fino a Psammenito l'Europa ebbe coll'Egitto un libero commercio [...].»

Dokument 6

Begleitschreiben des bayerischen Staatsministers des Königlichen Hauses und des Äußern, August Freiherrn von Gise, zu einem (verlorenen) Brief der Fürstin von Canino an Ludwig I. von Bayern, welcher durch den päpstlichen Internuntius am bayerischen Hof, Michel Viale-Prelà, überbracht wurde, datiert München, den 14. Juni 1839
(München, Bayerisches Hauptstaatsarchiv, Abteilung III: Geheimes Hausarchiv, Kabinettsakt Ludwigs I., Nr. 38)

«Seine Majestät den König.
Allerunterthänigster Antrag von Seite des Staats-Ministeriums des Königl(ichen) Hauses und des Äussern.
Ein Schreiben der Fürstin von Canino.
München den 14. Junj 1839.
Der päbstliche (sic!) Internuntius hat dem treu gehorsamst Unterzeichneten mit Billet vom heutigen Tage das anliegende Schreiben der Fürstin von Canino mit dem Wunsche übersendet, dasselbe an Eure Königliche Majestät befördern zu wollen.

Indem der ehrerbietigst Unterzeichnete diesem Wunsche hiermit entspricht, hat er gleichzeitig eine andere mündlich vorgetragene Bitte zu erwähnen. Der Fürst von Canino, welcher selbst Inhaber einer schönen Sammlung etruskischer Vasen ist, würde es nämlich mit besonderem Danke erkennen, wenn ihm Eure Königliche Majestät huldreichst verstatten wollten, von derjenigen Einsicht zu nehmen, welche sich in dem allerhöchsten Besitze befindet.

Ob und in wiefern hierauf etwas zu erwidern seyn wird, oder nicht, ist lediglich dem allerhöchsten Ermessen zu unterstellen.
Gise.»

669 Micali, Monumenti Taf. 101, 1. – Der Hinweis bezieht sich auf ein Alabastron mit weiblicher Halbfigur aus Alabaster, das bei den Ausgrabungen der Familie Candelori in Vulci zutage kam; der Aufbewahrungsort ist unbekannt.

670 Micali, Monumenti Taf. 118. – Der Hinweis gilt einer ägyptischen Neujahrsflasche aus Vulci, die bei den Ausgrabungen der Familie Candelori gefunden wurde, mittlerweile jedoch verschollen ist.

671 I. Rosellini, Monumenti dell'Egitto e della Nubia disegnati dalla spedizione scientifico-letteraria toscana in Egitto II (1834) Taf. 98.

Dokument 7

Antwortschreiben König Ludwigs I. von Bayern an die Fürstin von Canino, datiert München, den 16. Juni 1839[672]
(Rom, Sammlung Spalletti, Album der Gräfin Rasponi)

«Madame la Princesse,
J'ai reçu la lettre que vous avez bien voulu m'écrire. Je vous adresse par la présente M(onsieur) de Gartner, architecte et professeur à l'Académie des Beaux-Arts et qui jouit de toute ma confiance. C'est avec lui que vous pourrez conférer sur les objets délaissés (sic!) par feu votre oncle, le cardinal Fesch, et tout ce qui y est relatif. Aussi M(onsieur) de Gartner est-il (sic!) chargé et aura (sic!) l'honneur de vous accompagner, vous Madame et M(onsieur) le prince de Canino, pour vous montrer ma collection de vases étrusques que je n'ai pas fait voir jusqu'ici, parce que le local n'est pas fini encore, ni les vases placés en ordre. C'est en cette occasion qu'avec plaisir je fais une exception, et j'ai lieu de croire que la collection ne laissera pas d'attirer votre attention.

Recevez, Madame, l'assurance des sentimens (sic!) d'estime avec lesquels je suis Votre affectionné,
Louis.
Munich, le 16 juin 1839.»

Dokument 8

Kopie eines Briefes Ludwigs I. von Bayern an die Fürstin von Canino, datiert Berchtesgaden, den 22. August 1839 (München, Bayerisches Hauptstaatsarchiv, Abteilung III: Geheimes Hausarchiv, Kabinettskasse Ludwigs I., 52-5-2)

«à Madame Alexandrine Bonaparte Lucien Princesse de Canino
poste restante à La Haye
Madame la Princesse!
J'ai reçu la lettre que Vous avéz (sic!) bien voulu m'adresser en date du 9 de ce mois, avec l'extrait de Catalogue y joint. Il renferme sans doute des choses rares et précieuses bien désirables pour tout amateur d'art et de l'antiquité. Mais aussi un Roi doit savoir renoncer, et l'ordre que je me propose dans mes dépenses et mes grandes entreprises qui exigent des fonds considérables, m'empêchent de faire dans ce genre des acquisitions ultérieurs. Pour ce qui est de la caisse que Vous avéz (sic!) remise à mon chargé d'affaires à La Haye c'est avec plaisir que j'accepte son contenu, et en vous remerciant (sic!) de votre aimable attention je saisis cette occasion de Vous renouveller, Madame la Princesse, l'assurance des Sentimens (sic!) d'estime avec lesquels je suis
Votre affectionné Louis
Berchtesgaden le 22 aout 1839.
Exped(ito) 31/8 39.»

Dokument 9

Brief von Lucien Bonaparte an Eduard Gerhard, datiert 9. Dezember 1839, ohne Ort, mit Poststempel von Viterbo; dazu eine vierseitige handschriftliche Beilage von Lucien Bonaparte[673] (Abb. 65 a. b)
(Berlin, Deutsches Archäologisches Institut, Briefarchiv)

«au 9 Déc(embre) 1839.
J'espérais, Monsieur, vous retrouver à Rome: c'est avec un véritable regret que j'ai été trompé dans mon attente. Je vous écris la présente pour vous informer que ma centurie de vases étrusques ou grecs deposée chez le Défunt Cardinal Fesch est maintenant à ma disposition, en Toscane: vous vous rappellez sans doute cette collection de choix: j'ai l'intention de la vendre, et avant de faire aucune démarche autre part, je vous propose d'en offrir l'acquisition à S(a) M(ajesté) Prussienne pour votre Musée, déjà riche, à ce qu'on me dit, de tant de chefs d'oeuvres. Si ce projet d'acquisition pouvait contribuer à déterminer un nouveau voyage de vous en Italie, je serais charmé de vous revoir et de vous retenir quelques jours à Canino où de nouvelles fouilles répondent à nos espérances.
Nous avons decouvert il y a quelques mois une grotte, toute Egyptienne, contenant une statue d'Isis entourée de deux chars votifs, cinq boucliers, plusieurs idoles de terre orné(e)s de dorures, des oeufs d'autruche couverts d'Hyeroglyphes (sic!), et dans un bassin de bronze un crane et auprès un beau bandeau d'or; tous ces objets sont deposés ensemble dans une armoire, et je crois que cet ensemble vous intéressait.
Ces jours derniers, une grotte parfaitement intacte nous a donné plusieurs ornements d'or, entre autres plusieurs bulles couvertes de fort belles têtes, et ce que j'apprécie davantage deux grands vases à figures jaunes excellentes couverts d'inscriptions, parfaitement égaux pour la forme, et qui representent l'un le jugement de Paris, et l'autre l'entrée dans l'Olympe de Cadmus vainqueur du Dragon, avec les noms de Kadmos Armonia Theba ecc. Je voudrais

672 Siehe auch Fleuriot de Langle, Alexandrine Bonaparte 211.

673 Siehe auch Costantini, Coll. Fesch 363 f.

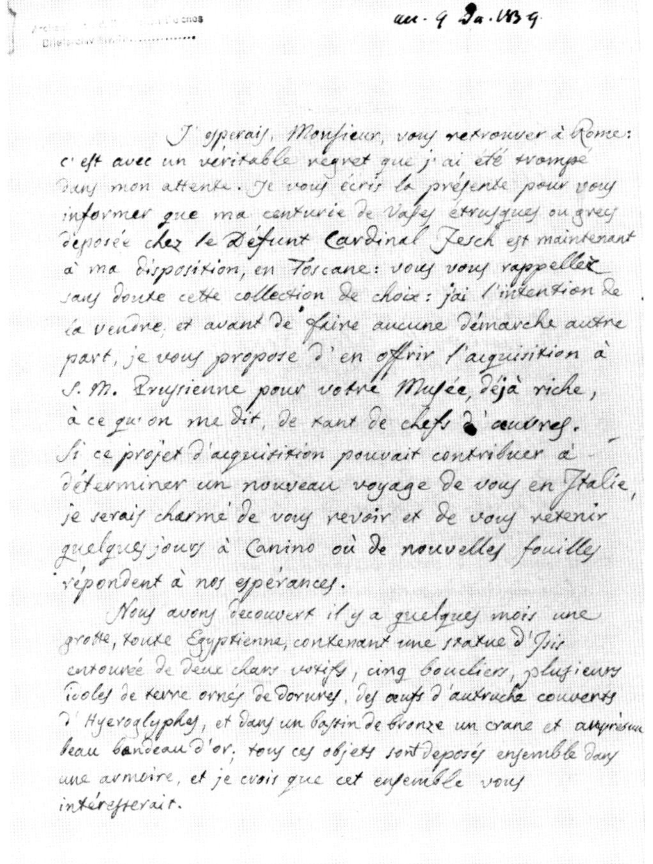

au 9 Da. 1839

J'esperais, Monsieur, vous retrouver à Rome: c'est avec un véritable regret que j'ai été trompé dans mon attente. Je vous écris la présente pour vous informer que ma centurie de Vases étrusques ou grecs déposée chez le Défunt Cardinal Fesch est maintenant à ma disposition, en Toscane: vous vous rappellez sans doute cette collection de choix: j'ai l'intention de la vendre, et avant de faire aucune démarche autre part, je vous propose d'en offrir l'acquisition à S. M. Prussienne pour votre Musée, déjà riche, à ce qu'on me dit, de tant de chefs d'œuvres. Si ce projet d'acquisition pouvait contribuer à déterminer un nouveau voyage de vous en Italie, je serais charmé de vous revoir et de vous retenir quelques jours à Canino où de nouvelles fouilles répondent à nos espérances.

Nous avons découvert il y a quelques mois une grotte, toute Egyptienne, contenant une statue d'Isis entourée de deux chars votifs, cinq boucliers, plusieurs fioles de terre ornés de dorures, des oeufs d'autruche couverts d'Hyeroglyphes, et dans un bassin de bronze un crane et autour un beau bandeau d'or; tous ces objets sont deposés ensemble dans une armoire, et je crois que cet ensemble vous intéresserait.

Ces jours derniers, une grotte parfaitement intacte nous a donné plusieurs ornements d'or, entre autres plusieurs bulles couvertes de fort belles têtes, et ce que j'apprecie d'avantage deux grands Vases à figures jaunes couverts d'inscriptions, parfaitement égaux pour la forme, et qui representent l'un le jugement de Paris, et l'autre l'entrée dans l'Olympe de Cadmus vainqueur du Dragon, avec les noms de Kadmos Armonia Theba Ze[illegible]. Je voudrais bien vous montrer ces deux nouvelles productions de notre vieille alma Parens.

Si le but de cette lettre n'est pas rempli, je n'en serai pas moins charmé d'avoir en cette occasion de vous témoigner ma parfaite estime, et ma conviction de la perte que votre eloignement cause ici à notre archéologie — Consul sine Collega! Le Père Maurice vous fait ses compliments. Agréez, Monsieur, mes salutations cordiales, et croyez moi

Votre très affect. Serviteur

Le Prince de Canino

P.S. je joins ici une petite note de la Centurie disponible du Cardinal

Abb. 65 a. b Dokument 9: Lucien Bonaparte an Eduard Gerhard.

bien vous montrer ces deux nouvelles productions de notre vieille alma Parens.

Si le but de cette lettre n'est pas rempli, je n'en serai pas moins charmé d'avoir en cette occasion de vous témoigner ma parfaite estime, et ma conviction de la perte que votre eloignement cause ici à notre archéologie – Consul sine Collega. Le Père Maurice vous fait ses compliments. Agréez, Monsieur, mes salutations cordiales, et croyez moi

Votre tres affect(ionné) Serviteur

Le Prince de Canino

P.S. Je joins ici une petite note de la Centurie disponible du Cardinal.»

Dokument 10

Brief von Eduard Gerhard an Lucien Bonaparte, datiert Berlin, den 17. Dezember 1839
(Perugia, Privatarchiv, Carte Bonaparte, LXXIV, 2)

«Berlin 17 Décembre 1839.

Monseigneur!

La lettre que vous avez fait l'honneur de m'adresser dernièrement, a [nourri ?] tous mes anciens désirs de voir un jour placée une partie de vos collections étrusques dans notre Musée Royal de Berlin. Quelques [†...†] a cet égard sont [†...†] par la munificence du Roi mon maître, qui de tem(p)s en tem(p)s a enrichi le Musée par l'achat extraordinaire de collections considerables, et les fonds reguliers [†...†], quoique bien limités, du Musée [†...†] depuis sa dernière réorganisation aux complettes [†...†] de quelques [collections ?] de choix, tels que V(otre) E(ccellence) vient de céder au Roi de Bavière et à M(essieurs) Campanari.

Dans la saison passée durant un séjour à Londres, où j'avais espéré en vain de pouvoir vous renouveler personellement mes hommages, M(onsieur) Edw(ard) Hawkins m'engagea d'observer avec lui ce superbe choix de vases que V(otre) E(ccellence) vient d'offrir au Musée Britannique. Enthousiaste, comme vous me connaissez, pour vos collections, j'ai employé tous mes efforts pour faire apprécier aux archéologues anglais, tels que M(essieurs) Hawkins, Hamilton, Rogers et d'autres le choix déposé à Londres comme la plus belle partie de vos collections et précisement comme celle que j'avais admirée jadis chez le Cardinal Fesch. La nouvelle d'une seconde collection, égalment de choix, achetée en plupart par le Musée de Leide, a tout récemment succedé la notice du depôt anglais, et dans cette position des choses j'ose douter, si la nouvelle d'une troisième collection égalment grande et choisie pourrait à notre Gouvernement faire l'effet désirable d'une satisfaction parfaite. Je ne manquerai pas néanmoins de lui proposer au premier moment favorable la collection vendable à Florence registrée dans la liste que vous avez bien voulu me comuniquer; mais avec [†...†] la conviction, que je prononcerais de l'inépuisable richesse de vos collections, je [†...†] bien que pour établir une opinion satisfactoire on démandera une inspection oculaire. Peut-être, si je n'arrive pas trop tard, l'année prochaine me donnera-t-elle cet avantage; en attendant si V(otre) E(ccellence) voudra bien faire connaître à M(onsieu)r Braun, qui vous remettra cette lettre, le vase d'Harmonia et les autres objets dernièrement découverts, que vous seriez à céder séparément je me flotte que les renseignements de mon vicaire à l'Institut Archéologique me mettrait en état d'effectuer, avec un moindre délai, l'emplette de plusieurs objets étrusques pour le Musée de Berlin.

V(otre) E(ccellence) m'obligez beaucoup, en présentant mes hommages et compliments à M(ada)me la Princesse et au Pére Maurice, et d'agreer surtout la haute considération et l'attachement respectueux avec lesquels j'ai l'honneur d'être
Votre très h(um)ble et très obéissant S(erviteur)
E(duard) Gerhard.»

Dokument 11

Brief von Emil Braun an Lucien Bonaparte, datiert Rom, den 2. Januar 1840
(Perugia, Privatarchiv, Carte Bonaparte, LXXIV, 1)

«S(ua) E(ccellenza) Signor Pr(inci)pe di Canino. Musignano.
Instituto di Corrispondenza Archeologica.
Roma li 2 Gennajo 1840.
Eccellenza,
Ho l'onore di tramandarle l'acclusa lettera del S(igno)r Prof(essor) Gerhard, il quale m'incarica di mettere la mia persona alla disposizione di V(ostra) E(ccellenza), in caso che si tratti di sottoporre ad esame d'autopsia certi monumenti, di cui V(ostra) E(ccellenza) ha fatto graziosamente parola al lodato professore.

Mi prevalgo di quest'occasione per estendere a V(ostra) E(ccellenza) quella somma stima ed ossequioso rispetto di cui mi sento penetrato verso la persona di V(ostra) E(ccellenza), che da tanto tempo ho adorato da lontano; e così ho l'onore di rassegnarmi di V(ostra) E(ccellenza)
Umil(issi)mo Serv(it)o(re)
Emilio Braun
Segret(ario) Editore dell'Inst(itut)o di C(orrispondenza) A(rcheologica).»

Dokument 12

Brief von Lucien Bonaparte an Eduard Gerhard, datiert Canino, den 7. Januar 1840
(Berlin, Deutsches Archäologisches Institut, Briefarchiv)

«Canino 7. Janvier 1840.
Monsieur le Professeur,
Je reçais votre réponse et j'ai invité votre secrétaire à se rendre ici. Je vous remercie de tout ce que votre lettre contient d'obligeant; ma femme, et le P(ère) Maurice vous rendent grâces de votre souvenir et vous font leurs compliments.

Je dois vous rappeler que c'est à Florence, et non à Rome, que Madame vous a parlé des vases qui sont à Londres: pas un de ces vases n'a jamais fait partie de la centurie du Cardinal qui n'est devenue ma libre propriété que depuis quelques jours; ainsi cette centurie, pour la date et pour le mérite, n'est pas la troisième comme vous pouissiez le supposer, mais la première. – Si elle convient à votre musée, je prendrai pour les épreuves des payements toutes les facilités que vous proposerez: votre Vicaire qui vedra cette centurie vous en rendra compte: Vous n'avez rien à envier au musée de Londres. – Je n'ai cédé à M(onsieu)r Campanari que quelques vases incomplets et médiocres parmi lesquelles étaient une belle naissance de Minerve et un vase jaune et noir avec des guerriers tirant le sort aux [†...†]; mais ces deux vases (que M(onsieu)r Camapanari n'ouvrait pas en sous cela) étaient tout (sic!) incomplets: trois figures entières manquaient au vase de Minerve, et la grande moitié supérieure des guerriers manquait à l'autre vase: ces fragments méritent cependant d'être renvoyés: Les autres vases, tous incomplets aussi, ne valent pas la peine d'être nommés. Je regrette que ces écarts soient chez vous ou l'on me dit que S(a) M(ajesté) le Roi a réuni tout de chef d'œuvre, ce que je désira bien voir un jour par moi-même. – Quand à Leyde, ce sont des vases de second ordre qu'on y a vendus: ces vases, propriété particulière de M(a)d(am)e, ne faisaient partie d'aucune de mes Réserves.

Le roi de Bavière a acquis la collection d'ors de M(a)d(am)e: Depuis notre retour, les fouilles nous ont reformé une autre collection d'ors admirables: Votre Vicaire vous en parlera: elle est aussi disponible.

J'ai cru devoir vous préciser ces notices: je serais charmé d'enrichir votre beau musée de quelques objets dignes; et je serais surtout charmé de vous revoir.
Votre aff(ectionn)é Serv(iteur)
L(ucien) Pr(ince) de Canino.»

Dokument 13

Bericht des badischen Gesandten bei der Kurie, Friedrich Maler, an den badischen Staatsminister des Großherzoglichen Hauses und der auswärtigen Angelegenheiten, Friedrich Karl Landolin Freiherrn von Blittersdorf, datiert Rom, den 29. Januar 1840[674]:
(Karlsruhe, Badisches Generallandesarchiv, 233/10714)

«Rom, 29 Januar 1840.
Dem Großherzoglichen Hochpreislichen Ministerium der auswärtigen Angelegenheiten.
Gesandtschaftsbericht N(umer)o 1.
Gehorsamste Anzeige von verkäuflichen antiken Bronzen, die sich für das Großherzogl(iche) Museum eignen würden.
[...] Die in Canino, Toscanella, Chiusi und anderen Etruskischen Orten in den letzten Jahrzehnten bewerkstelligten Ausgrabungen haben nämlich außer der ungeheuren Menge von Vasen auch sehr viele Bronzen, hauptsächlich in den letzten Jahren zu Tage gefördert, die großentheils, soweit sie nicht in das Museo Gregoriano gewandert sind, noch des Käufers warten; und von denen gerade in den letzten Tagen eine höchstinteressante kleine Sammlung bei einem der hiesigen Kunsthändler eingetroffen ist. Davon sind manche Gegenstände von so seltener Schönheit, daß davon auszugehen ist, daß sie bald einen Käufer finden werden, die namentlich eine Ara auf einem prächtigen Dreifuße, und ein großer runder Schild, schöner als die im Vatikan befindlichen, sowie manche Kandelaber von gleicher Zierlichkeit wie die Herkulanensischen, nur älteren Styls, und wie ich sie bis jetzt noch nie im Kunsthandel angetroffen habe.

Für den ersten Gegenstand werden 100 Louis d'or verlangt, da er ein Prachtstück für ein Museum ist; für den Schild, der mehr als 3' im Durchmesser hat, und ganz verziert ist, 100 Scudi; übrigens steht zu erwägen, daß, wenn man Mehrere zugleich kauft, 30-40 % nachgelassen werden. Für die Kandelaber ist noch kein Preis gemacht, ich bin aber überzeugt, daß ein Stück höchstens 3–4 mal theurer zu stehen kömmt als ein Abguß des Professor Zahn nach einem im Museo Borbonico befindlichen. Und doch ist ein solches Original hundertmal mehr werth als ein Gibsabguß, der selbst nur unvollkommen die Sache wiedergibt, weil für die Feinheiten, die ja in der Kunst gerade die höchsten Sachen sind, nur Metall das geeignete Material ist. Andere Dinge, wie Henkel und Griffe von Bronzegefäßen, die in sehr großer Zahl das Stück zu einem halben bis zu ein Paar Gulden zu haben sind, geben für sich allein schon die unübertrefflichsten Muster, wie im Zweck ein Bedürfniß, auf sinnvolle, zierliche und doch zugleich einfache und bequeme Weise zu befriedigen ist [...].

Wofern meinem unterthänigen Gesuche die höchste Genehmigung zu Theil werden sollte, würde ich, wie bei der frühern Veranlassung, eifrigst mich bestreben, mit der gegebenen Summe das möglich Vortrefflichste zu erwerben, und zu diesem Behufe im nächsten Frühjahr einen Ausflug nach den Städten der Etruskischen Gräber, im Sommer aber eine Reise nach Neapel machen, von wo die Ausfuhr der Bronzen keiner besonderen Schwierigkeit unterliegt, da weder die dortige Regierung noch der K(önigliche) Minister Santangelo Mitkonkurrenten sind.
Verehrungsvoll verharrend
Maler.»

Dokument 14

Sitzungsprotokoll der Commissione Generale Consultiva di Antichità e Belle Arti, niedergeschrieben vom Consigliere und Segretario Luigi Grifi, unterzeichnet vom Camerlengo Giacomo Kardinal Giustiniani, datiert 18. Februar 1840
(Rom, Archivio di Stato, Camerlengato, Parte II, Titolo IV, Busta 249, Fasc. 2620)

«Processo Verbale della Sessione tenuta dalla Commissione Gen(era)le Cons(ulti)va di Antichità e Belle Arti li 18 feb(b)rajo 1840 [...]
Bas(s)eggio. Oggetti Etruschi / Essendo stato letto il ragguaglio della Sezione per gli arredi di bronzo comperati dal Sig(no)r Bas(s)eggio in Canino, e letta altresi la nota di questi, fu commesso al Sig(no)r Baron Camuccini e al Sig(no)r Cav(alier)e Fabris di andarli ad esaminare, e al Segretario di chiedere al Signore Bas(s)eggio il prezzo di ciascun oggetto segnato nella nota, poi per farne di tutto una relazione alla Santità di N(ostro) S(ignore) per udirne l'oracolo della sua volontà.

Uditasi la narrazione del ritrovamento di varie statue avvenuto in Cerveteri, e di una tomba di foggia Egiziana e di altri preziosi arredi avvenuto in Canino, l'E(minentissi)mo e R(everendissi)mo Principe Sig(no)re Card(inale) Camerlengo ordinò che una Sezione della Commissione composta dei Sig(no)ri Consiglieri Cav(aliere) Visconti, Cav(aliere) Fabris, Cav(aliere) Canina e del Seg(reta)rio si recasse in ambedue quelle terre per fare le ispezioni, e prendere le provvidenze volute dalla legge a conservazione delle cose trovate [...].»

674 Siehe auch Jurgeit, Bronzen Karlsruhe I 3 f.

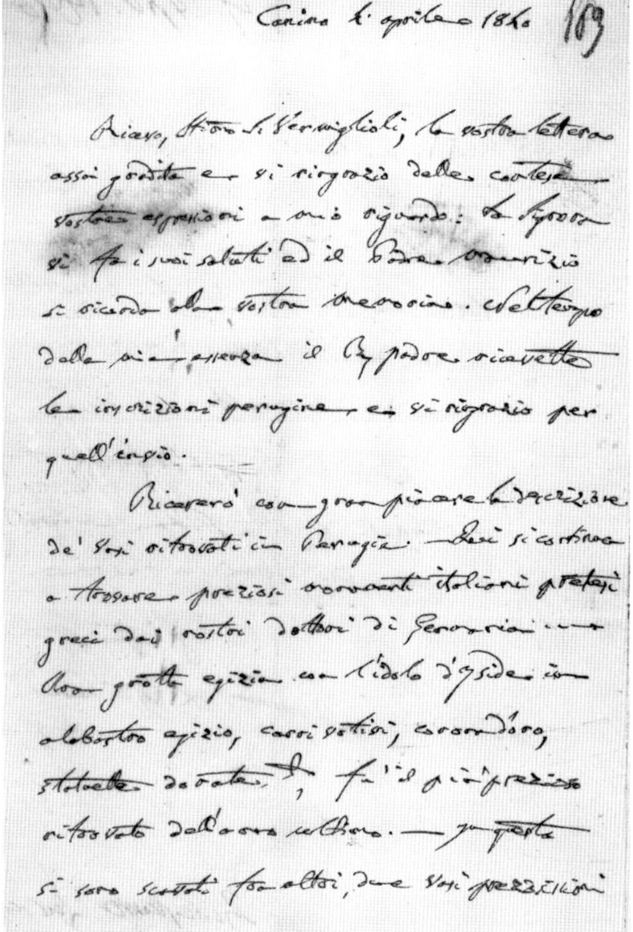
Canino 4 aprile 1840

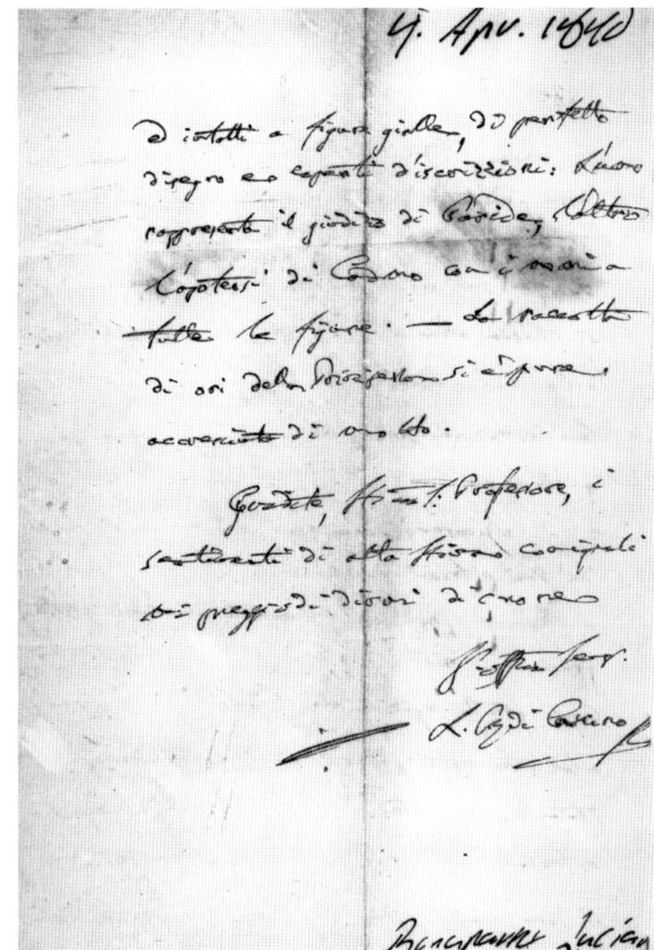
4. Apr. 1840

L. Pe di Canino

Bonaparte Lucien

Abb. 66 a. b Dokument 17: Lucien Bonaparte an Giovanni Battista Vermiglioli.

Dokument 15

Preisliste zu einigen Funden aus den Grabungen der Fürsten von Canino in Vulci, welche bei dem Kunsthändler Basseggio zum Verkauf standen, ohne Datum und Unterschrift, vermutlich im Februar 1840 verfaßt, abgefaßt in der Handschrift von Giuseppe D'Este
(Rom, Archivio di Stato, Camerlengato, Parte II, Titolo IV, Busta 245, Fasc. 2570)

«Due Candelabri rap(p)res(entante) Guerriero con Cavallo
Soggetto simile, modello diff(erendo) uno dall'altro 160
Due detti gruppi di Satiri con Faunine, o baccanti 140
Uno detti altro gruppo da cambiarsi asta e piede 60
Schinale d'armatura 30
Scudo di palmi 4. Once 2 con ornati e animali 100
Scet(t)ro 60
Cinque Patere una in rilievo
200 molle con ruote intatte 10
Simpolo e Colatojo 120
Due Istromenti con Teste d'animali 12
Figurina perfetta quale serviva per uso di manico 40
Vaso grande Egizio 60
892 (sic!)
questi sono i più ristretti prezzi
G(iuseppe) Bas(s)eggio»

Dokument 16

Bericht des Camerlengo Giacomo Kardinal Giustiniani an Papst Gregor XVI. Cappellari, datiert 25. Februar 1840
(Rom, Archivio di Stato, Camerlengato, Parte II, Titolo IV, Busta 245, Fasc. 2570)

Li 25. Febbrajo 1840.
Relazione Alla Santità di Nostro Signore Gregorio Papa XVI intorno all'acquisto di rarissimi oggetti etruschi antichi.
B(eatissi)mo Padre

Avendo il Negoziante di Antichità Sig(no)r Basseggio acquistato dalla Signora Principessa di Canino molti oggetti etruschi di singolar pregio, da essa trovati nelle sue terre del Pian dell'Abbadia presso Musignano, ed avendoli quegli trasportati in Roma, il Cardinal Camerlengo di Santa Romana Chiesa volle che una Sezione della Sua Commissione Generale Consultiva di Antichità e Belle Arti esaminasse tali oggetti pria di permettere al Basseggio l'implorata licenza di poterne fare commercio anche con gli esteri. La Sezione reputò meritevoli di riguardo le seguenti anticaglie ravvisate tutte di artefici etruschi e di singolar pregio fra le molte, che possiede. [...] Metalli 19. Scudo del diametro di palmi quattro e once due ornato alla foggia di quelli scavati in Cere e comperati dal Sig(no)r Generale Galassi, cosicche potrebbe dirsi rassomigliarsi di molto a due o tre di quelli. Essendo però presente al Cardinal Camerlengo gli ordini di Vostra Santità di non estendere più oltre gli acquisti di stoviglie etrusche, e d'altronde considerando che degli oggetti eminentemente di pregio non dovrebbe rimanere sfornito il nuovo museo etrusco, volle che la Sua Commissione limitasse la scelta a que' soli articoli, che riunisero la rarità ad un sommo merito. Tale scelta è stata ristretta alla seguente. [...] Ora si degni la Santità Vostra di prendere in considerazione il buon animo del Cardinal Camerlengo e pronunciare il suo sovrano oracolo intorno a questa proposizione che sommessamente le rassegna.»

Dokument 17

Brief von Lucien Bonaparte an den Ordinarius für Archäologie und Kunstgeschichte der Universität von Perugia, Giovanni Battista Vermiglioli, datiert Canino, den 4. April 1840[675] (Abb. 66 a. b)
(Perugia, Biblioteca Augusta del Comune, Carteggio Vermiglioli, Manoscritti 1511, 163–164)

«Canino 4 aprile 1840
Ricevo, stim(at)o S(ignor) Vermiglioli, la vostra lettera assai gradita e vi ringrazio delle cortesi vostre espressioni a mio riguardo[676]. La Signora vi fa i suoi saluti ed il Padre Maurizio si ricorda alla vostra memoria. Nel tempo della mia assenza il Rev(erendo) padre ricevette le inscrizioni (sic!) perugine e vi ringrazio per quell'invio.

Riceverò con gran piacere la descrizione de' vasi ritrovati in Perugia. – Qui si continua a trovare preziosi monumenti italiani pretesi greci dai nostri dottori di Germania ... Una grotta egizia con l'idolo d'Iside in alabastro egizio, carri votivi, corone d'oro, statuette dorate ecc., fu il più prezioso ritrovato dell'anno ultimo. – In questo si sono scavati fra altri, due vasi preziosissimi ed intatti a figure gialle, di perfetto disegno e coperti d'iscrizzioni (sic!): L'uno rappresenta il giudizio di Paride, l'altro l'apoteosi di Cadmo con i nomi a tutte le figure. – La raccolta di ori della Principessa si è pure accresciuta di molto.

Gradite, stimat(issimo) S(ignor) Professore, i sentimenti di alta stima con i quali mi preggio (sic!) di dirmi di cuore
V(ostro) aff(ezionatissi)mo Serv(itore)
L(uciano) Pr(inci)pe di Canino»

Dokument 18

Notizheft mit diversen Eintragungen, darunter eine mehrere Seiten umfassende Aufstellung der Einnahmen und Ausgaben des Ehepaares Bonaparte für den Zeitraum Mai 1839 – April 1840, niedergeschrieben in der Handschrift von Lucien Bonaparte[677]. Im Folgenden auszugsweise wiedergegeben.
(Orvieto, Fondazione per il Museo Claudio Faina)

«Caisse générale. Du mois de Mai 1839 au mois de ...
Index
(p. 1) Mai 1839
Reçu de Campanari pour vases étrusques: 500 P(iastres)
Voyage d'Acquapendente à Munich:
vingt jours 373 P(iastres)
(p. 2) Juin 1839
N(ota) B(ene) La monnaie de Bavière étant en florins de 60 Kreutzers (sic!), nous réduisons en florins le reste de mai.
La piastre = 2 flor(ins) 32 kr(eutzer) ainsi ...
(p. 3) Cy contre 20–29 juin
P(ayé) pour un écrin d'ors étrusques 140 (florins)
29.
Reçu du Roi de Bavière pour les ors étrusques de M(a)d(am)e,
onze mille florins: Bons de M(onsieu)r Labouchère:
11.000 fl(orins)

675 Siehe auch F. Duranti, Bollettino della Deputazione di Storia Patria per l'Umbria 44, 1947, 54 f.

676 Die Bemerkung bezieht sich vermutlich auf einen Brief, den Giovanni Battista Vermiglioli am 24. März 1840 aus Perugia schrieb, in dem er Lucien Bonaparte unter anderem von der jüngst erfolgten Entdeckung des Volumniergrabes bei Perugia Mitteilung machte (Perugia, Privatarchiv, Carte Bonaparte, CCCXXIX).

677 Dazu jetzt auch G. M. Della Fina, AnnFaina 10, 2003, 259 ff. A. Costantini – C. Hausmann, Archaeologiae. Reserach by Foreign Missions in Italy 1, 2003, 33 ff. und C. Hausmann in: Citazioni Archeologiche 27 ff. bes. 32 ff. 69 ff. Taf. 14–19.

Juillet 11–13
Payé pour le bateau à vapeur de Magence à Rotterdam 218.30
(p. 4) Cy contre 11–20 […]
(p. 5) Cy contre août: La Haye
P(ayé) pour les vases et les ors 69 fl(orins)
(p. 6) Cy contre Septembre 1839.
(La Haye et retour)
Reçu par M(onsieu)r Gibson pour vases étrusques vendus à M(onsieu)r le Baron Westreenen 290 fl(orins)
et du Muséum de Leyde … 6910 fl(orins).
Total 7200 fl(orins).
(p. 7) Cy contre 16.
Francfort
14 Sept.–16 Octobre. Retour.
Dépensé en route de La Haye à Canino 240 Napol(éon) = 2284 florins
(p. 8) 15. Octobre 1839. Canino. […].
(p. 9) Seconde Quinzaine d'Octobre
P(ayé) pour la première semaine des fouilles 6.30
Novembre
Palagi. Mémoire. Reçu de Basseg(g)io pour la fresque de J(ules) Romain 264 p(iastres) versé à la caisse Palagi (compte de Palagi d'Octobre).
(p. 10) Novembre 1839
P(ayé) à Pinco pour les fouilles 47.42
Decembre 1839
Reçu de Basseg(g)io pour Bronzes et ors des fouilles de Nov(embre) et Xbre (sic!) 1000 p(iastres)
Payé pour fouilles du mois 71.19
(p. 11) Janvier 1840
Reçu par Basseg(g)io pour mille livres de vieux bronzes: 100.
P(ayé) à Gaetan pour Canino 100 p(iastres) du vieux bronze de Basseg(g)io
P(ayé) à Pinco pour fouilles: 65
(p. 12) Février 1840
P(ayé) Fouilles 59.10
P(ayé) Frais pour les vases, Giannetta 282.
(p. 13) Mars 1840
Reçu de Paillet, par Fermo, un billet de francs 3065 = 550 p(iastres) – Pour ventes des vases.
Reçu de Basseg(g)io pour vente de Bronzes et 3 Vases 316.
P(ayé) pour fouilles 53.83
(p. 14) Avril 1840.
Caisses. – Palagi, Carini, et Banquiers divers. Du mois de Mai 1839 au mois de …
1. Banque Fermo
2. … Gibson
3. … Carini
Index
1° Caisse Palagi
2° Banque Fermo
3° Banque Gibson
4° Canino. De Mai au 1 Octobre 1839.
Caisse. Octobre, Novembre, Décembre 1839. Janvier 1840, Février, Mars, Avril.
Résumé de l'année 1839–1840.
5° Comptes de Saveri du 1 Janv(ier) au 1 Mai 1839, au 1 Janv(ier) 1840.
6° Comptes de Sinigallia. […]
(p. 25) Banque Fermo. (no. 2)
Compte de la Princesse à tout juin
p(ayé), le 28 juin 1839, (sur ?) traite de deux mille p(iastres) R(omains)
tirée de Munich – 1900.
(p. 31 / alte p. 86) Banque Gibson: (no. 1)
Compte de la Princesse à tout Sept(embre) 1839.
Reçu du Muséum de Leyde et de divers pour vases 7200.
–pour commission sur les vases vendues
acheté treize–
acheté treize coupons de cinq pour cent avec interets de six mois échus
13631.53 f(lorins) – Pris pour commission sur les vases vendues 360 fl(orins).
(alte p. 87) Gibson (no. 2)
Reçu pour trois vases vendues, n(umér)os 18. 19. 22 la somme de 80 fl(orins).»

Dokument 19

Bericht der Commissione Generale Consultiva di Antichità e Belle Arti über ihren Besuch in Musignano und Vulci im Mai 1840, verfaßt und unterzeichnet von Luigi Grifi
(Rom, Archivio di Stato, Camerlengato, Parte II, Titolo IV, Busta 188, Fasc. 890)

«Processo Verbale dell'accesso fatto da una Sezione della Commissione Gen(era)le Cons(ulti)va di Antichità e Belle Arti a Pirgi, Musignano, Vulci, e Tarquinia nel mese di maggio 1840
Per ordine dell'E(minentissi)mo e R(everendissi)mo Principe Sig(no)re Card(inale) Giustiniani Camerlengo di S(anta) R(omana) C(hiesa) una sezione della Commissione Gen(era)le Cons(ulti)va di Antichità e Belle Arti si è recata in Canino, partendo di Roma il di 16 maggio 1840, per osservare quanto è stato dissotterrato nella necropoli di Vulci per gli scavi operati in questo anno dal Sig(nore) Principe di Canino. Furono designati in questa Sezione i Sig(no)ri Consiglieri Cav(alier)e Visconti, Cav(alier)e Fabris, Cav(alier)e Canina, e Cav(alier)e Grifi Seg(reta)rio. Avendo preso la via di Civitavecchia, e giunta la Sezione a S(anta) Severa, ebbe cura di percorrere tutto il quadrato,

che quivi ancora in buona parte rimane delle antiche mura di Pirgi, e sebbene siano queste diroccate, pure non sono tanto consumate, che di loro non se ne veggano sopra terra vestigia tali da indicare non solamente l'ampiezza, ma anche la costruzione Ciclopea. Cosicché se in qualche luogo si facesse alcuno scavamento potrebbe almeno recarsi alcun saggio della profondità loro, nè sarebbe difficile il purgare de' bronchi, e delle piante codesto ricinto (sic!) di mura, perchè meglio apparisse quello, ne' avanza dalla terra, che in massima parte lo dee tenere sepolto. Da qui essendosi proceduti direttamente a Musignano fu esaminato in quel palazzo il vasellame abbondevolmente raccolto dalle tombe di Vulci. Laonde dopo averlo riscontrato tutto, la Sezione avvisò di tener nota del più riguardevole, siccome quello che a suo giudizio dovrebbe essere comperato per ornato maggiore de' Pontifici Musei. Furono scelti adunque e noverati in primo ordine sia per le storie che contengono o per le iscrizioni, o pel disegno due vasi di quella foggia che viene appellata Kalpis guerniti ambedue da leggiadre figure dipinte di colore arancio su nero, e si l'uno che l'altro dell'altezza di oltre palmi due. Ne' quali vasi però quello che ha nell'intorno la storia di Cadmo, condotta con modi che assai si rassomigliano a quegli usati ne' vasi di Ruvo, deve all'altro essere anteposto per cotal suo raro effigiamento. Imperocchè a riguardare nel mezzo della dipintura vi si scorge Cadmo, e tale si dimostra anche dal nome Greco ΚΑΔΜΟΣ scritto al di sopra del suo capo, che, vestito di una corta, ma ricca tunica, e col cappello gettato per di dietro delle spalle in segno del giunger suo nella Beozia di lontani luoghi, si scaglia addosso al serpente, e gli mena un colpo di spada sulla testa, che il mostro poggiando sulle spive tiene levata in alto, mirando con ferocissimo atto ad investire l'assalitore. E perchè non abbia a temersi che Cadmo non esca vincitore di codesto cimento, gli è stata posta poco più alto del capo una piccola figura, che ha il nome di ΝΙΚΗ, ossia la vittoria che sta per coronarlo di un serto. Da un canto poi dell'Eroe stassi la sposa che alza di una mano il lembo di un sottilissimo velo, sotto cui trasparisce la veste, che la persona tutta le copre scendendole fino ai piedi in minutissime pieghe. Nè (sic!) può incorrersi in errore sull'appellazione di lei, imperocchè le fu posta di lato la leggenda di ΑΡΜΟΝΙΑ. Due figure poi la seguono, delle quali una s'appalesa chiaramente per Nettuno stante la Dorica iscrizione di ΠΟΣΕΙΔΑΝ, nell'altra potrebbesi per l'acconciamento suo ravvisare una Venere. Talchè (sic!) essendo Nettuno l'avo di Cadmo, può argomentarsi che siavi stata ritratta anche Venere, che fu madre di Armonia, per dinotare l'origine divina tanto del fondatore della rocca di Tebe, quanto della donna che tolse in matrimonio. Tornando ora alle figure che stanno dalla banda del serpe, sono ellene qui poste per fare allegoria alla fondazione della città, il che intervenne dopo che per comando di Pallade fu da Cadmo uccisa la belva. Difatto mirasi la Dea, presso cui evvi il nome di ΑΘΗΝΑ, starle da vicino armata il capo e il petto dell'elmo e dell'egida, vibrando la lancia colla destra e combattendo quasi in favore di Cadmo, e sotto di lei evvi una donzella appellata ΘΗΒΑ, con che alludesi alla città, che era per sorgere. Ivindi seguono in ordine l'una dopo l'altra cinque Divinità, la prima delle quali è ornata del diadema, dello scettro e di lunga e arresia veste, e dal nome di ΔΑΜΑΤΑΡ si raccoglie essere Cerere, che fu da Cadmo tenuta in grande onore, siccome quegli che per opera di lei aveva insegnato ai Tebani la coltura dei campi. Poco lungi da lei vedesi ΚΟΡΑ con due faci ardenti nelle mani, e così procedendo scorgesi Apollo, pel cui oracolo fu da Cadmo edificata la città, che non solo si ravvisa all'arco che tiene nelle mani, ma all'epigrafe eziandio di ΑΠΟΛΛΩΝ. Così all'altra figura evvi apposto il nome di ΑΡΤΑΜΙΣ, e codesta Diana, che è vestita di abito succinto ha nelle mani due accese faci, siccome la fanciulla di che abbiamo parlato. L'ultimo poi degli Dei che qui sono dipinti è un Mercurio col caduceo, e coll'iscrizione di ΕΡΜΑΣ.

Passando ora all'altro vaso, che sebbene abbia una pari forma e leggiadria di disegno, pure gli cede nel pregio della storia, vi si vede ritratto il giudizio di Paride. In codesto effigiamento l'artefice ha collocato il figlio di Priamo nel mezzo, e lo ha dinotato non solo col nome di ΑΛΕΧΑΝΔΡΟΣ, ma per un putto a lato, che sembra essergli spedito da Venere perchè lo induca a giudicare in di lei favore. La Dea tiene coperta la persona da lungo velo, e da una veste che le cade fin oltre i piedi, e viene appellata ΑΦΡΟΔΙΤΕ, e due puttini alati le' sono vicino, ad uno de' quali evvi apposto il nome di ΙΜΕΡΟΣ. Non lontano da Paride si ravvisa Mercurio sia pel caduceo, sia per l'iscrizione di ΕΡΜΕΣ, che par serva di guida alle altre due Dee ΑΘΑΝΑ, e ΗΡΑ, Pallade e Giunone, che innanzi al giudice s'appresentano, e ben si vede espressa in loro la brama che hanno di uscire vittoriose dell'arringo. Indietro poi si veggono tre domini che potrebbero riputarsi pei pastori del re o pei compagni di Paride. E si l'uno che l'altro di questi vasi è intero.

La tazza che segue merita bene di essere noverata nel primo grado e per la grazia e squisitezza con che le figure sono condotte in colore arancio su fondo nero, e viemmaggiormente (sic!) poi per la storia che rappresenta. Osservandone l'interno evvi disegnato il gigante Polibate armato di tutt'armi già vinto e superato da Nettuno, talchè (sic!) gli è caduto quasi a' piedi, e gli si volge in atto supplichevole, perchè (sic!) non gli porti col tridente l'ultimo colpo, che lo torrebbe di vita. Il che medesimamente viene impetrato dalla madre del vinto, che a mani alzate scongiura il vincitore a non renderla orba del figlio. Evvi in un vaso del Museo Gregoriano dipinta la morte di Polibate, ma in quello Nettuno lancia una parte dell'Isola di Kos sul caduto nemico, qui l'incalza col tridente, in quello non vi sono nomi, e qui si leggono quei di ΠΟΛVΒΑΤΕΣ, e di

ΓΕ, ossia della terra madre del gigante. Inoltre fra quante coppe sono fin ora uscite delle antiche tombe, niuna, o assai poche, che più non sono in Roma, hanno dipinture condotte con tanta eccellenza di arte. Sotto la storia sono distesi i nomi del vasaio e del pittore in questa leggenda, ΕΡΓΙΝΟΣ ΕΠΟΙΕΣΕΝ. ΑΡΙΣΤΟΦΑΝΕΣ ΕΓΡΑΦΕ. Nel di fuori vi è dipinta la medesima pugna de' numi coi giganti, i quali però appajono essere sconfitti e abbattuti. Il primo a combattere coll'elmo in capo e colla lancia è Marte, app(ress)o cui viene Apollo armato di spada e di arco, ed ambedue hanno i nomi in greco di ΑΡΕΣ, e di ΑΠΟΛΛΟΝ, e son già sopra al gigante da loro sospinto in terra, che s'appella ΕΦΙΑΛΤΕΣ. Giunone col nome scritto di ΗΕΡΑ, e Diana gettano a terra altri combattenti, e Pallade coll'appellazione di ΑΘΕΝΑ vince il gigante ΕΝΚΕΛΑΘΟΣ, ma ciò che rapporta lo sterminio de' ribelli e arditi assalitori de' numi, si è il fulmine, che Giove ΙΕVΣ sta in atto di scagliare sopra di loro.

Debbono poi noverarsi in secondo luogo un piatto disegnato con figure nere, ed un altro con ivi una danzatrice dipinta in color rosso, la quale par che nel danzare segua l'armonia, che formasi dal suono che una donzella fa uscire dalla doppia tibia. E qui v'è l'iscrizione ΕΠΙΚΤΕΤΟΣ ΕΓΡΑϛΦΕΝ. Un vaso arcaico con ivi espressa la morte di Astianatte. Un altro la cui dipintura rappresenta Ercole che stimola i buoi, a figure nere da un lato, e arance dall'altro. Un vaso che mostra Mercurio che uccide Argo, la figura del quale è stata disegnata dall'artefice con due capi, e un poco più discosta dal luogo dell'uccisione veggonsi Giunone ed Io; nè (sic!) vi mancano i nomi delle persone ritratte siccome quei di ΗΕΡΜΑΙΟΣ ΕΠΟΙΕΣΕΝ. Un vaso di stile arcaico con un effigiamento, che par voglia di notare lo stesso argomento delle vespe posto sulla scena da Aristofane. Una coppa, ov'è disegnato in colore arancio Ercole, che pianta la vigna. Un'olla che termina in punta, e si regge su di un piede separato, e guernito di figure; due coppe l'una coll'iscrizione ΗΕVΜΟLΕΣΕΝ ΕΠΟΙΕΣΕΝ; l'altra con quella di ΧΕΝΟΚLΕΣ ΕΠΟΙΕΣΕΝ, ed una conchiglia intagliata con molti ornati.

In terzo grado furono scelti un vaso di argilla ordinaria che ne contiene per entro altri quattordici diminuendo tutti per guisa che l'ultimo rimane picciolissimo. Quattro tazze nere con manichi di fogge diverse, ed una con una testina in rilievo nel fondo. Un vaso arcaico a tre ordini di dipinture, in due de' quali sono collocati alquanti animali, e nell'ultimo un procedimento di uomini a cavallo.

Fra i bronzi stimaronsi ragguardevoli due specchi, nel primo de' quali, v'è inciso Oreste che sta in punto di trafiggere Clitennestra, e per tale suo misfato prossimo a compiersi, gli è già da presso una furia, che par aventargli que' due serpi che stringe nelle mani. Vi sono anche i nomi di ΛΔΛΖΘΕ, ΣΓΛΘΛ: ΜΛΝΘΑ, ΜVΟΑΝ, chiamando così la furia quasi colla medesima greca appellazione delle Parche. Nel secondo v'è incisa la nascita di Minerva co' nomi delle Divinità scritti in Etrusco d'intorno al Disco.

Delle dorerie sebbene tutte mantino riguardo, pure furono considerate come più pregevoli, una corona di mirto, non da ornare il capo de' morti, ma da servire di guernimento a persona viva, siccome può argomentarsi dalla finezza e salvezza del lavoro. Una festa di Bacco Ebone. Alcune corone di foglie. Tre bolle, due delle quali scolpite probabilmente col ratto di Teti, ed una con un baccanale. Una catena con ivi appese cinque ghiande. Una collana di ghiande grandi. Varii orecchini di varii lavori, e due assai grandi. Uno smaniglio liscio (sic!). Alcune fibule, e spezialmente (sic!) quella con sopra due lioni (sic!). Un ornamento da petto che contiene uno scarabeo. Un fermaglio di argento con finimento di oro. Una testa di Bacco Ebone di avorio. Una corona intessuta di foglie di pioppo e di alloro, ed un anello in cui è legata una nobilissima corniola in forma di scarabeo, che in sul piano mostra l'incisione di una figura rappresentante Dideo coll'iscrizione Etrusca TVTE.

Il vasellame poi e gli arredi trovati nella così detta grotta d'Iside formando una collezione intera, e assai notabile per l'Archeologia, sono stati notati separatamente dalle altre robe, siccome anche a parte vengono serbati nel palazzo di Musignano. Evvi adunque una statua di pietra calcarea alta palmi quattro di antichissimo lavoro, vestita di lungo manto, e ornata il capo da un modio in foggia di busto femminile, e sulla man destra tiene un falco di bronzo. Ivindi vi sono raccolti, un carro votivo di ferro di forma rettangolare con quattro ruote di bronzo ai lati, e quattro teste di cavallo agli angoli, lungo pal(mi) 3, largo pal(mo) 1 1/2. Altro carro votivo tutto di metallo lungo pal(mi) 2, largo pal(mo) 1. Due colonnette di pietra bianca alte pal(mo) 1, in ognuna delle quali evvi assisa una figura muliebre. Un busto di foglia di rame colla sua base. Un tripode di lamina di rame alto pal(mi) 3. Un vaso di argilla a tre manichi alt(o) pal(mi) 3 dipinto a varii colori, ove notasi spezialmente (sic!) il rosso e il turchino, e rappresenta una specie di processione divisa in due ordini che lo cingono tutto all'intorno. Un'olla grande 4 palmi con ivi dipinta una nave, e alcuni animali. Una tazza con fregiature quasi cancellate. Una lamina di oro finissima impressa da alcuni ordini di animali, e pare abbia servito di diadema. Cinque vasetti di terra di color turchino ornati di geroglifici nei lati, i quali sono stati interpretati dal Sig(no)re Prof(esso)re Rossellini per la gloria data da una tal Ronpenofre ad Ammone, a Phtah, e alla Dea Paset. Sei ova di struzzo con figure di animali. Un balsamario di pietra calcarea lungo due palmi, la cui bocca è ornata di un busto di donna. Una lampada di bronzo a quattro becchi. Un tripode di metallo alto once 15. Due tazze di pietra bianca del diametro di once 15. Un vaso da unguenti della stessa pietra. Due scudi votivi di bronzo dal diametro di quattro palmi; una gran copia di globetti di vetro di varii colori.

Dopo che furono osservati gli arredi e il vasellamento dissotterrati in Vulci, andò la Sezione alla Necropoli per vedere le tombe, e possia si condusse al luogo ove una volta era la città. Non fu possibile di scendere nella grotta appellata d'Iside, imperocchè (sic!) essendone state tratte fuori le cose trovate, nè (sic!) rimanendosi ornato alcuno, era stata riempiuta di terra. Furono osservate bensì altre tombe, le quali poco o nulla aveano di notabile, seppure si eccettui quella in prossimità del Ponte dell'Abbadia, ov'era stato rinvenuto per gli scavi de' Sig(no)ri Guglielmi un vaso dipinto con figure nere, e quella verso il colle dei guerrieri, d'onde al dire degli scavatori erasi cavato un tempietto di nenfro alto palmi cinque ornato di colonne, ed una statuetta della stessa pietra con una iscrizione Etrusca. Nella città andossi all'edifizio principale di quella, che fu dissotterrato negli scavi operativi dal Camerlengato, e le cui fondamenta sono ora riempiuta di terra per sicurezza degli armenti, ma non tanto che non se ne possa riscontrare la forma loro. I capitelli poi di travertino e i frammenti delle colonne giacciono quivi senza aver patito scapito. | Estratto a parte: Osservate queste cose la Sezione partitasi di Vulci prese la via di Tarquinia. Ove essendo pervenuta furono esaminate le tombe tutte, che or sono nette di terra, e, sulla relazione fatta dal custode, fu indagato lo stato loro e gli acconciamenti, che vi si dovrebbono fare come viene qui espresso.
No. 1. Tomba detta Querciola – ben conservata.
No. 2. Tomba detta Marzi, rappresentante la danza e il banchetto funebre; conservata nell'interno. Fa però di mestieri di farvi una nuova porta verniciata alta palm(i) 7, larga, 4.
No. 3. Tomba detta Marzi rappresentante il defonto collocato sulla bara. Alquanto guasta nella dipintura.
No. 4. Tomba detta dei Tifoni. Ben conservata.
No. 5. Tomba detta del Cardinale. Fa di mestieri di farvi una porta di castagno alta Palmi 7, larga, 5, e purgarla della terra per altri cinque palmi di profondità.
No. 6. Tomba delle bighe. Ben conservata. Conviene però riporre una fodera di legno alla porta di ferro per l'altezza di palmi 6 e larghezza palmi 5, e accomodare i gradini, pei quali vi si scende.
No. 7. Tomba detta delle due camere. È necessario di costruirvi una porta di castagno verniciata alta palmi 8, larga 5, accomodarne la soglia, e i gradi, per cui vi si scende.
No. 8. Tomba detta delle porte finte. Ha di bisogno di porre una fodera alla porta con tavole di castagno per l'altezza di palmi 7, larghezza palmi 5.
No. 9. Siccome in questi giorni è stata dissotterrata un'altra tomba dipinta, ben conservata meno che nel destro lato, così vi occorre di tracciarsi una scala, e mettervi una porta di castagno alta palmi 7, e larga Palmi 4. E perchè questo nuovo monumento non ha ancor nome fu dalla Sezione appellato con quello cotanto illustre dell'E(minentissi)mo e R(everendissi)mo Principe Sig(no)re Card(inale) Giustiniani in memoria delle cure che con tanta benignità diffonde l'Eminenza Sua in pro degli antichi monumenti.
Cav(alier)e Luigi Grifi Cons(iglie)re e Seg(retari)o.»

Dokument 20

Brief des Commissario delle Antichità, Pietro Ercole Visconti, an Alexandrine Bonaparte, datiert Rom, den 28. Januar 1841
(Perugia, Privatarchiv, Carte Bonaparte CCCXXXIII)

«Signora Principessa,
Quanto è piaciuto all'E(ccellenza) V(ostra) di farmi conoscere con il preg(atissi)mo suo foglio, mi ha cagionato non poco sorpresa e maraviglia. In verità io non posso capire come la lettera da me scritta al Sig(no)r Principe di Canino e Musignano, abbia potuto essere prodotta nel proposito, di cui mi parla. Io non esposi in quella lettera, che il mio parere sul prezzo di vasi da me veduti presso l'E(minentissi)mo Fesch, di chi [*...], e su quello degli ori, osservati in Musignano. Non ho fatto, nè potevo fare parola intorno alla pertinenza di essi; nè il mio voto potevo [†...†] in questo [†...†] essere la più piccola [*...]. Spero, che tale assicurazione renderà al tutto tranquilla l'E(ccellenza) V(ostra). In questo riguardo il mio scritto, e [†...†]di porre questa occasione a profitto per rassegnarle le espressioni del profondo ossequio, con il quale mi soscrivo.
Signora Principessa dall E(ccellenza) V(ostra)
U(milissi)mo Dev(otissimo) Obbl(igatissimo) Serv(itore)
Il Cav(aliere) P(ietro) E(rcole) Visconti.
Roma li 28 del 1841.»

Dokument 21

Sitzungsprotokoll der Commissione Generale Consultiva di Antichità e Belle Arti, niedergeschrieben vom Consigliere und Segretario Luigi Grifi, unterzeichnet vom Camerlengo Giacomo Kardinal Giustiniani, datiert 16. April 1841
(Rom, Archivio di Stato, Camerlengato, Parte II, Titolo IV, Busta 249, Fasc. 2620)

«Processo Verbale della Sessione tenuta dalla Commissione Gen(era)le Cons(ulti)va di Antichità e Belle Arti li 16 aprile 1841. [...]
1 Vasi di Vulci / Letto ed approvato il processo verbale dell'ultima raunanza furono mostrati i due vasi l'uno appellato

del Cadmo, l'altro del giudizio di Paride, e la coppa con ivi dipinta la battaglia de' Numi coi giganti, che la Sezione della Commissione avea descritto ed esaminato in Musignano. Talchè la Commissione, lodando la rarità delle storie, e la bellezza dei disegni, confermò il giudizio della Sezione, e fu ordinato al Segretario che richiedesse il prezzo de' vasi e della coppa. Inoltre sapendosi che tutto il vasellame scavato di recente in Vulci dalla Sig(no)ra Principessa di Canino, era stato trasportato nella vigna del Sig(no)re Bas(s)eggio un miglio fuori di Roma. Sua Eminenza R(everendissi)ma ordinò al Commissario delle Antichità, e al Segretario della Commissione che andassero ad esaminarlo, e riscontrarlo colla descrizione, che ne fu fatta in Musignano. [...]»

Dokument 22

Notiz über die Entdeckung ägyptischer Gegenstände durch den Fürsten von Canino 1838–1839, ohne Datum und Unterschrift, vermutlich im Frühjahr 1841 verfaßt, aufgezeichnet in der Handschrift von Giuseppe D'Este[678] (Abb. 67 a. b)
(Vatikan, Biblioteca Apostolica Vaticana, Archivio Biblioteca, Busta 65, Foglio 390 r–v)

«Nota fatta da Gius(eppe) Bas(s)eggio di un Sepolcro Egizio ritrovato nelli (sic!) scavi del 1838 o 1839 da S(ua) E(ccellenza) il Sig(nor) P(rinci)pe di Canino
Un Carro Votivo di Ferro con quattro ruote e quattro protome di Cavallo in Bronzo lung(hezza) pal(mi) 2,9, larghez(za) 1,6, altez(za) 1,0
Altro Simile tutto di Bronzo lung(hezza) 2,3, larghez(za) 1,1, altez(za) 1
Statua ossia Idolo Egiziano di alabastro altezza 4 non compreso il modio che ha sulla Testa rap(p)resentante un bustino d'Idoletto, sul pugno sinistro tiene un Uc(c)ello di Bronzo con vestigia d'oro adornato sulla Testa, di due lunghe corne
altro busto in Metallo con vestigia d'indoratura con una mano di bronzo e piedistallo, e zoccolo figurati 1,10
Un Tripode di Metallo con ornati, e zampe bac(c)ellate altezza 2,2
Altro Tripodino di Metallo altez(za) 1,2
Una Lampada simile al Tripodino altez(za) 1,2
Un Balsamario in alabastro con Testa d'Idolo e ornati 2 frammento di altro simile
Corona d'oro ritrovata attorno un cranio, formata di una lamina d'oro, con indicazione di essere stata foderata di Rame, con figure di Leoni, ed altri ornati e con due incavi al posto delle orecchie
Tazza di Bronzo con qualche ornato e suoi treppiedi, diamet(ro) 2,2
Altra simile con treppiede staccato
Due piccoli Idoli di terra cotta con dorature e piedistalli di Alabastro ritrovati insieme
Due grandi Scudi Votivi in Rame ricchi d'ornati e uno di circoli di Leoni Diametro 3,6
Cinque Vasi a Fiasca in Smalto con Geroglifi ed ornati Egiziani
Due Grandi Vasi di Terra Cotta Uno a forma di Tiro alt(itudine) 3,9
l'altro a 3 Manichi e questi dipinti con figure Geroglifiche 2
Sei ova di struzzo, dipinti con animali. Due grandi Tazze d'alabastro, ed altri piccoli oggetti ritrovati nello stesso Sepolcro.»

Dokument 23

Sitzungsprotokoll der Commissione Generale Consultiva di Antichità e Belle Arti, niedergeschrieben vom Consigliere und Segretario Luigi Grifi, unterzeichnet vom Camerlengo Giacomo Kardinal Giustiniani, datiert 20. Juli 1841
(Rom, Archivio di Stato, Camerlengato, Parte II, Titolo IV, Busta 249, Fasc. 2620)

«Processo Verbale della Sessione tenuta dalla Commissione Gen(era)le Consultiva di Antichità e Belle Arti li 20 luglio 1841.
[...] 2 Vasi Bas(s)eggio / Letto ed approvato il processo verbale dell'ultima raunanza, il Segretario diè contezza che il Sig(no)re Bas(s)eggio dimanda (sic!) pei due vasi del Cadmo, e del giudizio di Paride, per la coppa con ivi dipinta la battaglia dei giganti, e per lo specchio inciso che rappresenta la morte di Clitennestra, scudi settecento sessanta. Il che udito venendo dalla Commissione, ordinò al Segretario che ai vasi nominati si aggiungesse pure l'anfora rappresentante Ercole, che guida i buoi, a figure rosse da un lato e nere dall'altro, e per tali stoviglie tutto compreso fu assegnata la somma di scudi seicento venti. [...].»

678 Siehe auch F. Roncalli, AnnFaina 5, 1998, 24 f.

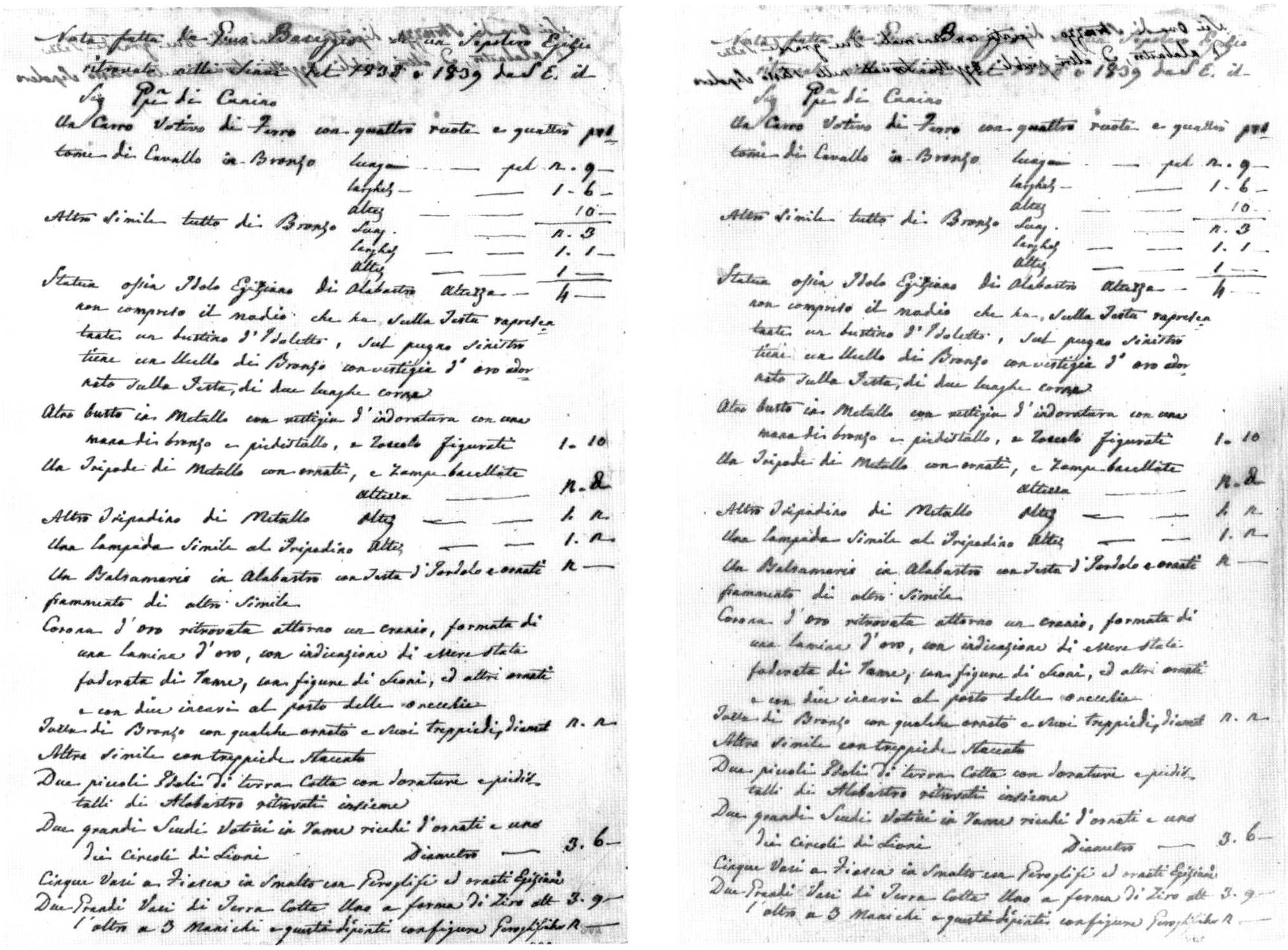

Abb. 67 a. b Dokument 22: Giuseppe D'Este.

Dokument 24

Sitzungsprotokoll der Commissione Generale Consultiva di Antichità e Belle Arti, niedergeschrieben vom Consigliere und Segretario Luigi Grifi, unterzeichnet vom Camerlengo Giacomo Kardinal Giustiniani, datiert 6. September 1841
(Rom, Archivio di Stato, Camerlengato, Parte II, Titolo IV, Busta 249, Fasc. 2620)

«Processo Verbale della Sessione tenuta dalla Commissione Gen(era)le Cons(ulti)va di Antichità e Belle Arti dei 6 Settembre 1841.

[…] 4 Stoviglie Bas(s)eggio / Venendo esposto all'esame della Sessione il vaso, che ora appartiene al Sig(no)re Bas(s)eggio, e che rappresenta Ercole, che mena i buoi, e uditosi altresi dalla adunanza che lo stesso Sig(no)re Bas(s)eggio non si appaga dell'offerta somma di scudi seicento venti per lo specchio e vasi scelti, fra quali del noverarsi anche questo dell'Ercole, fu dal confesso aumentata l'offerta fino agli scudi seicento ottanta, e medesimamente fu ordinato che se il venditore non voglia aderirvi, siano legalmente vincolati gli oggetti, col sottoporre ad esame la validità dell'acquisto da lui fatto, e se sia, o no contrario all'editto del 7 aprile 1820, poichè non solo il venditore non ha fatto parte al Camerlengato della vendita, come prescrive l'art(icolo) 8, ma tanto il venditore che il compratore sapevano che questi oggetti erano stati già descritti, e scelti per conto del Governo Pontificio. […].»

Dokument 25

Sitzungsprotokoll der Commissione Generale Consultiva di Antichità e Belle Arti, niedergeschrieben vom Consigliere und Segretario Luigi Grifi, unterzeichnet vom Camerlengo Giacomo Kardinal Giustiniani, datiert 9. November 1841
(Rom, Archivio di Stato, Camerlengato, Parte II, Titolo IV, Busta 249, Fasc. 2620)

«Processo Verbale della Sessione dalla Commissione Gen(era)le Cons(ulti)va di Antichità e Belle Arti dei 9 novembre 1841.

[…] 5 Stoviglie Bas(s)eggio / Ad onta della risoluzione già presa sulle stoviglie Bas(s)eggio nella scorsa Sessione, tornandosi in questa a parlare del pregio loro, fu pure accresciuta la somma da erogarsene per la compera, fino agli scudi ottocento. Però se il venditore rialzi di stringere il contratto anche per tal somma, siano allora le stoviglie legalmente vincolate. […].»

Dokument 26

Schreiben des Strafgerichtes an den Camerlengo Giacomo Kardinal Giustiniani, datiert Rom, 14. Dezember 1841; ohne Unterschrift
(Rom, Archivio di Stato, Camerlengato, Parte II, Titolo IV, Busta 188, Fasc. 890)

«Tribunale Criminale. Senatorio
Prot(ocollo) Num(ero) 7034
Dal Campidoglio 14 Decembre 1841
Sig(nor) Cardinale Giustiniani Camerlengo della S(anta) R(omana) Chiesa
Si è data esecuzione dell'Em(inen)za V(ost)ra R(everendissi)ma dei 2 corrente N(umer)o 4356 nella parte che riguardava l'ingiunzione del Precetto a Giuseppe Basseggio di non disporre sotto qualunque pretesto, ma di tenere vincolate le stoviglie descritte nel citato Dispaccio al quale Intimo ha promesso di obbedire piutantoche un ordine della Superiorità deciderà diversamente.

Rimarrebbe ad eseguirsi la prima parte, cioè di assoggettare il Basseggio a processura per la contravenzione agli articoli 8, 9, 34, e 37 dell'Editto Camerlengale dei 7 Aprile 1820. Permetta peraltro V(ost)ra Em(inen)za, che innanzi d'incominciare tale Inquisizione il Senatore, per l'impegno in cui è, che in tutte le di Lei misure risplenda quel decoro, che insieme alla giustizia Ella si propone nella Loro adozione, Le manifesti rispettosamente ma con ingenuità quelle difficoltà, che gli si presentano, onde possano dalla di Lei faviezza, e talenti prendersi a maturo esame, dopo del quale Ella deciderà se sia utile, ed espediente ingolfarsi in una Processura, che porta poi seco la necessità di un giudizio del Tribunale Collegiale presso una difesa formale per parte di Basseggio, che come si prevede, farà vivissima.

Prima di ogni altra cosa sarebbe necessario conoscere il fatto, o fatti dai quali nasce la contravenzione ai citati articoli per parte di Basseggio, e di altri, che senza distinzione nel caso converrebbe comprendere nella Processura, come farebbero appunto i venditori di tali stoviglie. Se non trattasi di scavo fatto di recente per parte di Basseggio, nel quale abbia ritrovati tali oggetti preziosi in arte, ma soltanto di acquisto, senza darne una formale denuncia in iscritto al Camerlengato, sembra, che questa formalità, e dicasi pure contravenzione alla Legge, che è comune eziandio al venditore, e nella quale incorrono impunemente tanti altri in Roma, sia stata condonata, e quasi favata dalle posteriori trattative, che si sono aperte, e continuate dal Camerlengato col medesimo Basseggio onde fare l'acquisto delle Stoviglie per conto del Governo, riconoscendolo così di fatto per legittimo Proprietario, e non come un Contraventore alla Legge, nel qual caso sembrarebbe, che dovesse sottoporsi subito a processura. Se questa oggi si apre, dopo tutti gli antecedenti puol sembrare, che si voglia investire in reazione di non avere accettato quel prezzo, che gli si era offerto. La cosa è delicata, e V(ost)ra Em(inen)za meglio del sottoscritto saprà deciderne.

E d'uopo pure, che Ella si compiaccia osservare se ossi alla Inquisizione la prescrizione stabilita dagli articoli 43, e sese del Regolamento di Procedura, lo che deve calcolarsi prima di fare qualunque passo in proposito, onde non esporsi poi ad inutile risultato, di che menarebbe poi trionfo il Basseggio. V(ost)ra Em(inen)za, che conosce i fatti con tutti gli antecedenti, dia pure quel peso, che crede possano meritare tali riflessioni, che il sottoscritto L'esterna, non già per difendere il detto Basseggio, ma soltanto perchè tutto si calcoli prima di dare qualunque passo, e perchè le discussioni precedenti superino quelle difficoltà, che apparentemente sembrano di qualche voglia presso di chi non conosce ora a pieno i fatti segniti.

La processura intanto non s'intraprende fino al riscontro definitivo di V(ost)ra Em(inen)za, che il sottoscritto si lusinga di ottenere, mentre inchinato al bacio della S(acra) Porpora, ha l'onore rassegnarsi con profondo ossequio, e venerazione.
Dell'Em(inen)za V(ost)ra R(everendissi)ma.»

Dokument 27

Brief der Fürstin von Canino, Alexandrine Bonaparte, an den Camerlengo Giacomo Kardinal Giustiniani, in Rom, datiert Musignano, den 20. Januar 1842
(Rom, Archivio di Stato, Camerlengato, Parte II, Titolo IV, Busta 188, Fasc. 890)

«Monseigneur
J'ai l'honneur d'accuser à Votre Eminence la réception de la permission des fouilles et de lui en offrir mes remerciements. Je suis particulièrement reconnaissante de la bienveillante lettre, dont cette permission était accompagnée et je commence par assurer V(otre) E(minence) que j'ai cru, jusqu'à ce moment, que l'on pouvait disposer des produits des fouilles avec les premiers achetteurs (sic!) qui se présentaient, pourvu qu'ils fussent sujets Romains, remplissant ainsi le but de l'excellent esprit de cette loi, qui est de ne pas faire sortir des états les chefs d'oeuvre

d'antiquité et autres. Votre Eminence ne peut douter que, dorénavant, je ferai, ainsi qu'elle me l'écrit.

Je dois cependant observer à V(otre) E(minence), relativement aux différentes choses que j'ai vendues, en dernier lieu, à M(onsieur) Basseg(g)io, et que je suppose être la cause déterminante de l'indulgente admonition de V(otre) E(minence), que le plus grand nombre de (sic!) Messieurs les membres, composant la Commission des beaux arts aient payé, apprécié, tous ces objets et plusieurs autres, enfin, il est vrai que les Messieurs, tout en jugeant mes collections d'un ordre supérieur, n'ont pas donné de suite à cette affaire, bien que j'eusse témoigné, surtout, à M(onsieur) le Chevalier Visconti, mon desir (sic!) d'en traitter (sic!) avec le Gouvernement.

Ces collections sont restées ici, près de deux ans, avec l'intimation à mes agents de les laisser voir, seulement, aux membres de la Commission qui désireraient les voir d'office et ce ne fut que quand j'ai dû réaliser les effets héréditaires inventoriés légalement, de la succession que j'ai eu le malheur de faire, que je consentis à vendre à M(onsieur) Basseg(g)io, qui, outre, qu'étant sujet Romain, me semblait remplir les conditions de la loi, me présentant l'avantage nécessaire, à mes circonstances pécuniaires, de payer tout argent comptant, il est vrai, le moins qu'il peut (sic!). Mais si on ne m'a pas trompée, il se contente en les revendant, surtout au Gouvernement, d'un bénéfice médiocre. Quoi qu'il en soit, j'avoue confidentiellement à V(otre) E(minence) qu'il serait bien digne de la justice de son caractère et de la noblesse de ses sentiments si bien connus et manifestés par les faits, de faire prendre des mesures, pour que la détermination de prendre, ou laisser, ce que les personnes qui fouillent, offrent au choix du Gouvernement, fut prise plus vite, car il en résulte des lenteurs ordinaires, que les frais même n'étant pas souvent couverts en vendant médiocrement, les fouilleurs n'y trouvant pas leur compte au contraire; et les plus belles choses possible (sic!), dans un Muséum National, perdraient, moralement, bien de leur prix, aux yeux de ceux qui sauraient qu'elles auraient été acquises au prix d'une injustice. Et V(otre) E(minence) ne peut que convenir, qu'autant il est juste, que le Gouvernement use de son droit de préférence, autant il le serait peu, n'en usant pas de ne pas laisser aux fouilleurs, la liberté de vendre leurs produits à d'autres; surtout à des sujets romains. J'ai cru pouvoir me permettre ces observations, encouragée par la confiance que m'inspire le souvenir de nos honnorables et anciennes relations avec V(otre) E(minence).

Je profite de cette occasion, Monseigneur, pour vous rapeller cette Grotte Egiptienne (sic!), dont sous ce titre j'ai eu l'honneur d'entretenir Sa Sainteté, ainsi que V(otre) E(minence) au printemps passé. Il fut alors convenu, que je l'enverrais à Rome (non la Grotte, bien entendu). Mais toutes les très rares curiosités qu'elle contenait, prenant, à l'égard de cette dénomination de Grotte Egiptienne (sic!) la partie pour le tout. Le Réverend Pere Ungarelli, en devint et en est encore le dépositaire à son Couvent, afin d'avoir la facilité d'étudier et de donner son opinion, sur l'espèce du Phénomène Archéologique, qu'offre tant de choses, incontestablement égiptiennes (sic!) dans une terre Etrusque! Quant aux trois statues, dont une de moyenne grandeur et deux petites, plusieurs savants individus (sic!) et même des ignorants, comme moi, par exemple, pensent que la moyenne, surtout, est une statue d'Isis, tandis que le Père Ungarelli, dont l'opinion, sans doute est imposante, y voit une statue de la Déesse Ferronia ce qui serait infiniment plus rare. Ceux qui sont de l'opinion d'Isis, sont demeurés d'accord, dans l'hypothèse, toujours subordonnée à une disention (sic!) impartiale, car il y a de l'ésprit de parti, même dans les sciences, que cette Grotte est la sépulture d'un des prêtres d'Isis, martyrisé dans une des justes, ou injustes persécutions, contre ces prêtres des faux Dieux, lequel (sic!) par fanatisme des adeptes de ces terres, aurait reçu une sépulture obscure, mais honorable, et avec lequel (sic!) on aurait enseveli les objets de son culte, proscris (sic!) comme eux. Ce qu'il y a de certain, c'est que nous avons trouvé une tête dans un bassin de bronze; que cette tête était ceinte d'un bandeau en plaque d'or, d'une forme beaucoup plus sacerdotale, qu'aucun bandeau royal connu, et qu'enfin cette tête, quel (sic!) qu'elle fut, était séparée du reste des ossements.

Nous savons bien, que malgré sa vraisemblance, fondée sur un fait historique bien connu, celui de la persécution des prêtres de la Déesse Isis, on a voulu traitter (sic!) cette hypothèse de romanesque, peut être (sic!) même, à cause du véritable intérêt qu'elle offrirait; mais le romanesque d'une chose, n'en détruit point la vraisemblante probabilité, surtout, quand on n'oppose aucun autre raisonnement à cette opinion, qu'une simple dénégation, sans autres preuves, ou même hypothèses contraires. M(onsieur) le Chevalier Micali et plusieurs archéologues allemands, m'ont dit que dans le cours de cet hyver (sic!), il (sic!) me demandait permission de venir visiter cette Grotte égiptienne (sic!), et il ne peut manquer d'en naître quelques doutes polémiques, en contradiction ou confirmation, des opinions sullindiquées (sic!).

En attendant, Monseigneur, je me recommande à V(otre) E(minence) pourqu'elle veuille bien me faire connaître, si le Gouvernement veut user de son droit de préférence à cet égard de ma Grotte Egiptienne (sic!); dans ce cas, je lui rappelle, qu'elle m'a été compté dans l'inventaire légal de l'actif des patrimoines, (c'est à dire, au plus grand rabais) pour la somme de 1900 Piastres que je la laisserais pour 2000 P(iastres) – somme que j'ai dite à Votre Eminence –, bien que je ne le cache pas, j'aye (sic!) l'espoir de m'en défaire plus avantageusement. Je m'en rapporte, à cet égard, à la justice de V(otre) E(minence). Et sans l'occupper (sic!)

davantage, de mes intérêts, après une lettre déja (sic!) si longue et je la prie de me continuer ses bontés et d'agréer l'expression du respectueux attachement, avec lequel j'ai l'honneur d'être, Monseigneur,
De Votre Eminence
La très h(umb)le, très o(béissan)te,
La P(rin)cesse de Canino
V(euv)e Lucien-Bonaparte
Du château de Musignano
Près Canino p(rovinc)e Viterbe 20 janvier 1842.

29 del 1842 N(umer)o 382
28 marzo
essendosi ricevuti sotto il N(umero) 1225 i rilievi della Commissione di Ant(ichità) e B(elle) A(rti) fatti alla pres(ente) lett(era) che venne rimessa al Cav(aliere) Seg(retario) Fea dai primi di feb(braio); si scriva alla Sig(nora) Principessa officiosamente giustificando con l'appoggio della legge l'avvertenza fattale con disp(accio) N(umero) 4756. Per l'altra parte poi della lett(era) di s(uddetta) Sig(no)ra si trasmetta copia del Processo verbale della Commissione stessa datato alli 28 cor(rente) ossia sotto questo giorno.»

Dokument 28

Stellungnahme der Commissione Generale Consultiva di Antichità e Belle Arti zum Schreiben der Fürstin von Canino vom 28. März 1842 für den Camerlengo Giacomo Kardinal Giustiniani, datiert Rom, 30. März 1842, unterzeichnet von Luigi Grifi
(Rom, Archivio di Stato, Camerlengato, Parte II, Titolo IV, Busta 188, Fasc. 890)

«Processo verbale della Commissione Generale Consultiva di Antichità e Belle Arti dei 28. marzo 1842 in osservazione della lettera diretta da Sua Ecc(ellen)za la Sig(no)ra Principessa di Canino all'E(minentissi)mo e R(everendissi)mo Sig(nor) Cardinal Camerlengo di S(anta) R(omana) Chiesa sotto li 20. gennajo 1842, in ossequio dei venerati ordini della ricordata Em(inen)za Sua
E(minentissi)mo e R(everendissi)mo Principe il Sig(nor) Cardinal Camerlengo di S(anta) R(omana) Chiesa
Avendo esaminato il contenuto della lettera di Sua Ecc(ellen)za la Sig(no)ra Principessa di Canino datata alli 20. gennajo p(a)ss(a)to circa gli scavi di Vulci sembra alla Commissione doverne fare i seguenti rilievi. Primo che il fornimento trovato nel sepolcro, cui vien dato il nome di grotta d'Iside, non sia Egizio, ma piuttosto di stile antico Italico; e sebbene vi siano alcune fiale Egizie, non reca ciò maraviglia, trovandosi anche in altri sepolcri de' balsamari, e de' vasellini di fattura Egizia. E qui si avverta che la Sezione andando a Vulci, come viene espresso nel processo verbale, non potè vedere cotal grotta, perchè era riempita di terra, laonde stimasi essere uno de' soliti sepolcri, senza che offerisse nella sua fabbrica nulla di Egizio o, di particolare, altrimenti non sarebbe stata ricoperta di terra. Sarebbe adunque da comperarsi il fornimento, come cosa Etrusca, se vi fosse documento, che attestasse essere stato tutto trovato insieme nel luogo medesimo. Ed essendo sull'asserta qualità di Egizio consultato il dotto Padre Ungarelli, ap(pre)sso cui sono deposti gli oggetti stessi, ha egli spedito alla Signora Principessa il voto suo in due fogli, siccome lo stesso R(everen)do Padre ha asserito in voce al Segretario della Commissione, in cui le manifesta che gli arredi tutti non siano Egizi, ma del più antico stile Italico, eccetto però i cinque vasetti o fiale, e in ciò il parere del P(ad)re Ungarelli è simile a quello della Commissione. Rispetto poi alle stoviglie, e dorerie vendute dovrebbe condursi la Signora Principessa ad osservare che la Sezione della Commissione andò formalmente a Musignano, annunciandosi per la commissione spedita dall'E(minentissi)mo e R(everendissi)mo Principe Sig(nor) Cardinal Camerlengo; e che dopo la descrizione, che si fece in nome dell'Em(inen)za Sua R(everendissi)ma delle stoviglie più pregevoli, fu detto alla Sig(no)ra Principessa di tenere in serbo le cose descritte, che le vennero indicate, per udirne poi gli ordini della ricordata Em(inen)za Sua. Ciò posto sapeva bene che la descrizione, e l'aver indicato alcuni tali oggetti di ufficio dovesse tendere a qualche cosa. E ciò era appunto il trattar della compera. L'indugio poi venne cagionato dalla morte del Sig(nor) Principe di Canino, per la qual cosa venne sospesa la trattazione del contratto, non sapendo a chi diriggersi, ed essendo, a quanto si disse, ogni cosa suggellata per l'inventario, e la divisione dell'eredità. Il governo ha trattato convenevolmente, e i riguardi usati sembrano presi invece per pretesto di incuria. Innanzi di vendere la Sig(no)ra Principessa poteva rivolgersi all'E(minentissi)mo Sig(nor) Cardinal Camerlengo, poichè non può pretendersi che egli debba accorrere a richiedere che gli siano venduti gli oggetti, ovvero essendovi una legge, che gli assicura dopo che sono descritti, l'appartiene ai possessori d'implorare il permesso della vendita. L'avere venduto a suddito Pontificio non sembra che sia troppo acconcia difesa. Il danaro contante poi potrebbe essere stato sborsato anche dal Governo, almeno pare che non dovesse allegarsi per iscusa.

Tanto la Commissione sommessamente rassegna alle favie considerazioni di Sua Em(inen)za R(everendissi)ma in discarico della remissione fattale della lettera di Sua Ecc(ellen)za la Sig(no)ra Principessa di Canino, confermando i sentimenti del Suo più profondo ossequio.
Per la Commissione
Cav(aliere) Luigi Grifi Seg(reta)rio
30 M(ar)zo 1842. N(umer)o 1225.
8 Aprile. Provvisto col N(umero) 382.»

Dokument 29

Brief von Emil Braun an Samuel Birch, datiert Rom, den 14. Januar 1850, mit handschriftlicher Beilage von Emil Braun (Abb. 68 a–c)
(London, Britisches Museum, Department of Western Asiatic Antiquities, Correspondence 1826–1860, s. v. Braun)

«Verehrter Freund!
Sie erhalten angebogen das gewünschte Verzeichniss der zur „aegyptischen Grotte" gehörigen Gegenstände. Die unterstrichenen und eingeklammerten Monumente haben nichts damit zu thuen. Sie sind daher nicht in den Preis von £ 150 mit einbegriffen und mein Eigenthum. Die Muschel mit graphirten (sic!) Flügelfiguren ist besonders werthvoll geworden, seit der Herzog von Luynes entdeckt hat, dass es eine derjenigen Muscheln ist, die nur im Indischen Ozean vorkommen sollen. Consultiren Sie doch Ihren Herrn Schwager deshalb. Es wäre doch ein sehr wichtiges ethnographisches Factum.

Sie würden mich sehr verbinden, wollten Sie mir die Zeichnungen der aegyptischen Grotte, welche Charles Newton von hier mitgenommen hat, um sie dem Museum vorzulegen, zurücksenden wollten. Ich bedarf derselben nothwendig.

In dem an mich adressirten (sic!) Kästchen werden Sie ein vorzüglich wohlerhaltenes Bronzegefäß vorfinden, welches einen geflügelten weiblichen Kopf darstellt, welches durch die Lunula des Halsbands als Medusa bezeichnet zu sein scheint.

Das Museum kann dieses kostbare Stück und die 5 oben verzeichneten Gegenstände für den gewiss sehr billigen Preis von £ 50 erhalten.

Meine Frau grüsst mit mir herzlich Sie und liebe Freunde.
Treu dankbar Ihr
E(mil) Braun
Rom 14.I.50.

Verzeichniss der zur aegyptischen Grotte gehörigen Denkmaeler.
Marmorfigur ältesten Styls.
1 Kästchen mit 3 sitzenden Figürchen.
1 – mit dem zur Marmorfigur gehörigen Vogel aus Bronze, vergoldet.
1 Figürchen in Alabaster.
[1 Löwe aus Nenfro] Nicht dazugehörig.
[1 Schiffchen] Nicht dazugehörig.
[1 Terracottafläschchen als halbe weibl. Figur.] aus Nola stammend.
[1 Terracottakopf ¼ Lebensgrösse] Nicht dazugehörig.
[1 desgl.vordere Hälfte] Nicht dazugehörig.
[Muschel mit graphirten (sic!) ägyptisirenden Flügelfiguren] Nicht dazugehörig.
[Kleiner Löwe mit etrusk. Inschrift] aus Veii.
2 Amphoren mit Henkel aus dünnem Blech getrieben.
Grosser Kessel aus getriebener Bronze.
Becken mit 3 Füssen und 2 Henkeln.
desgl. mit Reifen um den Rand.
6 Becken mit gebuckeltem Rande, eins ins andere gesetzt.
2 dergl. kleiner ohne Rand.
1 grosse Feldflasche.
1 kleine Schale mit Reihen concentrischer Buckeln.
1 Töpfchen mit 2 Henkeln an einer Seite.
Kleiner Candelaber oben in Form einer Blume.
Kleiner Dreifuss dgl.
Candelaberfuss.
1 Paquet Smaltperlen.
2 bronzene Dreifüsse.
6 Gefässe in Form grosser Canthari, mit Henkeln.
3 Bronzefragmente.
1 kleine zweihenklige Schale.
1 aegypt. Figürchen unten in einen Kolben ausgehend.
Terracottenstücke zu unbekanntem Gebrauch.
2 Kohlenbecken in Form kleiner Wagen.
Porträtbüste in Bronze.
1 Golddiadem.
[1 Stück Asbest] Nicht dazugehörig.
[1 knöcherner Löffel] dto.
1 Kästchen mit 7 Scarabaen.
Bauchige Vase.
6 Strausseneier. (N.B. only 5 received)
6 Smaltflaschen.
2 dicke Alabasterschalen.
1 Näpfchen aus Alabaster.
2 Piedestalle aus Alabaster.
Grosse Amphora.
Die [] eingeklammerten und unterstrichenen Gegenstände gehören nicht zur Sammlung und sind nicht in den Kauf mit einbegriffen. Ich bitte daher folgende Gegenstände für mich bei Seite zu legen:

1. Das Terracottenbalsamar aus Nola	6
2. Den Löwen aus Veii	6
3. Die Alabastermuschel	20
4. Das Stück Asbest	5
5. Die schwarze Terracottenmaske	8
	43

Im Bullettino sowohl als bei Micali ist von dieser Sammlung Rechenschaft gegeben, daraus kann man ersehen, daß diese Gegenstände nichts damit zu thuen haben. Auch habe ich beim Verkauf ausdrücklich diselben (sic!) ausgeschlossen, wie Herr Birch bezeugen wird.
Emil Braun.»

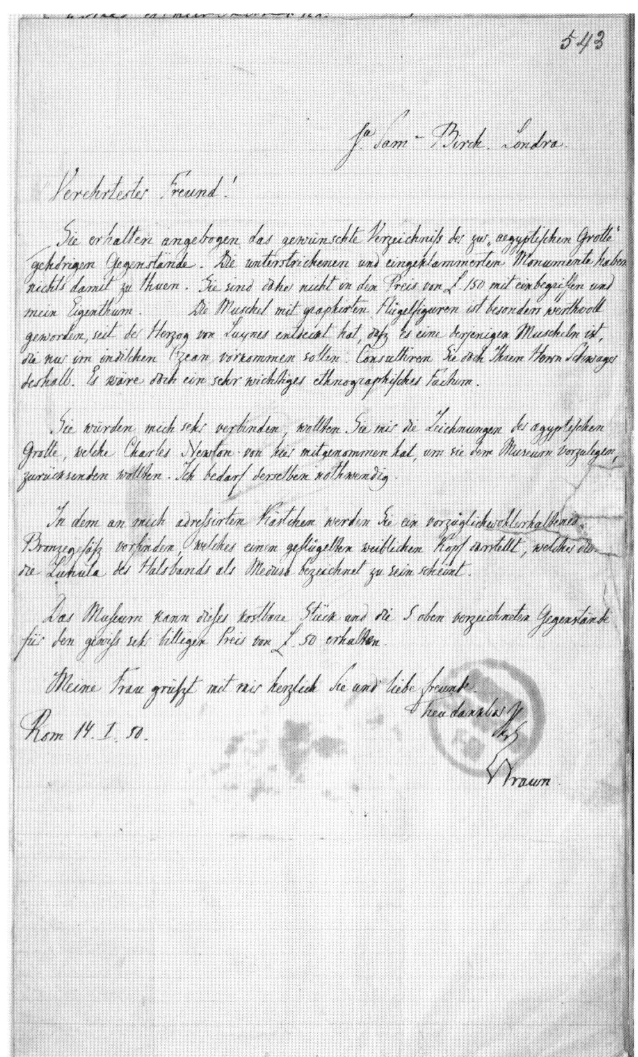

543

Sr. Sam. Birch. Londra.

Verehrtester Freund!

Sie erhalten angebogen das gewünschte Verzeichniß der zur „aegyptischen Grotte“ gehörigen Gegenstände. Die unterstrichenen und eingeklammerten Monumente haben nichts damit zu thuen. Sie sind daher nicht in den Preis von £ 150 mit einbegriffen und mein Eigenthum. Die Muschel mit graphirten Flügelfiguren ist besonders werthvoll geworden, seit der Herzog von Luynes entdeckt hat, daß es eine derjenigen Muscheln ist, die nur im indischen Ozean vorkommen sollen. Consultiren Sie doch Ihren Herrn Schwager deshalb. Es wäre doch ein sehr wichtiges ethnographisches Factum.

Sie würden mich sehr verbinden, wollten Sie mir die Zeichnungen der aegyptischen Grotte, welche Charles Newton von hier mitgenommen hat, um sie dem Museum vorzulegen, zurücksenden wollten. Ich bedarf derselben nothwendig.

In dem an mich adressirten Kästchen werden Sie ein vorzüglich wohlerhaltenes Bronzegefäß vorfinden, welches einen geflügelten weiblichen Kopf darstellt, welches durch die Lunula des Halsbands als Medusa bezeichnet zu sein scheint.

Das Museum kann dieses kostbare Stück und die 5 oben verzeichneten Gegenstände für den gewiß sehr billigen Preis von £ 50 erhalten.

Meine Frau grüßt mit mir herzlich Sie und liebe Freunde.

Rom 14. I. 50.

Ihr dankbarer Emil Braun

Verzeichniß der zur aegyptischen Grotte gehörigen Denkmaler.

Marmorfigur ältesten Styls.
1 Kästchen mit 3 sitzenden Figürchen.
1 — mit dem zur Marmorfigur gehörigen Vogel aus Bronze, vergoldet.
1 Figürchen in Alabaster.
1 dergl. fragmentirt.
[1 Löwe aus ~~Alabaster~~.] Nicht dazu gehörig.
[1 Schiffchen]
[1 Terracottafläschchen als halbe weibl. Figur] aus Nola stammend.
[1 Terracottakopf ¼ Lebensgröße] Nicht dazu gehörig.
[1 dergl. vordere Hälfte]
[Muschel mit graphirten ägyptisirenden Flügelfiguren] Nicht dazu gehörig.
[Kleiner Löwe mit etrusk. Inschrift] aus Vei.

2 Amphoren mit Henkel aus dünnem Blech getrieben.

Großer Kessel aus getriebener Bronze.
Becken mit 3 Füßen und 2 Henkeln.
dergl. mit Reifen um den Rand.
6 Becken mit gebuckeltem Rande, eins in's andre gesetzt.
2 dergl. kleiner ohne Rand.
1 große Feldflasche
1 kleine Schale mit Reihen concentrischer Buckeln.
1 Töpfchen mit 2 Henkeln an einer Seite.
Kleiner Candelaber oben in Form einer Blume.
Kleiner Dreifuß dgl.
Candelaberfuß.
1 Paquet Smaltperlen.

2 bronzene Dreifüße
6 Gefäße in Form großer Canthari, mit Henkel.
3 Bronzefragmente.
1 kleine zweihenklige Schale.
1 aegypt. Figürchen unten in einen Kolben ausgehend.
Terracottenstücke zu unbekanntem Gebrauch.
2 Kohlenbecken in Form kleiner Wagen.
Porträtbüste in Bronze.

Abb. 68 a–c Dokument 29: Emil Braun an Samuel Birch.

Dokument 30

Eintrag im Register des Britischen Museums, datiert 27. Februar 1850
(London, Britisches Museum, Department of Greek and Roman Antiquities, Departmental Register)

«Purchased of D(octo)r Emil Braun. £ 150. Found at Polledrara, n(ea)r Vulci.
1850.2-27.1 Marble statue. Female, draped, arms half-extended; archaic style. H(eigh)t 3 f(ee)t ½ in(ches) (Micali: Mon. Ined. Tav. VI. fig. 1)
1850.2-27.2 Alabaster lecythus. Female fig(ure) holding winged disk.
H(eigh)t 17 ¾ in(ches) (Micali: Mon. Ined. T. IV. fig. 2)
1850.2-27.3 D(it)o. Female fig(ure) holding bird; lower part broken off.
(ib. T. IV, fig. 3) H(eigh)t 6 in(ches)
1850.2-27.4 D(it)o. Female fig(ure) holding her tresses; lower part lost.
(ib. T. IV, fig. 4) H(eigh)t 3 7/8 in(ches)
Ostrich
1850.2-27.5 Alabaster vase in form of a large egg, with band of figures and two bands of ornaments in very low relief. (ib. T. VII, fig. 1) H(eigh)t 6 in(ches)
Ostrich
1850.2-27.6 Alabaster vase in fom of a large egg; bands of animals, and ornaments in very low relief. (ib. T. VII, fig. 2) H(eigh)t 6 ½ in(ches)
1850.2-27.7 D(it)o; fig(ure)s painted (ib. Tav. VII, fig. 3) H(eigh)t 6 ¾ in(ches)
1850.2-27.8 D(it)o; band of animals – a stag, dog, and 2 lions devouring a bull – and bands of ornaments, above and below, similar to those of No. 6, all in very low relief; above "A" incised. H(eigh)t 6 1/8 in(ches)
1850.2-27.9 D(it)o; band of fig(ure)s in similar relief, and painted, a warrior in chariot with fox (?) beside the horse; behind another horse and 8 warriors in procession; above and below, same ornament as before. H(eigh)t 6 ¼ in(ches)

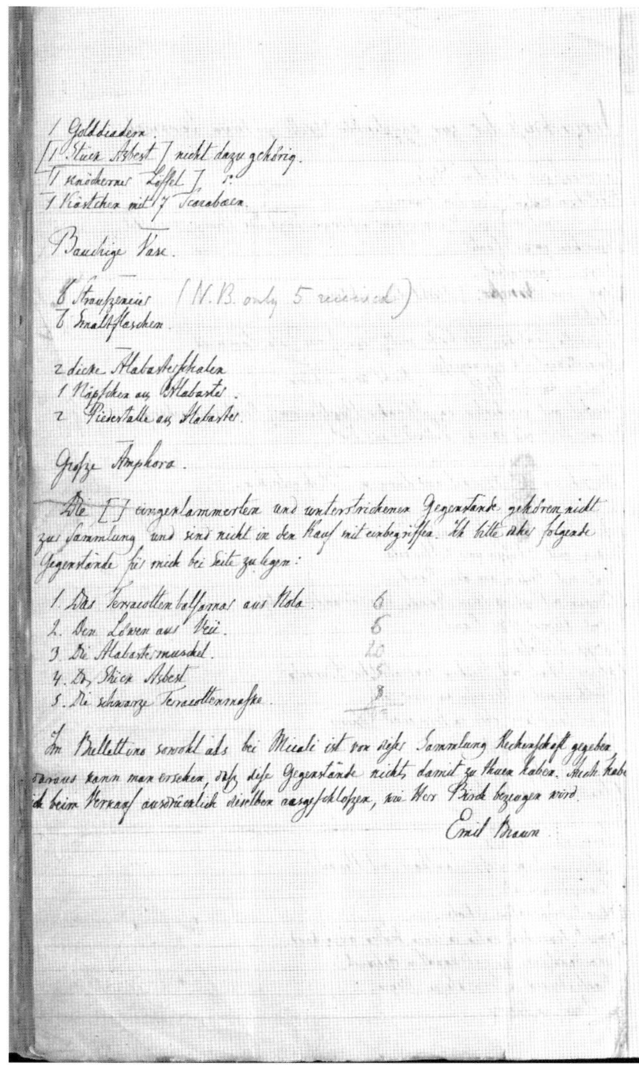

1 Golddiadem.
[1 Stück Asbest] nicht dazu gehörig.
[1 knöchernes Löffel] "
1 Kästchen mit 7 Scarabaen.

1 Bauchige Vase.

8 Straußeneier (N.B. only 5 received)
6 Smaltflaschen.

2 dicke Alabasterschalen
1 Näpfchen aus Alabaster.
2 Piedestalle aus Alabaster.

Große Amphora.

Die [ ] eingeklammerten und unterstrichenen Gegenstände gehören nicht zur Sammlung und sind nicht in den Kauf mit einbegriffen. Ich bitte aber folgende Gegenstände für mich bei Seite zu legen:

1. Das Terracottenbalsamar aus Nola 6
2. Den Löwen aus Veii 6
3. Die Alabastermuschel 20
4. Das Stück Asbest 15
5. Die schwarze Terracottenmaske 8

Im Bullettino sowohl als bei Micali ist von dieser Sammlung Rechenschaft gegeben, daraus kann man ersehen, daß diese Gegenstände nicht damit zu thun haben. Auch habe ich beim Verkauf ausdrücklich dieselben ausgeschlossen, wie Herr Birch bezeugen wird.

Emil Braun

1850.2-27.10 Alabaster basin with external mouldings. Diam(eter) 12 3/8 in(ches)
1850.2-27.11 D(it)o. Diam(eter) 11 ¼ in(ches)
1850.2-27.12 Alabaster Ampulla (Mic.: M. Ined. T. VIII, fig. 11) H(eigh)t 2 ½ in(ches)
1850.2-27.13 Alabaster pedestal, cylindrical, with small plinth above, and 2 incised lines 10 ½ in(ches)
1850.2-27.14 D(it)o plain. 9 in(ches)
1850.2-27.15 Gold fillet, with 2 semicircular openings for the ears; two rows of small lions, and two ornamental borders. L(eng)th, 19 ¾ in(ches); B(read)th, 2 ½ in(ches)
1850.2-27.15 (sic!) Æ bust, female, upon a hemispherical base, with 2 rows of fig(ure)s in relief. H(eigh)t 15 ½ in(ches) (Micali, Tav. VI, fig. 2)
1850.2-27.16 Æ bird, with two long horns, one broken, gilt.
H(eigh)t, 5 in(ches) (ib. Tav. VIII, fig. 13)
1850.2-27.17 Æ Escharion, or quadrangular stove, on 4 wheels, at each angle the forepart of a horse. L(engh)th 2 f(ee)t 0 ¾ in(ches) (Micli, Tav. VIII, fig. 1)
1850.2-27.18 Æ D(it)o. Lenghth, 18 ¼ in(ches)
1850.2-27.19 Æ Vase, bowl-shaped, on four feet, with two handles, and attached studs. Diam(eter) 18 in(ches); H(eigh)t 9 ½ in(ches) (ib. T. VIII, fig. 2)
1850.2-27.20 Æ Vase, bowl-shaped, on three feet, in form of lions' claws; 2 handles, and plain body. Diam(eter) 20 ½ in(ches). H(eigh)t 9 5/8 in(ches
1850.2-27.21 Æ Cyathus, ornamented. H(eigh)t 9 ¼ in(ches) (ib., T. VIII, fig. 3)
1850.2-27.22 D(it)o – H(eigh)t 7 ½ in(ches) (ib., T. VIII, fig. 9, in Micali's Plate the base is omitted)
1850.2-27.23 D(it)o – plain; on the base a band of small pellets in relief. H(eigh)t 8 in(ches)
1850.2-27.24 D(it)o – with radiate ornamentation, and base similar to No. 21. H(eigh)t 8 in(ches)
1850.2-27.25 D(it)o – similar to the preceding, but on the handle small stud ornaments. H(eigh)t 7 ¼ in(ches)
1850.2-27.26 D(it)o – radiate ornament, and on the base 2 bands of small pellets in relief. H(eigh)t 7 in(ches)
1850.2-27.27 Æ bowl; on the lip a band of pellets. Diam(eter) 11 ¼ in(ches) (ib., T. VIII, fig. 4)
1850.2-27.28 Æ amphora; 2 handles of open work; on the neck four pieces of ornament formed of small studs; below them, a ring with similar ornaments, and a row of pointed studs. H(eigh)t 2 f(ee)t 1 in(ch) (ib., T. VIII, fig. 5, in Micali's Plate the handles are omitted)
1850.2-27.29 D(it)o – H(eigh)t 1 f(oo)t 11 ½ in(ches)
1850.2-27.30 Æ Bowl, similar to No. 27. Diam(eter) 18 in(ches)
1850.2-27.31 D(it)o – Diam(eter) 13 ½ in(ches)
1850.2-27.32 D(it)o – Diam(eter) 13 ½ in(ches)
1850.2-27.33 D(it)o – Diam(eter) 10 ¾ in(ches)
1850.2-27.34 D(it)o – Diam(eter) 8 ¾ in(ches)
1850.2-27.35 Æ Patera, plain. Diam(eter) 8 7/8 in(ches)
1850.2-27.36 Æ Patera, plain. Diam(eter) 7 ½ in(ches)
1850.2-27.37 Æ Trepodial stand; ornamented bands. H(eigh)t 1 f(oo)t 10 ½ in(ches) (Micali: Mon. Ined., Tav. VIII, fig. 6)
1850.2-27.38 D(it)o – in form of lebes, plain bowl, legs banded, and gilded. H(eigh)t 1 f(oo)t 6 in(ches)
1850.2-27.39 Æ Stand (for a lamp?); tripod mounted on an inverted kalix. H(eigh)t 10 ½ in(ches) (Ibid., T. VIII, fig. 7)
1850.2-27.40 Æ Lamp, for 4 wicks, on cylindrical shaft, mounted as the preceding; broken. H(eigh)t about 9 in(ches) (Ibid., T. VIII, fig. 8)
1850.2-27.41 Two Æ fragments of a pedestal similar to the preceding. H(eigh)t 5 ¾ in(ches)
1850.2-27.42 Æ Pedestal of Vase, with graduated mouldings, ornamented with bands of ovals, hatchings, vandyck-patterns, etc. H(eigh)t 2 ½ in(ches)
1850.2-27.43 Æ Lecythus, flat and circular. H(eigh)t 15 in(ches)

1850.2-27.44 Æ Jug, with 2 handles, plain. H(eigh)t 4 ½ in(ches)
1850.2-27.45 Æ Boss of a Shield; concentric bands of small studs. Diam(eter) 5 ½ in(ches)
1850.2-27.46 Æ Conical pedestal of Cyathus (?); bands of small pellets. Diam(eter) 5 1/8 in(ches); H(eigh)t 2 ½ in(ches)
1850.2-27.47 Æ Cauldron, plain. Diam(eter) 2 f(ee)t; H(eigh)t 14 in(ches)
1850.2-27.48 Ivory spoon, carved handle, coloured green. L(eng)th 9 ¼ in(ches)
1850.2-27.49 Terracotta Amphora: 2 bands of fig(ure)s and ornaments. H(eigh)t 2 f(ee)t 8 ½ in(ches) (Ibid., T. V, fig. 1)
1850.2-27.50 Terracotta Hydria; similar subjects to the preceding. H(eigh)t 1 f(oo)t 6 in(ches) (Ibid., T. IV, fig. 1)
1850.2-27.51 Terracotta Kylix; frieze of animals. Diam(eter) 6 ½ in(ches) (Ibid., T. V, fig. 2)
1850.2-27.52 Terracotta Vase in shape of seated female figure, with gilded necklace, and other ornaments. H(eigh)t 5 ¾ in(ches) (Ibid., T. IV, fig. 5)
1850.2-27.53 – D(it)o – H(eigh)t 4 3/8 in(ches)
1850.2-27.54–58 Porcelain vases with Egyptian inscriptions
1850.2-27.59–65 Porcelain scarabaei
1850.2-27.66 Numerous collection of annular beads, blue, red, and yellow, about 1/6 in(ch) in Diam(eter)
1850.2-27.67 Collection of 129 ½ terracotta objects of unknown use, cylindrical, hollowed in the middle, reddish brown, about 2 ½ in(ches) long.»

Dokument 31

Von Friedrich Maler angelegtes handschriftliches Verzeichnis seiner privaten, an das Haus Baden verkauften Antikensammlung, datiert Karlsruhe, 1854 (Karlsruhe, Generallandesarchiv, 56/1609)

Großherzogliche Kunsthalle. Die F(riedrich) Maler'sche Antikensammlung. Bezeichnet und beschrieben vom Sammler. Karlsruhe, gedruckt bei ... 1854.
«[...] 28. Schild (..., clypeus), hochgewölbt, wie der argolische und der altgriechische ..., einzig in solcher Erhaltung. Etrurien.
29. Schild. Flach gewölbt, mit Nabel (...), ganz bedeckt, in getriebener Arbeit, mit Ornamenten und Sphingen in koncentrischen Kreisen (...), wie Agamemnons Schild: «reich von Kunst ...».
30.–31. Zwei Schilde. ... ähnlicher Form aber ... Verzierung .... aus Etrurien.
32.–40. Neun Bruchstücke ... verzierten Schilden. Etrurien [...].»

Dokument 32

Brief des Konservators des Königlichen Antiquariums zu München, Johannes Sieveking, an den Kronprinzen Rupprecht, datiert München, den 13. Juni 1917 (München, Bayerisches Hauptstaatsarchiv, Abteilung III: Geheimes Hausarchiv, Nachlaß Kronprinz Rupprecht)

«München, den 13. Juni 1917.
Eurer Königlichen Hoheit
wage ich mich schon wieder mit einer Angelegenheit, die das K(önigliche) Antiquarium betrifft, zu nahen. Herr Direktor Habich hat in Schloss Fürstenried bei einer Durchsicht der Kunstgegenstände im Nachlass S(einer) M(ajestät) des Königs Otto unter anderem einen Karton, der antiken Goldschmuck enthielt, gefunden. Als er mir denselben zeigte, konnte ich sofort feststellen, dass es eine Ergänzung der im K(öniglichen) Antiquarium befindlichen archaischen Stücke aus Vulci sei, die S(eine) M(ajestät) König Ludwig I. dereinst aus Etrurien erworben hatte. Einzelne Gegenstände, wie Fibeln und Kugeln der Kette sind geradezu identisch. Das Schlossinventar bestätigte denn auch durch die Angabe, dass das Gold vom Principe di Canino stamme, diese Zusammengehörigkeit. Die Goldsachen, die ich in ihrem jetzigen Zustand etwas verkleinert photographiert habe, sind recht lieblos auf ganz gewöhnlichem Packpapier aufgenäht, wohl noch vom Ankauf her, und zum Teil sehr zerdrückt. Es sind aber wundervolle Kleinode darunter, die eine sorgfältige Herrichtung verdienen. Die beiden Rosetten z(um) B(eispiel) sind Prachtstücke der Granuliertechnik und der von mir mit x bezeichnete jonische Goldring ist ein sehr seltenes und wertvolles Stück. Furtwängler hat ihn in seinem Gemmenwerk nach einem alten Abdruck abgebildet, ohne den Aufenthalt des Originals zu kennen. Den ganzen Schmuck schätze ich auf c(irc)a 6000 Mark, niedrig bewertet. Ich vermute, daß er seiner Zeit aus Versehen nicht mit dem zugehörigen Teil unter das K(önigliche) Hausgut ins Antiquarium gekommen ist, wäre er absichtlich zurückbehalten, würde er doch wohl besser aufgemacht und aufbewahrt worden sein.

Nun wäre es natürlich sehr zu bedauern, wenn der Schmuck bei der bevorstehenden Erbaufteilung entweder auseinandergerissen würde oder wieder in Verborgenheit verschwände und nicht zu dem zugehörigen Teil ins Antiquarium käme.

Vielleicht wissen Eure Königliche Hoheit einen Weg, wie es zu erreichen wäre, dass die Stücke durch Vereinigung mit dem übrigen der Wissenschaft und der Allgemeinheit zugänglich gemacht werden könnten [...].
In tiefster Ehrfurcht
Euer Königlichen Hoheit untertänigst ergebener
Prof(essor) D(okto)r J(ohannes) Sieveking.»

VII. Zusammenfassung

Das Isisgrab von Vulci ist eines der bedeutendsten Gräber der orientalisierenden Periode Etruriens. Es ist zugleich aber auch Gegenstand einer der spektakulärsten Entdeckungen, welche sich im zweiten Viertel des 19. Jahrhunderts in den Nekropolen Etruriens ereigneten. Die ägyptische Grotte, wie dieses Grab damals genannt wurde, enthielt nämlich überaus reiche und hervorragend erhaltene Funde, wie sie auch bei den intensiven archäologischen Ausgrabungen jener Jahre nur selten ans Licht kamen. Weiterhin barg sie so viele ägyptische oder für ägyptisch gehaltene Gegenstände, darunter manche, die auf ägyptische Grabgebräuche hindeuteten, daß sie als Grabstätte einer Ägypterin angesehen werden konnte. Daraus resultierte ein enormes Interesse, das die nach historischen Zeugnissen fragende archäologische Fachwelt und die an auswärtigen Beziehungen antiker Kulturen interessierte gebildete Öffentlichkeit der ägyptischen Grotte entgegenbrachten. Dieses Interesse konzentrierte sich ausschließlich auf das Fundmaterial, erstreckte sich indes nicht auf das Grab. Dieses wurde gleich wieder verfüllt und läßt sich anhand älterer Karten nurmehr ungefähr lokalisieren (Abb. 69). Doch selbst das Interesse an den Funden sollte nicht lange anhalten. Mit dem Verlust umfangreicher Teile des Fundmaterials, welche auf dunklen Wegen verkauft wurden, dem Verfall anderer, schwer zu konservierender Objekte, mit der Erkenntnis schließlich, daß von den vielen für ägyptisch gehaltenen Gegenständen manche gar nicht ägyptisch seien, erlosch das Interesse an der ägyptischen Grotte ebenso rasch wie es entflammt war. Während die verbliebenen Funde Berühmtheit erlangt hatten und dann eine Attraktion der etruskischen Sammlung des Britischen Museums wurden, fielen sie und mit ihnen das Isisgrab von Vulci für eineinhalb Jahrhunderte wissenschaftlicher Vernachlässigung anheim.

Um diese Funde in angemessener Weise beurteilen und darüber hinaus das einst ungestört aufgefundene Grab so weit als möglich wiedergewinnen zu können, war es vonnöten, die verfügbaren Dokumente aus der Entdeckungszeit auszuwerten. Diese erwiesen sich als unerwartet zahlreich. Sie setzen sich aus Fundberichten, Denkmälerlisten und Gelehrtenbriefen, in denen von der ägyptischen Grotte und ihrem Inventar die Rede ist, zusammen. Allerdings sind sämtliche Erwähnungen von Objekten knapp. Sie setzen Schlaglichter, die erst dann Erkenntnisse bringen, wenn der Hintergrund erhellt ist. Hinzu kommt, daß die Terminologie für archäologische Funde damals noch nicht festgelegt, Beschreibungen noch willkürlich waren. Dementsprechend schwer sind solche Erwähnungen verständlich; verwertbar werden sie erst, wenn mehrere zeitgenössische Texte in die Betrachtung einbezogen werden. Die Dokumente zur ägyptischen Grotte erschließen sich dem Verständnis also nur in Kenntnis der Bedingungen, denen der Umgang mit diesen Funden und der archäologischen Hinterlassenschaft allgemein unterlag. Im zweiten Viertel des 19. Jahrhunderts herrschten im Kirchenstaat politische und gesellschaftliche Verhältnisse, die zur Freilegung vieler Nekropolen Etruriens führten, die Entwicklung einer wissenschaftlichen Archäologie begünstigten und die Entstehung einer facettenreichen Museumslandschaft förderten. Dabei wirkten mehrere Seiten zusammen: Ausgräber, die in der Regel Privatleute waren und ihre Unternehmungen selbst organisierten, Gelehrte, die neue Forschungsstätten ins Leben riefen und sich um die Etablierung der Archäologie als einer wissenschaftlichen Disziplin bemühten, und staatliche Institutionen, die sich den Schutz von Kulturgütern aus den eigenen Territorien zur Aufgabe machten und sich um deren Sammlung und Präsentation kümmerten. Getragen wurden alle diese Anliegen von einem starken öffentlichen Interesse, das mit dem Aufkommen eines gebildeten Bürgertums seit der napoleonischen Zeit einherging, und von dem Bestreben, dem Kirchenstaat mittels der dortigen Antiken ein kulturelles Profil zu geben, welches auf einem hisorischen Fundament gründete und den Kirchenstaat mit seiner Hauptstadt Rom vor allen anderen italienischen Staaten auszeichnete.

Die Ausgrabungen der Fürsten von Canino gehörten zu den wichtigsten derartigen Unternehmen, welche damals im Hoheitsgebiet des Kirchenstaates durchgeführt wurden. Sie betrafen die Ländereien der Fürsten, die sich im Gebiet des antiken Vulci auf dem linken Ufer des Fiora erstreckten. Dabei wurden zwischen 1828 und 1852 weite Teile der Nekropole planmäßig aufgedeckt und mehrere tausend etruskische Gräber geöffnet. Gewaltige Mengen an Funden wurden aus diesen Hypogäen geborgen, neben der in Liebhaberkreisen besonders geschätzten figürlich bemalten Keramik auch weniger augenfällige oder lukrative Objekte. Es wurden Maßnahmen zur Erhaltung der Funde getroffen und neue Methoden der Restaurierung und Ergänzung von Gefäßen ersonnen. Weiterhin wurden die Funde systematisch erfaßt, in Katalogen beschrieben und in einem eigens hierfür eingerichteten Museum nahe der Fundstätte, dem ersten Grabungsmuseum überhaupt, zugänglich gemacht. Archäologische Entdeckungen, welche sich bei diesen oder anderen Ausgrabungen einstellten, wurden von den Gelehrten des Instituto di Corrispondenza Archeologica in Rom, jener 1829 eröffneten und auf dem Gebiet der Altertumskunde vorbildlichen Forschungsstätte, umge-

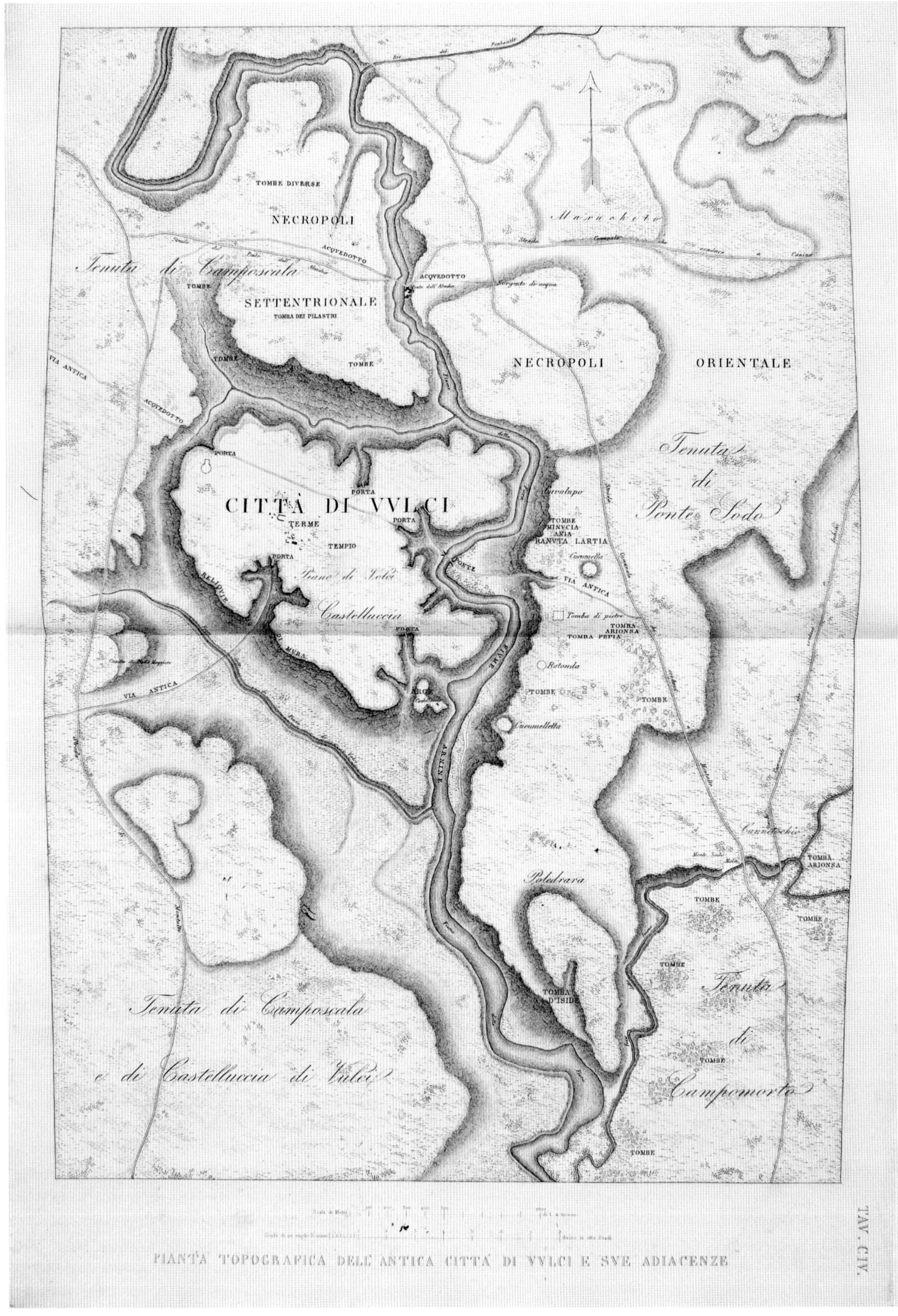

Abb. 69 Vulci, Plan der Nekropole.

hend aufgegriffen. Mitarbeiter dieser Forschungsstätte besichtigten und beschrieben neue Funde vor Ort, veröffentlichten Berichte in den institutseigenen Zeitschriften und sorgten auf diese Weise für die Bekanntmachung der Funde. Sie formulierten Fragen, welche an die Denkmäler herangetragen wurden, und schufen Foren für kritische Diskussionen, an denen sich auch Ausgräber beteiligten. Nebenher betätigten sich die Gelehrten des Instituto di Corrispondenza Archeologica auch als Vermittler von Antiken. Dafür gab es im Kunsthandel eine starke Nachfrage. Während nämlich immer mehr bürgerliche Sammlungen aufkamen und überall in Europa öffentliche Museen entstanden, wurden auch fürstliche Sammlungen, wenn nicht neu gegründet, so doch erheblich erweitert. Die Gelehrten des Instituto di Corrispondenza Archeologica, manchmal selbst als Sammler tätig, konnten aufgrund ihrer Beziehungen zu Ausgräbern Ankäufe vermitteln. Das brachte sie in Konkurrenz zu den Konservatoren der staatlichen Denkmalbehörde, die sich gleichfalls für archäologische Funde interessierten. Durch gesetzlich vorgeschriebene Grabungsberichte informiert, entsandten auch sie Mitarbeiter an die Fundstätten. Ausgrabungsplätze wurden inspiziert, Maßnahmen zur Erhaltung von Bauwerken beschlossen, deren Umsetzung den Ausgräbern auferlegt. Es wurden Verzeichnisse von Funden erstellt und, wenn es sich um besondere Objekte handelte, Empfehlungen zum Erwerb für die Vatikanischen Museen abgegeben. Entscheidungen wurden von der höchsten Instanz der Denkmalbehörde in Rom getroffen, deren oberster Dienstherr der Papst selbst war. Erst wenn die Vatikanischen Museen einen Ankauf ablehnten, konnten die Ausgräber ihre Funde anderweitig veräußern. So verfügten die Vatikanischen Museen hauptsächlich über Objekte, die aus dem Boden des Kirchenstaates herrührten. Ihre Bestände wurden laufend erweitert. Zu diesem Zwecke wurde insbesondere unter dem Pontifikat Gregors XVI. Cappellari eine Reihe neuer Museen gegründet. Während archäologische Funde also Gegenstand unterschiedlicher Interessen waren, wurden sie vielfach und vielfältig dokumentiert. Daraus ergibt sich auch heute noch die Möglichkeit, die Überlieferung von Funden jener Zeit Schritt für Schritt nachzuvollziehen.

Für die ägyptische Grotte waren die Umstände hierfür besonders günstig. Zwar handelte es sich bei ihr nicht um das erste Grab der orientalisierenden Periode, das unter anderem auch ägyptische Funde aufgewiesen hätte, wohl aber um das einzige, das dermaßen viele ägyptische oder für ägyptisch gehaltene Objekte enthielt. Unter ihnen befanden sich überdies solche, die auf intensive kulturelle Kontakte hindeuteten. Die Fürsten von Canino, die im Zuge ihrer Ausgrabungen auf die ägyptische Grotte gestossen waren, betätigten sich nicht nur als Ausgräber, sondern auch auf wissenschaftlichem Feld. Lucien Bonaparte war einer der Protagonisten in dem Streit, welcher sich um die Frage der Beziehungen antiker Völker zueinander drehte und sich zuvor schon anhand der griechischen Keramik aus Etrurien entsponnen hatte. Die neuen Funde, die auf intensive kulturelle Kontakte nach Ägypten hindeuteten, stießen bei ihm ebenfalls auf großes Interesse. Allein Krankheit und Tod hinderten ihn daran, diesem Interesse unter wissenschaftlichen Gesichtspunkten noch nachzugehen. Auf nicht minder großes Interesse stießen die Funde der ägyptischen Grotte bei Emil Braun, dem leitenden Gelehrten des Instituto di Corrispondenza Archeologica und einem leidenschaftlichen Erforscher des frühen Etrurien. Braun, der sich zuvor schon mit der Tomba Regolini-Galassi in Cerveteri beschäftigt hatte, entschloß sich sogar zum Erwerb der Funde, welche nun für mehrere Jahre seine private Sammlung bereicherten. Er stellte seine Neuerwerbungen einem weiteren Publikum vor, entfachte damit eine wissenschaftliche Diskussion und veröffentlichte Beiträge zu weiteren mit diesen Funden verbundenen historischen Fragestellungen. Zeichnungen, die er außerdem von den in seinem Besitz befindlichen Objekten anfertigen ließ, blieben allerdings unpubliziert und sind heute verloren. Außer Braun hegten auch die Vertreter der staatlichen Denkmalbehörde großes Interesse an diesen Funden. Denn in jenen Jahren erhielten die Vatikanischen Museen, die gerade erst um ein etruskisches Museum erweitert worden waren, noch ein ägyptisches Museum dazu. Darin sollten, anders als in den ägyptischen Museen anderer italienischer Staaten, in denen ausschließlich Funde aus Ägypten zu bestaunen waren, auch ägyptische Funde aus den eigenen Territorien ausgestellt werden. Ägyptische Funde aus Etrurien, genauer gesagt aus dem südlichen, zum Kirchenstaat gehörenden Etrurien, waren daher äußerst willkommen. Von ihrem Erwerb wurde erst Abstand genommen, als das prominenteste Stück sich nach Meinung sachverständiger Gutachter als nicht ägyptisch herausstellte. Die ägyptische Grotte war also für mehrere Jahre Gegenstand verschiedenster Interessen und Begehren.

Aus der im einzelnen oft knappen, insgesamt aber sehr reichen Dokumentation zur ägyptischen Grotte läßt sich, wenn die Dokumente in ihrem Kontext betrachtet werden, folgendes herauslesen: Das Grab, ein typisches Vulcenter Cassone-Grab mit einem offenen Vorhof, besaß zwei Kammern. Eine Kammer war leer, und zwar entweder niemals belegt oder damals bereits ausgeraubt; die andere Kammer, die allein als ägyptische Grotte bezeichnet wurde, war unberührt. Ihr Inventar hatte, wohl weil in dieser Kammer außergewöhnlich günstige klimatische Bedingungen geherrscht hatten, in dermaßen gutem Zustand überdauert, daß sogar organische Materialien bei der Öffnung des Grabes noch vorhanden waren. Das Inventar war viel umfangreicher als nachmals bekannt wurde. Es hatte ursprünglich dreißig Tongefäße verschiedener Form und Größe enthalten. Davon sind lediglich die

Abb. 70 Karte des antiken Etrurien im Bereich des Kirchenstaates.

beiden Gefäße der Polledraraware und die White-on-Red Amphora in das Britische Museum gelangt. Die übrige Keramik, wahrscheinlich überwiegend Buccherogefäße, wurde vermutlich an die Brüder Campanari weitergegeben und 1839 in England verkauft. Auch der Goldschmuck war einstmals reicher. Er umfaßte außer dem erhaltenen Diadem noch mindestens ein weiteres Diadem sowie 57 kleine Fibeln. Dieser unbekannte Teil des Goldschmuckes wurde ebenfalls noch im Jahre 1839 verkauft. Er wurde von Ludwig I. von Bayern erworben, ging jedoch mit einem Teil seines Nachlasses später verloren. Zu dem Inventar der ägyptischen Grotte hatten vormals auch mehr Objekte aus Bronze gehört. Ein Teil von ihnen, vor allem Waffen, wurde 1843 an Friedrich Maler verkauft und gelangte mit dessen Sammlung 1853 an das Badische Landesmuseum Karlsruhe. Dort ließen sich drei von ursprünglich fünf Schilden aus der ägyptischen Grotte nachweisen.

Von den nach London gelangten Objekten, die allein in der Forschung mit dem Isisgrab verbunden wurden, stammt der größte Teil tatsächlich aus der ägyptischen Grotte, allen voran die namengebende Statuette. Die drei figürlich gestalteten Alabastra, zwei Schalen, das Salbgefäß und die beiden als Scheingefäße ausgearbeiteten Pyxiden, die alle aus demselben Gipsalabaster wie die Statuette bestehen, gehörten gleichfalls zu der ägyptischen Grotte. Von den im Britischen Museum aufbewahrten Bronzen lassen sich die Halbfigur sowie Teile einer weiteren, anscheinend ähnlichen Halbfigur, die beiden Räucherwagen mit Pferdeprotomen, Teile eines Thymiaterions mit Blattkränzen, die Lampe sowie der Dreifußständer und das Dreifußbecken auf die ägyptische Grotte zurückführen. Weiterhin lassen sich die folgenden Bronzen dem Inventar zuweisen: die beiden auf einem Untersatz ruhenden, zweihenkligen Schalen, die zwei bikonischen Urnen, deren eine einen Glockenhelm als Deckel hatte, die sechs Kyathoi und sechs Perlrandbecken, zwei Kalottenschalen, die große, ursprünglich mit Stroh umwickelte Flasche, die Feldflasche und der große Kessel. Abgesehen von den schon genannten Tongefäßen des Britischen Museums befanden sich auch die beiden figürlich gestalteten tönernen Salbgefäße in der ägyptischen Grotte, des Weiteren die Garnspulen aus Impasto. Der ägyptischen Grotte gehörten die fünf linsenförmigen Fayenceflaschen, die vielen Fayenceperlen und mehrere Glasfragmente, die gemeinsam ein Perlengewebe bildeten, sowie ein gläserner Spinnrocken, der an einem der beiden Räucherwagen anhaftet, an. Schließlich waren die fünf Straußeneier, von denen eines zu einem Becher, die anderen zu Kannen verarbeitet waren, Teil des Inventares. Ein sechstes, gleichfalls zu einem Gefäß verarbeitetes Straußenei aus demselben Grab ging auf dem Weg nach London verloren. Damit ist das Inventar der ägyptischen Grotte, wenn es auch nicht gänzlich wiedergewonnen werden kann, in seinem Umfang doch weitgehend umrissen.

Von den übrigen Gegenständen des Ensembles in London, die den Funden aus der ägyptischen Grotte hinzugefügt wurden, lassen sich manche auf die Sammlung Canino und somit den Fundort Vulci zurückführen. Dazu zählen ein figürlich verziertes Bronzeblech, das ursprünglich zu einer Ephebenkanne gehört hatte, ein weiteres Zierblech aus Bronze, das Teil eines Pferdegeschirrs gewesen war, drei gegossene Klauenfüße und eine Nadel aus Bronze sowie zwei Bronzebleche, die einmal zu einem Kottabos gehört hatten. Diese Bronzen wurden zur Restaurierung bzw. Ergänzung schadhafter Bronzen der ägyptischen Grotte verwendet. Sie sind teilweise noch heute mit denselben verbunden. Ausbesserungen dieser Art fanden bereits in den Grabungsmagazinen in Musignano statt, woraus sich auch die Verwendung von Versatzstücken aus der Sammlung Canino erklärt. Aus der Sammlung Canino, das heißt aus Gräbern in Vulci, kommen auch die sieben Skarabäen und der verzierte beinerne Löffel des Britischen Museums. Für den gegossenen Fuß eines Gefäßes und einen zweihenkligen Krug aus Bronze, die den Funden aus der ägyptischen Grotte außerdem beigefügt wurden, läßt sich hingegen keine Herkunft mehr feststellen. Das Londoner Ensemble setzt sich also aus dem Kernbestand der ägyptischen Grotte, zu welchem einige im 19. Jahrhundert mit antiken Versatzstücken ergänzte Bronzen zählen, sowie manchen hinzugefügten Objekten mehr oder minder bekannter Provenienz zusammen.

Die Dokumente geben aber nicht nur Aufschluß über Art und Umfang der aus der ägyptischen Grotte geborgenen Funde, sondern enthalten darüber hinaus auch Hinweise auf einzelne Befunde. So ist ihnen zu entnehmen, daß die Statuette beiderseits von den zwei bronzenen Räucherwagen flankiert wurde. Daß diese Räucherwagen bei der Statuette standen und tatsächlich zum Räuchern verwendet wurden, beweisen der Erhaltungszustand sowohl der Statuette als auch der beiden Räuchergeräte. Diesem einzigartigen Befund können anhand von Brandspuren beziehungsweise Rußablagerungen noch weitere Funde, darunter das ägyptische Perlengewebe, zugeordnet werden. Die Gegenstände lassen auf eine weibliche Körperbestattung schließen. Daraus wiederum erhellt, weshalb die Ägyptische Grotte von den Zeitgenossen der Entdeckung als Grablege einer Ägypterin, vielleicht einer Isispriesterin, interpretiert wurde. Die Dokumente überliefern weiterhin, daß das erhaltene Golddiadem auf einer Schädelkalotte gefunden wurde und daß diese zusammen mit den übrigen Gebeinen in einer der beiden zweihenkligen Bronzeschalen lag. Sie berichten ferner, daß es ein zweites Golddiadem gegeben habe und daß auch die andere der beiden zweihenkligen Bronzeschalen Gebeine enthielt. Daraus kann auf zwei Beisetzungen dieser Art geschlossen werden. Die Dokumente liefern zwar stets nur knappe Anmerkungen zu solchen Befunden, doch lassen diese sich in manchen Fällen miteinander verbinden und durch antiquarische Beobachtungen ergänzen. So können selbst knappe Hinweise zur Klärung der Fundsituation in dieser noch intakt angetroffenen Grabkammer beitragen und die Rekonstruktion der letzten Ruhestätte einer bedeutenden Vulcenter Adelsfamilie ermöglichen[679].

Das Schicksal, das diese bedeutende Fundgruppe in den elf Jahren zwischen 1839, dem Zeitpunkt ihrer Entdeckung, und 1850, dem Zeitpunkt ihrer Registrierung im Britischen Museum, erfuhr, ist auch unter dem Blickwinkel der Wissenschaftsgeschichte interessant. Es war entscheidend von der Wahrnehmung ägyptischer Funde aus Etrurien geprägt. Diese wiederum war mit den damaligen wissenschaftlichen Erkenntnissen, aber auch mit den gesellschaftlichen und politischen Verhältnissen in Rom und dem Kirchenstaat auf das engste verquickt. Was die Wissenschaft betrifft, hatte sich eben erst der Streit um die griechische Keramik aus Etrurien gelegt: Diese, wenngleich massenhaft gerade aus Vulci bezeugt, hatte sich schlichtweg als Handelsware entpuppt. Mit den Funden des Isisgrabes, die gleichfalls aus Vulci herrührten, standen nun ägyptische Fayencen zur Diskussion: Zwar waren es nicht die ersten, aber doch die einzigen ägyptischen Fayencen, die in solcher Menge aus einer einzigen Grabkammer zum Vorschein gekommen waren. Daß sie vor allem aber mit Funden aus Gipsalabaster auftraten, welche für ägyptisch gehalten wurden und zudem von größerem Format waren, schien den ägyptischen Charakter dieser Grabkammer zu unterstreichen. Gerade angesichts großformatiger Funde wie der halblebensgroßen Statuette aus Gipsalabaster erhoben sich Zweifel an der Vermutung, daß auch die ägyptischen Funde lediglich als Handelsware nach Etrurien gelangt seien, und es wurden intensivere kulturelle Kontakte zwischen Etruskern und Ägyptern erwogen. Die Tatsache, daß bei der Statuette geräuchert wurde, erinnerte ebenso wie das ägyptische Perlengewebe an ägyptische Grabgebräuche. Das verstärkte den ägyptischen Eindruck, den dieses Grab wie kein anderes vermittelte. Die Funde aus der ägyptischen Grotte konnten, solange die Statuette als ägyptisch angesehen und auch das zerfallene Perlengewebe noch als solches zur Kenntnis genommen wurde, als Kronzeuge direkter Beziehungen zwischen Ägyptern und Etruskern gelten. Der Befund nährte Vorstellungen, denen zufolge Ägypter in Etrurien gelebt und zu lokalen Eliten, etwa den berühmten Priesterfamilien der Etrusker, Verbindungen gehabt hätten. Solche Vorstellungen gingen auf wesentlich ältere, in bestimmten gelehrten Kreisen aber gerade wieder aufgegriffene Thesen, wie sie schon Annius von Viterbo vertreten hatte, zurück.

Die Frage kultureller Kontakte und überhaupt des Verhältnisses antiker Völker zueinander beschäftigte allgemein die Gemüter. Die überkommene Vorstellung von der Vierheit antiker Kulturen sollte dem Verständnis historischer Prozesse weichen. Ägypten, Etrurien, Griechenland und Rom hatten nicht mehr nur irgendwie nebeneinander oder nacheinander bestanden, sondern zu bestimmten Zeiten bestimmte Kontakte zueinander unterhalten. Die griechische Keramik aus Etrurien führte zu der Erkenntnis von Handelsbeziehungen zwischen Griechen und Etruskern. Die ägyptischen Funde aus Etrurien kamen aus älteren Kontexten. Auf welche Beziehungen mochten sie wohl hinweisen? Ägypten spielte noch immer eine dominierende Rolle im Denken. Trotz der Bemühung, einer historischen Sichtweise den Weg zu bahnen, und obwohl das Land am Nil selbst in der Nachfolge der napoleonischen Expedition immer weiter erschlossen wurde, blieb es doch nach wie vor eine abstrakte Größe, Chiffre für die älteste und ehrwürdigste Kultur der Menschheitsgeschichte, Inbegriff und Maßstab einer Hochkultur. Beziehungen, die zwischen diesem Ägypten und dem frühesten Etrurien bestanden hatten, waren, je intensiver sie gewesen zu sein schienen, umso mehr geeignet, Etrurien, von dem keine Pyramiden und keine monumentalen Bauwerke zeugten, auf die Stufe dieser Hochkultur emporzuheben. Da die betreffenden ägyptischen Funde aus dem südlichen Etrurien, dem ältesten Vorläufer des Kirchenstaates, kamen, vermochten sie auch diesen noch zu nobilitieren. Die ägyptischen und für ägyptisch gehaltenen Funde aus der ägyptischen Grotte, insbesondere die großformatige Statuette, gesellten sich zu den längst bekannten ägyptischen Monumenten aus dem spätrepublikanischen und frühkaiserzeitlichen Rom und zu den in Kontexte der neuzeitlichen Urbs eingebundenen ägyptischen Obelisken. Sie schienen die Territorien des Kirchenstaates, die bereits mancherlei Zeugnisse ägyptischer Kultur zu bieten hatten, um eine wesentliche Facette zu bereichern (Abb. 70).

Die Frage nach den Beziehungen antiker Völker oder Nationen, wie sie auch genannt wurden, zueinander zog über die Wissenschaft hinaus weitere Kreise in ihren Bann. Sie beschäftigte Politik und Gesellschaft in dem von der italienischen Nationalbewegung erfaßten Rom der frühen vierziger Jahre des 19. Jahrhunderts. Es ging nämlich darum, dem Kirchenstaat eine führende Rolle in dem künftigen Italien zu sichern. Der Kirchenstaat sollte sich über alle anderen italienischen Staaten erheben und sich insbesondere gegenüber dem Königreich Piemont und dem Großherzogtum Toskana behaupten, welche ihrerseits ebenfalls eine starke Position in dem geeinten Italien erstrebten. Dieser Anspruch wurde, während er mit der damaligen Wirklichkeit im Kirchenstaat nicht unbedingt

679 Siehe dazu ausführlich F. Bubenheimer-Erhart, Das Isisgrab von Vulci, Contributions to the Chronology of the Eastern Mediterranean, Denkschriften der Gesamtakademie, Österreichische Akademie der Wissenschaften (im Druck).

zusammenpaßte, mit historischen Argumenten begründet. Rom und der Kirchenstaat waren Sitz des Papsttums, einer kirchlichen und einer weltlichen Macht, und schon in vorchristlicher Zeit Kreuzungspunkt aller vier bedeutenden Kulturen der Menschheitsgeschichte gewesen. Allein hier hatten die ägyptische, die etruskische, die griechische und die römische Kultur ihre Spuren hinterlassen. Vor diesem Hintergrund wird die Brisanz der Funde aus der ägyptischen Grotte deutlich. Denn sie schienen geeignet, eine Brücke von Ägypten nach Etrurien zu schlagen, Ägypten also mit dem ältesten Vorläufer des Kirchenstaates zu verbinden. Das erklärt, weshalb der Kirchenstaat durch seinen höchsten Repräsentanten ein Gutachten in Auftrag gab, um über den ägyptischen Charakter der ägyptischen Grotte Aufschluß zu erhalten. Dieses Gutachten, von Luigi Maria Ungarelli verfaßt, entstand nicht zufällig zur selben Zeit wie die einflußreiche Schrift «Del primato morale e civile degli Italiani» von Vincenzo Gioberti. Gioberti begründete darin die Überlegenheit Italiens mit dem Glanz der italienischen Staaten der Guelfenzeit, den Primat Roms mit dem Sitz des Papsttums und propagierte ein geeintes Italien unter der Führung des Papstes nach diesem gewissermaßen historischen Vorbild[680]. Hätte die Statuette sich damals als ägyptisch erwiesen, hätten die Funde der ägyptischen Grotte Rom unter keinen Umständen verlassen. Stattdessen aber erkannte Ungarelli in ihr eine etruskische Figur und sorgte somit dafür, daß diese Funde das Sensationelle verloren. Die ungeheure Beachtung, die dem Isisgrab nur für kurze Zeit geschenkt wurde, ist eines der vielen Strohfeuer, die im Vorfeld der Einigung Italiens entflammten und wieder erloschen.

680 V. Gioberti, Del primato morale e civile degli Italiani (1843).

VIII. Riassunto Italiano

La tomba di Iside di Vulci, una tomba tra le più significative dell'Etruria di età orientalizzante, fu oggetto di una delle scoperte più spettacolari avvenute nelle necropoli etrusche nella prima metà del XIX secolo. La «grotta egizia», così chiamata nei documenti del tempo, conteneva oggetti preziosi e straordinariamente ben conservati, come di rado venivano alla luce negli scavi archeologici seppure così intensi di quegli anni. Tra tanti magnifici reperti ve ne erano numerosi di provenienza egizia, o perlomeno tali furono creduti in un primo tempo, alcuni, in particolare, sembravano riferirsi ad usanze funerarie egizie e questo portò a ritenere che si trattasse della tomba di una donna egizia. Tutto ciò suscitò un interesse enorme sia nella comunità degli archeologi, alla ricerca di testimonianze storiche, sia nel pubblico colto, interessato ai rapporti delle antiche culture con l'esterno. Questo interesse, che si concentrò esclusivamente sugli oggetti del corredo e lasciò da parte il contesto – la tomba stessa venne presto rinterrata –, non durò a lungo. Quando si appurò che molti degli oggetti ritenuti egizi non lo erano affatto, l'interesse per la «grotta egizia» si spense così velocemente come era nato. Nel giro di pochi anni numerosi reperti andarono persi, altri, difficili da conservare, deperirono. Gli oggetti rimasti, intanto, ebbero un curioso destino: divennero sì un'attrazione della collezione etrusca del British Museum ma furono allo stesso tempo trascurati, e con essi la tomba di Iside di Vulci, per un secolo e mezzo dal mondo scientifico.

Per poter valutare in modo adeguato i ritrovamenti della «grotta egizia» e ricostruire nei limiti del possibile il contesto di rinvenimento, estremamente interessante perché la tomba era intatta, si è reso necessario analizzare i documenti dell'epoca della scoperta a nostra disposizione. Questi si sono rivelati inaspettatamente numerosi. Si tratta di relazioni di scavo, di elenchi di reperti e della corrispondenza di studiosi che si occuparono in qualche modo della «grotta egizia» e del suo corredo. Ma, a dispetto di tutta questa abbondanza, ricostruire la situazione della tomba al momento della scoperta risulta impresa tutt'altro che semplice. Innanzitutto le menzioni di oggetti sono scarse e le poche presenti non sono chiare: esse gettano sprazzi di luce che illuminano però solo quando anche lo sfondo è illuminato. Bisogna, inoltre, considerare che la terminologia archeologica era al tempo non ancora ben definita e le descrizioni, quindi, erano piuttosto arbitrarie. Le informazioni vanno quindi ricostruite attraverso il confronto e la collazione di più documenti dello stesso periodo. La documentazione sulla «grotta egizia» deve essere insomma interpretata alla luce dell'esperienza con i documenti del tempo e della conoscenza delle pratiche dell'epoca con i reperti archeologici.

Nel secondo quarto del XIX secolo maturarono nello Stato Pontificio le condizioni politiche e sociali che portarono alla scoperta di molte necropoli etrusche, favorirono lo sviluppo dell'archeologia scientifica e contribuirono alla nascita di un panorama museale ricco di sfaccettature. Vari attori diedero il loro contributo: scavatori, di regola privati, che organizzavano e finanziavano da sé le loro imprese, studiosi che avevano fondato nuovi enti di ricerca e che si prodigavano per fare dell'archeologia una disciplina scientifica, istituzioni statali, infine, che si erano fatte carico della protezione dei beni culturali del proprio territorio e che si occupavano della loro raccolta e presentazione. Tutte queste istanze erano sostenute da un grande interesse di pubblico da parte di quel nuovo ceto borghese colto formatosi in età napoleonica e dallo sforzo di procurare allo Stato Pontificio, per tramite delle antichità presenti sul suo territorio, un'identità culturale storicamente fondata, contrassegno per lo stato dei papi e per la sua capitale, Roma, nel confronto con gli altri stati italiani.

Gli scavi dei Principi di Canino sono da annoverare tra le imprese archeologiche più importanti intraprese nel territorio dello Stato Pontificio. Gli scavi interessarono le proprietà dei principi che si trovavano nel territorio dell'antica Vulci, sulla riva sinistra del Fiora. Tra il 1828 e il 1852 furono messi in luce con scavi estensivi larghi tratti della necropoli, migliaia di tombe etrusche vennero aperte. Dagli ipogei furono recuperate imponenti quantità di reperti: accanto alla ceramica dipinta figurata, particolarmente apprezzata nella cerchia degli estimatori, furono recuperati anche oggetti poco appariscenti o lucrativi. Si presero misure per la conservazione dei reperti e si idearono nuovi metodi di restauro e di integrazione dei vasi. I reperti vennero sistematicamente schedati, descritti in cataloghi ed esposti al pubblico in un museo appositamente creato nelle vicinanze del luogo di rinvenimento. Le scoperte archeologiche che si presentavano in questo o quell'altro scavo venivano subito registrate dagli studiosi dell'Istituto di Corrispondenza Archeologica di Roma, il centro di ricerca per l'antichità classica fondato nel 1829. Collaboratori dell'Istituto visitavano gli scavi, descrivevano i nuovi ritrovamenti, pubblicavano relazioni nelle riviste dell'Istituto e contribuivano in tal modo a diffondere le scoperte. Venivano formulate domande poi trasferite ai monumenti e creati fori di discussione a cui prendevano parte anche gli scavatori. Ma studiosi dell'Istituto di Corrispondenza Archeologica erano anche attivi mediatori del commercio antiquario. Il mercato d'arte viveva in quegli anni un vera esplosione. La richiesta d'antichità era abbondante. Molte collezioni principesche venivano in quegli anni notevolmente ingrandite, alcune anche create ex novo, nuove collezioni venivano fondate da un ceto borghese sempre più influente, in tutta Europa sorgevano musei pubblici. Gli studiosi dell'Istituto, talvolta collezionisti essi stessi, potevano, tramite i loro contatti con gli scavatori, mediare l'acquisto di antichità, entrando in tal modo in concorrenza con i conservatori delle istituzioni statali preposte alla tutela del patrimonio artistico, parimenti interessati alle nuove scoperte. Informati attraverso le relazioni di scavo prescritte per legge, gli organi di tutela inviavano sugli scavi propri collaboratori. I nuovi scavi venivano ispezionati, stabilite le misure per la conservazione delle strutture murarie della cui esecuzione erano poi responsabili gli scavatori. Gli oggetti rinvenuti erano inventarizzati e i reperti di particolare pregio o interesse venivano segnalati per l'acquisto ai Musei Vaticani; la decisione dell'acquisto spettava poi alle più alte cariche della Commissione Generale Consultiva di Antichità e Belle Arti e in ultima istanza al papa stesso; solo quando i Musei Vaticani rifiutavano un acquisto gli scavatori potevano cercare altri acquirenti. I Musei Vaticani venivano in tal modo a disporre di reperti provenienti essenzialmente dal proprio territorio. Nel secondo quarto del XIX sec. le raccolte vaticane vennero enormemente ingrandite; per ospitare le nuove acquisizioni furono fondati, soprattutto durante il pontificato di Gregorio XVI Cappellari, nuovi musei. I reperti archeologici venuti alla luce in quegli anni si trovarono in tal modo al centro di interessi contrastanti e vennero pertanto documentati varie volte da tutte le parti in causa. Da qui emerge la possibilità di seguire passo dopo passo le vicende di questi oggetti dallo scavo fino al loro arrivo in musei e collezioni dell'epoca.

Per la «grotta egizia» disponiamo di una documentazione particolarmente abbondante. Le circostanze iniziali furono infatti particolarmente propizie. Non era la prima tomba di epoca orientalizzante a contenere oggetti di provenienza egizia ma certo la prima a presentarne in tale abbondanza. Tra gli oggetti ve ne erano alcuni che facevano pensare all' adozione di usanze funerarie egizie, e perciò ad intensi contatti culturali con l'oriente. I principi di Canino, gli scopritori della «grotta egizia», erano tra gli scavatori più attivi dello Stato Pontificio ed erano al tempo stesso promotori di nuovi metodi di scavo e documentazione. Luciano Bonaparte era poi uno dei protagonisti della disputa sul tema dei contatti tra i popoli dell'antichità, nata a seguito del ritrovamento della ceramica greca in Etruria. I reperti della «grotta egizia», che implicavano contatti intensi con l'Egitto, suscitarono in lui grande interesse. Una malattia improvvisa e la morte gli impedirono di sviluppare questo interesse in un discorso scientifico. Non minore interesse suscitò la scoperta della «grotta egizia» in Emil Braun, direttore dell'Istituto di Corrispondenza Archeologica e appassionato studioso dell'Etruria antica. Braun, che si era già occupato della tomba Regolini-Galassi di Cerveteri, si decise addirittura all'acquisto privato degli oggetti del corredo e questi essi rimasero per molti anni nella sua collezione. Lo studioso tedesco presentò i suoi nuovi acquisti ad un vasto pubblico, promosse in tal modo una discussione scientifica su di essi e pubblicò contributi su temi storici connessi alla scoperta. I disegni degli oggetti di sua proprietà che fece realizzare non furono però mai pubblicati e andarono purtroppo persi. Oltre a Braun anche rappresentanti della Commissione Generale Consultiva di Antichità e Belle Arti mostrarono interesse per tali reperti. Proprio in quegli anni i Musei Vaticani, da poco ampliati con la fondazione di un Museo Etrusco, avevano acquistato anche un Museo Egizio. In questo museo, diversamente da quanto accadeva in altri stati italiani, erano esposti non solo oggetti provenienti dall'Egitto ma anche oggetti egizi ritrovati nel territorio dello Stato Pontificio. Reperti egizi dall'Etruria pontificia erano pertanto benissimo accolti. I Musei Vaticani rinunciarono però all'acquisto, quando alla perizia degli esperti il pezzo più interessante del corredo risultò non essere realmente egizio.

Dalla documentazione sulla «grotta egizia», abbondante e poco informativa al tempo stesso, si può evincere, considerando i documenti nel loro contesto, quanto segue: la tomba, una tipica tomba vulcente a cassone con vestibolo a cielo aperto, aveva due camere. Una fu ritrovata vuota, forse non venne mai occupata oppure era già stata spogliata; la seconda camera, questa sola denominata «grotta egizia», era intatta. Il suo corredo era straordinariamente ben conservato, forse per le eccezionali condizioni climatiche dell'interno, tanto che all'apertura della tomba erano ancora presenti materiali organici. Il corredo era molto più ricco di quanto fu in seguito reso noto. Conteneva in origine trenta vasi d'argilla di diversa forma e dimensione. Di questi sono giunti al British Museum solo i due vasi di Polledrara-ware e un'anfora della produzione White-on-red. Il resto dei reperti ceramici, verosimilmente vasi in bucchero, fu probabilmente ceduto ai fratelli Campanari e rivenduto nel 1839 in Inghilterra. Anche il corredo d'ori era in origine molto ricco. Esso comprendeva, oltre al diadema ancora conservato, almeno un secondo diadema e 57 piccole fibule. Questa parte del corredo, di cui si perse in seguito la memoria, fu venduta anch'essa nel 1839; acquistata da Ludwig I di Baviera, andò in seguito dispersa con una parte della sua eredità. La «grotta egizia» comprendeva anche numerosi oggetti di bronzo. Parte di essi, soprattutto armi, fu venduta nel 1843 a Friedrich Maler e finì nel 1853 con la sua collezione nel Badisches Landesmuseum di Karlsruhe. Qui si trovano oggi tre dei cinque scudi in bronzo provenienti dalla «grotta egizia». Gran parte degli oggetti attualmente conservati a Londra, i soli che negli studi sono messi in relazione con la tomba di Iside, proviene effettivamente dalla «grotta egizia», prima fra tutti la statuetta che dà il nome alla tomba. Dalla «grotta egizia» provengono parimenti tre alabastra configurati, due coppe, un unguentario e due pseudo vasi in forma di pisside, tutti lavorati nello stesso gesso alabastrino di cui è fatta anche la statuetta. Tra i bronzi conservati al British Museum possono ricondursi alla «grotta egizia» un busto femminile e parti di un secondo busto simile al precedente, due carrelli-incensieri con protomi equine, parti di un thymiaterion con decorazione a petali, una lucerna, un bacile-tripode e un tripode. Possono inoltre ritenersi parti del corredo anche i seguenti oggetti in bronzo: due coppe biansate con supporto, due urne biconiche, di cui una coperta con un elmo a campana, sei kyathoi e sei bacili con orlo perlinato, due patere, una fiasca di formato grande, originariamente impagliata, una fiaschetta di bronzo laminato e un calderone. Tra gli oggetti d'argilla, a parte i tre vasi del British Museum su menzionati, contiamo anche due balsamari configurati e rocchetti d'impasto. Appartenevano al corredo della tomba anche cinque fiasche in pasta vitrea di forma lenticolare, migliaia di perle di faience, alcuni frammenti di vetro, parte di un tessuto di perle, e una conocchia vitrea, ritrovata attaccata ad uno dei carrelli-incensieri. V'erano infine cinque uova di struzzo, di cui una era lavorata a forma di coppa le altre a forma di brocche. Un sesto uovo di struzzo, ugualmente lavorato a forma di vaso, andò perso durante il trasporto a Londra. Questo era, se non interamente ricostruito, almeno a grandi linee, il corredo della «grotta egizia».

Dei restanti oggetti che formano l'ensemble di Londra e che si andarono ad aggiungere ai reperti della «grotta egizia» alcuni si possono ricondurre alla collezione Canino e provengono perciò da Vulci. E sono: una lamina di bronzo decorata con figure, parte di una brocca con ansa a kouros, un'altra lamina di bronzo decorata, appartenente a finimenti, tre zampe con artigli, un ago di bronzo e due lamine di bronzo, resti di un kottabos. Questi bronzi vennero utilizzati per il restauro, o meglio per integrare i bronzi danneggiati della «grotta egizia», e oggi sono ancora in parte legati ad essi. Restauri di tal genere ebbero già luogo nei magazzini di Musignano e con ciò si spiega l'utilizzo come pezzi di ricambio di bronzi della collezione Canino. Dalla collezione Canino, cioè dalle tombe di Vulci, provengono anche sette scarabei e il cucchiaio d'osso decorato del British Museum. Provenienza sconosciuta hanno invece il piede fuso di un vaso e una brocca di bronzo a due anse. L'ensemble del British Museum è formato insomma dal nucleo dei reperti dalla tomba di Iside, tra cui contiamo anche alcuni bronzi che in restauri ottocenteschi furono integrati con altri bronzi antichi e da alcuni oggetti aggiuntisi in un secondo tempo di provenienza non meglio identificata.

Interessanti aspetti del contesto di rinvenimento possono essere parimenti desunti dalla documentazione in nostro possesso. Anche in questo caso si tratta di cenni lapidari che vanno valorizzati attraverso il confronto tra vari documenti e l'integrazione con osservazioni antiquarie[681]. Possiamo, ad esempio, ricostruire la posizione della statuetta di Iside: essa era fiancheggiata dai due carrelli-incensieri, uno per lato. Che i due carrelli si trovassero in origine vicino alla statuetta e che furono effettivamente usati per bruciare incenso è provato anche dallo stato di conservazione della statuetta e dei carrelli stessi: tutti recano tracce di bruciato e di fuliggine stratificata; bruciature compaiono anche su altri reperti, tra cui, ad esempio, sul tessuto egizio di perle. Gli oggetti deposti nella camera indicano trattarsi di una deposizione femminile e ciò spiega, a sua volta, come mai all'indomani della scoperta si parlasse della sepoltura di una donna egizia, forse una sacerdotessa di Iside. Sempre dai documenti si evince che il diadema d'oro fu ritrovato su un cranio e che quest'ultimo, con il resto delle ossa, era contenuto in una delle coppe di bronzo a due anse. Sappiamo inoltre che vi era un secondo diadema d'oro e che la seconda coppa di bronzo biansata conteneva anch'essa dei resti umani: la camera ospitava pertanto due deposizioni analoghe.

La sorte toccata a un gruppo di reperti così significativi negli undici anni intercorsi tra il 1839, anno della loro scoperta, e il 1850, anno del loro ingresso al British Museum, è anche interessante per la storia dell'archeologica. A determinare la fama della «grotta egizia» al tempo della sua scoperta era stato l'interesse per i reperti archeologici egizi ritrovati in Etruria. Questo interesse era, per vie traverse, legato alla situazione politica dello Stato Pontificio negli anni che precedettero l'unificazione d'Italia. Da poco si era chiuso il dibattito sulla ceramica greca in Etruria: seppure presente in quantità così massicce, e Vulci era il più fecondo tra i luoghi di ritrovamento, essa si era rivelata nient'altro che un prodotto commerciale. Per i reperti della tomba di Iside, e ancora una volta era Vulci in primo piano, erano le faiences che avevano messo in moto l'interesse; non erano le prime faiences egizie dall'Etruria, ma il fatto che si trovassero così numerose in un'unica tomba rendeva la scoperta eccezionale. Esse si accompagnavano, poi, a manufatti di gesso alabastrino, comunemente ritenuti prodotti egizi, e per di più oggetti di grande formato: il carattere egizio della tomba apparve in un primo tempo fuori dubbio. Altre osservazioni complementari sostenevano questa lettura. Gli oggetti di grande formato, difficilmente

681 Sull'argomento diffusamente F. Bubenheimer-Erhart, Das Isisgrab von Vulci, Contributions to the Chronology of the Eastern Mediterranean, Denkschriften der Gesamtakademie, Österreichische Akademie der Wissenschaften (in stampa).

interpretabili come semplici prodotti commerciali, presupponevano intensi contatti culturali tra l'Egitto e l'Etruria; il bruciare incenso presso la statuetta e il tessuto egizio di perle erano indici di usanze funerarie egizie. Tutto insomma contribuiva a confermare l'impressione che questa tomba come nessun'altra comunicava. Fino a quando la statuetta fu creduta egizia e il tessuto di perle conservato, i reperti della tomba di Iside furono presi a testimonianza di rapporti stretti tra Etruria ed Egitto. La scoperta confortava la tesi, già sostenuta da Annio da Viterbo e recuperata in alcuni circoli di eruditi, secondo cui Egizi avrebbero vissuto in Etruria e avrebbero avuto contatti con le élites locali, forse con famose famiglie sacerdotali etrusche. La questione dei contatti culturali e, in generale, delle relazioni tra i popoli antichi era tema fortemente dibattuto. L'idea della quadripartizione delle culture antiche aveva distolto dalla comprensione di processi storici. Egitto, Etruria, Grecia e Roma non erano esistite una dopo l'altra o una accanto all'altra, ma avevano avuto in precisi momenti contatti reciproci. La ceramica greca ritrovata in Etruria aveva provato l'esistenza di contatti commerciali tra i due popoli. Gli oggetti egizi scoperti in Etruria provenivano da contesti più antichi, ma quali contatti indicavano? L'Egitto aveva ancora un ruolo dominante nell'immaginario dell'epoca. Nonostante gli sforzi di guadagnare una prospettiva storica e nonostante le terre del Nilo, dopo le campagne napoleoniche, fossero sempre più conosciute, l'Egitto rimaneva sempre una potenza astratta, culla di un'antichissima e gloriosa cultura, quintessenza e misura di tutte le grandi civiltà. I contatti intercorsi tra questo Egitto e l'antica Etruria erano, quanto più intensi si rivelavano, tanto più indicati ad innalzare l'Etruria, in cui non v'erano né piramidi né strutture monumentali, al rango di quella superiore civiltà. I reperti egizi venuti alla luce in Etruria nobilitavano di riflesso anche lo Stato Pontificio che dei territori dell'antica Etruria era l'erede. Gli oggetti egizi, o almeno creduti tali, recuperati dalla «grotta egizia», in particolare la statuetta di grande formato, si andavano ad aggiungere a quei monumenti egizi di età romana repubblicana e imperiale, già largamente conosciuti, e agli obelischi egizi integrati nel contesto della città moderna, arricchendo di un'ulteriore sfaccettatura l'inventario già di per sé ricco dei reperti egizi dello Stato Pontificio. La questione delle relazioni intercorse tra antichi popoli o nazioni, come anche furono chiamate, era oggetto di grande interesse. Nella Roma degli anni quaranta dell'ottocento scossa dal movimento nazionale italiano era questo un tema con implicazioni politiche. Si trattava di assicurare allo Stato Pontificio un ruolo di guida nella futura Italia, superando di tutti gli altri stati italiani, in particolare il Regno del Piemonte e il Granducato di Toscana, suoi diretti concorrenti. Mancando nella realtà argomenti a sostegno di tale preminenza se ne trovarono nella storia. Roma e lo Stato Pontificio erano sedi del papato, potenza temporale e religiosa al tempo stesso, punto di incontro, già in epoca precristiana, delle quattro principali culture dell'umanità; era questa la sola prospettiva che poteva giustificare un primato dello Stato Pontificio sugli altri stati italiani. Alla luce di tali considerazioni risulta, quindi, spiegabile l'interesse nato intorno alla «grotta egizia» e non stupisce che lo Stato Pontificio chiedesse subito, attraverso il suo più alto rappresentante, una perizia dei reperti egizi perché se ne confermasse l'origine. Non è un caso che la perizia, eseguita da Luigi Maria Ungarelli, abbia avuto luogo negli stessi anni in cui Vincenzo Gioberti scriveva il suo «Del primato morale e civile degli italiani». Gioberti argomentava la presunta superiorità dell'Italia con lo splendore degli Stati italiani dell'epoca dei Guelfi e il primato di Roma con il suo essere sede del pontefice: motivazioni, per così dire, storiche, a sostegno dell'idea di un'Italia unita sotto la guida dei papi[682]. Se la statuetta si fosse rivelata egizia, i reperti della tomba di Iside non avrebbero mai lasciato Roma. Ungarelli riconobbe invece in essa un prodotto etrusco e contribuì in tal modo a smorzare l'eco nata intorno alla scoperta. L'enorme attenzione riservata per breve tempo a questo gruppo di reperti è uno dei molti fuochi di paglia che si accesero negli anni che precedettero l'unificazione dell'Italia e che subito si spensero.

682 V. Gioberti, Del primato morale e civile degli Italiani (1843).

Abbildungsnachweis

Abb. 1–4 Rom, Museo Napoleonico. – Abb. 5–7 A. Nibby, Viaggio antiquario ne' contorni di Roma (1819) 42 (5). 43 (7). 44 (6). – Abb. 8–10. 37–39. 64 Rom, Archivio di Stato. – Abb. 11 L. Bonaparte, Muséum Étrusque de Lucien Bonaparte, Prince de Canino. Fouilles de 1828 à 1829 (1829) Taf. zu S. 5. – Abb. 12. 13 M. Natoli (Hrsg.), Luciano Bonaparte. Le sue collezioni d'arte, le sue residenze a Roma, nel Lazio e in Italia, 1804–1840 (1995) 83 (12). 85 (13). – Abb. 14 Brescia, Museo del Risorgimento. – Abb. 15–17. 19. 20. 56. 57 London, British Museum, Department of Prints and Drawings, Copyright the Trustees of the British Museum. – Abb. 18 F. Messerschmidt – A. von Gerkan, Nekropolen von Vulci, 12. Ergh. JdI (1930) 49 Abb. 44. – Abb. 21 G. Dennis, The Cities and Cemeteries of Etruria I (1848) 442 Abb. – Abb. 22. 23 G. Micali, Monumenti per servire alla storia degli antichi popoli italiani (1832) Taf. 45,3 (22). 46, 1–4 (23). – Abb. 24 Titelvignette der Monumenti inediti pubblicati dall'Instituto di Corrispondenza Archeologica II (1834–1838). – Abb. 25. 32. 58 Hannover, Kestner-Museum. –Abb. 26. 27 Monumenti inediti pubblicati dall'Instituto di Corrispondenza Archeologica I (1829–1833) Taf. 40 (26). 41 (27) . – Abb. 28–31 Antikensammlung, Staatliche Museen zu Berlin, Preußischer Kulturbesitz, Gerhard'scher Apparat XVIII, 26 (29). XVIII, 34 (30. 31). XXII, 57 (28). – Abb. 33. 34. 70 L. Canina, L'antica Etruria Marittima compresa nella dizione pontificia descritta ed illustrata con i monumenti I (1851) Taf. 1 (70). 50 (33). 51 (34). – Abb. 35. 36 Vatikan, Biblioteca Apostolica Vaticana. – Abb. 40 Rom, Palazzo Lateranense, Museo Storico. – Abb. 41–43 L'Album. Giornale letterario e di belle arti 5, 1838/1839, 17 (41). 97 (42). 393 (43). – Abb. 44 L'Album. Giornale letterario e di belle arti 6, 1839. – Abb. 45 London, British Museum, Greek and Roman Department, Copyright the Trustees of the British Museum. – Abb. 46 a. b Verfasserin. – Abb. 47–49. 63 Karlsruhe, Badisches Landesmuseum. – Abb. 50 L'Album. Giornale letterario e di belle arti 13, 1846/1847, 89. – Abb. 51–55 G. Micali, Monumenti inediti a illustrazione della Storia degli Antichi Popoli Italiani (1844) Taf. 4 (51). 5 (52). 6 (53). 7 (54). 8 (55). – Abb. 59–62 O. Montelius, La civilisation primitive en Italie depuis l'introduction des métaux (1895). – Abb. 65 Deutsches Archäologisches Institut Berlin. – Abb. 66 Perugia, Biblioteca Comunale Augusta. – Abb. 67 Vatikan, Biblioteca Apostolica Vaticana. – Abb. 68 London, British Museum, Department of Western Asiatic Antiquities, Copyright the Trustees of the British Museum. – Abb. 69 L. Canina, L'antica Etruria Marittima compresa nella dizione pontificia descritta ed illustrata con i monumenti II (1851) Taf. 104.

Archivindex

Berlin, Deutsches Archäologisches Institut, Briefarchiv:
Alexandrine Bonaparte an Eduard Gerhard (Canino, 9. Juli 1841), Lucien Bonaparte an Eduard Gerhard (ohne Ort, 9. Dezember 1839; Canino, 7. Januar 1840), Conrad Leemans an Eduard Gerhard (Leiden, 3. Dezember 1839).

Karlsruhe, Badisches Generallandesarchiv:
Badische Gesandtschaft bei der Kurie, Bericht von Friedrich Maler, 29. Januar 1840, Entwurf eines Antwortschreibens des Freiherrn von Blittersdorf, 21. Februar 1840, 233/10714; Verzeichnis der Antikensammlung von Friedrich Maler 1854, 56/1609.

London, Britisches Museum, Archives Department:
The Trustees' Minutes 1848–1857, C 7830 (Emil Braun an Samuel Birch, London, 19. Juli 1849; Sitzungsbericht der Trustees vom 21. Juli 1849).

London, Britisches Museum, Department of Greek and Roman Antiquities:
Departmental Register, Eintrag vom 27. Februar 1850 (1850.2-27.1 ff.).

London, Britisches Museum, Department of Western Asiatic Antiquities, Correspondence 1826-1860:
s. v. Braun: Emil Braun an Samuel Birch (Rom, 25. Mai 1847; Rom, 4. April 1848; Rom, 29. April 1848; Rom, 14. Januar 1850); Samuel Birch an Emil Braun (London, 24. Dezember 1849).
s. v. Campanari: Domenico Campanari an Edward Hawkins (London, 20. Juni 1839).

München, Bayerisches Hauptstaatsarchiv, Abt. II Geheimes Staatsarchiv:
Bayerische Gesandtschaft beim Päpstlichen Stuhl, Nr. 309 (Verkaufsverhandlungen zur Minerva Giustiniani, 1815–1816); MK 14261 (Geheime Acta des Ministeriums des Innern. Die Kunstsammlungen im alten Gallerie-Gebäude im Hofgarten unter der Benennung "Vereinigte Sammlungen", 1867 aufgelöst); MK 14294 (Catalogisierung der im allerhöchsten Privateigenthum befindlichen Kunstgegenstände, 1843); MK 19013 (Verlassenschaft Seiner Majestät des höchstseligen Königs Ludwig I. von Bayern, 1868–1920); MK 19045 (Inventar von Gegenständen des Privateigenthums Seiner Königlichen Majestät Ludwig I. von Bayern. Sammlung ägyptischer, hetrurischer, griechischer und römischer Alterthümer, 1868-1868).

München, Bayerisches Hauptstaatsarchiv, Abt. III Geheimes Hausarchiv:
Kabinettsakt Ludwigs I., Nr. 38; Kabinettskassenbuch Ludwigs I., Nr. 30; Kabinettskasse Ludwigs I., Nr. 123; Kabinettskasse Ludwigs I., 52/1/5; Kabinettskasse Ludwigs I., 52/5/2 (Brief Ludwigs I. an die Fürstin von Canino, datiert Berchtesgaden, 22. August 1839); Kabinettskasse Ludwigs I., Ausgaben-Journal, Lit. A; Nachlaß Ludwig I. 86/6/VIII; Nachlaß Kronprinz Rupprecht (Johannes Sieveking an den Kronprinzen Rupprecht, München, 13. Juni 1917).

München, Bayerische Staatsbibliothek:
Ludwig I.-Archiv 3, 120 (Tagebücher Ludwigs I., Eintrag vom 27. Juni 1839); Ludwig I.-Archiv 8, 6 (Cabinetts-Cassa. Ausgaben und Einnahmen König Ludwigs von Bayern, 1833/34 bis 1838/39).

München, Staatliche Antikensammlungen:
Inventar Ehemaliger Königlicher Hausbesitz; Mappe 'Vasensammlung Canino' mit Dokumenten zum Ankauf von Vasen durch Friedrich von Thiersch.

Orvieto, Fondazione per il Museo Claudio Faina:
Rechnungsbuch von Lucien Bonaparte (1839–1840).

Perugia, Privatarchiv:
Carte Bonaparte, LXXIV, 1; Carte Bonaparte, LXXIV, 2; Carte Bonaparte, CCLVIII, 4; Carte Bonaparte, CCLVIII, 5; Carte Bonaparte, CCCXXIX; Carte Bonaparte, CCCXXXIII; Carte Bonaparte CCCLII; Carte Bonaparte CCCLII, 21; Carte Bonaparte CCCLII, 24; Carte Bonaparte CCCLIII.

Perugia, Biblioteca Comunale Augusta:
Carteggio Vermiglioli, Manoscritti 1511, 163-164.

Pisa, Biblioteca Universitaria:
Carteggio Rosellini, Manoscritto 294, 1, Fasc. 60; Carteggio Rosellini, Manoscritti 294, 2, Fasc. 19; Carteggio Rosellini, Manoscritti 948, Fasc. 1; Carteggio Rosellini, Manoscritti 948, Fasc. 16.

Rom, Archivio di Stato:
Camerlengato, Parte II, Titolo IV, Busta 188, Fasc. 890; Camerlengato, Parte II, Titolo IV, Busta 189; Camerlengato, Parte II, Titolo IV, Busta 191; Camerlengato, Parte II, Titolo IV, Busta 231, Fasc. 2248; Camerlengato, Parte II, Titolo IV, Busta 245, Fasc. 2570; Camerlengato, Parte II, Titolo IV, Busta 249, Fasc. 2620; Camerlengato, Parte II, Titolo IV,

Busta 273, Fasc. 2938; Camerlengato, Parte II, Titolo IV, Busta 276, Fasc. 2985; Camerlengato, Parte II, Titolo IV, Busta 2620; Camerlengato, Parte II, Titolo IV, Busta 2822; Camerale III, Atti Diversi, Busta 497 (Kauf des Anwesens Canino durch Lucien Bonaparte); Catasto Gregoriano, Denominazione: Mossignano, Territorio: Canino, Antica Provincia: Civitavecchia, Mappa e Brogliardo 2; Catasto Gregoriano, Denominazione: Ponte Sodo, Territorio: Canino, Antica Provincia: Civitavecchia, Mappa e Brogliardo 3; Catasto Gregoriano, Denominazione: Piano del Diavolo e Monti di Canino, Territorio: Canino, Antica Provincia: Civitavecchia, Mappa e Brogliardo 4; Catasto Gregoriano, Denominazione: Ponte dell'Abbadia, Territorio: Canino, Antica Provincia: Civitavecchia, Mappa e Brogliardo 5; Catasto Gregoriano, Denominazione: Monte Fumajolo, Territorio: Canino, Antica Provincia: Civitavecchia, Mappa e Brogliardo 30; Catasto Gregoriano, Denominazione: Cascina, Territorio: Canino, Antica Provincia: Civitavecchia, Mappa e Brogliardo 31; Catasto Gregoriano, Denominazione: Morgantina, Territorio: Canino, Antica Provincia: Civitavecchia, Mappa e Brogliardo 34; Catasto Gregoriano, Denominazione: Canino, Territorio: Canino, Antica Provincia: Civitavecchia, Mappa e Brogliardo 102; Congregazione del Buon Governo, Serie VI, Catasti, Busta 39; Disegni e Piante, Collezione I, Cartella 12, Foglio 36; Disegni e Piante, Collezione I, Cartella 12, Foglio 39; Ministero dei Lavori Pubblici, Industria, Agricoltura, Commercio e Belle Arti, Busta 418, Fasc. 5 c; Miscellanea del Camerlengato 1772–1871, Busta 638/1; Miscellanea del Camerlengato 1772–1871, Busta 643/1; Tribunale Criminale del Senatore di Roma, Volume 2123.

Rom, Archivio Storico Capitolino:
Protocolli notarili: Sezione XLIX, vol. 42, notaio Nardi, 27. Februar 1808 (Kauf von Canino); Sezione XXX, vol. 103, notaio Lorenzini, 8. März 1808 (Inkraftsetzung des Kaufvertrages für Canino); Sezione XII, notai Bacchetti e Torriani, 28. November 1853 (Verkauf von Canino).

Rom, Deutsches Archäologisches Institut, Briefarchiv:
Emil Braun an Eduard Gerhard (Rom, 12. März 1839; Rom, 23. März 1839; Rom, 31. Dezember 1839; Rom, 4. Januar 1840; Rom, 6. Februar 1840; Rom, 25. Februar 1840; Rom, 10. März 1840; Rom, 2. April 1840; Rom, 22. Mai 1841; Rom, 31. Mai 1841; Rom, 19. März 1842; Rom, 17. Juni 1843; Rom, 15. Mai 1843; Rom, 22. Dezember 1843; Rom, 19. Januar 1844; Rom, 9. März 1844; Rom, 9. April 1844; Rom, 12. April 1844; Rom, 4. Mai 1844; Rom, 4. April 1846; Rom, 6. Juli 1846; Rom, 28. Juli 1846; Rom, 4. April 1848; Rom, 16. Oktober 1848; Rom, 28. Oktober 1848; Rom, 10. März 1849; Rom, 15. September 1850); Emil Braun an Heinrich Brunn (London, 13. August 1849); Heinrich Brunn an Theodor Mommsen (3. Februar 1850); Theodor Mommsen an Heinrich Brunn (31. Dezember 1849).

Rom, Französische Botschaft, Archiv:
Testament von Alexandrine Bonaparte.

Rom, Sammlung Spalletti:
Album der Gräfin Rasponi.

Rotterdam, Gemeentearchief:
Adresboeken 1838 ff.

Tuscania, Biblioteca Civica:
Fondo Campanari: Carteggio Campanari (Dokumente zur Affäre Dorow). Fondo Cerasa: Carteggio Campanari (Lucien Bonaparte an Vincenzo Campanari, 30. Dezember 1828).

Vatikan, Archivio dei Musei:
Regolamento e disciplinare per il Museo Vaticano, Carteggio VI.

Vatikan, Archivio Segreto:
Epoca Napoleonica, Busta VIII, No. 41 (Erhebung von Canino zum Fürstentum, 18. August 1814).

Vatikan, Biblioteca Apostolica Vaticana:
Archivio Biblioteca, Busta 65, Foglio 390 r–v; Archivio Biblioteca, Codices Vaticani Latini 9770 f. (Codices Amatiani).

Vatikan, Musei Vaticani:
Archivio Musei, Carteggio VI (Regolamento disciplinare per i Musei Vaticani).

Viterbo, Archivio di Stato:
Delegazione Apostolica, Serie II, Parte II, Busta 156, Fasc. 13, 6; Delegazione Apostolica, Serie II, Parte II, Busta 670.

Viterbo, Biblioteca Comunale degli Ardenti:
Accademia di Scienze ed Arti degli Ardenti, Ruoli Accademici, II D VI 28.

Register